U0589905

*F*inancial

Economics

金融经济学

［日］清水克俊 / 著　　陈唯　何慈毅 / 译

南京大学出版社

图书在版编目(CIP)数据

金融经济学/(日)清水克俊著;陈唯,何慈毅译.
—南京:南京大学出版社,2018.6
(阅读日本书系)
ISBN 978-7-305-20312-1

Ⅰ.①金… Ⅱ.①清…②陈…③何… Ⅲ.①金融学
Ⅳ.①F830

中国版本图书馆 CIP 数据核字(2018)第 118872 号

金融经济学
Copyright © 2016 by 清水克俊
Originally published by University of Tokyo Press
Simplified Chinese edition rights © 2018 Nanjing University Press Co., Ltd.
All rights reserved

江苏省版权局著作权合同登记 图字:10-2018-141 号

出 版 者　南京大学出版社
社　　址　南京市汉口路 22 号　　　　邮　编 210093
出 版 人　金鑫荣

丛 书 名　阅读日本书系
书　　名　**金融经济学**
著　　者　[日]清水克俊
译　　者　陈　唯　何慈毅
责任编辑　田　雁　　　　　　　编辑热线　025-83596027

照　　排　南京紫藤制版印务中心
印　　刷　江苏凤凰通达印刷有限公司
开　　本　635×965　1/16　印张27.25　字数385千
版　　次　2018 年 6 月第 1 版　2018 年 6 月第 1 次印刷
ISBN 978-7-305-20312-1
定　　价　88.00 元

网　　址　http://www.njupco.com
官方微博　http://weibo.com/njupco
官方微信　njupress
销售咨询热线　(025)83594756

* 版权所有,侵权必究
* 凡购买南大版图书,如有印装质量问题,请与所购
　图书销售部门联系调换

阅读日本书系编辑委员会名单

委员长

谢寿光　社会科学文献出版社社长

委　员

常绍民　三联书店(北京)副总编辑

张凤珠　北京大学出版社副总编辑

谢　刚　香港和平图书有限公司总裁

马汝军　新星出版社社长

章少红　世界知识出版社总编辑

金鑫荣　南京大学出版社社长兼总编辑

刘佩英　上海交通大学出版社社长兼总编辑

事务局组成人员

杨　群　社会科学文献出版社

胡　亮　社会科学文献出版社

梁艳玲　社会科学文献出版社

祝得彬　社会科学文献出版社

梁力匀　社会科学文献出版社

阅读日本书系选书委员会名单

姓名	单位	专业
高原　明生（委员长）	东京大学 教授	中国政治、日本关系
苅部　直（委员）	东京大学 教授	政治思想史
小西　砂千夫（委员）	关西学院大学 教授	财政学
上田　信（委员）	立教大学 教授	环境史
田南　立也（委员）	日本财团 常务理事	国际交流、情报信息
王　中忱（委员）	清华大学 教授	日本文化、思潮
白　智立（委员）	北京大学 政府管理学院 副教授	行政学
周　以量（委员）	首都师范大学 副教授	比较文化论
于　铁军（委员）	北京大学 国际关系学院 副教授	国际政治、外交
田　雁（委员）	南京大学 中日文化研究中心 研究员	日本文化

序　言

　　随着近年来实体经济的发展，对金融理论的研究提出了更高的学术要求。在这样的背景下，我们可以清晰地看到金融资本市场本身的技术性的发展与复杂性的变迁。比如，在 2008 年所发生的震撼世界经济的雷曼危机，虽说市场混乱、犯罪现象频发并非当时才开始的，但正如我们在这次危机中所看到的那样，人们有必要再次清醒地认识到，这次危机给世界经济学家以及相关领域的专家们发出了严重的警告。可以说，随着市场本身的发展以及复杂化特征，这种影响整个市场的危机状况还有进一步频发的可能。基于这点，当下迫在眉睫的事情就是，我们必须具备能够正确应对金融资本市场变迁的理解能力与认识能力。

　　当然，金融的实际发展以及随之发生的事件与事故，一直以来也给以此作为研究对象的学界带来影响。在这里尤其应该强调的是金融理论中的数学化趋势。对于以理论学习为目标的各位学生来说，首先就要学习高度的数学知识（虽说在数学专业的学生看来，这不是什么难题）。可以说，这一点对研究生院的学生来说尤为重要。当然，这种认为数学思维很有必要的观点也并非什么新生事物。只是在过去的十几年间，这样的观点越发成熟了。特别是在研究生院进行高层次学习的时候，不得不说，数学思维是一门不可或缺的知识。

　　当然，迄今为止，以高等数学为基础的金融理论教科书也出版了不少。但是其中很多都是以美国为中心的海外出版的。不可否认，迄今为止日本的大学以及专业研究机构所实行进行的教育也是以欧美的书籍为基础教材的。从这个意义上而言，可以说清水克俊先生的这部著书有了非常可喜的进展。不管怎么说，首先，本书是以日本金融资本市场的现实状况为前提,并在此基础上进行了标准化理论的解说。在透彻分析了市场情况的同时,并通过高层次的方法对此进行解析。内容充分反映了当代金融资本市场的发展,具有一定的高度,所以最适合研究生院的学生阅读。同时也可以推荐给从事实际业务的人。可以说透过本书,我们能够窥见日本金融经济的实际情况,在对日本的学生们起到启蒙作用的同时,也考虑到了学生们进一步深入研究的需求。

我确信,这本书在引导学生,尤其是研究生院的学生和研究者方面一定会做出积极贡献。在此,感谢作者清水克俊先生对此付出的努力。同时也衷心期望有更多的学生阅读此书,以促使日本的金融理论学习与研究,以及广义经济学有更进一步的发展。

2016 年 9 月 1 日

堀内昭义

前　言

　　本书旨在向研究生以及专业人士介绍金融经济学的基础理论。金融经济学在经济学领域中发展的格外迅速，比起经济学的其他领域，金融经济学涵盖的范围更为广阔。比如，涵盖了企业金融、资产定价、银行业务、金融衍生产品与金融政策等方面。而涵盖如此大范围金融经济学的面向研究生的教科书，即使包括欧美在内，也还从未出版过。本书总结归纳了20世纪后半叶直至当代的主要金融理论，为将来欲在理论领域或者实证领域成为金融经济学研究专家的读者们提供了坚实的理论基础。此外，这些理论也为在金融机关等从事金融业务的专业人士提供了重要的理论基础。

　　本书作为研究生院一学期的课程，按照教授金融经济学基础知识要求的教科书来设定的。第一部分是金融经济学的基础，主要介绍金融资产的价值评价和企业金融、企业管理的理论。第二部分介绍金融市场中资产价格的决定理论、金融机关的功能、导数、危机管理与金融规制等项目。第三部分介绍金融政策的理论，这与前两个部分的议题有着密切的关联，并且从实际业务角度来看也非常重要。本书"章"以下用"节"来区分，"节"以下用"小节"来区分；而参阅时以"x.y节"标记"节"，以"x.y.z节"标记"小节"。

　　本书的目的在于综合性地论述符合金融经济学专业研究生水平的基础知识，使用本书作为课程教科书的教师也许会使用专业性更强的部分。各专业课程的章节分布推荐如下。

企业金融：1、2、3、4、5、9各章
资产定价：1、2、6、7、8、10、12各章

银行业务：1、2、3、4、5、7、9、11、13各章

MBA课程：目录（以及标题）中加†的"节"或者"小节"

　　只要懂得简单的微积分以及期待值·方差等初级概率论的运算方法，就可以理解本书中大部分的模型了。本书中所出现的动态经济学模型中除了一部分是例外的，其余都是以离散时间模型为基础的。如果对微分方程已有一个简单的理解的话，在一定程度上也是可以读懂的。此外，考虑到使得没有高等数学知识的人也能读懂，动态经济学模型基本使用了动态程序设计。

　　本书在"结果"处按顺序对各章的重要事项进行了归纳，这样我们就可以很容易了解各小节的重点了。各个结论的证明概要都放在结论的前后部分，但也有一部分专业性的证明放在了补遗中。此外，本书针对多个论题设计了例题，这样就可以通过数值计算来理解理论了。我们使用电脑中的表格计算软件就可以进行数值计算。各章末尾处都有"文献指南"，附有引用的论文。同时为今后的进一步研究，按照每个论题列举了若干参考文献。从各领域的视点来看，也许这些文献目录还不够充分，但可以把它作为研究的线索以及课程中的辅助教材。索引中也罗列了非常丰富的内容，可以作为专业术语一览表来使用。有效地活用这些内容也就可以更有效地理解基础知识了。本书虽然没能使用完全统一的符号，但尽可能地使用了统一符号，各小节中除了一部分例外都进行了统一。小节中如果没能发现新的定义，可以直接使用前面小节中的定义。

　　本书能够顺利完稿，得到了研究生佐藤嘉晃、Liu Hualin以及本科生高桥秀征的帮助，他们制作了例题，并对文章进行了校对。笔者在东京大学研究生院学习时的老师堀内昭义先生、小林孝雄先生以及名古屋大学的同事加藤英明先生，对文稿进行了预览，并给予了高度的评价。此外，东京大学出版社的常务理事黑田拓也先生为本书的发行给予了很大的帮助。在此谨向各位表示感谢。

2016年9月

清水克俊

本书中典型的表记法

自然对数	$\ln x$, $\log_e x$
指数函数	e^x, $\exp(x)$
期望值	μ, $E(x)$
方差	σ^2, $\mathrm{Var}(x)$
标准偏差	σ
协方差	σ_{ij}, $\mathrm{Cov}(x,y)$
相关系数	ρ_{ij}
条件概率	$Pr(X|Y)$
条件期望值	$E(X|Y)$
正规分布的分布函数	$N(x), \Phi(x)$
以 B 为制约条件的 A 的最大化	$\max_x A$ s. t. B
n 次元行向量	$x=(x_1,\cdots,x_n)$
向量·矩阵换位	x', A'
逆矩阵	A^{-1}
所有要素是 1 的 n 次元列向量	$1=(1,\cdots,1)'$
向量的内积	$x \cdot y$
K 次元欧几里得空间	R^K
集合的元	$x \in A$
交集	$A \bigcap B$
并集	$A \bigcup B$

其他注意事项

1. 在公式中像 NPV、PD 等使用略语的场合，用了立体活字。

2. 和 $\sum$、积 $\prod$，定积分 $\int$ 的表记中，从前后文脉来看就其范围没有误解的情况下，省略下标符号 i, n 等符号。

3. 在解说一些例题的时候，按照公式的数值直接计算的话，有时会与答案不一致。这是由于计算过程中没有进行小数处理。用表格计算软件计算的过程中没有必要进行小数处理。

目　录

第十二章　金融市场的机制与制度 / 330

第三部　金融政策与宏观经济

第十三章　金融政策 / 359

第一部

价值评估与企业决策

第一章　投资的价值评估

本章主要对作为本书基础的投资进行价值评估,以及对不确定情况下的投资者或消费者的决策基础进行说明。1.1 节,运用**折现率**的计算方式对计算投资的 NPV 法以及投资的决策进行说明,并且对金融经济学实证分析中经常使用的**托宾 Q 理论**进行说明。1.2 节,在不确定情况下,作为衡量消费者作用的概念,对期待效用进行解释,并对风险规避及风险差额的概念进行说明。1.3 节,综合前两节的论题,对不确定情况下企业的投资决策进行阐述。

1.1　投资价值

1.1.1　将来现金流量与 NPV 法†

首先是企业的投资计划(investment project)。先把现在时间点设为 $t=0$,把将来的时间点设为 $t=1,2,3,\cdots,T$ 的有限离散时间点模型。X_t 表示将来时间点 t 的现金流转,$X_t>0$ 表示现金流入,$X_t<0$ 表示现金流出。在这里,设现金流转系列中没有不确定性。折现率 r 所经过的时间是一定的话,t 时间现金流量的**净现值公式**为

$$PV_t = \frac{X_t}{(1+r)^t} \tag{1.1}$$

而 $1/(1+r)$ 被称之为**折现因子**。

一般情况下,折现率是由进行决策的主体目标函数的形状来决定的。对企业来说,会直接在金钱价值的基础上,来比较将来的价值与现在的价值,所以在没有不确定性的情况下,就可以把无风险利率用在折现率上了。

利用折现值来评估投资计划的方法之一,就是 **NPV** 法。**NPV** 是净现值(net present value)的略称。区别投资中的收入 $R_t \geq 0$ 和费用 $C_t \geq 0$,各时间点的网络现金流量公式为 $X_t = R_t - C_t$。只要不会导致误解,在下面我们就把网络现金流量简称为现金流量。各时间点现金流量的折现值之总和就是投资计划的净现值。即定义为

$$\text{NPV} = \sum_{t=0}^{T} \frac{X_t}{(1+r)^t} \tag{1.2}$$

不过,初期时间点的现金流量 X_0(或者费用 C_0)中已包含投资额本身。

现在把投资前的企业价值设为 W_0,投资后的企业价值设为 W_1。NPV 法的计算方式总结如下:

结果 1-1(NPV 法)

如果实行 NPV>0 这样的投资计划,就可以提高企业价值。换言之,由于 $W_1 = W_0 + \text{NPV}$,所以 NPV>0 和 $W_1 > W_0$ 为相同值。

作为特殊情况,如果将来现金流量是定数,那就是 $X_t = X(t = 1, \cdots, T)$。但只有时间点是 0 的现金流量包含投资额,所以 $X_0 \neq X$。这时,NPV 公式即为

$$\text{NPV} = \sum_{t=1}^{T} \frac{X}{(1+r)^t} + X_0 \tag{1.3}$$

这时的 NPV 又会得到下面的结果。

结果 1-2(定额现金流量的 NPV)

时间点 $t=1$ 以后,带来定额现金流量的投资 NPV 公式即为:

$$\text{NPV} = \frac{(1+r)^T - 1}{r(1+r)^T} X + X_0 \tag{1.4}$$

而且,当 T→∞时变为

$$\text{NPV} = X/r + X_0 \tag{1.5}$$

当现金流量为定额的时候,如小规模店铺等,其事业规模就受到限制,需要考虑设计一定需求量的项目等。结果的前半部分是根据等比数列公式。后半部分是用 $(1=r)^T$ 对(1.4)公式右边第一

金融经济学

项进行约分,然后取极限所得。

另一个特殊的情况就是现金流量是按一定比率增长的。即,时间点 $t=1$ 的现金流量是 $X_1=X$,时间点 $t=2$ 以后的现金流量是 $X_t=(1+g)^{t-1}X$。这里 $g>0$ 表示现金流量的成长率。这时 NPV 为

$$\mathrm{NPV}=\sum_{t=1}^{T}\frac{(1+g)^{t-1}X}{(1+r)^t} \tag{1.6}[1]$$

例题 1-1(NPV 与利率的关系)

1) A 公司正探讨增加设备的投资计划。投资期间是 $T=4$ 年,投资额为 100 亿日元,每年收入为 40 亿日元,支出费用为 10 亿日元。也就是说,$X_0=-100$,$X_t=30(t=1,2,3,4)$。作为期间中一定的无风险利率,就 $3\%,5\%,8\%$ 这三种情况来求 NPV。纵坐标为 NPV,横坐标为利率,请用图表示该项目的 NPV 与利率的关系。

2) 与 1)的设定相同,但投资计划为无限期的场合,请就上述的三个利率来求 NPV。

3) B 公司的设备投资计划的投资期间是 $T=3$ 年,现金流量是 $X_0=-4454$,$X_1=13900$,$X_2=-14446$,$X_3=5000$。纵坐标为 NPV,横坐标为利率,图示 NPV 与利率的关系。但是利率的范围是 $0.01\leqslant r\leqslant 0.12$。请运用统计软件的求解程序来求 NPV 为零时的利率。

4) C 公司的设备投资计划的投资期间是 $T=4$ 年,现金流量是 $X_0=-75$,$X_1=120$,$X_2=0$,$X_3=0$,$X_4=-50$。纵坐标为 NPV,横坐标为利率,图示 NPV 与利率的关系。利率的范围是 $0.01\leqslant r\leqslant 0.12$。请运用统计软件的求解程序来求 NPV 为零时的利率。

解说 1)根据(1.3)与(1.4)公式,各不同利率的 NPV 为 NPV$(r=0.03)=11.51$,NPV$(r=0.05)=6.38$,NPV$(r=0.08)=-0.64$。当利率为

---

[1] 若 $g\neq r$,即为 NPV$=\frac{X}{r-g}\left(1-\left(\frac{1+g}{1+r}\right)^T\right)$ (1.7)

若 $r=g$,即为 NPV$=TX/(1+r)$。

3%或者5%的时候应该进行投资,而利率为8%的时候就不应该进行投资。参照图1-1右下方的图表。

2) 根据 1.5 公式,NPV($r=0.03$)$=900$,NPV($r=0.05$)$=500$,NPV($r=0.08$)$=275$。

3) NPV 是 r 的三次函数,在范围内由于 $r=0.017367$ 以及 $r=0.103423$,因此 NPV 为零。如图 1-1 所示,用这期间的值计算,NPV 为正数。

4) 在指定的范围内,NPV 为右上方的值。$r \geqslant 0.102435$,NPV 为非负数。

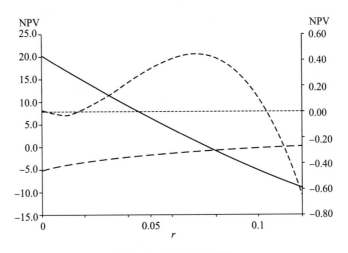

图 1-1　(NPV 与利率)
(注)实线是 1),短虚线是 3),长虚线是 4)。只有 3)用右轴。

1.1.2　多项投资计划与总投资额 †

若企业有多项投资计划 $j=1,\cdots,J$,就有必要考虑项目间的排他性与代替·增补性。**排他性**是指选择一个项目将会阻碍选择其他项目。比如第一次开拓海外生产基地的时候,一下子开设多条生产线是没有效率的,致力于一条生产线将更有效。这时候,选择生产线 A 的投资计划就要排除生产线 B 的投资计划。在排他性成立的情况下,项目选择问题就是要从多个项目中选择一项。

在多个项目中不存在排他性的情况下,如果即便同时实施这些项目,各自的 NPV 不产生变化,那就是说投资项目是独立的。

如果 NPV 发生变化,那就是说投资项目相互之间不独立。比如,虽然可以同时选择生产线 A 的项目与生产线 B 的项目,但这时两个项目的销售额也许都会减少。而另一方面,如果共同使用一部分设备,有时候能降低成本。前者属于代替,后者则产生互补效果。也就是说,非独立项目的现金流量会产生**代替作用与互补作用**。

用 X_t^j 表示项目 j 的现金流量,用 NPV^j 表示 NPV。下面,时间点为 0 的现金流量只是投资额 I^j,不产生收入以及其他成本。也就是说, $X_0^j = -I^j < 0$。一般来说,多个项目下的现金流量,正如公式 $X_t^j = f_t^j(I^1, I^2, \cdots, I^J)$,可作为其他投资项目投资额的函数。不实行投资项目 j 时,$I^j = 0$。当满足下列条件时,项目 j 与 k 是排他的。

$$f_t^j(I^1, I^2, \cdots, I^J) = 0 \quad 若 \quad I^k > 0 \quad (k \neq j, \forall t) \quad (1.8)$$

也就意味着,实行项目 k 时,除了项目 j 的时间为 0 以外,其他所有时间点的现金流量为零。当 j 与 k 不排他的时候,可以定义代替性与互补性。因此,可将微分现金流量用定义为

$$\Delta f_t^{j,k}(I^1, I^2, \cdots, I^J) = f_t^j(I^1, \cdots, I^k, \cdots, I^J) - f_t^j(I^1, \cdots, I^k = 0, \cdots, I^J)$$

$$(1.9)$$

左边是通过追加实行项目 k 而产生的项目 j 的现金流量增量。同样,通过追加实行项目 j 也会产生项目 k 的现金流量增量 $\Delta f_t^{k,j}$。关于两个项目的配对 (j, k),两个项目的复合 NPV 是同时实行 j 与 k 时的 NPV。若设 NPV^j 与 NPV^k 为各自单独实行时 NPV,设 $\text{NPV}^{j,k}$ 为复合 NPV,那么同时实行两者而产生的 NPV 微分为

$$\Delta \text{NPV}^{jk} = \text{NPV}^{jk} - \text{NPV}^j - \text{NPV}^k = \sum_{t=1}^{T} \frac{\Delta f_t^{j,k} + \Delta f_t^{k,j}}{(1+r)^t}$$

$$(1.10)$$

$\Delta\text{NPV}^{j,k} > 0$ 时的项目 k 与 j 是互补性的,相反的话,项目 k 与 j 就是代替性的。另外,$\Delta\text{NPV}^{j,k} = 0$ 的时候,项目是独立的。

一般而言,假设存在 J 个单独项目,就有必要考虑将其中 m 个项目组合起一个复合项目。假设没有排他性的项目,那么复合项目的数量为 $_J C_m = J! / (m! (J-m)!)$。有关这些复合项目将定义为新项目指数 $i = 1, \cdots, _J C_m$,来计算 NPV_i。根据以上定义,我们

可以得出以下结果。

结果 1-3（多个项目的 NPV）

（i）当所有项目都是非排他性及独立性的时候，为了使企业价值达到最大化，可以实行所有像 $NPV^j > 0$ 这样的投资项目 j。如果用 $S^* = \{j \mid NPV^j > 0, \forall j\}$ 来表示这项目集，那么总投资额为 $I = \sum_{j \in S^*} I^j$，而投资后的企业价值则为 $W_1 = W_0 + \sum_{j \in S^*} NPV^j$。

（ii）如果所有项目皆为非排他性，而且至少有一对项目是互补或代替关系，那么就可以实行复合 NPV 的最高复合项目 i^* 所包含的所有独立项目 j。

当经营者面对多个项目，往往会对各项目的内部收益率进行比较，想要实行较大的项目或超过一定水平的项目。但是，因为内部收益率法存在有好几个前提条件，所以一般认为还是运用 NPV 法比较合适。

例题 1-2（复合 NPV）

K 公司有 A、B、C 三个投资计划，都是为期 4 年，每一期的收入与费用都是固定的。不过，第一年度的现金流量只是投资额，不产生收入与费用。投资计划 C 独立于其他投资计划。投资计划 A 与 B 相互之间不独立。无风险利率为 3%，各投资计划都不是排他性的。

	投资额	收入	费用
投资计划 A	6.5	3	1
投资计划 B	10	5	2
投资计划 C	3	1.5	0.3
投资 A,B			
（A）	6.5	2.4	0.9
（B）	10	3.75	1.7

（注）单位（亿日元）

金融经济学

各项计划的投资额、各年度的收入及费用如上表所示,表中下半部分表示的是同时实施投资 A 和 B 计划时的各项内容。问:实行哪项投资计划较合适?

解说 各计划的 NPV 为 $\text{NPV}^A = 0.9342$, $\text{NPV}^B = 1.1513$, $\text{NPV}^C = 1.4605$。复合 NPV 为 $\text{NPV}^{AB} = -3.3043$, $\text{NPV}^{AC} = 2.3947$, $\text{NPV}^{BC} = 2.6118$, $\text{NPV}^{ABC} = -1.8438$。计划 AB 的差分 NPV 为 $\Delta\text{NPV}^{A,B} = \text{NPV}^{AB} - \text{NPV}^A - \text{NPV}^B = -5.3898$。因此,计划 AB 属于代替性的。而且,项目 ABC 对于项目 AB 的差分 NPV,因 C 的独立, $\Delta\text{NPV}^{AB,C} = \text{NPV}^{ABC} - \text{NPV}^{AB} - \text{NPV}^C = 0$,而计划 ABC 对于计划 AC 的分差 NPV,因 C 的独立, $\Delta\text{NPV}^{AB,C} = \text{NPV}^{ABC} - \text{NPV}^{AC} - \text{NPV}^B = -5.3898$。因此,在 7 个组合中选择计划 BC 是最为合适的。

1.1.3 折现率的演变与 NPV†

到目前为止,我们所设定作为折现率的利率历经时间是固定的,但通常利率是随着时间推移会发生变化。当存在以各时间点为满期的无风险资产利率 r_t 的时候,为了折算时间点 t 的现金流量,将使用直到相对应时间点的利率 $r_\tau(\tau \leqslant t)$ 所制定的折现因子。

$$\delta_t = \prod_{\tau=1}^{t} \frac{1}{(1+r_\tau)} \tag{1.11}$$

这是来自按照 $t-1, t-2$ 的顺序来折算时间点 t 价值的算法。独立的投资项目将得以下结果。

结果 1 - 4(折现率的演变与 NPV)
当利率历经时间不固定时,NPV 计算为

$$\text{NPV} = \sum_{t=1}^{T} \delta_t X_t + X_0 \tag{1.12}$$

不过,前提是将来利率 r_t 无不确定性。

例题 1 - 3(折现率的演变与 NPV 的变化)
企业 A 公司制定了投资设备以扩充生产线的计划,并准备付诸实施。投资为期 4 年,投资额为 3 亿 2 千万日元。已确定的是,在投资计划的末期,将以 1 亿 2 千万日元的价格出售设备。通过生产线的扩大所得的收入,每期为 8 千万日元,所需费用为 2 千万日元。当初虽然无风险利息率为 3％,但有声明在第 3 年度以后为 5％。问:A 公司是否应该实行这项投资计划? 还有,当整个期间利息率皆为 3％时,请比较两者的结果。

解说 NPV 为 0.0256。利息率固定为 3％时的 NPV 为 0.0964。而且,出售设备的收入可以计入第 4 年的收入中。

1.1.4 自由现金流量与 NPV†

实施多项投资计划的经营者必须要计算所选择的复合 NPV,制定预算[①]。到目前为止,现金流量被看作是前提条件,但是要考虑整体的 NPV,就必须考虑更为现实的因素,比如减值准备金和法人税以及其他企业活动所产生现金流量等。为了制定出合理的预算,就要以各项目中的现金流量为基础,将这些因素考虑在内的自由现金流量计算如下。

自由现金流量＝税前本期纯利润－法人税＋减值准备金－运营资金净额增加部分－投资支出 (1.13)

不过,为简洁起见,这公式的前提是无债务和债权、不持有有价证券、无利息分红的支付与收受,而且也不发生一旦用于投资现金流量的固定资产的出售[②]。

上述公式,是将之前论述中的现金流量暂且作为会计上的纯利润来设计的,并进行了四次调整。首先,将税前本期纯利润所需征收的法人税作为费用扣除。其次是增加了减值准备金。这是因为,减值准备金在会计上是作为本期纯利润中的一般管理费来计算在内的,所以在计算纯利润时应被扣除。但是,这样计算出来的减值准备金并不产生实际支出。从制定预算的观点来讲,有必要

[①] 按照惯例,制定预算是与资金筹集的方法分开考虑的。这与 3.1.2 节中所说的莫迪尼亚尼米勒定理一样,被称作分离原理。

[②] 此定义根据 Berk and Demarzo(2014)。

在产生实际支出的时候计算在内。因此还需要加上减值准备金。第三个调整就是扣除了运营资金净额增加部分。这是因为短期的按金交易和库存增减会产生现金的增减[①]。从这三项调整所得的自由现金流量,除了一些例外情况,基本上可以说相当于现金流量计算清单上的"营业活动产生的现金流量"[②]。

第四个调整是投资支出项目。与上述减值准备金的处理相关,如果按照 NPV 法,减值准备金不包含在费用里,而是将产生时的投资支出作为现金流量的费用计算在内。该投资支出项目基本上相当于现金流量计算清单上的"投资活动所产生的现金流量"。因此,"营业活动所产生的现金流量"与"投资活动所产生的现金流量"之和,就是为计算复合项目 NPV 的现金流量的后备。

在现实中,企业存在债务和债券,总公司和分公司持有相关公司的有价证券等,所以还有必要调整利息和分红的收受与支付。利润支付费等在计算税前本期利润时,是作为营业外费用扣除的,因此在上述计算自由现金流量的公式中,利润支付部分的现金流量被扣除在外了。因为在 NPV 法中无视集资法是一种惯例,所以需要调整利润支付部分的现金流量。这也是与法人税的利息扣除制度有关,是需要注意的地方。一个办法就是,将支付利息重新加入到营业活动所产生的现金流量中,再来计算无杠杆现金流量。同时,如有法人税的利息扣除额,则要扣除。

如果应用这样计算出来的未来自由现金流量和无杠杆现金流量,能够计算总的 NPV 的话,那么企业就会考虑集资法。另外,美国和日本的一部分企业还申报 EBIT(息税前利润)和 EBITDA(税息折旧及摊销前利润)。前者是对税前本期利润进行利息调整(如

---

① 运营资金净额=库存+赊款-赊购款。赊款增加产生现金的减少。库存减少也同样会增加现金。通常,库存减少意味着增加生产费用,因而会减少本期纯利润。但是,实际支出在前期之前就已实施,因此在计算现金时有必要再加进去。另外,如果将运营资金净额定义为流动资产与流动负债之差,那就必须要注意,一般而言,流动资产很多时候包括现金和存款,但会计上的现金等并不一定是营运资本。因此,假设为并不持有暗指的所谓营运资本的现金(用作零钱的现金等)。

② 营业活动产生的现金流量=税金等调整前本期出利润+减值准备金+债券和债务的增减额+有价证券损益+固定资产损益+利息和分红支付部分的调整-法人税等支付额+其他项目。

果是利润支付费就加算）。后者是把有形无形的固定资产的减值准备金与 EBIT 一起合算。因此，这些概念虽然近似于自由现金流量，但严格而言，还是不同的，这一点必须注意[1]。

1.1.5 投资的调整费用与投资函数

在这一小节中，将托宾的 Q 理论作为更一般性的投资理论介绍给大家（托宾 1969）[2]。在结果 1-3 中曾指出，企业立即实行所有 NPV 为正数的投资都是合适的。但是现实中，有时候在反映了经营资源稀缺性及交易成本等以后，很难立即进行资本存量的调整。这时候最好的做法就是企业既不增加调整费用，又能顺利地实行投资。

将减值准备率定于 a，那么投资额 I 与投资存量 K 之间的关系就是

$$K_{t+1} = K_t + I_t - aK_t \qquad (1.14)$$

在这里 $K_t(>0)$ 就是 t 期的资本存量，$I_t(>0)$ 就是 t 期的投资总额。从总投资额扣除减值准备部分 aK_t 后称为纯投资。假设 $\Delta K_{t+1} = K_{t+1} - K_t$，那么资本存量的增加率就是 $\Delta K_{t+1}/K_t = I_t/K_t - a$，即从总投资率（$I_t/K_t$）扣除减值准备率后所剩下的部分。

企业从 $t=0$ 时间点无限期地继续，而各时间点的产品只依赖于资本存量 K_t 及劳动 L_t。生产函数 $f(K_t, L_t)$ 为无变化的增加，各生产要素的边际生产力是递减的[3]。假设劳动薪金为 ω_t，投资中除了投资额的支出 I_t 之外，还有投资的调整费用 $C_t = \Psi(I_t/K_t)K_t$。

这里假设，平均调整费用 $C_t/K_t = \Psi$，当资本存量增加率正好等于零（$\Delta K_{t+1}/K_t = 0$）的时候是相同的，但是当总投资率与减值准备率相等时（$I_t/K_t = a$）正好等于零（$\Psi(a) = 0$）。另外，假设这时

---

[1] 这些虽然计算起来容易，但是不属于会计上的概念，因此很可能会出现随意性的操作。

[2] 在 Jorgenson(1963)的新古典派投资理论中，持有资本存量的成本被定义为使用者成本。其中包含了与税率进行调整的利率、减值准备率、资本损失率等。

[3] 即，$\partial f/\partial L > 0, \partial f/\partial K > 0, \partial^2 f/\partial L^2 < 0, \partial^2 f/\partial K^2 < 0$。再加上假设稻田条件 $\lim_{K \to 0} f' = \infty$，以及 $\lim_{K \to \infty} f' = 0$。

一阶微分系数也正好等于零($\Psi'(a)=0$)。加之,假设在$I_t/K_t>a$的范围内 Ψ 增加,而且其边际性增量也是递增的($\Psi'>0$,$\Psi''>0$)。

以下为简略起见,将省略有关劳动 L_t 的叙述,并用 $f(K_t)$ 来表示生产函数。t 期的企业利润为 $\pi(K_t,I_t)=f(K_t)-I_t-\Psi(I_t/K_t)K_t$。不过,产品价格标准化到 1。企业力求下一个企业价值最大化。

$$\max_{K_{t+1},I_t}V_0=\sum_{t=0}^{\infty}R^{-t}\pi(K_t,I_t) \tag{1.15a}$$

$$\text{s.t. } K_{t+1}=K_t+I_t-aK_t \tag{1.15b}$$

作为初期条件设 $K_0=0$,假设 R^{-1} 为折现因子,整个时间段是一定的。(1.15b)公式在多个时期的最合适问题上被称为有变化公式。这个最大化问题可以用拉格朗日乘数法来解决。如果设拉格朗日乘数为 q_t,那么拉格朗日将被定义为[①]

$$L=\sum_{t=0}^{\infty}R^{-t}(\pi(K_t,I_t)-q_t(K_{t+1}-K_t-I_t+aK_t))$$

$$\tag{1.16}$$

若将 $\pi(K_t,I_t)$ 代入来解的话,最大化条件为

$$q_t=1+\Psi'(I_t/K_t) \tag{1.17a}$$

$$q_t=R^{-1}(\pi_{K,t+1}+q_{t+1}(1-a)) \tag{1.17b}$$

$$\lim_{T\to\infty}R^{-T}q_TK_T=0 \tag{1.17c}$$

但是,$\pi_{K,t+1}=\partial f/\partial K_{t+1}-\Psi'(I_{t+1}/K_{t+1})I_{t+1}/K_{t+1}+\Psi(I_{t+1}/K_{t+1})$是考虑到了调整费用的资本的边际产品。(1.17a)公式是关于 I_t 的一阶条件,(1.17b)公式则是关于 K_{t+1} 的一阶条件。剖面条件(1.17c)公式意味着无限将来的资本存量价值的折现值收缩为0,给了动态的最合适问题一个终结点。正如以下结果所表示的,众所周知,拉格朗日乘数 q_t 在对需要调整费用的投资做出决定时,被视为一个重要变数,这就是托宾的 Q 理论。

结果 1－5(托宾的 Q 理论)

边际 Q 是(经减值准备率调整过的)资本的边际产品 π_K 的折

---

① 无视有关初期条件 K_0 的拉格朗日乘数。

现值。即

$$q_t = \frac{1}{1-a} \sum_{j=1}^{\infty} \left(\frac{1-a}{R}\right)^j \pi_{K,t+j} \tag{1.18}$$

另外，平均 Q 是相对资本存量的账面价值 K 的企业市场价值 V 的比率。即为

$$q_t = \frac{V_t}{K_{t+1}} ; V_t = \sum_{j=1}^{\infty} \frac{\pi_{t+j}}{R^j} \tag{1.19}$$

导出概略将在补遗中说明。

接着我们来看一下(1.17a)公式就可知道，假定 $\Psi'(a)=0$，以及 $I/K>a$，即 $\Psi'>0$，那么只要总投资率 I/K 高于减值准备率 a，托宾的边际 Q 就大于 1。如果设 Ψ' 的逆函数为 ϕ，那么托宾的投资函数即为 $I_t = \phi(q_t)K_t$。比 $\Psi''>0$ 更合适的总投资率是 q 的增加函数$[dq/d(I/K)=\Psi'']$。

以上结果中的平均 Q 的分子因为是未来利益的折现值，所以是企业的市场价值(若是无债务企业，即股份总额)。分母是资本存量的账面价值(若是无债务企业，即借贷对照表上的账面价值资本)[1]。通常而言，投资家很难对边际产品 π_K 进行观察，所以不可能观察到边际 Q。但是，投资家可以通过有可能得手的信息来计算平均 Q。不过，根据**林定理**(Hayashi,1982)，平均 Q 与边际 Q 达到一致，只出现在生产函数及天整费用函数处于一次同次性的情况下。这时，有关无债务企业，当股份的**账面市值比**(market to book ratio)为 1 的时候，托宾 Q 也为 1。另外，账面市值比超过 1 的企业进行纯投资，账面市值比越高越能进行更多的投资。

例题 1-4(托宾 Q 与调整费用)

调整费用函数为 $C=0.5(I_t/K_t-a)^2 K_t$，减值准备率被设定为 $a=0.1$。

1) 请求托宾的投资函数。

---

① 因为这里已经将生产资料标准化为 1，所以生产资料的持有量与账面资本达成了一致。如果考虑生产资料的价格(变动)，那么分母就不是账面资本，而是 t 时间点生产资料价格中的资本存量的置换费用。

2）多期间模式中，可将**固定均衡**作为均衡概念①。所谓固定均衡，就是指变数不断保持一定值的均衡状态。在这里，作为长期性的均衡状态，就是保持 $\Delta K_t = 0$。请求固定状态中托宾的 q_t。当将固定状态的资本存量设为 K 的时候，请用 K 来表示投资额 I。

3）生产函数为 $f = \sqrt{K_t}$。作为固定均衡，设 $\Delta q_t = 0$ 也同时成立。设利率因子为 $R = 1.1$。请求固定均衡中的资本存量 K。

解说 1）因(1.17a)公式为 $q_t = 1 + (I_t/K_t - 0.1)$，故投资函数为 $I_t = (q_t - 0.9)K_t$。

2）因根据(1.14)公式，$\Delta K_{t+1} = I_t - 0.1K_t = 0$，故得 $I_t/K_t = 0.1$。由(1.17a)公式得 $q_t = 1$。根据 1）的投资函数，$I = 0.1K$。即，总投资为资本存量的减值准备率，纯投资为零。

3）因根据 $I/K = 0.1$，$\Psi = \Psi' = 0$，故 $\pi_K = \partial f/\partial K = 0.5/\sqrt{K}$。(1.17b)公式则变为 $q = 1.1^{-1}(0.5/\sqrt{K} + 0.9q)$。解此便可得 $K = 25/4$。图 1-2 叫作位相图，往右下行的曲线满足 $\Delta q_t = 0$，水平线满足 $\Delta K_t = 0$。两者的交叉点表示固定均衡。

1.2 投资家的偏好

1.2.1 消费的不确定性与期待效用 †

为了考虑合理的投资家及消费者面对不确切的收益时该如何做出选择的问题，就得考虑到消费者计划在将来时间点的消费。消费者在未来状态 $i(=1,\cdots,N)$ 进行消费 c_i，各自状态发生的概率依赖于所选择的消费计划 K。即，选择计划 K 时，消费者按照概率 p_i^k 进行消费 c_i。各个概率为非负（$p_i^k \geqslant 0$），概率之和满足 $\sum_i p_i^k = 1$。

消费者持有 K 个计划 L_k，对各计划有着偏好。偏好通过两项关系 $\precsim$ 来表示。有关任意两个计划 $j, k \in K$，$L_j \precsim L_k$ 表示消费者至

---

① 有关固定均衡，可参照 14.1 节。

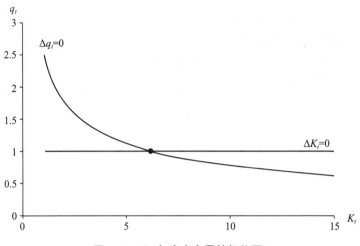

图 1-2　（q 与资本存量的相位图）

(注)交叉点表示固定均衡。

少认为 L_j 比 L_k 更好。即，L_j 和 L_k，或是无差别(标记为～)，或是严格而言相比 L_k 来更偏好(标记为<)L_j。在偏好关系的**实数连续性**之下，这一偏好关系用取实数值的效用函数 $U(L_k)$ 来表示[①]。即，面对不确切消费的消费者效用作为消费计划 L_k 的函数来表示，越是偏好的计划效用水准就越高。有关这一效用函数，可以得到以下结果。

结果 1-6（期待效用定理）

期待效用函数表现为

$$U(L_k) = E_k(u(c_i)) = \sum_{i=1}^{N} p_i^k u(c_i) \qquad (1.20)$$

通常，$u(\cdot)$ 被称之为冯纽曼—摩根斯坦(von Neumann-Morgenstern)效用函数，表示来自各状态消费的效用之值。期待效用就是这个 vNM 效用值的期待值。这一定理的概略将在补遗中说明。以上结果是状态 i 为离散的概率变数的时候，而消费 c 则是连

---

① 若设计划空间为 S，就是说连续性对于所有 $L_j \in S$ 而言，集 $\{L_k : L_k \precsim L_j\}$ 以及 $\{L_k : L_k \precsim L_j\}$ 就成了闭集。

续性的概率变数。如果存在密度函数 $f_k(c)$，那么期待效用函数定义为

$$U = E_k(u(c)) = \int u(c) f_k(c) dc \qquad (1.21)$$

不过，(1.20)公式和(1.21)公式期待值 E 字后面的 k 表示有关消费计划 L_k 概率分布的期待值。通常，c 的值越大 $u(c)$ 就越持续增大，所以函数 $u(\cdot)$ 是连续增加函数。

1.2.2　风险规避与确定性等价 †

通常说，投资家对风险持回避态度。假设某消费计划 L_k 具有连续概率分布 F_k。我们将某消费水准 x 按照概率 1 所带来的消费计划叫作**标准消费计划**。比如，关于某消费计划 L_k，我们可以考虑一个按照概率 1 带来消费期待值 $E(c)$ 的标准消费计划 $\hat{L}_k$。在所有消费计划 L_k 及与其对应的标准消费计划 $\hat{L}_k$ 之间存在两项关系 $\hat{L}_k \precsim L_k$ 的时候，这位投资家对风险是回避的。而当满足 $\hat{L}_k \sim L_k$ 时，对风险持中立态度。相反，当满足 $\hat{L}_k \precsim L_k$ 时，对风险持欢迎态度。如果用期待效用函数来表示，对风险持回避态度的投资家的效用函数，就所有 k 而言，须满足(1.22)公式。

$$u\left(\int_{-\infty}^{\infty} c \, dF_k(c)\right) \geqslant \int_{-\infty}^{\infty} u(c) \, dF_k(c) \qquad (1.22)$$

这叫作詹森不等式，但这个不等式的构成与函数 $u(c)$ 为凹函数是等值的。因此，当函数 $u(\cdot)$ 有可能为二阶微分时，对所有 c 而言，$u''(c) \leqslant 0$ 是回避风险的条件。

假设消费量 c 具有加法式风险结构 $c = \bar{c} + \varepsilon$。$\bar{c}$ 为定数，ε 为概率变数，其期待值为 $E_k(\varepsilon) = 0$。方差为 $\mathrm{Var}_k(\varepsilon) = \sigma_k^2 > 0$。因此，概率变数 c 的期待值为 $\bar{c}$，其方差为 σ_k^2。消费计划 L_k 的**确定性等值**（certainty equivalent）为满足下一公式的 $\bar{\upsilon}_k$。

$$E_k[u(c)] = u(\bar{\upsilon}_k) \qquad (1.23)$$

右边表示来自标准消费计划 $\bar{\upsilon}_k$ 的期待效用。换而言之，所谓确定性等值就是标准消费计划的消费量，用以实现与消费计划 L_k 的期待效用相等的效用标准。

有关消费计划 L_k 的投资者**风险差额**被定义为确定性等值与消费期待值之差,定义为

$$\rho_k = \bar{c} - \bar{v}_k \qquad (1.24)$$

在消费期待值 $\bar{c}$ 中,如果就微小的 ε 将(1.23)公式的两边进行泰勒展开再进行整理,既可得(1.25)公式。

$$\rho_k = -\frac{u''(\bar{c})}{u'(\bar{c})} \frac{\sigma_k^2}{2} \qquad (1.25)$$

近似公式的演绎将在补遗中进行。有关消费计划 L_k 的风险差额近似于消费期待值 $\bar{c}$ 与分散 σ_k^2 的函数,消费分散越大,就越大。我们把风险差额大的人视为**更加回避风险**,并把上述公式的系数 $-u''(\cdot)/u'(\cdot)$ 叫作**绝对风险**规避系数(coefficient of absolute risk aversion)。

取代加法式风险结构的是有比例的风险结构,考虑到 $c = \bar{c}(1+\varepsilon)$,我们会采用**相对风险规避系数**(coefficient of relative risk aversion)$= -cu''(c)/u'(c)$。由此可得以下结果。

结果 1-7(风险差额与确定性等值)

对风险持规避态度的投资者的风险差额为非负($\rho_k \geqslant 0$),确定性等值为消费期待值之下的($\bar{v}_k \leqslant \bar{c}$)。

这些根据风险差额的定义公式我们便可一目了然[①]。典型的效用函数中包括以下公式

二次效用函数	$u = Ac - Bc^2 : B > 0, c < A/(2B)$
指数效用函数	$u = -e^{-Ac} : A > 0$
对数效用函数	$u = A \ln(c) : A > 0$
乘幂效用函数	$u = c^{1-A}/(1-A) : A > 0, A \neq 1$

指数效用为绝对风险规避度稳定(**CARA**:constant absolute risk aversion),对数效用与乘幂效用为相对风险规避度稳定(CRRA:constant relative risk aversion)。两者各自的系数皆为 A。另外,风险适中的主体的效用函数为曲线函数 $u = A + Bc(B > 0)$。

---

① 根据确定性等值定义(1.23)公式与风险规避定义(1.22)公式,即得 $u(\bar{c}) \geqslant E(u(c))$。因 VNM 效用函数即增加函数,故由此构成 $\bar{c} \geqslant \bar{v}_k$。

例题 1-5（期待效用与风险差额）

求下列情况的投资者风险差额。

1）指数效用函数 $u = -e^{-c}$，消费 $c = 2 + \varepsilon$，概率变数 ε 按照各 1/2 的概率，取 1 或 -1 的值。

2）乘幂效用函数 $u = 2\sqrt{c}$，消费 $c = 1 \times (1 + \varepsilon)$，概率变数 ε 按照各 1/2 的概率，取 0.5 或 -0.5 的值。

解说 1）消费的期待值为 $\bar{c} = 2$。因效用为 -0.5 或 -0.37，故期待效用为 $E(u) = -0.209$。确定性等值取 (1.23) 公式的对数，得 $\bar{v} = -\ln(-E(u)) = 1.566$。风险差额为 $\rho = \bar{c} - \bar{v} = 0.4338$。因绝对风险规避度为 1，故根据 (1.25) 公式所得的风险差额近似于 $\rho = \mathrm{Var}(\varepsilon)/2 = 0.5$。图 1-3 表示了这一例子中期待效用与确定性等值以及风险差额的关系。

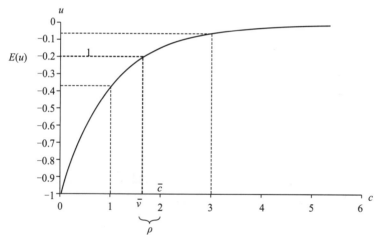

图 1-3 （期待效用与风险差额）

(注)曲线 VNM 为有效函数，$\bar{c}$ 为消费的期待值，$\bar{v}$ 为确定性等价，ρ 为风险差额。

2）消费期待值 $\bar{c} = 1$。因效用为 2.4495 或 1.4142，故期待效用为 $E(u) = 1.9319$。确定性等值由 (1.23) 公式得出 $\bar{v} = (E(u)/2)^2 = 0.9330$。风险差额为 $\rho = \bar{c} - \bar{v} = 0.6699$。另外，相对风险规避度为 $(-cu''/u') = 0.5$。

1.2.3　投资者的作用与风险差额†

本小节举例说明的是对风险持回避态度的投资者的效用最大化问题,这也是下一章将要讨论的基本问题。投资者的效用函数满足 $u'\geqslant0,u''\leqslant0$。投资者拥有初期资产 y,对有风险的资产(称为**风险资产**,risky asset)及**无风险资产**(risk-free asset)进行投资。无风险资产带来确切的毛收益率 $1+r_f$,风险资产的毛收益率为概率变数 $1+r$。假设 r 是连续性的变数,具有密度函数 $f(r)$。初期资产中对风险资产投入 a 日元,剩下的 $y-a$ 投入无风险资产。为简明起见,将无视卖空 $a<0$ 及借贷 $y<a$,并附加 $0\leqslant a\leqslant y$ 的条件。投资者消费所有末期资产。即,$c=(1+r_f)(y-a)+(1+r)a$。请注意,在与前面所探讨的关系中,消费计划的选择为选择 a。

投资者的期待效用为

$$U=\int_{-\infty}^{\infty}u((1+r_f)y+(r-r_f)a)f(r)dr \qquad (1.26)$$

就 a 将此公式微分得

$$dU/da=\int_{-\infty}^{\infty}(r-r_f)u'(c)f(r)dr \qquad (1.27)$$

还有,2 阶微系数为

$$d^2U/da^2=\int_{-\infty}^{\infty}(r-r_f)^2u''(c)f(r)dr\leqslant0 \qquad (1.28)$$

U 的 2 阶微系数之所以为负,是因为已假设 $u''\leqslant0$。因此,作为目的函数的期待效用为 a 的凹函数,故这问题有最佳解 a^*。

因最佳解 $a^*>0$,故在 $a=0$ 时,边际效用 dU/da 必须为正数。即

$$dU/da|a=0=u'((1+r_f)y)(E(r)-r_f)>0 \qquad (1.29)$$

因 $u'>0$,故风险资产与无风险资产的期待收益率之差 $E(r)-r_f$ 为正数,这是规避风险的投资者保证正数风险资产的条件。期待收益率的扩大 $E(r)-r_f$ 被称为**风险差额**。

1.2.4　概率优势与偏好

假设初期拥有 W_0 资产的投资者将全额投入具有 $1+r$ 收益率

的金融资产。简单来讲,假设这位投资者将消费所有末期资产$W=(1+r)W_0$。r为概率变数,具有分布函数$F_k(r)$。因此,选择哪类金融资产决定了消费计划。

假设有两个金融资产($k=A,B$)。当满足下面条件时,分布F_A从**一阶随机优势**(first order stochastic dominance)意义上来讲,比分布F_B有优势。

$$\int u((1+r)W_0)dF_A(r) \geqslant \int u((1+r)W_0)dF_B(r) \quad (1.30)$$

这里$u(\cdot)$为VNM效用,是增加函数。请注意,左边是选择资产A时的期待效用,右边是选择资产B时的期待效用。

接着我们来看期待效益率相同$[E(r_A)=E(r_B)]$的两个金融资产。当满足下面条件时,分布F_A处于**二阶随机优势**(second order stochastic dominance)意义上来讲,要比分布F_B有优势。

$$\int u((1+r)W_0)dF_A(r) \geqslant \int u((1+r)W_0)dF_B(r) \quad (1.31)$$

这里$u(\cdot)$为VNM效用,是非减少及凹函数($u'\geqslant0,u''\leqslant0$)。图1-4表示分布$F_A$比分布$F_B$更处于二阶随机优势。故得以下结果。

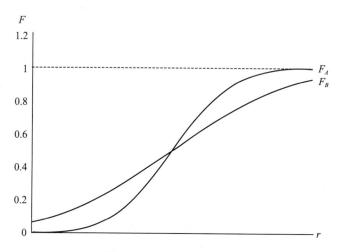

图1-4 (二阶随机优势)
(注)分布函数F_A比分布F_B更处于二阶随机优势。

结果 1-8（随机优势与偏好）

（i）任何具有非减少 VNM 效用的投资者，对于分布都偏好有一阶随机优势的金融资产。

（ii）规避风险的投资者，对于分布偏好有二阶随机优势的金融资产。

一阶随机优势所必需的充分条件是，所有 r 都要符合 $F_A(r) \leqslant F_B(r)$。换句话说就是，某 x 以下的收益率所产生的概率 A 相对要小，某 x 以上收益率所产生的概率 A 相对要大。因此，A 的期待值高于 B 的期待值。二阶随机优势所必需的充分条件是（期待值通等时），所有的 x 要符合

$$\int_0^x (F_A(r) - F_B(r))dr \leqslant 0 \qquad (1.32)$$

公式[①]。这条件相对而言，意味着不仅允许 A 比 B 产生下方曲线（收益率较低的范围）的概率小，而且上方曲线（收益率较高的范围）产生概率，A 也可以比 B 小。即，分布状况成 A 的中间范围密度较高的形状。因此，不喜欢消费变动的投资者偏好分布 A，所以说分布 A"风险更小"。

1.3 不确定性投资的价值†

继续引用 1.11 节的设定，对具有不确定现金流量的投资 NPV 进行说明。我们来看一下时间点 $t=1$ 以后所带来现金流量 x_t 的投资项目的 NPV。这个现金流量为概率变数，按照概率分布 $F_t(x_t)$。不过，假设各现金流量为相互独立的。即，同时分布函数是 $G(x_1, \cdots, x_T) = F_1(x_1) \cdots F_T(x_T)$。在此设定之下，得以下结果。

结果 1-9（不确定现金流量的 NPV）

当各时间点的现金流量独立时，投资的 NPV 用合适的风险差额 $\alpha(>0)$ 表示为

---

① 这些条件的证明过程就省略了，用了一部分积分。

$$\text{NPV} = \sum_{t=1}^{T} \frac{E(X_t)}{(1+r+\alpha)^t} + X_0 \qquad (1.33)$$

但是，r 是无风险现金流量的折扣率，期待值是有关同时分布函数的期待值。之所以在折扣率上追加风险差额 α，是因为如结果 $1-7$ 以及(1.29)公式所提示的，回避风险的投资者在收益率期待值相同的情况下，相对不确定现金流量来，更偏好确定现金流量。用于评价上述公式的标准方法，可采用无风险利率作为 r，以及采用后述 CAPM 的贝塔作为 α 的方法。

补遗 A：托宾的 Q 理论

拉格朗日乘数法具有制约条件(这里就是变迁形式)影子价格的意思，所以(1.17a)公式意味着这一影子价格在每支出一个单位的投资支出额就增加边际调整费用 $\varPsi'$。(1.17b)公式是一阶线性微分方程式，因此可以通过逐次替代法来求解。即，因(1.17b)公式在各个 t 时间点成立，故可按顺序将下期以后的 q_τ 代入 t 时间点的公式。如将 $t+1$ 时间点的公式代入 t 时间点公式即为

$$q_t = \frac{1}{1-a}\left(\frac{1-a}{R}\pi_{K,t+1} + \left(\frac{1-a}{R}\right)^2 \pi_{K,t+2}\right) + \left(\frac{1-a}{R}\right)^2 q_{t+2}$$

$$(1.34)$$

若进一步继续代入，即可得

$$q_t = \frac{1}{1-a}\sum_{j=1}^{T}\left(\frac{1-a}{R}\right)^j \pi_{K,t+j} + \left(\frac{1-a}{R}\right)^{T-t} q_T \qquad (1.35)$$

如果考虑到无限时间，那么就构成横断面条件(1.17c)公式，故得(1.18)公式。

接着是平均 Q 的导出。这里明确用劳动 L 来表示。关于生产函数，假设**规模相关收获稳定**，$f(\lambda K, \lambda L) = \lambda f(L, K)$。公式导出的调整费用函数 $\varPsi K$ 也与 I 和 K 相关，为一次同次，所以当生产函数构成一次同次性时，利润函数也就随这三个变数满足一次同次性。根据欧拉定理，构成 $\pi_K K + \pi_L L + \pi_I I = \pi$。如果运用有关劳动的一阶条件与有关投资的一阶条件，即可得 $\pi_K Kt + \pi_t + q_t I_t$。如果(1.17b)公式加上 K_{t+1}，再将此公式代入，即为

$$q_t K_{t+1} = R^{-1}(\pi_{t+1} + q_{t+1} K_{t+2}) \qquad (1.36)$$

有关 $q_\tau K_{\tau+1}$，如果按顺序反复代入，即可得平均 Q。

补遗 B：风险差额的类似

首先，(1.23)公式表现为

$$E_k[u(\bar{c}+\varepsilon)]=u(\bar{c}-\rho_k) \tag{1.37}$$

左边的期待值中，通过近似欧拉定理得

$$u(\bar{c}+\varepsilon)=u(\bar{c})+\varepsilon u'(\bar{c})+0.5\varepsilon^2 u''(\bar{c}) \tag{1.38}$$

不过，假定虽然效用函数存在到三次的微积分，但三次的距相比分散 σ^2 还要高位无限小。如果取其期待值即得

$$E_k=[u(c)]=u(\bar{c})+0.5\sigma_k^2 u''(\bar{c}) \tag{1.39}$$

不过采用了 $E_k(\varepsilon u'(\bar{c}))=u'(\bar{c})E_k(\varepsilon)=0$。在(1.37)公式右边的近似欧拉定理中，$\rho^2$ 非常小，如果假定二次以后之项非常小，那么即为

$$u(\bar{c}-\rho_k)=u(\bar{c})-\rho_k u'(\bar{c}) \tag{1.40}$$

若将(1.40)公式与(1.39)公式代入(1.37)公式，即得

$$0.5\sigma_k^2 u''(\bar{c})=-\rho_k u'(\bar{c}) \tag{1.41}$$

故稍做变形即得(1.25)公式。

补遗 C：期待效用定理

根据 Mas-Colell et al.(1995)对期待效用定理的概况进行一个简单介绍。首先，将所有计划中消费者最偏好的计划设定为 L_g，最不偏好的设定为 L_b，并且设定前者所得的期待效用为 1，后者所得期待效用为 0。即 $U(L_g)=1, U(L_b)=0$。

我们来看一下由这两项计划合并而成的计划。合成计划正如概率 α 为 L_g 计划，概率 $1-\alpha$ 为 L_b 计划那样，计划 $C=\alpha L_g+(1-\alpha)L_b$。在此合成计划 $C=\alpha L_g+(1-\alpha)L_b$ 中，各种状态的发生概率为 $p_i^C=\alpha p_i^g+(1-\alpha)p_i^b$。我们运用此计划来制定 L_k 计划，任意计划 L_k 都构成 $U(L_g)\geqslant U(L_k)\geqslant U(L_b)$。在连续性的假设之下，计划 L_k 的效用应，采用概率 $\alpha_k\in[0,1]$，即表示为

$$U(L_k)=\alpha_k U(L_g)+(1-\alpha_k)U(L_b)=\alpha_k \tag{1.42}$$

我们把这种第三计划不影响两个计划偏好关系的公式叫作独立性公理。两个计划无差别（$L\sim L'$），意味运用第三计划 L'' 制定的合成计划也是无差别的。即与 $\beta L+(1-\beta)L''\sim\beta L'+(1-\beta)L''$

同值。不过是 $\beta \in (0,1)$。

其次,我们来看一下运用概率 β 制定由计划 k 与计划 j 所合成的计划 C'。按照独立性公理,构成

$$\beta L_k + (1-\beta)L_j \sim \beta(\alpha_k L_g + (1-\alpha_k)L_b) + (1-\beta)(\alpha_j L_g + (1-\alpha_j)L_b)$$
$$\sim (\beta\alpha_k + (1-\beta)\alpha_j)L_g + (\beta(1-\alpha_k) + (1-\beta)(1-\alpha_j))L_b$$

即,在概率 $\gamma = \beta\alpha_k + (1-\beta)\alpha_j$ 合成 L_g,在概率 $1-\gamma$ 合成 L_b,由此得计划 C'。在上面公式中,如采用(1.42)公式,即为

$$U(\beta L_k + (1-\beta)L_j) = (\beta\alpha_k + (1-\beta)\alpha_j)U(L_g)$$
$$= \beta U(L_k) + (1-\beta)U(L_j) \qquad (1.43)$$

把这叫作期待效用函数的线形性。

最后,来看一下概率 1 所带来 c_i 的标准消费计划 $\hat{L}_i$。这与状态数相同,只存在 N 个,设定为 $U(\hat{L}_i) = u(c_i)$。从上述探讨可知,任意消费计划 L_k 可由这些标准消费计划来合成。即为 $L_k = \sum_i p_i^k \hat{L}_i$。如采用(1.43)公式,即得期待效用函数

$$U(L_k) = U(\sum_i p_i^k \hat{L}_i) = \sum_i p_i^k U(\hat{L}_i) = \sum_{i=1}^{N} p_i^k u(c_i)$$
$$(1.44)$$

文献指南

托宾的 Q 理论

Chirinko, R. 1987. Tobin's Q and financial policy. *Journal of Monetary Economics* 19, 69 – 87.

Hayashi, F. 1982. Tobin's marginal q and average q: A neoclassical inter-pretation. *Econometrica* 50, 213 – 224.

Jorgenson, D. 1963. Capital theory and investment behavior. *American Economic Review* 53, 247 – 259.

Summers, L. 1981. Taxation and corporate investment: A q-theory approach. *Bookings Papers on Economic Activity* 1, 67 – 140.

Tobin, J. 1969. A general equilibrium approach to monetary theory. *Journal of Money, Credit and Banking* 1, 15 – 29.

Uzawa. H. 1969. Time preference and the Penrose effect in a

two-class model of economic growth. *Journal of Political Economy 77*, 628 – 652.

Yoshikawa. H. 1980. On the"q" theory of investment. *American Economic Review* 70,739 – 743.

期待効用与风险

Arrow，K. 1971.*Essays in the Theory of Risk Bearing*. North-Holland Publishing Company.

Laffont,J. 1989. The *Economics of Uncertainty and Information*. MIT Press.

Mas-Colell, A., Whinston, M., Green. J. 1995. *Microeconomic Theory*.Oxford University Press.

Pratt, J. 1964. Risk aversion in the small and in the large. *Econometrica* 32,122 – 136.

Rothchild, M., Stiglitz, J. 1970. Increasing risk I: A definition.*Journal of Economic Theory* 2,225 – 243.

von Neumann,J.,Morgenstern,O.1944.*Theory of Games and Economic Behavior*.Princeton University Press.(译)武藤滋夫、中山干夫,游戏理论与经济行动,劲草书房(2014).

教科书

Amaro De Matos , J. 2001.*Theoretical Foundations of Corporate Finance*.Princeton University Press.

Berk,J.,Demarzo, P. 2014. *Corporate Finance*. Prentice Hall. The third edition.(译)久保田敬一、芹田敏夫、竹原均、德永俊史,Corporate finance,丸善出版,(2014).

Brealey,R.,Myers, S.,Allen, F. 2013. Principles of Corporate Finance. McGraw-Hill.(译)藤井真理子、国枝繁树、Corporate finance,日经 BP 社(2014).

Damodaran,A.2011.*Corporate Finance:Theory and Practice*. Second edition.Wiley.

Dixit,A.,Pindyck,R.1994.*Investment under Uncertainty*.Princeton University Press.

Grinblatt，M.，Titman，S. 2004. *Financial Markers and Corporate Strategy*.McGraw-Hill.

Ingersoll,J.1987.*Theory of Financial Decision Making*.Rowman &.Littlefield Publisihers.

Ross，s.，Westerfield，R.，Jaffe，J. 2002. *Coporate Finance*. McGraw-Hill/Irwin.

Tirole,J.2006.*The Theory fo Corporate Finance*.Princeton University Press.

日本証券フナリスト协会编集,小林孝雄、芹田敏夫著,新.证券投资论Ⅰ,日本经济新闻出版社(2009).

第二章　金融资产的价值评估

本章将对金融资产的价值评估基础进行说明。2.1 节中，在对复利计算方法进行说明之后，还将就国债等的无风险资产的价值评估与均衡价格进行说明。在 2.2 节中，将对存在不确定性时最简单的股份与风险债权的价值评估进行说明。而在 2.3 节中，将通过对投资组合的平均与分散的探讨，就如何建构有效的投资组合和最佳投资组合进行说明。

2.1　无风险资产的价值评估†

2.1.1　复利计算

以下将对各种**收益**(yield 或利率)的计算基础进行说明①。设一期中的纯收益为 r，**收益因子**(factor 或毛利润)为 $1-r$。当投资时间存在多种期间时，将总计的收益叫作**总收益**(Total Return)，将某一时间点的收益放在原始本金中来计算的方法叫作复利计算。N 期间的复利总收益因子为 $R_n=(1+r)^n$。比如，以一年为期，两年的总收益为 $R_2=(1+r)^2$。将这种复利计算中的年收益 r 叫作**有效年利率**(effective annual rate)。

有关一年的利率(收益)，通常所说的**年利率**(年收益)与有效年利率不同。比如，半年复利为年率 $100x\%$ 时，投资在半年后带来 $100x/2\%$，意味着将再作再投资。因此，年利率为 x 时的有效年利率为满足 $1+r=(1+小\ x/2)^2$ 的 r。如果一年中支付 k 次的话，那么

———————————

① 本书中收益、利率、收益率基本上为同等意思，只是根据方便分别适用而已。

有效年利率就是满足(2.1)公式的 r。

$$1 + r = \left(1 + \frac{x}{k}\right)^k \tag{2.1}$$

假设按月支付,即 $k=12$,按日支付,即 $k=365$。在比较不同支付次数的年利率时,换算成有效年利率。

如果发生比按日支付次数还多的情况(或想对收益进行评估),可进行连续复利计算。连续复利计算 z 为满足

$$1 + r = e^z \tag{2.2}$$

公式的 z。即,$z = \ln(1+r)$[①]。连续复利计算的利率 z 叫作瞬间利率或对数利率。

因为,如果没有对复利频率的偏好,无论哪一频率的有效年利率都必须相同,故由(2.1)公式和(2.2)公式,瞬间利率 z 与半年复利的年利率 x 满足(2.3)公式。

$$\left(1 + \frac{x}{2}\right)^2 = 1 + r = e^z \tag{2.3}$$

所以瞬间利率可以按照 $z = 2\ln(1+x/2)$ 来计算。

还有,有关进行短期资金借贷的短期金融市场的收益,通常不进行复利计算。比如短期贷款,因为利息是在期限结算日与本金一起偿还,所以如设短期贷款利率为 r,那么 m 每日短期借款的利息按 $mr/365$ 的单利形式计算。

求折现值的时候,会把上述收益的某一部分用作折现率。折现函数就是通过乘上某个时间点 t 的现金流量,变换成折现值的函数。如果采用有效年利率 r 或半年复利的年利率 x,折现函数即为

$$\delta(t) = \frac{1}{(1+r)^t} = \frac{1}{(1+x/2)^{2t}} \tag{2.4}$$

不过,t 的单位是年。采用瞬间利率的折现率 $\delta(t) = e^{-zt}$ 被叫作瞬间折现函数。若求每半年产生的现金流量的折现值,采用每半年作定义的折现函数。T 次数($0.5t$ 年后)的现金流量的折现函数为:

$$\delta(t) = \frac{1}{(1+r)^{t/2}} = \frac{1}{(1+x/2)^t} \tag{2.5}$$

---

① 取(2.1)公式右边的对数,有关支付次数 k,如取极限,根据罗比达法则为 z。即,$\lim_{k \to \infty} \ln(1+z/k)/(1/k) = z$。另外,$e$ 是自然对数之底,约为 2.71828

2.1.2　无风险债券的收益率

无风险资产有家发行的国债①。在日本发行的有固定息票国债、浮动利率国债、国库短期证券（折现短期国债和政府短期证券）、物价联动国债等。在国债中起着主要作用的**固定息票国债**（息票债）会在偿还之前定期支付规定的利息（息票），在期满时以票面金额偿还。通常是半年支付一次利息，最后一次利息在期满日支付。

固定息票国债中有一部分被指定为本息分离国债，作为本金（票面金额）部分与利息部分相分割的国债，通过金融机构进行交易和流通。这个本金部分就叫作本息分离本金国债，利息部分叫作本息分离利息国债。这与美国发行的 STRIPS（separate trading of registered interest and principal securities）债券相同②。本息分离债券是不支付利息的贴现债券。这种债券又叫作零息债券，在无风险资产的价值评估方面起着重要的作用。

下面以半年为 1 期表示时间点 t，初期时间点 $t=0$，设期满为 $t=T$ 期，发行面额为 B_T 的零息债券。在时间点 t，此债券的剩余期间 $n=T-t$。设时间点 t 的债券价格为 P_{nt}。时间点 t 的**最终受益**（yield to maturity）是满足（2.6）公式的 r_{nt}。

$$P_{nt} = \frac{B_n}{(1+r_{nt}/2)^n} \qquad (2.6)$$

不过，利率表示的是半年复利的年利率。这个零息债券的到期收益率被叫作时间点 t 的 n 期**零利率**，是典型的**无风险利率**。另外，这里虽然一般给时间点 t 的到期收益作了定义，如设 $t=0$，那就成了**认购者收益**。

下面我们来看一下剩余期间为 n，面额为 B_n 的无风险固定息票债券。利息 C_n 每年分两次支付。把面额为年度利息的比率 $C_n=C_n/B_n$ 叫作利率。固定息票债券的到期收益率 y_{nt} 满足以下公式。

---

① 这里假设是国家信用风险，没有主权风险。即，国家具有确定的偿还国债的能力，保证能支付本金和利息。

② 本金部分叫作 P‑STRIPS，利息部分叫作 C‑STRIPS。

$$P_{nt}^c = \frac{B_n}{(1+y_{nt}/2)^n} + \sum_{i=1}^{n} \frac{C_n/2}{(1+y_{nt}/2)^i} \qquad (2.7)$$

但是 P 上注的 c 是表示利率债券。如果采用等比数列公式,即表现为

$$P_{nt}^c = \frac{B_n}{(1+y_{nt}/2)^n} + \frac{C_n}{y_{nt}}\left(1 - \frac{1}{(1+y_{nt}/2)^n}\right) \qquad (2.8)$$

由此公式,可得以下有关固定息票债券的债券价格和面额的结果。

结果 2 - 1(固定息票债券的到期收益与利率的关系)

债券价格与面额的大小是由到期收益与利率大小来决定的[①]。

折现 $\qquad P_{nt}^c < B_n \qquad \Leftrightarrow \qquad y_{nt} > C_n$

等值 $\qquad P_{nt}^c = B_n \qquad \Leftrightarrow \qquad y_{nt} = C_n$

溢价 $\qquad P_{nt}^c > B_n \qquad \Leftrightarrow \qquad y_{nt} < C_n$

如采用(2.8)公式即为

$$P_{nt}^c - B_n = \frac{(y_{nt}-C_n)B_n}{y_{nt}}\left(\frac{1}{(1+y_{nt}/2)^n} - 1\right) \qquad (2.9)$$

故如果留意 $y_{nt} > 0$ 就可得结果。

2.1.3 固定息票债券的价值评估

假设存在期满时具有 $j=1,2,\cdots,n$ 的 n 类型零息债券。按照 (2.6)公式,面额与价格之间存在线形关系,所以为简便起见,将面额都定为 1 日元。重新修正(2.6)公式的话,时间点 $t=0$ 的零息债券价格与零利率之间处于以下关系。

$$p_j = \frac{1}{(1+r_j/2)^j} \qquad (2.10)$$

但是,因为只考虑时间点 $t=0$ 的情况,故 0 字就省略了。

我们来看一下按照(2.7)公式期满 n 的固定息票债券在时间点 0 的评价。其支付额度可以通过将零息债券进行如下组合来复制。即,以 ω_j 为期满 j 的零息债券购买数,便得

$$\omega_j = \begin{cases} C_n/2 & \text{当} \quad j=1,\cdots,n-1 \\ C_n/2 + B_n & \text{当} \qquad\quad j=n \end{cases} \qquad (2.11)$$

---

① 折现叫作 below par,溢价叫作 above par。

由此零息债券所复制的投资组合的建构费用为

$$P_n^* = \sum_{j=1}^n \omega_j P_j = \sum_{j=1}^n \frac{C_n/2}{(1+r_j/2)^j} + \frac{B_n}{(1+r_n/2)^n}$$

$$(2.12)$$

由此可得出以下结果。

结果 2−2（固定息票债券的价值评估）

在时间点 $t = 0$ 时，采用零利率来计算期满 n、利息 C_n、面额 B_n 的固定息票债券价值，便得公式

$$P_n^c = \sum_{j=1}^n \frac{C_n/2}{(1+r_j/2)^j} + \frac{B_n}{(1+r_n/2)^n} \qquad (2.13)$$

这个结果可从零息债券与固定息票债券之间的无套利条件而得。即，上述零息债券与固定息票债券带来完全相同的收益，所以必须定为同一价格（$P_n^* = P_n^c$）。如果一边高于另一边，就会产生套利交易，在均衡上两者的价格就相等了。而且，由上述情况及（2.7）公式，零息债券与固定息票债券的最终收益之间将存在如下关系。

$$\frac{B_n}{(1+r_n/2)^n} + \sum_{j=1}^n \frac{C_n/2}{(1+r_j/2)^j} = \frac{B_n}{(1+y_{nt}/2)^n} + \sum_{i=1}^n \frac{C_n/2}{(1+y_{nt}/2)^i}$$

$$(2.14)$$

接着，我们来看一下剩余期间与价格之间的关系。如果将（2.6）公式中所有的 n 都设定为 $B_n = 1, r_{nt} = r$，那么零息债券的价格为剩余期间 n 的减少函数。即，剩余期间越短，债券价格就越高。最终，剩余期间为 0 时，债券价格与面额达到一致。另外，由（2.9）公式，固定息票债券的价格在 $y_{nt} > c_n$ 时，为剩余期间 n 减少函数，在 $y_{nt} < c_n$ 时，为增加函数。因为前者 $P_{nt}^c < B_n$，如果零利率在所有时间点是一定的，那么价格就会随着剩余期间的减少而上升，在偿还期间与面额达到一致。而后者则相反。因此，固定息票债券的价格具有收敛为面额的性质。

如果在 t_1 时间点按价格 P_{nt_1} 购买债券，在 t_2 时间点按价格 P_{nt_2} 卖出，那么就计算持有期间的收益。但是，$0 < t_1 < t_2 \le n$。半年复利的持有期间收益为满足（2.15）公式的 $x_{t1,t2}$。

$$P_{nt_1} = \frac{P_{nt_2}}{(1+x_{t_1,t_2}/2)^{t_2-t_1}} + \sum_{i=1}^{t_2-t_1} \frac{C_n/2}{(1+x_{t_1,t_2}/2)^i} \qquad (2.15)$$

但这里未将应计利息考虑在内[①]。

例题 2-1（附息债券的收益、价格、零利率）

我们来看一下五年为期、面额为 10000 日元的无风险固定息票债券。利率为 4％，利息每年分两次支付。

1）在现时间点 t，设剩余期间为两年半。求现在价格为 9883 日元时的最终收益。

2）发行时间点 $t=0$。请说明按零息债券复制此固定息票债券的方法。但在时间点 $j=1,2,\cdots10$ 为期满的各时间点都存在零息债券，这些债券的面额为 1 日元。

3）求在时间点 $t=0$，零息债券为 3％时的固定息票债券的价格。再对此固定息票债券的折现、等值和溢价进行分类。

4）图 2-1 的坐标横轴表示价格和面额比率（$p=P/B$），纵轴表示收益 y。以及作为利率 $c=C/B$，分为 3％ 及 5％，到期 $n=10$，20 等四种类型。问，由此图可得知何种信息？

解说 1）此附息债券的利率为 4％，故 400 日元的利息每年分两次支付。时间点 t 半年为 1 期，所以剩余期间 $\tau=5$。根据（2.7）公式，此附息债券的最终收益与价格的关系为

$$P_{5t}^c = \frac{10000}{(1+y_{5t}/2)^5} + \frac{400}{2}\left(\frac{1}{(1+y_{5t}/2)} + \cdots + \frac{1}{(1+y_{5t}/2)^5}\right)$$

此方程式之解 y=0.045 是采用表格计算软件计算的[②]。

2）根据（2.11）公式，到期 $j<10$ 的零息债券的购买数 $\omega_j=200$，到期 10 的购买数为 10200。

3）根据（2.13）公式，

$$P_{10}^c = \sum_{j=1}^{10} \frac{C_{10}/2}{(1+r_j/2)^j} + \frac{B_{10}}{(1+r_{10}/2)^{10}} \approx 10461 \text{（日元）}$$

利率比零利率还高，所以是溢价。

---

① 所谓应计利息是指计算持有期间收益的持有人并未拥有在整个支付利息期间持有该债券的情况下所产生的利息。即，从前一次利息支付日到本次利息支付日之间，中途换了持有人，这时现持有人需要将前持有人持有债券期间的利息支付给前持有人。

② Excel 的话可采用 rate 函数等。

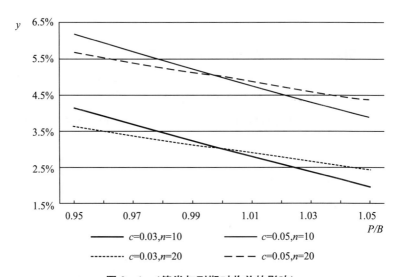

图 2 - 1　(债券与到期对收益的影响)

(注)横轴为价格/面额,纵轴为最终收益。c 为利率,n 表示到期。

4) 债券的不同在图表范围内带来大约 2% 的收益差。p 越高差异就越小。另一方面,我们从纵轴来看图表的话,收益上升降低了价格,其反应程度因到期不同而各异。在折现领域,到期时间越长收益就越低,而在溢价领域,到期时间越长降价率就越大,可见溢价领域的升值率大。这将在10.1 节中再次进行探讨。

2.1.4　贷款还款额的计算

上述无风险固定息票债券的计算方法可以用来计算借款的偿还额。通常而言,借款伴随着信用风险,但计算借款偿还额本身,就是根据考虑了合理的风险差额而借款的利息率,将其当作没有信用风险来进行的计算。现在,设借款额为 D,每月固定还款额为 C,偿还次数为 m(月),借款利率(年息率)为 x。借款额与借款利息率之间的关系为

$$D=\sum_{i=1}^{m}\frac{C}{(1+x/12)^{i}}=\frac{C}{x/12}\left(1-\frac{1}{(1+x/12)^{m}}\right) \quad (2.16)$$

因此,如设借款利息率 x 为前提,即每月偿还额为

$$C = \frac{(x/12)D\,(1+x/12)^m}{(1+x/12)^m - 1} \qquad (2.17)$$

这就是被称为等额本息方式贷款的借款偿还额。

等额本息贷款的偿还方法是,以每月一次的还款额作为本金部分的还款额(用偿还次数来除借款额),以及对各时间点未偿还债务利息的总计来计算的方法。若设借款额为 D_0,t 期末的未偿债务为 D_t,偿还额为 C_t。t 期末的未偿还债务满足(2.18)公式。

$$D_t = D_{t-1} - \frac{D_0}{m} = D_0\left(1 - \frac{t}{m}\right) \qquad (2.18)$$

偿还额定义为

$$C_t = \frac{D_0}{m} + D_{t-1}\frac{x}{12} \qquad (2.19)$$

将(2.18)公式代入,即得

$$C_t = \frac{D_0}{m}\left(1 + (m-t+1)\frac{x}{12}\right) \qquad (2.20)$$

2.2 风险资产的价值评估

2.2.1 股票的价值评估 †

为了探讨股份价值评估,我们来看一下无期限从事经营活动的企业。企业在时间点 $t = 1, \cdots, \infty$ 向股东支付每股的股息 D_t,但假设不进行为获得股份的支出及内部保留等。设在支付了时间点 t 的股息后的股价为 P_t,今后的派息 D_t 与股价 P_t 皆为概率变数。

现在我们来看一下如下交易。在时间点 t 购入股份,在时间点 $=1$ 时收到股息之后便将股份出售了。从这次投资所得的(纯)期待收益率为

$$R_{t+1} = E_t\left(\frac{D_{t+1}}{P_t}\right) + E_t\left(\frac{P_{t+1} - P_t}{P_t}\right) \qquad (2.21)$$

这里,右边第一项为期待股息收益,第二项为期待资本收益率。在时间点 t 的股价 P_t 是已知的,期望算子 E_t 表示的是将时间点 t 的信息作为前提条件的有条件期待值。简而言之,我们假设投资者考虑了这一期待收益率为一定值。即,$E_t(R_{t+1}) = R$。以此来置换

上述公式即为

$$P_t = \frac{E_t(P_{t+1} + D_{t+1})}{1+R} \tag{2.22}$$

通过重复逐一代入便可得此差分方程式的一个解。在此,我们暂设最终时间点为 T,将时间点 $T-1$ 的价格的有条件期待值 $E_{T-1}(P_T)$ 作为前提条件,来看一下逆向推算。首先,上述有关 $T-1$ 的公式为

$$P_{T-1} = \frac{E_{T-1}(P_T + D_T)}{1+R} \tag{2.23}$$

还有,$T-2$ 也构成(2.24)公式。

$$P_{T-2} = \frac{E_{T-2}(P_{T-1} + D_{T-1})}{1+R} \tag{2.24}$$

其次,(2.23)公式取的是时间点 $T-2$ 的有条件期待值。有关某概率变数 X,将构成 $E_t(E_{t+1}(X)) = E_t(X)$ 称之为有条件期待值重复公式[1]。若将此公式用于 $E_{T-1}(P_T)$ 和 $E_{T-1}(D_T)$,(2.23)公式的有条件期待值即为

$$E_{T-2}(P_{T-1}) = E_{t-2}\left(\frac{E_{T-1}(P_T + D_T)}{1+R}\right) = \frac{E_{T-2}(P_T + D_T)}{1+R}$$
$$\tag{2.25}$$

若将此代入(2.24)公式即为

$$P_{T-2} = E_{T-2}\left(\frac{D_{T-1}}{1+R}\right) + \frac{1}{1+R}\left(\frac{E_{T-2}(D_T + P_T)}{1+R}\right) \tag{2.26}$$

将这种逐一代入重复进行到时间点 0,便可得

$$P_0 = E_0\left(\sum_{i=1}^{T} \frac{D_i}{(1+R)^i}\right) + E_0\left(\frac{P_T}{(1+R)^T}\right) \tag{2.27}$$

图 2-2 所描写的就是这一状况。实线表示差分方程式(2.22),虚线为 45 度线。虽然 45 度线表示的是差分方程式所给予的 P_t 在时间点 $t-1$ 的有条件期待值,但可以解释为是在股份合理期待的状况下所构成的完全预见 $P_t = E_{T-1}(P_T)$,并可得出如下结果。

结果 2-3(股息贴现模型)

假设无限期股份满足 $\lim_{T\to\infty} E_0((1+R)^{-T}P_T) = 0$,那么在整

---

[1] 有关有条件期待值,请参照第 12 章的补遗。

金融经济学

个无限的期间企业需支付股息的股份为

$$P_0 = E_0\left(\sum_{i=1}^{\infty} \frac{D_i}{(1+R)^i}\right) \tag{2.28}$$

即,股份为股息折现值的期待值。这个**股息贴现模型**(Dividend Discount Model:DDM)收到前一小节的无风险资产价值评估观点的影响。因此,只是由期待收益率构成股价,而且假设此收益率是一定的。这一点我们需要注意[1]。

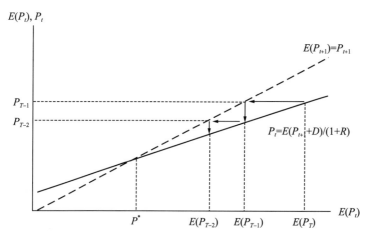

图 2 - 2 (股息贴现模型的差分方程式)

(注)P_t为股价。实线表示差分方程式,虚线表示45度线。省略了有条件期待值的说明。

例题 2 - 2(股息贴现模型)

在无限期间内 A 公司须支付的股息期待值是一定的,每股为200 日元。股息每年支付一次,投资者的期待收益是一定的,为 4%。

1)此问题的设定表示差分方程式(2.22),求其解之一。

2)若期待收益率上升至 5%,股价将下跌百分之几?

---

① 正如 6.4 节中所说明的,即便投资者属于回避风险型的,但如果有可能通过风险中立概率来评估期待值的话,那么稍加修正,就可以考虑如(2.28)公式所进行的股价评估。

解说 1）差分方程式为

$$P_t = 0.961 \times E_t(P_{t+1}) + 192.308 \qquad (2.29)$$

因为股息期待值是一定的，故(2.28)公式为 $P_t = 200/0.04 = 5000$ 日元。

2）因为 $P_t = 4000$，故下跌 20%。

2.2.2 股息率模型

Campbell 与 Shiller 就(2.21)公式，对股息收益中存在稳定值时的股价评估进行了探讨[Campbell and Shiller(1988)]。与(2.2)公式相同，股份的对数收益率定义为

$$r_{t+1} = \ln(1 + R_{t+1}) = \ln\left(\frac{P_{t+1} + D_{t+1}}{P_t}\right) \qquad (2.30)$$

若将股价与股息的对数值各设为 $p_t = \ln P_t, d_t = \ln D_t$，将股息收益的对数值设为 $a_t = d_t - p_t$，上述公式便可表示为

$$r_{t+1} = p_{t+1} - p_t + \ln(1 + \exp(a_{t+1})) \qquad (2.31)$$

此公式的推算将在补遗中演示。Exp(•)是指数函数。

这里假设对数股息收益存在稳定值 $\bar{a}$，在此旁边进行泰勒展开，既可得

$$r_{t+1} = k + (1 - \rho)d_{t+1} + \rho p_{t+1} - p_t \qquad (2.32)$$

这里设 $\rho = 1/(1 + \exp(\bar{a})), k = -\ln\rho - (1 - \rho)\ln(1/\rho - 1)$。即，如以 k 及 p_t 为前提条件，对数股息与对数股价的加重平均将会影响到对数收益。通过朝无限未来依次重复代入，便可得如下结果。

结果 2-4（股息率模型的股价评估）

假如股息收益存在稳定值，条件 $\lim_{i \to \infty} \rho^i p_{t+i} = 0$ 得到满足，那么 t 期的对数股价即为

$$p_t = \frac{k}{1 - \rho} + E_t\left(\sum_{i=0}^{\infty} \rho^i((1 - \rho)d_{t+i+1} - r_{t+i+1})\right) \qquad (2.33)$$

在考虑收益率为稳定的结果 2-3 中，股价成了单纯的股息贴现值，但是在**股息率模型**中，股价并非只是股息的贴现值，而是表示对股息的影响是按 $(1-\rho)$ 的比率折现的。因此，即便将来的股息 d_{t+i} 高，如果同时期待折现率 r_{t+i} 也高的话，那么股份价值就得不到很高的评估。

2.2.3 风险债权的价值评估 †

下面,我们就作为有风险债权和债务的**公司债券**及借贷(债权)的价值评估进行说明。民间企业的债务一定伴随着信用风险。本书将伴随着信用风险的债权与债务叫作风险债券和**风险债务**(risky debt)。假设现时间点 $t=0$ 发行,期满 N 的债务合同约定在 $t=1,\cdots,N$ 支付金额 C_t。但是,这一支付存在着不确定因素,将在时间点 t 不能支付的情况叫作**债务违约**(default)。这种违约风险就叫信用风险。这里假设违约时的支付额为 0,如果对违约时取 1,不违约时取 0 的概率变数 X 进行定义,即为各时间点的**违约概率**(probability of default)$PD_t=Pr(X_t=1)$。表示为图 2-3。

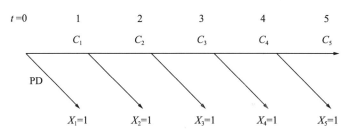

图 2-3 (风险债权的债务违约)

(注)$X_1=1$ 表示债务违约,C_t 表示支付金额。

Lane et al.(1986)以及 Jarrow and Turnbull(1995)等的研究将违约经过作为泊松过程作了定式。假设各时间点的违约概率为一定的,而且是各自独立的,那么企业的违约将成为伯努利试验。因此,如果我们将时间点 t 的间隔分得够细,试验次数 N 定得够多,而且要各时间点的违约概率 PD 设定得够小,nPD 又是基本固定的,那么从时间点 0 到第一次出现违约的时间 τ 就可以通过泊松过程来进行模拟[①]。即,到违约产生的时间 τ 在 t 以上的概率表示为

$$S(t)=Pr(\tau>t)=e^{-ht} \qquad (2.34)$$

表明这违约出现的时间概率的函数 $S(t)$ 所表示的是直到时间点 t 为止还未发生违约的残存概率,所以叫作**残存函数**(survival func-

---

① 进行的 n 次独立试验中发生 k 次违约的概率按照两项分布 $B_t(n,p)$。试验次数 n 够多,而且各时间点的违约概率 PD 很小的时候,这一概率按照泊松分布。

tion)。我们把将残存函数这样定式化的模型叫作**泊松 PD 模型**。

参数 h 叫作**违约强度**,表示瞬间的违约概率。直到时间点 t 未产生违约时,如果考虑在以下细微时间段产生违约的有条件概率,即为

$$\lambda(t) = \frac{f(t)}{S(t)} = \frac{he^{-ht}}{e^{-ht}} = h \qquad (2.35)$$

在这里,$f(t)$ 是在时间点 t 之前产生违约的概率 $F(t) = 1 - S(t)$ 的密度函数。此 $\lambda(t)$ 一般称之为**风险率**(Hezard rate)。

如果采用折现函数 e^{-rt},期满 N,支付额 C_t 的风险债权的价值表示为

$$P_0 = \sum_{t=1}^{N} C_t S(t) e^{-rt} \qquad (2.36)$$

以此可得如下结果。

结果 2-5(风险债权的价值评估)

泊松 PD 模型中,风险债权的价值为

$$P_0 = \sum_{t=1}^{T} C_t e^{-(h+r)t} \qquad (2.37)$$

而且,风险债权的收益为 $R = h + r$。

后半就要根据作为此债权满足(2.38)公式的 R 所做的定义了。

$$P_0 = \sum_{t=1}^{T} C_t e^{-Rt} \qquad (2.38)$$

债权的收益与无风险利率之差 $s = R - r$ 被叫作**信用风险分散**。这里,分散等于违约强度 h。另外,这种风险债权的价值评估模型,也与之前股份所指出的情况相同,在前一小节有关无风险资产价值评估认识的基础上,再增加了不确定性。因此,只是根据期待偿还额 $C_t S(t)$,按照折现值来评估价值[①]。

例题 2-3(信用风险与风险债权的价值)

A 公司的债券面额为 100 万日元,为期 10 年,每年的约定利息为 4 万日元。假设泊松 PD 模型的瞬间违约概率为 $h = 0.1\%$,瞬间息率为 $r = 4\%$。

---

① 如第 7 章所说明的,如债权人属于回避风险型的,那么在评估期待值时需要按照风险中立概率来进行评估。

1）求泊松 PD 模型中时间点 $t=0$ 时的公司债券价额。

2）以期待偿还额的折现值为时间函数（$t<10$），请画图表示。另外，请画图表示瞬间违约概率为 $h=1.1\%$ 的情况，并探讨期待偿还额的不同。

3）就各自的 h，求期满偿还的概率。

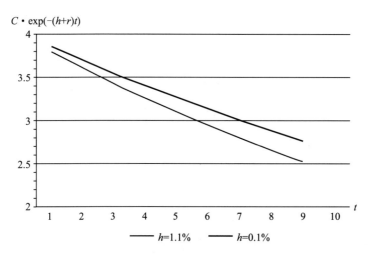

图 2-4 （瞬间违约概率与期待偿还额的折现值）

（注）h 为瞬间违约概率，无风险利率 $r=0.04$，$C=4$。

解说 1）到第 9 年为止，$C_t=4$，$C_{10}=104$。若代入（2.36）公式，即得：

$$P_0 = \sum_{t=1}^{9} 4e^{-(0.001+0.04)t} + 104e^{-(0.001+0.04)\times10} = 98.5 \text{ 万日元}$$

2）如图 2-4。上升 1％的违约概率在第 9 年带来了大约 2380 日元的差额。

3）第 10 年的残存概率为 $S=e^{-10h}$，故各为 99％与 89％。

2.3　资产选择与价值评估†

2.3.1　投资组合的均值与方差

Maikovitz 就风险回避型投资者的资产选择问题进行了分析，

为现代投资组合理论奠定了基础[Maikovitz(1952,1959)]。对这种资产选择问题的研究被称作**均值与方差研究**。金融市场存在着 N 种证券，投资者在时间点 0 需要这些资产。投资时间为期一年，第 i 号金融资产到期将带来收益率 r_i。此收益率为概率变数，设期待值为 μ_i，设方差为 σ_i^2。还有，假设目前不存在无风险资产。

由 N 种类的资产组成的**投资组合**，可以通过改变各资产的持有比率（比重），使其具有各色各样的期待收益率与方差（标准偏差）。投资组合 p 可以定义为比重集 $\{\omega_i^p : i = 1, \cdots, N, \sum_i \omega_i^p = 1\}$。投资组合的（纯）收益率为 $r_p = \sum_i^N \omega_i r_i$，故期待收益率为

$$\mu_p = E(\sum_i^N \omega_i r_i) = \sum_i \omega_i \mu_i \tag{2.39}$$

投资组合收益率的方差为

$$\sigma_p^2 = E(r_p - \mu_p)^2 = \sum_i^N \omega_i^2 \text{Var}(r_i)$$
$$+ \sum_{i \neq j}^N \sum_{i \neq j}^N \omega_i \omega_j \text{Cov}(r_i, r_j) \tag{2.40}$$

如果 σ_{ij} 表示各资产收益率的共同方差，σ_i 表示标准偏差，$\rho_{ij} = \sigma_{ij} / \sigma_i \sigma_j$ 表示相关系数。那么就可以构成如下公式

$$\sigma_p^2 = \sum_i \omega_i^2 \sigma_i^2 + \sum_{i \neq j}^N \sum_{i \neq j}^N \omega_i \omega_j \sigma_i \sigma_j \rho_{ij} \tag{2.41}$$

即，投资组合的方差是，各资产收益率的方差乘比重的平方之和，以及所有资产等值的共同方差乘各自比重的积之和的合计。但是要注意以上公式的第二项中存在 $N(N-1)$ 项[①]。以上所述，投资组合比重的选择决定了投资组合的期待收益率与方差。

2.3.2 均值·方差效用

若设投资者的初期资产为 W_0，则期末资产为 $W_1 = (1+r_p)W_0$。为了探讨均值及方差，假设 N 资产的收益率是按照同时正规分布。按照同时正规分布的变数线形结合也按照正规分

---

① 如采用 $\sigma_{ij} = \sigma_{ji}$ 的公式，那么共同方差的等值数即为 $N(N-1)/2$，上述公式第二项即为 $N(N-1)/2$ 个的共同方差乘 $2\omega_i \omega_j$ 之和了。

布。即，$r_p \sim N(\mu_p, \sigma_p^2)$[①]。

假设投资者将消费所有期末资产，那么期待效用采用 vNM 效用 $u(\cdot)$ 即为

$$U = E(u(W_1)) = \int_{-\infty}^{\infty} u((1+r_p)W_0)f(r_p;\mu_p,\sigma_p^2)dr_p \quad (2.42)$$

因此，期待效用为投资组合的期待收益率 μ_p 与方差 σ_p^2 的函数，即，$U = U(\mu_p, \sigma_p^2)$。这样资产选择问题就归结为收益率的平衡（期待收益率）与方差这个参数的选择了。把这种研究叫作均值·方差研究，则效用 $U = (\mu_p, \sigma_p^2)$ 便叫作均值·方差效用。

若假设以指数型效用函数为 VNM 效用，那就可以明确表示更简明的目的函数了。指数型效用以 a 为正参数，即

$$u = -\exp(-aW_1) \quad (2.43)$$

因 W_1 是 r_p 的线形变换，故 $W_1 \sim N(\mu_W, \sigma_W^2)$。但是，$\mu_W = (1+\mu_p)W_0$ 是期末资产的期待值，而 $\sigma_W^2 = W_0^2\sigma_p^2$ 是方差。

因此，若设 W_1 的正规分布函数为 F，那么期待效用即为

$$U = -\exp\left(-a\left(\mu_W - \frac{a}{2}\sigma_W^2\right)\right) \quad (2.44)$$

因此定义为

$$W = \mu_W - a\sigma_W^2/2 \quad (2.45)$$

期待效用为 W 的单调增加函数。故为了在指数型效用函数下，将期待效用最大化，只要将 W 最大化即可。即，将 W 作为均值·方差效用即可。有关二次效用函数 $u = aW_1 - bW_1^2$（但 $b > 0$，$W_1 < a/(2b)$），如果在 μ_W 附近对期待效用 U 进行泰勒展开即得

$$U \approx E\left(u(\mu_W) + u'(\mu_W)(W_1 - \mu_W) + \frac{1}{2}u''(\mu_W)(W_1 - \mu_W)^2\right)$$

$$= a\mu_W - b\mu_W^2 - b\sigma_W^2 \quad (2.46)$$

不过，由 $E(W_1) = \mu_W$ 采取一次之项为 0 的形式。这样，只要通过近似的资产期待值（及二乘项）与方差，就很容易表示二次效用的目的函数了。

---

① 假如设 N 次方正规分布的矢量为 χ，设 $\kappa \times N$ 列为 A，即可采用矩母函数来证明 $A\chi$ 同时按照正规分布。比如，可参照竹内启《数理统计学》（东洋经济新报社）p.55。

以下，在本书中将采用指数效用的均值·方差效用，来作为均值·方差效用，表示为

$$W = \mu_W - \frac{a}{2}\sigma_W^2 = (1 + \mu_p)W_0 - \frac{a}{2}W_0^2\sigma_p^2 \qquad (2.47)$$

其性质，均值·方差效用为期待收益率 μ_p 的增加函数，方差 σ_p^2 的减少函数。还有，参数 $a(>0)$ 表示绝对回避风险程度。

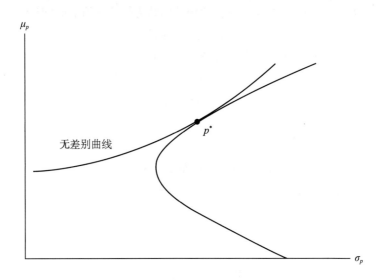

图 2-5　（均值·方差分析）

(注)横轴为标准偏差，纵轴为期待收益率。位于右下的曲线为不包含无风险资产的投资组合前沿。p^* 为后面将要论述的最佳投资组合。

图 2-5 左上的曲线表示了均值·方差效用无差别曲线的一个例子。均值·方差效用分析图中按惯例采用了纵轴表示期待收益率 μ_p，横轴表示标准偏差 σ_p。无差别曲线表示设 W 为稳定时，μ_p 与 σ_p 的组合。将 W 全部微分为零后再整理，即得边际替代率。

$$MRS_{\sigma\mu} = \frac{-\partial W/\partial \sigma_p}{\partial W/\partial \mu_p} = aW_0\sigma_p > 0 \qquad (2.48)$$

这意味着，为了使均值·方差效用保持稳定，标准偏差增加 1 单位就有必要上升 $aW_0\sigma_p$ 单位的期待收益率。因此，无差别曲线倾斜度为正数。还有，因 $dMRS_{\sigma\mu}/d\sigma_p > 0$，无差别曲线越往右上就越倾斜。这意味着有关标准偏差，边际替代率为递增。

例题 2–4（均值方差效用分析）

证券 $1,2,3$ 的期待收益率为 $\mu_1=6\%$，$\mu_2=5\%$，$\mu_3=4\%$，设方差及共同方差为 $\sigma_1^2=16$，$\sigma_2^2=9$，$\sigma_3^2=4$，$\sigma_{12}=6$，$\sigma_{13}=-4$，$\sigma_{23}=1.5$。某投资者的投资组合持有比率为 $\omega_1=0.4$，$\omega_2=0.3$，$\omega_3=0.3$。

1）求这投资组合的期待收益率 μ_p 与方差 σ_p^2。

2）设初期资产为 $W_0=1$，绝对回避危险程度为 $a=2$，求这一投资组合的均值方差效用 W。

解说　1）由(2.39)公式得期待收益率 $\mu_p=5.1\%$。由(2.40)公式得方差 $\sigma_p^2=(0.4)^2\times16+(0.3)^2\times9+(0.3)^2\times4+2\times(0.4\times0.3)\times6+2\times(0.4\times0.3)\times(-4)+2\times(0.3\times0.3)\times1.5=4.48$

2）由(2.47)公式得 $W=(1+0.051)-4.48=-3.429$。

2.3.3　有效投资组合

Merton 就资产选择问题，通过可选择性推导出了有效投资组合[Merton(1972)]。在本小节，将探讨不存在无风险资产的情况。以投资组合的期待收益率为前提条件时，我们将方差最小的投资组合称之为**前沿组合**（frontier portfolio）。投资组合前沿以各资产的期待收益率、方差与共同方差、投资组合的期待收益率 μ_p 为前提，以下可作为二次计划问题的解。

$$\min_{\omega_i}\sigma_p^2=\sum_i^N\sum_j^N\omega_i\omega_j\sigma_{ij} \tag{2.49a}$$

$$\text{s.t.}\mu_p=\sum_i^N\omega_i\mu_i \tag{2.49b}$$

$$\sum_i^N\omega_i=1 \tag{2.49c}$$

预算条件(2.49c)公式表示比重 ω_i 之和为 1。(2.49b)公式是投资组合期待收益率的定义公式。问题是，在实现此期待收益率 μ_p 的投资组合中找到可将方差 σ_p^2 最小化的比重 ω_i。这一个简单的二次计划法的问题，即，在一次方程的条件下将二次方程的目的函数最大化。解此问题便可得以下结果。

结果 2 - 6（投资前沿组合）

不含无风险资产的前沿组合的公式如下。

$$\frac{\sigma_p^2}{1/C} - \frac{(\mu_p - A/C)^2}{D/C^2} = 1 \tag{2.50}$$

这是一个双曲线方程式。其推导出的概况将在补遗中进行阐述，在这里只就参数进行说明。

首先，设期待收益率矢量为 $\mu = (\mu_1 \cdots, \mu_N)'$。不过，角分符号表示行列与矢量的转换。设各资产的方差与共同方差行列为 Ω。其对角要数为第 i 资产的方差 σ_{ii}^2，(i,j) 要素 $(i \neq j)$ 为共同方差 σ_{ij}。以此可得前沿组合参数为 $A = \mu' \Omega^{-1} \mathbf{1}, B = \mu' \Omega^{-1} \mu, C = \mathbf{1}' \Omega^{-1} \mathbf{1}, D = BC - A^2$。但，加粗字 $\mathbf{1}$ 是将所有要素作为标量 1 的 N 次方列矢量。

位于图 2 - 5 右下方的双曲线叫做**组合前沿**（portfolio frontier）[①]。双曲线的顶点表示最小标准偏差与期待收益率的组合。特称这种投资组合为**最小方差投资组合**（minimum variance portfolio）。比这一最小方差投资组合更低期待收益率的投资组合，在回避风险类型的投资者看来是无效率的。因为，虽然用的是同一标准偏差，但还有更高期待收益率的投资组合。因此，我们把比最小方差组合有着更高期待收益率的组合叫作**有效投资组合**（efficient portfolio），把这种集合叫作**有效前沿**（efficient frontier）。

例题 2 - 5（有效投资组合）

来看一下等概率所产生的四种状态，三项投资 A,B,C 的收益如下表所示：

状态/资产	A	B	C
1	−1.49	2.74	2.14
2	1.36	2.53	1.5
3	0.86	1.87	0.55
4	0.9	−0.21	1.83

---

① 另外，在 $\sigma_p^2 - \mu_p$ 平面呈抛物线。请参照 Markovitz(1952)。

1）求这些资产的期待收益率参数 μ，以及方差和共同方差行列 Ω。

2）方差和共同方差行列的逆向行列为

$$\Omega^{-1} = \begin{bmatrix} 1.577 & & \\ 0.633 & 0.990 & \\ 1.701 & 0.748 & 4.656 \end{bmatrix}$$

求(2.50)公式的系数 A，B，C，D。

3）求 $\mu_p = 1.5$ 时不含无风险资产的前沿组合的方差 σ_p^2。

4）请用表计算软件的求解程序来解(2.49)公式的最小化问题，并确认所求得的解。求这时的持有比重 ω_i。

解说 1）$\mu = (0.408 \quad 1.733 \quad 1.505)'$

$$\Omega = \begin{bmatrix} 1.239 & & \\ -0.512 & 1.361 & \\ -0.370 & -0.032 & 0.355 \end{bmatrix}$$

2）A＝16.40，B＝20.66，C＝13.39，D＝7.80。

3）(2.50)公式变为

$$\sigma_p^2 = 0.075 + 1.715 \times (\mu_p - 1.225)^2 \tag{2.51}$$

因此，得 $\sigma_p^2 =0.205$。

4）按照表计算软件的求解程序，在不等式条件下可计算出将目的函数最小化问题的类似解。这里，以投资组合的比重 ω_i 为变数单元，方差 σ_p^2 为目的单元，作为前提条件，$\sum \omega_i = 1$ 以及 $\sum \omega_i \mu_i = \mu_p$。比重为 $\omega_A = 0.06$，$\omega_B = 0.27$，$\omega_C = 0.67$。

2.3.4　无风险资产与有效投资组合

其次，我们来看一下含有无风险资产的有效投资组合。在本小节，将用图解方式，对含有无风险资产时的有效投资组合进行直观地说明，更详细的阐述准备放在 6.1 节中进行。在 N 个风险资产上，假设存在一个无风险资产。无风险资产的收益率确定为 r_f。(σ_p, μ_p) 表示不含无风险资产的有效投资组合的标准偏差与期待收益率，(σ_q, μ_q) 表示含有无风险资产的投资组合的标准偏差与期待收益率。若设无风险资产的比重为 $\omega_f = 1 - \sum_i^N \omega_i$，那么期待收益率即为$\mu_q = \omega_f r_f + (1-\omega_f)\mu_p$，方差$\sigma_q^2 = (1-\omega_f)^2\sigma_p^2$。由这两个公式，就上述任何一个投资组合$p$，(2.52) 公式提供了投资组合的$(\sigma_q, \mu_q)$。

$$\mu_q = r_f + \frac{\mu_p - r_f}{\sigma_p}\sigma_q \tag{2.52}$$

$(\mu_p - r_f)/\sigma_p$表示每一标准偏差单位的超期待收益率，所以被称为**风险价格**。

图 2-6 描绘的是含有无风险资产的组合前沿与不含无风险资产的组合前沿。但，这里假设的是最小方差组合的期待收益率μ_{mV}比无风险息率更大的情况（$r_f < \mu_{mV}$）。含有无风险资产的前沿组合，与先前的二次形式问题(2.49) 公式一样，是通过在任意期待收益率μ_q之下将σ_q^2最小化而得到的。此推导将在 6.1 节中进行，在(2.52) 公式所表示的含有无风险资产的投资组合q中，成为前沿的是在不含风险资产的有效组合p，从纵轴切片r_f引出的接线。

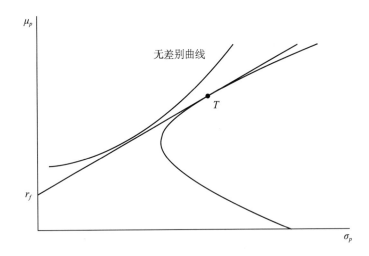

图 2-6　（含有无风险资产的投资组合前沿）
(注)横轴为标准偏差，纵轴为期待收益率。位于右下的曲线为不含无风险资产的组合前沿。T 为接点组合。

凭直觉就可以从上图清晰地了解，此接线提示了在前提条件的期待收益率之下所具有的最小方差的投资组合。$d\mu_p/d\sigma_p$斜线表示不含无风险资产的有效前沿的接线，T 表示接点（tangency），

于是为了使含有无风险资产的投资组合 q 成为前沿,其条件是

$$\left.\frac{d\mu_p}{d\sigma_p}\right|_{\mu_p=\mu_T,\sigma_p=\sigma_T}=\frac{\mu_T-r_f}{\sigma_T} \tag{2.53}$$

此接线条件的右侧是由(2.52)公式所得到的风险的价格。满足此条件的不含无风险资产的组合 T 被称作**接线投资组合**。如将 μ_T $>r_f$ 那样的接点组合作为前提条件,那么将可通过(2.54)公式得到含有无风险资产的有效前沿。

$$\mu_q=r_f+\frac{\mu_T-r_f}{\sigma_T}\sigma_q \tag{2.54}$$

通过改变比重 ω_f,可实现含无风险资产有效前沿[(2.54)公式]上的任意点。无风险资产的比重为 $\omega_f=1-\sigma_q/\sigma_T$。$\omega_f=1$ 时,将得图的纵轴截距,$\omega_f=0$ 时,将得接点组合 T 之点(σ_T,μ_T)。ω_f <0 意味着按无风险息率借入,即购入1以上的风险资产。这位于比半直线上的接点组合 T 更靠右上的位置。

例题 2 - 6(含无风险资产的有效前沿)

我们来看一下在例题 2 - 5(2.51)公式保证了不含无风险组合前沿时的含无风险资产前沿。

1) 请画出能够表示 $\sigma_p/(1.715(\mu_p-1.225))$ 的前沿接线的斜线。

2) 当无风险息率在 $r_f=1.2$ 时,请按接线条件(2.53)公式画出 $\sigma_T^2=1.715(\mu_T-1.225)(\mu_T-1.2)$。

3) 请根据 2)和(2.51)公式求接点投资组合。并求风险的价格。

4) 请通过公式表示不含风险资产的前沿。

解说 1) 将(2.51)公式微分即可。

2) 接线条件梳理后为

$$\frac{\sigma_T}{1.715(\mu_T-1.225)}=\frac{\mu_T-r_f}{\sigma_T} \tag{2.55}$$

3) 若解 $1.715(\mu_T-1.225)(\mu_T-1.2)=0.075+1.715\times(\mu_T-1.225)^2$,既可得 $\mu_T=2.97,\sigma_T=2.31$。风险的价格为 0.77。

4) $\mu_q=1.2+0.77\sigma_q$。

2.3.5　分离定律与最佳投资组合

在做好了以上准备后，我们再来探讨投资家对具有均值·方差效用的资产选择问题。前述图 2-5 显示了不含无风险资产的投资组合中的**最佳组合** p^*。最佳投资组合是通过有效前沿与无差别曲线的接点所得。最佳投资组合依赖于有效函数（或无差别曲线）的形状。若设此最佳投资组合 p^* 中第 i 资产的比重为 ω_i^*，即可得一下结果。

结果 2-7（分离定律）

最佳投资组合 p^* 的比重 ω^*，采用两个有效组合 p_1 和 p_2 的比重 ω_i^1 与 ω_i^2，可合成如下公式

$$\omega_i^* = \alpha\omega_i^1 + (1-\alpha)\omega_i^2 \tag{2.56}$$

不过，α 要满足 $\mu_{p^*} = \alpha\mu_{p_1} + (1-\alpha)\mu_{p_2}$。

因为可以将最佳组合分离为两个组合，故此定律又叫作 Markovitz 与 Tobin 的 **分 离 定 律**（Separation Theorem）[Markovitz (1959)，Tobin(1958)][1]。即，投资者为了持有最佳组合 p^*，不需要持有 N 个种类的资产，只要持有与投资组合 p_1 与 p_2 相对应的两种**投资信托**就可以了。而且，一般而言，投资者虽然考虑持有各种不同类型的最佳投资组合，但没有必要提供符合各种最佳组合 p^* 的投资信托，投资者可以通过市场上存在的投资信托组织最佳投资组合。该定律的说明将在补遗中进行。

其次，我们来看一下含无风险资产的投资组合中的资产选择。下面的分离定律叫作 Tobin 分离定律，是前面提到的分离定律的特殊个案。

结果 2-8（托宾分离定律）

含无风险资产的投资组合的最佳组合是能够分离为接点组合与无风险资产两个部分。

通过对 (2.52) 公式导出之际的探讨，我们知道含无风险资产的有效组合是接点组合与无风险资产的线性组合。因此，任意的有

---

①　此定律也叫作 mutual funds theorem 或 two fund separation theorem。

金融经济学

效组合皆由这两个部分构成。另一方面,含无风险资产的有效前沿的接点组合,与投资者的偏好是相独立的。换而言之,接点投资组合对任何投资者来说都一样。市场没有必要提供符合各投资者最佳组合的投资信托。投资者在决定最佳组合时,可以在决定了接点组合以后再进行。

根据托宾的分离定律,在第一阶段,从 r_f 以及不含无风险资产的有效前沿找到接点组合 (σ_T, μ_T)。于是就可得表示有效组合的(2.52)公式。在第二阶段,在(2.52)公式的条件之下,将前面提到的有效函数(2.47)公式最大化。即,以 $\mu_T, \sigma_T, r_f, W_0$ 为条件,最大化问题是

$$\max_{\mu_q, \sigma_q} W = (1 + \mu_q) W_0 - \frac{a}{2} W_0^2 \sigma_q^2 \qquad (2.57a)$$

$$\text{s.t.} \quad \mu_q = r_f + \frac{\mu_T - r_f}{\sigma_T} \sigma_q \qquad (2.57b)$$

最大化的一阶条件是(2.58)公式以及前提条件(2.57b)公式。

$$a W_0 \sigma_q = \frac{\mu_T - r_f}{\sigma_T} \qquad (2.58)$$

条件(2.58)公式左边是边际替代率,故此公式表示无差别曲线与有限制的接线条件。由此两个公式可知,解为 $\sigma_q^* = (\mu_T - r_f)/(a W_0 \sigma_T)$ 以及 $\mu_q^* = r_f + ((\mu_T - r_f)/\sigma_T)^2/(a W_0)$。如前一小节所述,最佳无风险资产的比重是 $\omega_f^* = 1 - \sigma_q^*/\sigma_T$,故若设 $\bar{\sigma}^2 = (\mu_T - r_f)/(a W_0)$,那么就可知在 $\sigma_T^2 = \bar{\sigma}^2$ 的情况下 $\omega_f^* = 0$,在 $\sigma_T^2 < \bar{\sigma}^2$ 的情况下 $\omega_f^* < 0$。

这样,投资者到期时资产价值的期待值,有关方差评估为 $E(W_1) = (1 + \mu_q^*) W_0$,$\text{Var}(W_1) = W_0^2 \sigma_q^{*2}$,得均值 · 方差效用为

$$W = (1 + \mu_q^*) W_0 - \frac{a}{2} W_0^2 \sigma_q^{*2} \qquad (2.59)$$

例题 2-7(最佳组合)

我们根据例题 2-6 的设定来看一下可利用无风险资产情况下的最佳投资组合。接点组合为:$\mu_T = 2.97$,$\sigma_T = 2.31$,而无风险息率为:$r_f = 1.2$。在(2.57a)公式中 $a = 2$,$W_0 = 1$,求无风险资产的最佳持有比重。

解说 根据效用最大化的一阶条件(2.58)公式得

$$\sigma_q^* = \frac{1}{2} \frac{\mu_T - r_f}{\sigma_T} = 0.5 \times 0.77 = 0.39 \qquad (2.60)$$

按照(2.57b)公式得 $\mu_q^* = 1.2 + 0.77 \times 0.39 = 1.5$。比重为 $\omega_f^* = 1 - \sigma_q^* / \sigma_T = 0.83$。

补遗 A：股息率模型

为了得出(2.31)公式，采用 $\ln(1 + \exp(d_{t+1}) / \exp(p_{t+1})) = \ln(1 + \exp(a_{t+1}))$。其次，(2.32)公式导出，只要对最后一项 $\ln(1 + \exp(a_{t+1}))$ 进行了泰勒展开，代入(2.31)公式即可。最后，有关 p_t，只要将(2.32)公式改换一下，即 $p_t = k + (1 - \rho) d_{t+1} + \rho p_{t+1} - r_{t+1}$，故逐一重复代入就可得(2.33)公式。

补遗 B：前言组合

若设持有比重的矢量为 $\omega = (\omega_1, \cdots, \omega_N)'$，(2.49)公式所提供的二次计划问题采用矢量·行列即表现为

$$\min_{\omega} 0.5\sigma_p^2 = 0.5\omega'\Omega\omega \qquad (2.61a)$$

$$\text{s.t.} \quad \mu_p = \omega'\mu \qquad (2.61b)$$

$$\omega'1 = 1 \qquad (2.61c)$$

但是，假设任何资产的收益率都不作为其他资产的线性组合。在此假设之下，方差和协方差行列 Ω 中存在 Ω^{-1}。因此，这个问题可以通过拉格朗日乘数法得到解。将拉格朗日乘数法定义为

$$L = 0.5\omega'\Omega\omega + \lambda_1(\mu_p - \omega'\mu) + \lambda_2(1 - \omega'1) \qquad (2.62)$$

最小化的一阶条件是(2.63)公式与前提条件(2.61c)公式。

$$\omega: \Omega\omega = \lambda_1\mu + \lambda_2 1 \qquad (2.63)$$

这里，因不含无风险资产，故方差与协方差为正定对称矩阵。故一阶的条件为最小化的必要条件。有以上三个一阶条件可得拉格朗日乘数法

$$\lambda_1 = (C\mu_p - A)/D, \quad \lambda_2 = (B - A\mu_p)/D \qquad (2.64)$$

若将(2.63)公式、(2.63b)公式、(2.63c)公式逐一代入 $\sigma_p^2 = \omega'\Omega\omega$，即可得 $\sigma_p^2 = \lambda_1\mu_p + \lambda_2 1$。再把拉格朗日乘数法代入其中，即可得双曲

金融经济学

线方程式(2.50)公式。

补遗 C:分离定律

首先,表示任意的有效组合 p 可以由两个有效组合 p_1 与 p_2 合成。若将(2.64)公式用于(2.63)公式,投资组合 p 的比重表示为

$$\omega_p = g + h\mu_p \qquad (2.65)$$

这里,$g = (B\Omega^{-1}1 - A\Omega^{-1}\mu)/D$,$h = (C\Omega^{-1}\mu - A\Omega^{-1}1)/D$。现在,设投资组合 p_1 的比重为 α,组合 p_2 的比重为 $1-\alpha$,为了使这项投资组合 p' 的期待收益率等于组合 p 的期待收益率,选择了比重 α。即

$$\mu_p = \alpha\mu_{p_1} + (1-\alpha)\mu_{p_2} \qquad (2.66)$$

投资组合 p' 的比重为 $\omega_{p'} = \alpha\omega_{p_1} + (1-\alpha)\omega\mu_{p_2}$。这时,$\omega_p$,$\omega_{p_1}$,$\omega_{p_2}$ 都满足(2.65)公式,所以

$$
\begin{aligned}
\omega_{p'} &= \alpha(g + h\mu_{p_1}) + (1-\alpha)(g + h\mu_{p_2}) \\
&= g + h(\alpha\mu_{p_1} + (1-\alpha)\mu_{p_2}) \\
&= g + h\mu_p = \omega_p
\end{aligned}
\qquad (2.67)
$$

因此,为使期待收益率相等而选择相应的比重。这样,由两个投资组合 p_1,p_2 组成的投资组合 p' 的比重便与原来的 p 的比重相同了。所以,可以通过两个有效组合,任意组成有效的投资组合。

其次,对**分离投资组合**进行定义。由 p_1 与 p_2 这两个组合制定出合成组合 p' 时,就某个组合 p 而言,投资者至少会偏好选择 p 以上来构成合成组合。我们把 p_1 与 p_2 这两个组合称为 p 的分离投资组合。换而言之,如果采用分离组合来重新表现结果 2 - 7,可以说最佳投资组合的分离组合是两个有效组合。因为风险回避型的投资者在期待收益率与组合 p 相同的投资组合中,偏好方差小的组合,所以合成组合 p' 必须满足 $\mu_{p'} = \mu_p$ 以及 $\sigma_{p'}^2 \leqslant \sigma_p^2$。现在,如果最佳投资组合为有效组合,因为期待收益率相同的组合中方差保持最小,那么必须是 $\sigma_{p'}^2 = \sigma_p^2$。从第一阶段的探讨开始,这种情况就意味着最佳投资组合的分离组合为有效组合。而且,假设最佳投资组合不是有效组合,那么就不存在满足 $\sigma_{p'}^2 < \sigma_p^2$ 的合成组合 p'。因为这意味着投资组合 p 不是最佳组合,所以可以说由于存在这一矛盾,最佳投资组合就是有效组合。

文献指南

股息贴现模型

Blanchard, O. 1979. Speculative bubbles, crashes and rational expectations. *Economics Letters* 3, 387 - 389.

Campbell, J., Shiller, R. 1988. The divideng-price ratio and expectations of future dividends an discount factors. *Review of Financial Studies* 1, 195 - 228.

Chiang, A., Wainwright, K. 2005. *Fundamental Methods of Mathematical Economics*. 4th ed. McGraw-Hill/Irwin.

泊松 PD 模型

Bierman. H.. Hass. J. 1975. An analytic model of bond risk differentials. *Journal of Financial and Quantitative Analysts* 10, 757 - 773.

Hull, J. 1989. Assessing credit risk in a financial institution's off-balance sheet commitments. *Journal of Financial and Quantitative Analysis* 24, 489 - 501.

Jarrow. R.. Turnbull, S. 1995. Pricing derivatives on financial securities subject to credit risk. *Journal of Finance* 50, 53 - 85.

Johnson, H., Stulz, R. 1987. The pricing of potions with default risk. *Journal of Finance* 42, 267 - 280.

Lane, W., Looney, S., Wansley, J. 1986. An application of the Cox proportional hazards model to bank failure. *Journal of Banking & Finance* 10, 511 - 531.

Yawitz. J. 1977. An analytical model of interest rate differentials and different default recoveries. *Journal of Financial and Quantitative Analysis* 12, 481 - 490.

投资组合与均值方差研究

Markovitz, H. 1952. Portfolio selection. *Journal of Finance* 7, 77 - 91.

Markovitz, H. 1959. *Portfolio selection*. Yale University Press.

金融经济学

Merton，R. 1972. An analytical derivation of the efficient portfolio frontier. *Journal of Financial and Quantitative Analysts7*，*1851 - 1872*.

Tobin，J. 1958. Liquidity preference as behavior toward risk. *Review of Economic Studies* 25，1 - 26.

分离定律

Class.D.，Stiglitz，J.1970.The structure of investor preferences and asset returns，and separability in portfolio allocation：A contribution to the pure theory of mutual funds. *Journal of Economic theory* 2，122 - 160.

Huang，C.，Litzenberger，R. 1988. *Foundations for Financial Economics*.Prentice-Hall，Inc.

Merton，R.1971. Optimum Consumption and portfolio rules in a continuous-time model. *Journal of Economic Theory* 3，373 -413.

Merton，R. 1973. An intertemporal capital asset pricing model. *Ecomometrica*41，867 - 887.

Ross.S. 1978. Mutual fund separation in financial theory：The separating distributions. *Journal of Economic Theory* 17，254 - 286.

教科书

Huang，C.，Litzenberger，R. 1988.*Foundations for Financial Economics*.Prentice-Hall，Inc.

Hull J 2012.*Options，Futures，and Other Derivatives*. 8th edition. Prentice Hall.（译）三菱 UFJ 证券市场商品本部，financial engineering，金融财政事情研究会（2016）

Luenberger. D. 2014. *Investment Science*. Oxford University Press.

Sharpe，W. 1970. *Portfolio Theory and CapitalMarkets*. McGraw-Hill Book Company.

Tuckman，B.，Serrat，A，2011. Fixed Income Securities：*Tools for Today's Markets*.Third edition.Wiley.（译）四塚俊树、森田洋，债券分析的理论与实践，东洋经济新报社（改订版，2012）

第三章 企业的资本构成与金融资产的价值

本章将对在公司金融占有中心地位的企业集资进行探讨。3.1节就股票与负债收益构造的不同对集资成本的影响,以及如何对发行债券企业的价值评估进行论述。在 3.2 节中,将就税制与破产可能性对集资成本的影响进行说明,并提出最佳负债比率方案。而在 3.3 节中,将就信息非对称性状况下,企业如何决定最佳集资方案,信息非对称性会对集资成本以及企业价值评估造成何种影响进行阐述。

3.1 负债发行企业的股票价值†

3.1.1 资本成本与杠杆作用

企业的资产价值是按照合理的比例对将来的现金流量进行打折后得到的。投资者将通过持有企业的股份和负债,得到与比例相等的期待收益率。而且,这种比例是企业集资所必需的成本,被称作**资本成本**(cost of capital)。

一般而言,发行股票与负债的企业,由**股份成本**(cost of equity)与**负债成本**(cost of debt)构成其资本成本。企业为持有股份的投资者负担股份成本,定义为每集资 1 日元的成本。我们可以看一下 2.2 节的股息贴现模型。正如在结果 2-3 所看到的,保持稳定比例的无限期期间的股息贴现模型表现为

$$P_t = E_t \left(\sum_{i=1}^{\infty} \frac{D_{t+i}}{(1+R)^i} \right) \tag{3.1}$$

这里 P_t 为时间点 t 的股价，D_t 为股息，R 为折现率。若假设股息期待值为一定的，即 $E_t(D_{t+i})=D(i=1,2,\cdots)$，那么以上公式为

$$P_t=D/R \qquad (3.2)$$

换一种表示方式的话，因 $R=D/P_t$，故企业就要为每一股份 P_t 的集资，负担股息 D。也就是 R 表示通过股份集资时的资本成本，即股份成本。

其次，企业发行了 B 负债，其借贷的息率为 r。对**债权人**（debt holder）支付利息为 rB。r 是通过负债集资每 1 日元的资本成本，因此叫作负债成本。不过，目前是设没有企业信用风险（破产风险）的情况。

因此，为考虑发行负债企业的资本成本，有必要了解股份成本与负债成本的总额。若设股份价值为 S，那么企业的集资总额为

$$A=S+B \qquad (3.3)$$

为了筹集好资金，企业将负担资本成本总额 $C=RS+rB$。因此，若换算成每一单位资金，资本成本即为

$$c=\frac{C}{A}=\frac{S}{S+B}R+\frac{B}{S+B}r \qquad (3.4)$$

B/A 叫作**负债比率**，S/A 叫作**自有资本比率**。因此，资本成本是以负债比率或自有资本比率为比重的，股份成本 R 与负债成本 r 的加权平均。如此定义的资本成本被叫作**加权平均资本成本**（weighted average cost of capital：**WACC**）。

企业所采用的集资方法叫作**资本结构**（capital structure），典型的分为股份与负债两大类。具有代表性指标的杠杆（leverage）是相对股份价值的负债比率，定义为 $k=B/S$。应用杠杆，表现为自有资本比率是 $1/(1+k)$，负债比率为 $k/(1+k)$。

我们采用（3.4）公式来表示杠杆 k，整理之后的股份成本为

$$R=c+(c-r)k \qquad (3.5)$$

因此，如果 c 以及 r 为一定的话，当 $c>r$ 时，杠杆 k 越高股份成本就越高。这里因为假定负债中不存在信用风险，故负债为无风险资产，借贷利率 r 中不带风险差额。因此，把股东要求的收益率看作超过借贷利率（$R>r$）就行。若回到（3.4）公式，c 是 R 与 r 的加权平均，所以 $c>r$ 也成立。因此，只要资本成本 c 为前提条件，杠

杆与股份成本处于正数的关系($dR/dk>0$)。

接着,考虑到企业的现金流量与资本成本的关系,现金流量 X 为概率变数。股东与债权人的收益各为

$$Y_S = \max(X - rB, 0) \tag{3.6a}$$

$$Y_B = \min(rB, X) \tag{3.6b}$$

不过,r 为息率因子(即,1＋息率)。在(3.6a)公式里,股东为 $X-rB$,也就是接受扣除了由现金流量向债权人的支付金额的部分,我们把此叫作**剩余索取权**。还有,这个公式中股东收益不会为负数(即当 $X<rB$ 时,$Y_S=0$),这叫作**有限责任规则**。也就是说,当企业倒闭(或不履行负债)时,股东的责任被限定于已出资部分。另一方面,这时债权人的收益为 $X(<rB)$,收益在约定的偿还额以下。这就是债权人所要负担的信用风险。

这样,企业向股东支付 Y_S,向债权人支付 Y_B 时,股份成本定义为

$$R = E(Y_S)/S \tag{3.7}$$

负债成本被定义为

$$r = E(Y_B)/B \tag{3.8}$$

还有,如果我们无视集资成本之外的所有成本,现金流量 X 将全部分配给资金提供者。因此,资本成本被定为满足以下关系的 ρ。

$$\rho = E(X)/A \tag{3.9}$$

集资总额 A 为企业的资产价值,所以资本成本就是相对资产价值的期待现金流量之比率。

另外,股份价值总额与股价之间达成 $S=NP$。但 N 是股份数。还有,投资者 $j(=1,\cdots,J)$ 的股份持有比例 $\alpha_j=N_jP/S$。这里,N_j 为投资者 j 所持有的股份数,满足 $\sum_j^J N_j=N$。在做好以上准备的前提下,在后一小节我们将阐述莫迪尼亚尼米勒定理[Modigliani and Miller(1958)]。

3.1.2 莫迪尼亚尼米勒定理

有两个企业,企业 1 不发行负债,企业 2 发行负债。各企业的现金流量为 X_i,资本为 S_i,负债发行额为 $B_i(i=1,2)$。因为企业 1 不发行负债,所以 $B_1=0$。假定现金流量依赖于状态 θ,两个企业的现

金流量相同。即，$X_i(\theta) = X(\theta)$。存在无风险资产，投资者可以按无风险息率因子 r 自由地借入贷出。目前，假定这家企业的负债没有拖欠的可能性。因此，有关概率变数 $X(\theta)$ 的最小值 $X_{\min}$，我们暂设 $X_{\min} \geqslant rB$。若设资产的市场价值为 A_i，资产负债表条件为

$$A_i = S_i + B_i \qquad (3.10)$$

我们来看一下只持有 α 比例的无债务企业 1 的股份的投资者。由此投资组合的回报为 $Y_1(\theta) = \alpha X(\theta)$。另一方面，如果这位投资者持有企业 2 的 α 比例的股份，同时持有企业 2 的 α 比例的负债，那么回报就是 $Y_2(\theta) = \alpha(X(\theta) - rB_2) + \alpha rB_2 = \alpha X(\theta)$。也就是，这两项战略带来同样的收益。若是带来同样的收益，那么其成本必须相同，这是无套利条件。第一战略的成本，由（3.10）公式与 $B_1 = 0$ 构成 $\alpha S_1 = \alpha A_1$。第二战略的成本 $\alpha(S_2 + B_2) = \alpha A_2$。故无套利条件为

$$\alpha A_1 = \alpha A_2 \qquad (3.11)$$

若 $A_1 > A_2$，投资者按 αA_1 卖出企业 1 的股份，购入企业 2 的股份和负债（债券），按无风险资产运用剩余的，即可提高 $r\alpha(A_1 - A_2)$ 的套利。通过此套利交易，无债务企业 1 的股价（总额）S_1 下跌，而企业 2 的股价（总额）S_2 上升。

相反，若 $A_1 < A_2$，有可能出现以下的套利交易。投资者只卖空 α 的企业 2 股份，并只购入 α 的企业 1 股份。这项投资组合的回报 $Y_3(\theta) = -\alpha(X(\theta) - rB_2) + \alpha X(\theta) = \alpha rB_2$。为构成这项投资组合的成本为 $-\alpha S_2 + \alpha S_1 = \alpha(S_1 - S_2) > 0$。因此，这项投资组合的收益率为 $y_3 = rB_2/(S_1 - S_2) = r/(1 + (A_1 - A_2)/B_2) > r$。换而言之，按照此投资组合，可以确切地实现比市场的无风险息率更高收益率。通过此项套利交易，企业 1 的股价（总额）S_1 上升，企业 2 的股价（总额）S_2 下跌。

根据以上情况，上述无套利条件为均衡条件。莫迪尼亚尼（Modigliani, F.）与米勒（Miller, M.）的第一个定理如下。

结果 3-1（资本结构的无关性定理）

投资者能够按无风险息率自由地进行交易，而且，设企业发行的负债保持在不拖欠的水平。此时，企业的市场价值不依赖资本

结构(或杠杆$k = B_2/S_2$)。即,达成$A_1 = A_2$。另外,企业的资本成本也不依赖于资本结构。即$\rho_1 = \rho_2$。

当投资者可以按无风险息率自由地进行交易时,通过企业杠杆的变更所给予投资者收益的影响,有可能通过投资者自身的借入和持有无风险资产进行任意调整。可以解释为,完成此结果的投资者的套利交易,投资者能够通过自制杠杆自由地相杀来自企业的杠杆变更。因此,企业不可能通过调整杠杆来增加企业价值。后半部分是根据$A_1 = A_2$及(3.9)公式。得如下结果。

结果 3 – 2(股份成本与杠杆)

发行负债的企业的股份成本满足下列公式。

$$R_2(k) = R_1 + (R_1 - r)k \tag{3.12a}$$

$$S_2(k) = (E(X) - rB_2)/R_2(k) \tag{3.12b}$$

$$k = B_2/S_2(k) \tag{3.12c}$$

(3.12a)公式被称作莫迪尼亚尼米勒第二定理。若结果 3 – 1 中设两者的资本成本($\rho_1 = \rho_2$)为c,那么企业 2 的(3.5)公式便为$R_2 = c + (c - r)k$。因为不发行负债的企业 1 的股份成本等于资本成本($R_1 = \rho_1$),所以得(3.12a)公式。发行负债的企业的股份成本为杠杆k的一次函数,杠杆上升每一单位就会使股份成本上升,其上升量为不发行负债的企业的股份成本与无风险息率的价差$R_1 - r$的部分。这个上升部分就是反映财务风险的差额。(3.12b)公式是(3.7)公式中将股份价值作为杠杆k的函数所得到的。(3.12c)公式为杠杆的定义公式。若以$E(X), r, B_2, R_1$为前提条件,杠杆k^*与股份成本R_2^*便由此三个公式所决定。若改变负债发行额B_2,股份成本R_2^*亦会随着杠杆发生变化。

例题 3 – 1(莫迪尼亚尼米勒定理与加权平均资本成本)

在整个无限期的期间,每期按照等概率产生θ_1和θ_2这两个状态。现金流量为$X(\theta_1) = 20, X(\theta_2) = 40$。企业 1 为无债务企业,企业 2 发行了面额$B_2 = 500$的永久性债券[①]。无风险息率为$r = $

———————

① 永久性不偿还发行面额,指永久性支付每期利息的债券。

0.02,企业 1 的资本成本为 0.05。

    1）求企业 1 的股份价值 S_1 与企业价值 A_1。另外,计算企业 2 支付的利息 rB_2,确认无风险借贷的可能性,并求负债的市场价值。

    2）求结果 3-1 中构成 $A_2＝A_1$ 的 S_2,并求企业 2 的股份成本 R_2 与杠杆 k。

    3）求(3.12a)公式,请用图展示。并用图展示,从(b,c)去掉 $S(k)$ 后,表现以 R_2 为 k 的函数的情况。

    解说 1）企业 1 的股东收益为,根据 $Y_S＝X$,$E(Y_{S_1})＝E(X)＝30$。根据(3.7)公式,企业 1 的股份价值为 $S_1＝30/0.05＝600$。企业价值也是 $A_1＝600$。利息支付费为 10。任何状态的现金流量都大于 10,故可以确定无风险借贷是有可能的,所以负债的市场价值等于面值。

    2）若采用(3.10)公式,$S_1＝S_2＋B_2$,$S_2＝600－500＝100$。因 $E(Y_{S_1})＝30－10＝20$,故按照(3.12b)公式可得企业 2 的股份成本为 $R_2＝20/100＝0.2$。杠杆按照(3.12c)为 $k＝500/100＝5$。

    3）(3.12a)公式为 $R_2＝0.05＋0.03k$。按照(3.12b,c)公式,得 $R_2＝k(E(X)－rB_2)/B_2＝0.04k$。也就是说,股份成本与杠杆处于正比关系,比例定数 0.04 为负债面额每一单位的股东收益率。图 3-1 的焦点显示了均衡的股份成本和杠杆。

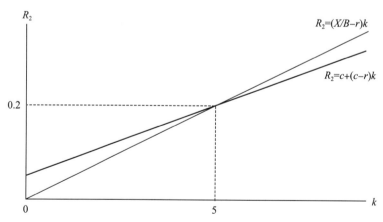

图 3-1 （股份成本与杠杆）

(注)横轴表示杠杆,纵轴表示负债发行企业的股份成本。粗线表示(3.12a)公式所示莫迪尼亚尼米勒第二定理,细线表示以负债 B 为条件时的股份成本之定义(3.12b,c)公式。

3.2 负债的有利条件与成本

3.2.1 法人税与杠杆作用†

在很多国家认可**扣除法人税的利息**。即以法人税的纳税基础为扣除利息后的现金流量。本小节,我们将在前小节的设定下,探讨这种制度对资本成本的影响。设法人税率为 t,负债发行企业 2 的法人税额为 $t(X(\theta)-rB_2)$,因此扣税后的现金流量为

$$X^T(\theta)=X(\theta)-t(X(\theta)-rB_2)=(1-t)X(\theta)+trB_2$$

$$(3.13)$$

为了区别于没有法人税的情况,加了字母 T。

投资者入持有 α 单位的企业 1 的股份,而无风险资产只持有 αtB_2,那么可得 $Y_1^T=\alpha(1-t)X(\theta)+\alpha trB_2$。从企业 2 的股份得到的收益为 X^T-rB_2,所以若企业 2 的股份与债券各持有 α 单位,得收益 $Y_2^T=\alpha(X^T-rB_2)+\alpha rB_2=\alpha(1-t)X(\theta)+\alpha trB_2$。因这两项回报相同,故无套利条件意味着构成这两项投资组合的成本是相同的。假如,$A_1+tB_2>A_2$,就可以提高 $r\alpha(A_1+tB_2-A_2)$ 的套利收益。若不等号相反,问题也相同。莫迪尼亚尼与米勒提出了如下结果 [Modigliani and Miller(1958,1963)]。

结果 3-3(法人税与资本结构)

在法人税扣除利息制度下,发行负债企业的企业价值与不发行负债企业的企业价值之间构成了

$$A_1+tB_2=A_2 \qquad (3.14)$$

也就是发行负债企业的市场价值法人税扣除利息(折现值)部分大。还有,具有杠杆 k 的企业的股份成本为

$$R_2(k)=R_1+(1-t)(R_1-r)k \qquad (3.15)$$

(3.14)公式左边第二项是通过扣除利息的节税部分 trB_2 的折现值。

(3.15)公式的导出将在补遗中进行。发行负债的企业 2 的股份成本被定义为

$$R_2 = \frac{E(X^T - rB_2)}{S_2} \qquad (3.16)$$

无债务企业 1 的股份成本被定义为

$$R_1 = \frac{E((1-t)X)}{S_1} \qquad (3.17)$$

因 $R_1 - r > 0$，故杠杆的上升将使股份成本上升。(3.15)公式与(3.16)公式可以用来评估发行负债的企业的股份价值 S_2。

在法人税的扣除利息制度下发行负债的企业 2 的总资本成本按照惯例被定义为

$$C_2 = E((1-t)X) = S_2 R_2 + (1-t)rB_2 \qquad (3.18)$$

右边第二项的$(1-t)r$叫作**税后负债成本**。而按资产价值$(S_2 + B_2)$除总资本成本 C_2 后的(3.19)公式被称作**税后加权平均资本成本**。

$$c_2 = \frac{R_2}{1+k} + \frac{k}{1+k}(1-t)r \qquad (3.19)$$

采用(3.15)公式可得

$$c_2 = \frac{1 + k(1-t)}{1+k}c_1 \qquad (3.20)$$

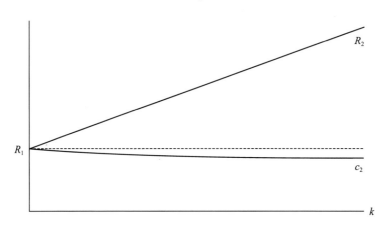

图 3 - 2 （法人税与杠杆）

(注)虚线为无债务企业的资本成本 R_1 的水平线。c_2 表示法人税扣除利息制度下，发行负债的企业的资本成本。R_2 为股份成本。

不过，c_1 是无债务企业 1 的资本成本 R_1。微分以后，$dc_2/dk < 0$，所以杠杆上升会使得加权平均资本成本降低。图 3 - 2 表示的是在法

人税扣除利息制度下的股份成本与加权平均资本成本。当 $k=0$ 时，即不发行负债时，股份成本与加权平均资本成本相一致。若提高杠杆，那么股份成本将随着税后现金流量的增大而上升，而加权平均资本成本就会降低。

例题 3-2（法人税与杠杆）

在与例题 3-1 相同的设定下，设法人税率 $t=0.2$。各变数值归纳如下。

状态	收益 X	企业 1	企业 2				
		税后利益 X_1^T	利息 rB_2	纳税所得 $X-rB_2$	税额 $t(X-rB_2)$	税后利益 X_2^T	股东收益 Y_2^T
1	20	16	10	10	2	18	8
2	40	32	10	30	6	34	24
期待值	30	24	10	20	4	26	16

1）求企业 1 的企业价值 A_1，由（3.14）公式求 A_2。再求股份价值 S_2、股份成本 R_2、杠杆 k。

2）因要负担这项债务，企业 2 能够降低多少税后加权平均资本成本？

3）企业 2 为了降低股份成本，将债务削减到 $B_2=400$。与 1）相比，企业价值、杠杆及股份成本可降低多少？

解说　1）按照（3.7）公式，企业 1 的股份价值为，企业 1 的企业价值为 $E(X_1^T)/\rho=24/0.05=480$。按照（3.14）公式，$A_2=480+0.2\times500=580$。按照（3.10）公式，$S_2=80$。按照（3.16）公式，$R_2=16/80=0.2$。$k=500/80=6.25$。

2）按照（3.20）公式，因 $c_2=0.041$，故加权平均资本成本只降低了 0.009。

3）$A_2=480+0.2\times400=560$，$S_2=160$，$R_2=0.11$，$k=2.5$。因此，企业价值减少了 $t\Delta B_2=20$，杠杆降低了 3.75，股份成本降低了 0.89。另外请注意，税后加权平均资本成能够本上升了 $14bp$。

3.2.2　个人所得税与资本成本†

Stiglitz 与 Miller 分析了向支付给个人的股息和利息所得征税对资本成本的影响[Stiglitz(1973),Miller(1977)][1]。设有关个人所得税中股息所得的税率为 t^S,利息所得的税率为 t^B。法人税及个人所得税的税制下,股东的税后回报(收益率)为 $y^S = E(X^T - rB_2)(1-t^S)$,债权人的税后回报为 $y^B = rB_2(1-t^B)$。因此,归属股东与债权人的税后的现金流量,将 y^S 和 y^B 相加得

$$X^P = ((1-t)X(\theta) + trB_2 - rB_2)(1-t^S) + rB_2(1-t^B)$$
$$= (1-t^B)(1-t^P)X(\theta) + t^P rB_2) \tag{3.21}$$

不过,第一等号采用了(3.13)公式,第二等号定义为

$$t^P = 1 - \frac{(1-t)(1-t^S)}{1-t^B} \tag{3.22}$$

这就是负债的实效利得率。

符号 t^P 依赖于各个税率。当 $(1-t)(1-t^S) < 1-t^B$ 时,$t^P > 0$,相反即为 $t^P < 0$。$t^P > 0$ 时,因个人所得税率的差别和利息扣除制度,通过利用负债所得的收益为正数,相反即为负数。若是前者,发行负债企业的企业价值要比不发行负债的企业大[2]。在个人所得税制下,杠杆上升,就会使股东的回报降低 $(1-t)(1-t^S)$,而债权人的回报就会上升 $(1-t^B)$。因此,当 $t^P > 0$ 时,杠杆上升就意味着有效的负债利得率上升。所以,杠杆高的企业价值就会比杠杆低的企业高了。反之则相反。

补遗中所示,均衡时的企业价值满足

$$A_1 + t^P B_2 = A_2 \tag{3.23}$$

与(3.14)公式相比较就可知道,负债的有效利得率 t^P 与不征个人

---

①　这里只以个人投资者为对象,不包括金融机构与机构投资者。在日本,对利息所得及股息所得征收的税率,原则上为 20%(15% 所得税,5% 地方税),利息所得为排除特例的预扣征收对象,股息所得也可选择缴纳综合税或申报分离税。另外,根据租税特别措施法,有关金融机构收取的利息,不适用于预扣征税。

②　这里将扣除个人所得税之后,对于投资者来说的企业资产价值叫作企业价值。

所得税时的法人税率 t 起着相同的作用。

3.2.3　破产成本与杠杆作用 †

Stiglitz, Kraus, Litzenberger 等探讨了有可能出现违约、破产等情况的资本结构〔Stiglitz (1969), Kraus and Litzenberger (1973)〕。到目前为止,现金流量相比负债要大得多,即,虽然假设 $X_{\min} \geqslant rB_2$,但在本小节中,我们考虑了发行更大负债的企业。不过我们没有将违约与破产区分开来。破产是在

$$X(\theta) < rB_2 \tag{3.24}$$

的情况下发生。假设债权人在破产时不仅收不到面额 rB 的支付,而且还要负担破产的成本。**破产成本**通常被分为两类。破产的直接成本由法定费用及债权人开会等所产生的追加费用构成。法定费用包括向律师支付报酬和用于诉讼的手续费等,以及进行调查所需的通信费用等。债权人开会等所产生的追加费用包括:债权人为收集经营者和企业的信息,为达成一致意见所花费的时间的成本,交通和通信费等。常见的例子是,企业在导致际破产之前,已陷于**财务困难**(financial distress)。这时所产生的费用称之为破产的间接费用。其中包括,因财务困难而不得不做出的种种无效的措施和办法。比如,获取现金,或为偿还债务出售一部分业务部门,通过高于通常利息的借贷进行集资,以及其他进行种种重组调整的费用。

有关破产的成本,下面我们仅就直接成本进行探讨。假设破产时,债权人负担全部破产成本。再有,假设破产成本 z 比现金流量的最小值还要小,$z < X_{\min}$。设负债面额为 D,只考虑法人税。债权人的回报为

$$Y^B = \begin{cases} D & \text{for} \quad D \leqslant X(\theta) \\ X(\theta) - z & \text{for} \quad D > X(\theta) \end{cases} \tag{3.25}$$

在扣除法人税利息的制度下,股东的回报为

$$Y^S = \begin{cases} (1-t)(X(\theta) - D) & \text{for} \quad D \leqslant X(\theta) \\ 0 & \text{for} \quad D > X(\theta) \end{cases} \tag{3.26}$$

但,破产时,应考虑优先向债权人支付,不考虑支付法人税。

其次,我们将对风险持中立态度的投资者考虑在内,来求股份价值与负债价值。设无风险利率因子为 r,发行负债的企业 2 的股

金融经济学

份价值以及负债价值各为

$$S_2 = (1-q)r^{-1}E((1-t)(X(\theta)-D)|X(\theta) \geqslant D)$$

$$B_2 = (1-q)r^{-1}E(D|X(\theta) \geqslant D)+qr^{-1}E(X(\theta)-z|X(\theta) < D)$$

$$(3.27)$$

这里,$q = Pr(X(\theta) < D)$为破产概率(不履行概率)[①]。因此,发行负债的企业的市场价值为

$$A_2 = S_2 + B_2$$
$$= A_1 + (1-q)r^{-1}E(tD|X(\theta) \geqslant D)$$
$$+ qr^{-1}E(tX(\theta)-z|X(\theta) < D)$$

$$(3.28)$$

右边第一项是无债务企业 1 的市场价值,$A_1 = E\{(1-t)X(\theta)\}$。右边第二项是由法人税的扣除利息制度所带来的企业价值的增加部分。右边第三项是,发行负债的企业破产时所负担的破产成本与不发行负债的企业支付法人之差。这个差额,就极小 $X(\theta)$ 而言,有可能为负数。因此的结果如下。

结果 3 - 4(破产成本与杠杆)

期待破产成本极大时,杠杆上升将减少发行负债的企业的市场价值。

3.2.4 最佳负债比例

如上所述,负债的便利之处就是可通过扣除利息起到节税作用,但存在破产成本。因此,综合考虑的话,杠杆中存在权衡关系,可以考虑使企业价值最大化的杠杆。将这种与杠杆相对应的负债比率叫作**最佳负债比率**。Bradley 等在(3.28)公式中假设破产成本为现金流量的一定比例($z = \alpha X$),对最佳负债比率进行了探讨 [Bradley et al.(1984)][②]。

设现金流量 X 的概率密度函数为 $f(X)$,分布函数为 $F(X)$。

---

① 如 6.4 节中说明的那样,有关状态 θ,若对风险持中立态度的概率能够确定,$q = Pr(X(\theta) < D)$采用风险中立概率。

② 通过权衡来决定最佳负债比率,这种观点 Kraus and Litzenberger(1973)等也进行过探讨。

另外,假设持续投资者对风险持中立态度。发行负债的企业 2 的企业价值为

$$A_2 = r^{-1} \int_D^\infty ((1-t)X + tD)f(X)dX$$

$$+ r^{-1} \int_0^D (1-\alpha)Xf(X)dX \qquad (3.29)$$

若企业以将此公式最大化为目的,即得如下结果。

结果 3 - 5(负债的权衡理论)

当存在法人税的扣除利息制度与破产成本时,企业通过这些权衡来选择最佳负债额(或杠杆)。

在这里,不是作为杠杆本身的结果,而是作为发行负债额的结果。即,若就 D 将(3.29)公式最大化,那么一阶条件为

$$t(1-F(D)) = \alpha D f(D) \qquad (3.30)$$

因左边的 $1-F(D)$ 是不会破产的概率,所以是表示当每增加 1 个单位负债时,期待扣除利息额的增加部分。右边是表示当每增加 1 个单位负债时,边际破产成本的增加部分。左边是增加杠杆时的边际效益(MB),右边是边际费用(MC)。因此,如果二阶条件得到满足,即可得以上结果。图 3 - 3 显示了对数正规分布情况下所决

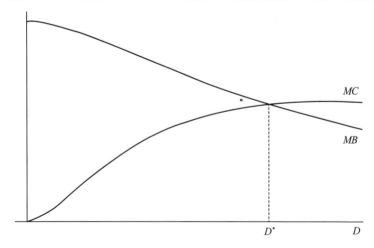

图 3 - 3 (最佳负债)

(注)横轴为负债发行额。MB 为发行负债的边际效益。MC 为边际费用。

定的最佳负债额。往右下的曲线表示负债的边际效益,往右上的曲线表示边际费用。两者的交叉点表示最佳的负债额度。

例题 3-3(最佳负债)

A 公司预算破产成本为现金流量的 5%($\alpha=0.05$)。现金流量按照同样分布 $X\sim U[0,10]$,法人税率为 $t=0.2$。有关 $D\in[0,10]$ 的范围,作为 D 的函数,请表示出破产概率 q、负债的边际效益 MB、负债的边际费用 MC。并求最佳负债额 D^*。

解说 破产概率为 $q=0.1D$,边际费用为 $MC=\alpha Df(D)=0.005D$,边际效益为 $MB=t(1-q)=0.2(1-0.1D)$。根据最佳条件 $0.005D=0.2(1-0.1D)$,得 $D^*=8$。

3.3 信息不对称性与金融资产的价值

3.3.1 新股票发行与信号†

企业发行新股份进行集资被叫作**通过发行新股**(new equity issues)**增资**。公司通过公开招股发行和出售股份有两种,一种叫作**增发新股**(seasoned equity offerings:**SEO**),一种叫作**私募配售**(private placement)。增发新股也叫公开融资,私募配售有股东配售与**第三者配售**(对其他人配售)。投资者可在股票市场购买的价格叫作发行价格或**公开价格**(offered price),发行人公司所收金额叫作**实收金额**(proceeds)。通常,证券公司按照实收金额承包买入股票,以发行价格在市场出售。这些证券公司叫作**包销商**(underwriter)。

下面,我们来看一下通过发行新股进行集资,并实行投资的企业。新投资额为 I,企业持有现金 C 与实物资产 A_0。为了进行投资,需要发行 $S=I-C$ 的股份。但忽略认购手续费等的交易费用,进行新投资时的实物资产的价值为 A_1。因此,新投资的现在实际价格为 $\Delta A=A_1-A_0$。新投资具有整数 NPV,即假设 $\Delta A>0$。不进行新投资时的企业价值为 $V_0 = C + A_0$,进行新投资时的企业价值为 $V_1 = I + A_1$。另外,虽然下面设折扣率为 0,但即使折扣率为正数,也可进行同样的探讨。

一部分当事人无法知道某信息时,此信息叫作**不可测信息**(unobservable)。虽然当事人方面知道,但其他方面的人士不可测的信息被称为前者的**私有信息**(private information)。存在私有信息时,也就是存在**信息的不对称性**(information asymmetry)。这里,企业经营者在发行新股前就知道 A_0 及 A_1,假设包括现有股东在内的投资者不能观测到这些变数。因此,资产价值以及 NPV 为企业的私人信息。在这样的情况下,就不能进行到目前为止本书一直探讨的企业价值评估。

面对信息不对称性的当事人可以采用某种手段来解决这一问题。方法之一就是**信号传递**(signaling)。所谓信号传递,就是持有私有信息的当事人通过采取可观测的行动将自己所知信息告知其他当事人。

Myers 与 Majluf 探讨了发行新股成为信息传递的情况[Myers and Majluf(1984)]。不知资产价值等的投资者只能观测企业是否发行新股,然后凭此给新股定价。在不发行新股的情况下,现有股东持有 100% 的股份。而发行新股的话,现有股东持股量的时价总额为 P_1,新股东持股量的总额为 S。资产负债表条件为

$$P_1 + S = V_1 = S + C + A_1 \tag{3.31}$$

左边表示股价总额,右边表示资产总额为投资额 I 与实物资产价值 A_1 之合计。相对现有股东持股量的企业价值是,未发行新股时为 V_0,发行新股时为 αV_1。

经营者代表现有股东的利益做出行动。因此,经营者在 $\alpha V_1 < V_0$ 时不发行新股。即

$$\frac{P_1}{P_1 + S}(I + A_0 + \Delta A) < C + A_0 \tag{3.32}$$

若改变公式,即得

$$\Delta A < \frac{S}{P_1}(C + A_0) + C - I \tag{3.33}$$

若以 P_1 为条件,就可以知道,左边 NPV 低的企业,也就是右边的

金融经济学

现有资产 A_0 大的企业不会发行新股。右边的 S/P_1 被叫作**相对发行比例**（＝新股发行额/现有股份的时价总额）。若相对发行比例上升，发行新股的诱因就会降低。相对发行比例依赖于市场对股价的评估 P_1，所以企业是否发行新股取决于市场对股份价值的评估。市场对股价 P_1 的评估过低，(3.33) 公式得到满足时，企业将不会发行新股。反过来说，发行新股的是股价评估过高的企业。

为了更清晰地说明这一点，我们假设企业存在 q 比例的 H 类型与 $1-q$ 比例的 L 类型。我们把 q 叫作有关类型比例的**事先概率**。A_0^j 表示类型 j 的现有实物资产的价值，ΔA^j 表示新投资的 NPV，$V_1^j = A_0^j + \Delta A^j + I, V_0^j = A_0^j + C$。存在信息不对称性情况的股份价值评估，是通过对相关类型的概率取期待值来进行的。即，在事前概率 q 的条件下，若两种类型的企业都发行新股，那企业价值将被评价为

$$E(V_1 \mid issue) = qV_1^H + (1-q)V_1^L \tag{3.34}$$

现有股东的股份价值根据 (3.31) 公式被评估为 $P_1 = E(V_1 \mid issue) - S$。如是，两种类型的企业采取发行新股的相同战略，这种均衡被称为统一均衡。

当一部分企业采取发行新股的战略，而另一部分企业步发行新股的时候，投资者将通过观测到的战略改变概率。来自贝叶斯更新概率的事后概率被定义为受观测到的战略限制的有条件概率。关系到 H 类型企业比例的事后概率定义为

$$\pi(H \mid issue) = \frac{Pr(H \bigcap \{issue\})}{Pr(\{issue\})}$$

$$\pi(H \mid not \ \ issue) = \frac{Pr(H \bigcap \{not \ \ issue\})}{Pr(\{not \ \ issue\})} \tag{3.35}$$

发行新股的企业的股份价值采用此事后概率，被评价为

$$E(V_1 \mid issue) = \pi(H \mid \{issue\})V_1^H + (1 - \pi(H \mid \{issue\}))V_1^L \tag{3.36}$$

下面假定

$$A_0^L > A_1^H \tag{3.37}$$

公式成立。即，H 类型企业即使进行投资，仍比 L 类型企业的资产规模小。在此假设下，得如下结果：

结果 3‑6（发行新股与信号传递）

存在这样的信号传递均衡,即 H 类型企业发行新股,L 类型企业不发行新股。这样的信号传递均衡构成如下诱因兼容限制公式。

$$\frac{P_1^*}{P_1^* + S} V_1^H \geqslant V_0^H \tag{3.38a}$$

$$\frac{P_1^*}{P_1^* + S} V_1^L \geqslant V_0^L \tag{3.38b}$$

满足(3.37)公式的 L 类型企业,尽管现有股东的股份价值很高,但因即使进行新的投资也预见不到有价值增长,所以发行新股时,股价被过小评估。因此,即便是正数的 NPV 也只好放弃通过发行新股来集资了。

正如其结果所示,不同类型企业采取不同的战略,这种均衡被称作**分离均衡**。(3.38a,b)公式是对应(3.32)公式的,左边为发行新股时现有股东的股份价值,右边为不发行新股时的股份价值。(3.38a)公式是 H 类型企业经营者选择发行新股的条件,(3.38b)公式是 L 类型企业经营者选择不发行新股的条件。这样的条件公式被称为**诱因兼容限制**(incentive compatible constraint)。

金融经济学

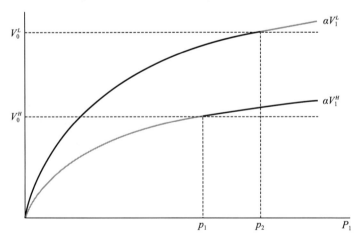

图 3‑4　（发行新股与诱因兼容限制）
(注)横轴为发行新股企业的股价,纵轴为现有股东的股份价值。H 发行新股,L 不发行新股达成的分离均衡。两条曲线的黑实线部分满足诱因兼容限制。

图 3-4 显示了诱因兼容限制条件。横轴是 P_1，纵轴是现有股东的股份价值。两条往右上的曲线表示新股发行时的股份价值，水平线表示不发行新股时的股份价值。由于(3.37)公式与假设 $\Delta A^j > 0$，故 $A_0^L > A_0^H$，所以 $V_0^L > V_0^H$。即，不发行股新股时的股份价值(水平线)是 L 类型企业高。另一方面，由同样的(3.37)公式也能构成 $A_1^L > A_1^H$，所以 $V_1^L > V_1^H$。也就是表示发行新股时股份价值的往右上的曲线，L 类型企业位于上。(3.38a)公式在 αV_1^H 黑实线部分得到了满足，而(3.38b)公式在 αV_1^L 黑实线部分得到了满足。而在 $p_1 \leqslant P_1 \leqslant p_2$ 的范围内，两者的诱因兼容限制同时得到满足。

在这样的制约下，$\pi(H \mid issue) = 1$，而且，因为 $\pi(H \mid not\ issue) = 0$，故根据(3.36)公式，在信号传递均衡时，发行新股的企业的股份价值评估为 $E(V_1 \mid issue) = V_1^H$。而不发行新股的企业的股份价值评估为 $E(V_0 \mid not\ issue) = V_0^L$。根据 V_i^j 的定义与(3.31)公式，构成以下公式[①]。

$$P_0^* = E(V_0 \mid not\ issue) = C + A_0^L$$
$$P_1^* = E(V_1 - S \mid issue) = C + A_1^H \tag{3.39}$$

在这个均衡中，通过信号传递，各种类型的价值得到了正确评估。采取不发行新股这种 L 类型行动的即为 L 类型企业，向投资者发传递了现有资产价值为 A_0^L 的信号。

这种信号传递均衡的问题在于 L 类型企业不实行正数 NPV 的投资。在信息不对称性的条件下，即便存在信号传递这样传递信息的手段，也会发生投资受阻，不能进行正数 NPV 投资的情况。另外，发行**风险债务**(risky debt)也与发行新股一样，或许可成为传递企业价值信息的手段。再有，不仅是发行新股(是否进行借贷)与否，发行额和比例等也可成为传递信号的手段。

例题 3-4（发行新股）

H 企业拥有现有实物资产 $A_0^H = 50$，拥有 $A_0^L = 150$ 的 L 企业正计划发行新股用于新的投资。新投资的 NPV 各为 $\Delta A_H = 10$，

---

① 达成此均衡是在构成 $(A_1^H + C)\Delta A^L \leqslant S(A_0^L - A_1^H)$ 的情况下。

$\Delta A_L=20$。各企业都拥有现金 $C=50$，但新投资额为 $I=100$，所以为了新的投资，需要发行新股 $S=50$。股东不知道实物资产的价值和新投资的 NPV。

1）求各企业的 A_1, V_0, V_1。假设两家企业都可以按照 $P_1=110$ 发行新股，问：现有股东的持股量比例 α 是多少？并请说明代表现有股东利益的经营者是否选择发行新股。

2）采用（3.31）公式来求获得完整信息时 L 企业发行新股的价格。请确认 1）的股价被过小评估的情况。

3）考虑只有 H 企业发行新股时的分离均衡。以这个问题中的 αV_1^H 及 αV_1^L 为 P_1 的函数，请用图来表示。并列出诱因兼容限制公式。

4）求信号传递均衡中的新股发行价格 P_1^*，以及相对发行比例。

解说 1）进行新投资后实物资产的价值为：$A_1^H=50+10=60, A_1^L=150+20=170$。不发行新股的企业价值为：$V_0^H=50+50=100, V_0^L=150+50=200$。发行新股的企业价值为：$V_1^H=60+100=160, V_1^L=170+100=270$。当 $P_1=110$ 时，$\alpha=110/(110+50)=0.688$。当 $\alpha V_1>V_0$ 时选择发行新股。H 企业因 $\alpha V_1^H=110>100$，故选择发行新股。L 企业因 $\alpha V_1^L=185.6<200$，故不选择发行新股。

2）按照（3.31）公式，$P_1=V_1^L-S=270-50=220$ 是获得完整信息时的新股发行价格。由此可知 1）的股价 $P_1=110$ 被过小评估了。

3）$\alpha V_1^H=160\,P_1/(P_1+50), \alpha V_1^L=270\,P_1/(P_1+50)$。图解即为图 3-4。H 的诱因兼容限制（3.38）公式为 $160\,P_1/(P_1+50)\geqslant100$，L 的公式为 $270\,P_1/(P_1+50)\leqslant_{r_f}200$。

4）根据（3.39）公式，$P_1=50+60=110$。相对发行比例是 $50/110=5/11$。

3.3.2　啄食顺序理论与信号传递理论†

在上小节所述的状况下，企业持有的现金或相当于此的无风险资产发挥了巨大作用。现金与无风险资产的总和被称为**内部资金**（internal fund）。将此设为 C，将新投资设为 I，如果 $C>I$，那么企业不发行新股也可以进行新的投资。在这种情况下，与外部投资者之间信息的不对称性不会成为进行投资的障碍。

其次，若现金流量非常充足，短期内借贷少量资金或许也可以看作是没有风险的。设作为概率变数的现金流量最小值为 X_{min}，只要借入额 D_f 满足 $D_f < X_{min}$，这个借贷就是无风险的。这种风险借贷额一旦借入就是现金，因此起到了与内部资金相同的作用。内部资金加上无风险借入额被称为**剩余资金**（financial slack）。即，剩余资金为 $S = C + D_f$。若投资额低于剩余资金（$I < S$），不需要从外部集资，靠内部资金和无风险借贷就足够了。企业只是在最佳投资额依靠剩余资金不能进行的情况下才会从外部集资。Myers 指出，假设这种集资手段有一个顺序，这种假说就叫作**啄食顺序理论**[（pecking order）Myers（1984）]。

所谓**内部资金成本**就是内部资金 C 的机会成本，是无风险息率 r_f。若无风险借入需要微小的交易费用 $t > 0$，那么无风险借入 D_f 的资金成本 $r_f + t$。外部资金中设风险负债 D 的借入成本为 r_D，股份 E 及其他混合证券的资金成本为 r_E。即得如下结果。

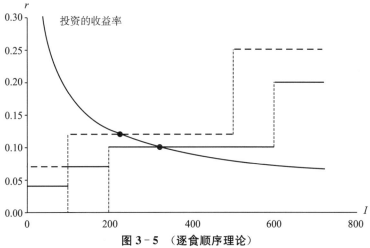

图 3-5 （逐食顺序理论）

（注）水平实线与虚线表示不同企业的集资成本。为了方便看图，设 $r_f = 0.04$，$t = 0.03$，$r_{D_1} = 0.1$，$r_{D_2} = 0.12$，$r_{E_1} = 0.2$，$r_{E_2} = 0.25$。

结果 3-7（逐食顺序理论）

当 $r_f + t < r_D < r_E$ 成立时，企业的最佳集资手段 j 及边际集资成本 r 为如下各公式

$$j = \{C\}, \qquad\qquad r = r_f \quad\ \text{if } I \leqslant C$$
$$j = \{C, D_f\}, \qquad\ \ r = r_f + t \ \text{if } C < I \leqslant C + D_f$$
$$j = \{C, D_f, D\}, \quad r = r_D \quad\ \text{if } C + D_f < I \leqslant C + D_f + D$$
$$j = \{C, D_f, D, E\}, r = r_E \quad\ \text{if } C + D_f + D < I$$

即，企业最偏好内部资金。当最佳投资量超过内部资金，需要外部资金时，企业首先选择进行无风险借贷。其次选择负债及其他混合证券，最后才选择发行股票。图 3-5 显示了持有内部资金的企业（实线）与未持有内部资金的企业（虚线）的边际集资费用。右下的曲线表示投资的边际收益。与水平线相交的各个点提示了最佳投资量。图表示了未持有内部资金的企业的最佳投资量减少。

风险负债位于股份与无风险借入的中间位置。如前一章的结果 2-5 所述，风险负债的收益至少加入了拖欠概率部分的差额。因此，若是负债，市场上会对信用风险（拖欠概率）过高评估，企业面临较高的借贷利率，有时候会放弃借贷。股份的价格通常来讲要比负债波动大，被要求比负债更大的风险差额。因此，逐食顺序理论提出了负债存在最大量。这叫作**负债能力**（debt capacity）。逐食顺序理论提出当投资额超过这负债能力，就发行股份[①]。

3.3.3　杠杆与信号传递

如果因信息的不对称性使得对金融资产的价值评估更难了，这样现金流量的概率分布就成了私有信息。在这种情况下，投资者应该可以根据企业在财务所做出的决定，来推断有关企业现金流量的信息。Ross 提出了通过杠杆来传递信息[Ross(1977)]。如本章的前半部分所论述的，通常杠杆高的企业就财务风险高，股份成本高，而且风险负债的成本也高。但是，当有关现金流量的企业类型属于私有信息时，或许可以认为杠杆高是因为经营者对企业

---

① 最佳杠杆理论指出，增加负债降低企业价值的标准就是负债能力。

的现金流量前景握有利好信息。

设企业类型为 θ。类型 θ 企业的现金流量 X 的概率分布为统一分布 $X \sim U[0, \theta]$。企业类型连续地分布为 $\theta \in [\theta_1, \theta_2]$。设负债的面额为 F，无风险利率为 r。企业在第 1 期和第 2 期开展活动。若现金流量在第 2 期超过面额 $F(X > F)$，企业不会破产。但是，若第 2 期 $X < F$，企业就会倒闭，经营者将承担**惩罚成本** c。比如，经营者失掉了作为经营人的名声，这种非金钱的成本就包含在了惩罚成本里了。

经营者报酬(managerial compensation)是由第 1 期的评价额 $\hat{V}_1$ 与第 2 期的现金流量以及惩罚所规定的。具体而言为

$$W = (1 + r)\gamma\hat{V}_1 + (1 - \gamma)\mathrm{E}(\mathrm{X} - \mathrm{I}(\mathrm{X} < \mathrm{F})\mathrm{c})$$
$$= (1 + r)\gamma\hat{V}_1 + (1 - \gamma)(\theta/2 - \mathrm{c}\mathrm{F}/\theta) \tag{3.40}$$

在这里，$I(X < F)$ 是指示函数，当 $X < F$ 时取 1，其他情况取 0。γ 为有关各期项目的比重。第二个等号来自 $E(X) = \theta/2$，以及 $Pr(X < F) = F/\theta$。经营者为了使报酬最大化，决定负债面额 F。

经营者知道自己的类型 θ，但投资者观测不到 θ。不过，投资者可以观测到负债面额 F，所以通过此信息可以推测经营者的类型。这时，θ 的推断值作为负债面额 F 的函数表示为

$$\hat{\theta} = \mu(\mathrm{F}) \tag{3.41}$$

其函数 μ 叫作**评价函数**。投资者采用推算出来的第 1 期的企业价值为

$$\hat{V}_1 = \frac{\hat{\theta}}{2(1 + \gamma)} \tag{3.42}$$

将此代入(3.40)公式，经营者的报酬为

$$W = \frac{\gamma}{2}\mu(F) + (1 - \gamma)(\theta/2 - cF/\theta) \tag{3.43}$$

经营者将报酬 W 通过面额 F（以及未知函数 $\mu(\cdot)$）做到最大化。若假定内解，均衡条件为

$$\mu'(F^*) = \frac{2(1 - \gamma)c}{\gamma\theta} \tag{3.44a}$$

$$\mu(F^*) = \theta \tag{3.44b}$$

$$\mu(0) = \theta_1 \qquad (3.44\text{c})$$

(3.44a)公式是最大化的一阶条件,(3.44b)公式是信号传递的诱因兼容限制条件,(3.44c)公式是边界条件。(3.44b)公式显示了在均衡时投资者推断的 $\hat{\theta}$ 与真实的 θ 相一致,即,投资者对企业类型的预测正确。如果注意到(3.44b)公式的逆函数 $F^* = \mu^{-1}(\theta)$ 是提供企业类型 θ 最佳面额 F^* 的函数,那么(3.44b)公式还显示了不同企业类型的经营者与其他面额一样选择 F,不存在冒充类型的动机。

根据(3.44b)公式,因 $d\theta = d\mu$,所以(3.44a)公式的微分方程式为

$$dF = \frac{\gamma s}{2(1-\gamma)c}ds \qquad (3.45)$$

其解为

$$F^* = \int_{\theta_1}^{\theta} \frac{\gamma s}{2(1-\gamma)c}ds = \frac{\gamma}{4c(1-\gamma)}(\theta^2 - \theta_1^2) \qquad (3.46)$$

F^* 是最佳负债的面额。而且这逆函数为均衡评价函数 $\mu^*(F)$。因此得结果如下:

结果 3-8(通过杠杆传递信号)

当将来的现金流量成为经营者的私有信息,现金流量高的经营者就会通过将杠杆定高来传递现金流量高这一信息。

如(3.46)公式所示,负债 F^* 成为企业类型 θ 的增加函数。现金流量的上限(θ)高的经营者通过发行很多负债向外发布其类型较高。之所以能做到这一点,是因为类型较高的经营者的期待损失小。

例题 3-5(杠杆与信号传递)

各企业的现金流量统一分布在 $[0, \theta]$。投资者不知道这现金流量的上限 θ,认为 θ 分布在 $[1, 100]$。而且,经营者的比重 $\gamma = 0.5$,破产成本为 $c = 25$。A 企业的现金流量上限为 $\theta = 10$。

1)请对负债额为 $F = 0、3、8$ 时 A 企业的真实破产概率进行比较。

2)设投资者认为评价函数 $\mu = \sqrt{100F + 1}$,请作为 θ 和 F 的

函数写出经营者的有效(3.43)公式。问：当 $F=0$、3.99、8.99 时，θ 将评价为多少？

　　3) 在此评价函数下，A 企业在解 2)的有效最大化问题时，问：最佳负债的面额 F^* 为多少？请确认此时的评价 μ 已推断正确。

　　解说　1) 因 A 企业破产概率为 $Pr(X<F)=F/\theta$，故各为 0、0.3、0.8。

　　2) 效用为 $W = 0.25\sqrt{100F+1} + 0.5(0.5\theta - 25F/\theta)$。因 $\hat{\theta} = \sqrt{100F+1}$，故各自被评价为 1、20、30。

　　3) 最大化条件 $\sqrt{100F+1} = 10$，故得 $F^* = 0.99$，$\mu(0.99) = 10$。因此，A 企业现金流量的上限被正确地推定为 10。

3.3.4　股权公开与信号传递理论

　　企业最初在资本市场出售股份或发行新股被称为**新股公开**(initial public offerings：**IPO**)。新股公开时的股票价值评估，相比已经上市的股份来说，信息不对称性的问题更大。坦率地说，非公开企业没有过往的股份数据。而且，上市企业被要求有义务提供有价证券报告书，而非公开企业则没有这个义务，因此相对而言，过去的资产负债表信息也不足[1]。因此，对投资者来说，评估新上市的股票价值相对而言很难。Leland 与 Pyle 探讨了在不伴随发行新股的股票公开时股票价值评估问题[Leland and Pyle(1977)]。创业者等大股东(企业家)根据种种理由想要公开股份，但这些企业家在股份公开后将继续持有多少股份呢？这是投资者所关心的事项之一。与前面探讨过的通过杠杆传递信号的问题一样，当有关现金流量的概率分布存在信息上的非对称性时，或许企业家的持股量(retained share)多少就会成为现金流量大小的信号。

　　我们来看一下已经持有股份的企业家。设完成发行的股份数量为 N_0。该企业在公开股份时，企业家以卖价 P 的价格出售了 N_1 的股份。出售数量为 $\alpha = N_1/N_0$，公开后企业家的持股量为

---

　　① 根据金融商品交易法第 24 条。申请上市时，需要提供有价证券报告书等的申请文件。

$1-\alpha$。若设企业的市场价格为 V，那么就构成 $PN_1 = \alpha V$。

假设企业的现金流量 X 按照均值 θ，方差 α^2 的正规分布。企业家持有均值方差效用 $W = \mu_\omega - \rho\sigma_\omega^2/2$。不过，设企业家期末资产的期待值为 μ_ω，设方差为 σ_ω^2，$\rho(>0)$ 是绝对危险回避度。虽然企业现金流量的均值（企业家的类型）θ 分布在 $[\theta_1, \theta_2]$，但是外部的投资者在股份公开时并不知道 θ。为简明起见，假定方差 σ^2 为已知的。因此，外部的投资者在看到企业的出售量 α 以后，来推断企业的市场价值。即是

$$\hat{V} = E(X(\theta)|\alpha) = \upsilon(\alpha) \qquad (3.47)$$

企业家从出售量得到 $\alpha\hat{V}$。而且，由持有量 $(1-\alpha)$ 所得的现金流量的期待值为 $(1-\alpha)\theta$，方差为 $(1-\alpha)^2\sigma^2$。因此，企业家的均值方差效用为

$$W = \alpha\hat{V} + (1-\alpha)\theta - 0.5\rho(1-\alpha)^2\sigma^2 \qquad (3.48)$$

企业家就 α（以及评价函数 $\upsilon(\cdot)$）将此效用最大化。若假定内解，均衡条件即为

$$\upsilon(\alpha^*) + \alpha^*\upsilon'(\alpha^*) - \theta + \rho(1-\alpha^*)\sigma^2 = 0 \qquad (3.49a)$$

$$\theta = \upsilon(\alpha^*(\theta)) \qquad (3.49b)$$

$$\alpha^*(\theta_1) = 1 \qquad (3.49c)$$

与前面的信号传递模型相同，(3.49a)公式为一阶条件，(3.49b)公式为信号传递的诱因并存制约条件，(3.49c)公式为边界条件。将(3.49b)公式代入(3.49a)公式，来解微分方程式，若采用边界条件(3.49c)公式，均衡评价函数 $\upsilon^*(\alpha)$ 便满足如下公式

$$\theta = \rho\sigma^2(\alpha - 1) - \rho\ln\alpha + \theta_1 \qquad (3.50)$$

最佳出售数量为 $\alpha^* = \upsilon^{*-1}(\theta)$。得以下结果。

结果 3－9（股份公开与信号传递）

在有关期待现金流量信息的非对称性情况下，期待现金流量高的企业家将股份的持有量 $(1-\alpha)$ 设定的较高，传递了期待现金流量高的信号。

按照(3.49a)公式中带入了(3.49b)公式的微分方程式，符号 υ' 与 $(\alpha-1)\rho\sigma^2/\alpha$ 相同，所以为负数。就是说，出售量与期待现金流

量中产生了负数关系。这是因为,期待现金流量高的企业的家即
使持有较多,也可以得到足够高的均值方差效用。期待现金流量
低的企业家,若持有量高,由持有量得到的均值方差效用就会降
低,不可能摆出与前者一样的态度。图3-6中,横轴取出售数量α
表示均衡评价函数。

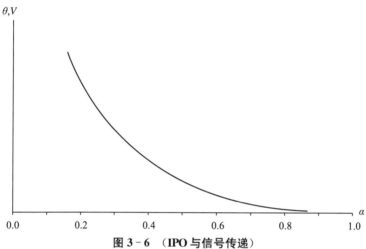

图3-6 (IPO与信号传递)
(注)均衡评价函数。横轴为出售数量,纵轴为市场价值。假定现金流量的均值分布
在[1,2]。

另外,虽然本小节只是以出售比例作为期待现金流量的信号
传递,但是若就其他变数(比如期待现金流量的方差)中也存在信
息上的非对称性,那么就有必要把别的变数作为信号来使用。这
样一来,比如股份公开的报价等,就可作为信号变数发挥作用了。

补遗A:在法人税扣除利息制度下的股份成本与杠杆

若按顺序将(3.13)公式和(3.17)公式代入(3.16)公式即得

$$R_2 = \frac{E((1-t)(X-rB_2))}{S_2} = \frac{S_1R_1 - (1-t)rB_2}{S_2} \quad (3.51)$$

根据(3.10)公式与(3.14)公式,$S_1 = A_1 = S_2 + B_2 - tB_2$,故将此代
入并经过整理便可得

$$R_2 = \frac{(S_2 + B_2 - tB_2)R_1 - (1-t)rB_2}{S_2} = R_1 + (1-t)(R_1 - r)\frac{B_2}{S_2}$$

$$(3.52)$$

补遗 B：个人所得税与杠杆

在个人所得税制度下的套利交易如下所示。若持有 α 单位的企业 1 股份，并持有仅为 $\alpha t^P B_2$ 的无风险资产，那么投资者可得 $Y_1 = \alpha(1-t^S)(1-t)X + (1-t_B)r\alpha t^P B_2$。若各持有 α 单位企业 2 的股份及债券，投资者可得 $Y_2 = \alpha((1-t^S)X^T - rB_2) + \alpha(1-t^B)rB_2 = \alpha(1-t^S)(1-t)X + \alpha t^P(1-t_B)rB_2$。因此，所得到回报相同，故构成这些投资组合的成本也必须相同。即，$\alpha A_1 + r\alpha t^P B_2 = \alpha A_2$ 为无套利条件。另外请注意，在自制杠杆的套利交易中，无风险资产的利息所得也需纳税。$t^P B_2$ 的无风险资产带来 $(1-t^B)rt^P B_2$ 的税后回报。

文献指南

莫迪尼亚尼米勒定理

Brennan, M., Schwartz, E. 1978. Corporate income taxes, valuation, and the problem of optimal capital structure. *Journal of Business* 51, 103 – 114.

Demarzo, P. 1988. An extension of the Modigliani-Miiler theorem to stochastic economices with incomplete markets and interdependent securities. *Journal of Economic Theory* 45, 353 – 369.

Kraus, A., Litzenberger, R. 1973. A state-preference model of optimal financial leverage. *Journal of Finance 28, 911 – 922.*

Miller, M. 1977. Debt and taxes. *Journal oj Finance* 32, 261 – 275.

Miller, M. 1988. The Modigliani-Miller propositions after thirty years. *Journal of Economic Perspectives 2, 99 – 120.*

Modigliani, F., Miller, M. 1958. The cost of capital, corporation finance and the theory of investment. *American Economic Review* 48, 261 – 297.

Modigliani, F., Miller, M. 1963. Corporate income taxes and the cost of capital: A correction. *American Economic Review* 53, 433 – 443.

Stiglitz, j. 1969. A re-examination of the Modigliani-Miller theorem. *American Economic Review* 59, 784 - 793.

Stiglitz, J. 1973. Taxation, corporate financial polity, and the cost of capital. *Journal of Public Economics* 2, 1 - 34.

最佳负债比率

Bradley, M., Jarrell, G., Kim, E. 1984. On the existence of an optimal capital structure: Theory and Evidence. *Journal of Finance* 39, 857 - 878.

Fischer, E., Heinkel, R., Zechner. J. 1989. Dynamic capital structure choice: Theory and tests. *Journal of Finance* 44, 19 - 40.

Leland. H. 1994. Corporate debt value, bond covenants, and optimal copital structure. *Journal of Finance* 49, 1213 - 1252.

Leland, H., Toft. K. 1996. Optimal capital structure, endogenous bankruptcy, and the term structure of credit spreads. *Journal of Finance* 51, 987 - 1019.

Strebulaev, I. 2007. Do tests of capital structure theory mean what the say? *Journal of Finance* 62, 1747 - 1787.

新股发行与信号

Cadsby, C., Frank. M., Maksimovic, V. 1990. Pooling, separating, and semiseparating equilibria in financial markets: Some experimental evidence. *Review of Financial Studies* 3 315 - 342.

Mas-Colell, A., Whinston. M., Green, J. 1995. *Microeconomic Theory*. Oxford University Press.

Myers, S., Majluf, N. 1984. Corporate financing and investment decisions when firms have information that investors do not have. *Journal of Financial Economics* 13, 187 - 221.

啄食顺序理论

Kim, E. 1978. A mean-variance theory of optimal capital structure and corporate debt capacity. *Journal of Finance* 33,

45 – 63.

Leary, M. , Roberts, M. 2010. The pecking order, debt capacity, and information asymmetry. *Journal of Financial Economics* 95, 332 – 355.

Myers, S. 1984. The capital structure puzzle. *Journal of Finance* 39, 575 – 592.

Noe. T. 1988. Capital structure and signaling game equilibria. *Review of Financial Studies* 1, 331 – 355

Shyam-Sunder. L. , Myers, S. 1999. Testing static tradeoff against pecking order models of capital structure. *Journal of Financial Economics* 51, 219 – 244.

负债比率与信号传递

Ross, S. 1977. The determination of financial structure: The incentive-signalling approach. *Bell Journal of Economics* 8, 23 – 40.

股权公开与信号传递

Grinblatt, M. , Hwang, C. 1989. Signalling and the pricing of new issues. *Journal of Finance* 44, 393 – 420.

Krasker, W. 1986. Stock price movements in response to stock issues under asymmetric information. *Journal of Finance* 41, 93 – 105.

Leland, H. , Pyle, D. 1977. Informational asymmetries, financial structure, and financial intermediation. *Journal of Finance* 32, 16 – 18.

教科书

Amaro De Matos , J. 2001. *Theoretical Foundations of Corporate Finance*. Princeton University Press.

Berk, J. , Demarzo, P. 2014. *Corporate Finance*. Prentice Hall. The third edition. (译) 久保田敬一、芹田敏夫、竹原均、德永俊史，

corporate finance,丸善出版(2014)。

Bolton，P.，Dewatripont，M. 2005. *Contract Theory*. MIT Press.

Damodaran，A. 2001. *Corporate Finance：Theory and Practice*. Second edition. Wiley.

Ross，S.，Westerfield，R.，Jaffe，J. 2002.*Corporate Finance*. McGraw-Hill/Irwin.

Salanie，B. 1997. *The Economics of Contracts*. MIT Press.

Tirole. J. 2006. *The Theory of Corporate France*. Princeton University Press.

清水克俊,堀内昭义.incentive(インセンティブ)经济学。有斐阁(2003)。

Robert，K.经济学博奕理论入门.(译)福冈正夫.须田伸一,刘文社(1995)。

第四章 企业的财务战略

本章的前半部分主要就企业财务战略中的派息进行说明,后半部分对中小企业的财务战略进行论述。派息就是将利益回馈投资者,这在前章中作为集资的对价进行了论述。4.1 节主要探讨派息方法对企业价值的影响、信息非对称性对派息方法的影响。4.2节将就中小企业以从金融机构集资为中心的集资活动所存在的信息非对称性问题进行阐述。

4.1 派息

4.1.1 分红与内部保留 †

企业向股东派发收益叫作**派息**。派息有各种方法,主要有派发股息与**股份回购**(share repurchase)两种。现在我们来看一下企业面临为了投资是否应该派发股息的问题。为简明起见,设变数中不存在不确定因素。暂设 $t+1$ 年度内企业的现金流量为 X_{t+1},股息为 d_{t+1},投资为 I_{t+1},t 年度末已发行股份数量为 N_t,t 年度末的股份价值为 V_t。另外,设新股购买价格为 $p_{1,t+1}$,股份回购价格为 $p_{2,t+1}$。并假设不存在金融资产的买卖以及发行负债和支付利息。设发行新股或股份回购在 $t+1$ 年度末即将到来之前,按价格 $p_{t+1}(=p_{1,t+1}=p_{2,t+1})$ 进行。还有,若设股息派发登记日期在这些股份数量变更之前,那么需支付股息的股份数为 N_t,股息总额为 $D_{t+1}=N_t d_{t+1}$。

企业预算约束公式如下。

$$p_{t+1}N_{1,t+1} + X_{t+1} = I_{t+1} + p_{t+1}N_{2,t+1} + D_{t+1} \tag{4.1}$$

左边是新股发行额与现金流量,右边为投资额、股份回购额及股息。以现金流量和投资额为前提条件,企业为了满足投资,将在削减股息、减少回购股份以及增加新股发行中做出选择[①]。发行新股与股份回购之差定义为 $\Delta N_{t+1} = N_{1,t+1} - N_{2,t+1}$。新股发行量超过股份回购量 $\Delta N_{t+1} > 0$,股份回购超过的话 $\Delta N_{t+1} < 0$。按此写出上述公式为

$$X_{t+1} - I_{t+1} = D_{t+1} - \Delta N_{t+1} p_{t+1} \qquad (4.2)$$

另一方面,t 年度末的股价为 $p_t = V_t / N_t$,$t+1$ 年度末的股价为 $p_{t+1} = V_{t+1} / (N_t + \Delta N_{t+1})$,所以若在 t 时间点持有股份的人同时进行股份回购和发行新股的话,持有股份的(纯)收益率为

$$R = \frac{(1+n)p_{t+1} + d_{t+1} - np_{t+1} - p_t}{p_t} \qquad (4.3)$$

这里,$n = \Delta N_{t+1} / N_t$ 为股份数量增加率。右边分子的第一项是前期期末时间点每股的本期期末股份价值,第二项为股息,第三项若 $n > 0$ 为发行新股部分的支出(若是负数则是股份回购带来的收入),第四项是作为基准的前期末股价。按照 $1/N_t$ 将右边约分并整理,即得

$$R = \frac{V_{t+1} + D_{t+1} - \Delta N_{t+1} p_{t+1} - V_t}{V_t} \qquad (4.4)$$

这里,右边分子的第三项表示企业进行股份回购的支出($\Delta N_{t+1} < 0$)或新股发行额($\Delta N_{t+1} > 0$)。得如下结果。

结果 4-1(股息与股份回购)

(网上的)股份回报由股息与股份回购额及下期的企业价值构成,股息和股份回购为替代手段[②]。

另外,此结果并不是说若加上派息额(股息+股份回购额),就会增加股份回报。若将(4.2)公式代入(4.4)公式,即得如下结果。

---

① 但是按照公司法等规定,实际派发的股息和股份回购,受到结余等上限制约。

② 股份回购通常是以一部分股东为对象的,从分配公平性来看,或许会产生差异。

结果 4-2（股息与无关系型定理）

关于投资额与现金流量相同的企业，企业价值 V_t 不依赖股息额。即为

$$V_t = \frac{V_{t+1} + X_{t+1} - I_{t+1}}{1 + R} \qquad (4.5)$$

因(4.4)公式的股息 D 通过(4.2)公式消掉了，故上述公式不出现股息。这意味着股息额与企业价值没有关系。这个定理被叫作米勒－莫迪里阿尼第三定理[Miller and Modigliani(1961)]。若将股息个性定义为 $\theta = D_{t+1}/X_{t+1}$，内部保留率定义为 $1-\theta$，现金流量中未分红的部分 $(1-\theta)$ 可用于投资。若股息每增加 1 单位，内部保留就减少 1 单位，新股发行额就增加 1 单位。股息与新股发行额之差，一定等于现金流量与投资额之差，因此，股息的增减不影响企业价值。若投资与现金流量为不变，那么无派息企业与派息企业的价值就相同。

将其结果与结果 3-1 相对照，就可以知道股份回购也不影响企业价值。这从(4.5)公式不存在 $\Delta N_{t+1} p_{t+1}$ 便可知。即使加大股份回购，也一定要缩小股息等，理由与上述相同。也可以说，股息与股份回购额的大小不可能自由地决定改变股份价值。另外，这里虽然假定了现金流量等得变数不存在不确定性，不过 3.1.2 节的莫迪尼亚尼米勒定理（第一定理）也同样，在完善的市场不确定性不影响讨论[1]。

接着来看一下税制的影响。在日本，对于个人获取的股息所得以及股份转让收益（资本收益）的征税原则上约为 20%[2]。设股息所得的税率为 τ_I，股份转让所得税率为 τ_G。为了便于探讨，我们只看按前期末股价获得股份的投资者。税后回报为

$$R_\tau = ((1-\tau_G)(p_{t+1} - p_t) + (1-\tau_I)d_{t+1})/p_t \qquad (4.6)$$

因此，若把右边合计，并采用(4.2)公式便得

---

[1] 还有，通常虽然假定存在正数的 NPV 投资，但有着正数 NPV 的投资额为 0 时，股息与股份回购额之和等于现金流量。

[2] 所得税 15%，居民税 5%。但复兴特别所得税和少额投资不扣税制度等除外。

$$R_\tau = ((1 - \tau_G)(V_{t+1} - V_t + X_{t+1} - I_{t+1}) - (\tau_I - \tau_G)d_{t+1})/V_t$$
$$(4.7)$$

结果如下。

结果 4-3(税制与派息)

股息税率高过股份转让税率时,增加股息会降低税后股份回报(收益率)。反之会提高税后股份回报(收益率)。

另外,在日本虽然可以适用综合纳税制度及得到所得扣除,但会产生累进制所得税率的不同。还有,不同的股东,获取股份时的股价不同,在是否接受股份回购和是否接受股息等方面也不同,所以必须注意税后回报不同的股东也有所不同。

Elton,Gruber,Kalay 等分析了因税率的不同所产生的**顾客效应**(clientele effect)[Elton and Gruber(1970),Kalay(1982)]。我们来看一下除息前后的套利交易。所谓除息后就是没权获得当期股息了。设有权获得当期股息的最后交易日的股价为 p_B,除息后的股价为 p_A。若设股份购买价格为 p_t,那么在除息日前出售股份的话,税后回报为 $R_1 = (1 - \tau_G)(p_B - p_t)/p_t$。设股息为 d。若在除息日之后出售股份,税后回报为 $R_2 = ((1 - \tau_I)d + (1 - \tau_G)(p_A - p_t))/p_t$。无套利条件为 $R_1 = R_2$,故均衡后构成

$$p_A = p_B - \frac{1 - \tau_I}{1 - \tau_G}d \qquad (4.8)$$

因 $d > 0$,故除息后产生了资本损失 $p_A - p_B < 0$。

但是,在现实中,所得税率(企业为股东时的法人税率)根据个人所得(企业属性)的不同而不同,所以不同的投资者,R_1 与 R_2 的大小关系不同。这样,投资者(个人、机构投资者、一般企业)对于种种股份有着不同的偏好。了解这一点的企业会让最喜欢自己派息战略的投资者持有股份。即,在相应税制的前提条件下,从不同偏好的投资者中募集特定的投资者作为自己的客户。这种投资者的税率对于企业的派息政策所起的效果叫作顾客效应。另外,在除息日前购入股份以获得股息,而在除息日之后出售股份的战略被叫作**股息捕获策略**(dividend capture strategy),根据所得税率的不同,股息捕获策略的回报也有可能是正数。

例题 4 - 1（派息）

现在探讨的是本期现金流量为 $X=1$ 的 A 公司进行投资额为 $I=0.7$ 的新投资。A 公司有可能进行回收股份或派发股息及发行新股。设前发行的股份数量为 1，每股的股息为 d，股份回购数为 n_2，新股发行数为 n_1，前期末股价为 $p_0=1$。

1）问：若不发行新股，要向前期末的股东每股派发 0.3 的股息，有哪些方法？不过，设本期末的股价（股份回购价也相同）为 $p_1=1.25$。

2）设定与 1）相同，当设股份回购数为 $n_2=0.2$，股息为 $d=0.05$ 时，每人的派息额与股份收益率是多少？

3）若不进行股份回购（$n_2=0$），但发行新股。派息政策改为股息 $d=0.5$ 时，股份收益率会发生怎样的变化？但，设本期末的股价（新股发行价也相同）为 $p_1=0.8$。

解说 1）因（4.1）公式为 $1=0.7+1.25n_2+d$，故可进行满足 $0.3=1.25n_2+d$ 的派息与股份回购。

2）本期末的股份数为 $1+n=1-n_2=0.8$。由于按照股份回购所得的收入为 $-np_1=0.2\times1.25=0.25$，所以派息总额为 $d-np_1=0.3$。因本期末持有的股份价值 $(1+n)p_1=0.8\times1.25=1$，故（4.3）公式的股份收益率为 $R=(1+0.3-1)/1=0.3$。这股息与股份回购数的组合满足了 1）的关系。

3）因（4.1）公式为 $0.8n_1+1=0.7+0.5$，故设 $n_1=0.25$ 即可。本期末的股份数为 $1+n=1+n_1=1.25$。发行新股所支付的费用为 $np_1=0.25\times0.8=0.2$，本期末持有的股份价值为 $(1+n)p_1=1.25\times0.8=1$，故（4.3）公式的股份收益率为 $R=(1+0.5-0.2-1)/1=0.3$。另外，本例题将股价设定为 $V_0=V_1=1$。

4.1.2　分红额与信号传递理论

企业不时会选择增配、减配，有时候还会无配。投资者根据这样的信息进行种种推测。Bhattacharya 与 Allen 等探讨了通过股息传递信号［Bhattacharya（1979），Allen et al.（2000）］。下面采用 Allen et al.（2000）模型的一部分来对信号传递做一个简短的说明。

有两家企业 $j = H, L$，设各自的现金流量为 X_j。X_j 为概率变数，其期待值 μ_j 为 H 企业大于 L 企业（$\mu_H > \mu_L$）。设股息税率为 t，企业 j 的税后价值为 $V_j = X_j - tD_j$。设折扣率为 0，时间点 0 的均衡股价为

$$S_j = \mu_j - tD_j \qquad (4.9)$$

这个公式意味着在完整信息情况下，股价随着股息支付而降低。

　　下面我们来看一下现金流量的期待值中存在信息非对称性时，即，投资者不能够观测到现金流量期待值 μ 时的情况。不过，投资者在期末可以通过概率 π 知道真实类型，并相信是剩余概率弄错的类型。认为 H 类型企业支付高股息，发出了企业为 H 类型的信号。设企业 H 的股息为 $D_H > 0$，企业 L 的股息为 $D_L = 0$。

　　不派发股息的企业 L 的末期股价是 $S_L(D=0) = \mu_L$。若设 L 派发 D_H 装作是 H，L 的末期股价的期待值即为 $S_L(D=D_H) = \pi(\mu_L - tD_H) + (1-\pi)(\mu_H - tD_H)$。图 4-1 的水平虚线表示 $S_L(D=0)$，往右下的实线表示 $S_L(D=D_H)$。派息少时，企业价值被高估的效果超过股息支付，故 $S_L(D=D_H)$ 高过 $S_L(D=0)$。派息多时则相反。因此，可得如下结果。

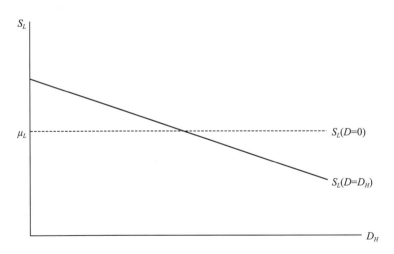

图 4-1　（派息与信号传递）

(注)横轴为 H 类型的股息，纵轴为 L 类型的期末股价。可选择 $D=0$ 或 D_H。

结果 4-4（通过高股息传递信号）

现金流量的期待值高的企业可以通过派发高股息，来向投资者传递有关自己企业类型的信号。

在 $S_L(D=0)>S_L(D=D_H)$ 的情况下，L 类型选择不派息，即

$$D_H > (1-\pi)(\mu_H-\mu_L)/t \tag{4.10}$$

这是 L 类型企业的诱因兼容限制公式。H 类型可以通过选择满足以上公式的股息，发出自己为 H 类型企业的信号。

然而，自古以来都认为企业很多时候会保持稳定的股息[①]。这样的财务战略叫作**股息平滑**。Fudenberg 与 Tirole 作为平滑的原因，强调了为经营者逃避免职的**盈利操纵**（earnings manipulation）[Fudenberg and Tirole(1995)]。如果有可能通过盈利操纵转移时间点之间的现金流量，那么经营者也可以通过不真实地报告稿现金流量来抑制股息。

4.1.3 支出与利益相反问题 †

为了通过更普通的形式展示来表示股息与投资关系的(4.2)公式，我们假设企业的资产由实物资产 A_t 及剩余资金 C_t 构成，这都通过股份 S_t 与负债 B_t 提供资金。资产负债表制约为

$$A_t + C_t = B_t + S_t \tag{4.11}$$

企业在 t 期只对负债进行 ΔB_t 的增减，支付负债利息 rB_{t-1}。而且，新股发行额为 ΔE_t，股份回购额为 Z_t。企业的预算制约公式为

$$C_{t-1} + X_t + \Delta E_t + \Delta B_t = I_t + D_t + Z_t + rB_{t-1} + C_t \tag{4.12}$$

左边是可利用资金额，右边是支出额与期末剩余资金。

Jensen 和 Meckling 强调了**利益冲突**（conflict of interest）的问题，即由于企业的行动，在企业相关者之间产生了利益对立[Jensen and Meckling(1976)]。这里就派息额（D_t+Z_t）的大小与股东、债权人、经营者之间的利益冲突问题进行说明。比如，若其他条件是一定的话，增加派息或许会拖延付息，损害债权人的利益 $\Delta(rB_{t-1})=-\Delta(D_t+Z_t)$。还有，由于加大派息剩余资金减少的话，也许会

---

① Lintner(1956)及 Black(1976)指出的最早。

损害经营者做出处理决定$[\Delta C_t = C_t - C_{t-1} = -\Delta(D_t + Z_t)]$。因为经营者使用剩余资金，或许享受着利用地位所得的特权（perquisite perk）等私人收益（private benefit），所以就造成了他们的利益损失。有时候若增加派息牺牲了正数 NPV 的投资，就会损害股东的利益$[\Delta I_t = -\Delta(D_t + Z_t)]$。

为了应对这种利益冲突问题，有必要通过法律和合同，或者诱因做出规定。归纳起来，我们将此叫作**最佳诱因合同**，在这合同中通过直接规定派息额，将经营者的报酬与企业表现挂钩，引导出最佳企业活动（最大的股东价值）。不过，在这样的情况下，就会产生为了进行这些制约的成本。这项成本被叫作**代理成本**。

上述股东与债权人的利益冲突问题中，我们把 $\Delta(rB_{t-1}) = -\Delta(D_t + Z_t)$ 作为一个例子来进行探讨。日本的公司法就派息的额度问题规定了"可分配额度"。这被叫作**股息财源规定**。即

$$派息总额 \leqslant 可分配额 \tag{4.13}$$

可分配额基本上是从"剩余金额"中扣除了库存股份的账面价值额后的额度①。简单就，剩余金额为

剩余金额＝资产额＋库存股份的账面价值总额－负债额－资本金及保留资金额的总计额度＋修正项②。 (4.14)

这种股息的财源规定可以认为是确保向债权人支付利息的最佳诱因合同的一部分。为使其有效运作，就需要有个诱因，让代理人选择合同所规定的行动。违反法律的派息等被称作非法股息，原则上经营者不仅要承担偿还责任，而且还会被问罪而危及公司财产。综上所述，可以做如下归纳。

结果 4–5（股息等的财源规定）

股息等的财源规定可防止因派息产生的资本金等的减少。

其意义在于，由此资本金和保留资金的额度为对债权人而言债权回购的最低额。而且，债权人在财务上的特约（财务限制事项，合同）方面，也可以通过签订股息限制事项及维持纯资产事项

---

① 不过，对处理了库存股份的情况等，进行了修改。公司法第 461 条及 462 条。

② 修正项在以下情况有增减：在最终业务年度最后一日之后处理库存股份，资本金和保留资金额减少，库存股份消失，剩余金派息了。

的特约达到同样效果。但是，上述结果咋看似乎是在保护债权人的利益，但其实也未必如此。即使没有股息等的财源规定，债权人预见到增加派息会使自己受损，也可以通过要求更高利率来确保利益。或许只有财源规定起到降低这种高利率的作用。为了降低代理成本，必须制定出合理的财源规定。

4.2　中小企业的财务战略

4.2.1　自有资本的作用

Freixas 与 Rochet 认为企业接受融资时自有资本的大小对于甄别高风险的债权人十分有用[Freixas and Rochet(2008，6.5 节)]。我们把中小企业的经营者叫作企业家（entrepreneur）。企业家拥有需要 1 单位资金的投资项目。这个项目在期末以概率 p 带来 y，以概率 $1-p$ 带来 0 的现金流量。假设企业家持有**自有资本** $\omega(<1)$，风险中等。项目的成功率 p 按照分布函数 $F(p)$，但如果企业家进行**筛选**（screening），便可知自己的成功概率。筛选需要花费市场调查等的成本 c。这叫作**筛选成本**。简而言之，无风险利率为 0。

企业家按图 4-2 所示流程接受金融机构的融资。**融资合同**约定支付偿还额 R，但按照有限责任规则收益为 0 时支付额也为 0。因此，企业家的期待利益为 $\pi = p(y-R) - \omega$。另一方面，假设企业家即使进行筛选，金融机构也不可能知道项目的成功概率。还

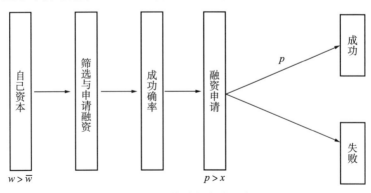

图 4-2 （筛选与申请融资）

有,金融机构本身没有其他途径了解到企业家的成功概率。因此,成功概率为不可观测,金融机构与企业家之间存在信息的非对称性。不过,金融机构可以观测到企业家是否进行筛选。

但是,金融机构知道企业家申请借贷是在 $\pi = p(y-R) - \omega > 0$ 的情况下。若非如此,企业家会选择按照无风险利率 0 来运用自有资本。因此,接受融资的成功概率最低值满足 $\pi = 0$ 的公式

$$x = \omega/(y-R) \tag{4.15}$$

这个成功概率叫作截止概率。对金融机构而言,申请融资企业的成功概率的期待值为 $q = E(p \mid p \geqslant x)$[①]。

考虑到存在无数的金融机构,借贷利息也是由竞争决定的,持有自有资本 ω 的企业家的最大化问题被定为如下公式

$$\max_{R} \pi = p(y-R) - \omega \tag{4.16a}$$
$$\text{s.t.} \quad q(x)R \geqslant 1 - \omega \tag{4.16b}$$

(4.16a)公式为企业家的期待利益,(4.16b)公式为金融机构的参与限制公式。左边是期待偿还额,右边是融资额。很明显,这个最大化问题之解 R^* 以等号构成(4.16b)公式。即,最佳偿还额满足了公式

$$R^* = (1-\omega)/q(x^*) \tag{4.17}$$

采用 x 与 q 的定义式消除 R 与 q,即得

$$x^* \left(y - \frac{1-\omega}{E(p \mid p \geqslant x^*)} \right) = \omega \tag{4.18}$$

通过按照 x 与 ω 将此全部微分,得 $dx(\omega)/d\omega > 0$。即,自有资本小的企业截止概率就低,比其成功概率更低的企业也会申请融资。这是因为自有资本越高,来自项目网络的利益 π 就越低,成功概率低的企业就没有实行项目的动机了[②]。在做好以上准备的情况之下,得如下结果。

[①] 假定不进行筛选时,NPV 的期待值为 $E(\pi) = E(p)y - 1 < 0$。

[②] 截止概率上升在(4.16b)公式会使得平均成功率 q 上升,还具有减少偿还额的效果。这样虽然可容忍截止概率降低,但从效果来看还是本文中所述效果要大,使得截止概率上升。

结果 4-6（自由资本与企业家的投资）

自有资本在一定以上的企业家（$\omega \geqslant \bar{\omega}$）实施了筛选，其中成功概率超过截止概率[$p \geqslant x^{*}(\omega)$]的企业家接受融资并进行了投资。

实施筛选的满足下列公式的企业家。

$$\upsilon = E(\pi \mid \pi > 0) = \int_{x(\omega)}^{1} p(y - R^{*}(\omega))dF(p) - \omega \geqslant c$$

(4.19)

若采用 q 的定义和(4.17)公式，表示为 $\upsilon = qy - 1$，故由 $dx(\omega)/d\omega > 0$ 构成 $d\upsilon/d\omega > 0$。因此，若将满足 $\upsilon(\omega) = c$ 的 ω 定义为 $\bar{\omega}$，实施筛选的就是 $\omega > \bar{\omega}$ 的企业家。因截止概率越高，平均成功概率 q 就越高，所以自有资本 ω 大的企业事先的期待利益 υ 也会大。相反，自有资本小的企业，截止概率就低，风险较高的企业也可以接受融资。因此，平均成功概率就会降低，融资带来的期待利益也变小了。这样一来，金融机构事先不能判别企业家风险时，自有资本就负责起企业家的筛选功能。自有资本小的企业家失去得也少，故即使风险高也会果断接受融资。在此基础上，即便自己进行筛选也不能期待更大利益，所以也就放弃筛选了。

Bernanke 与 Gertler 强调自有资本的变动对经济波动的影响[Bernanke and Gertler(1989)]。若将这里的探讨进一步展开，因在经济倒退时期自有资本变小，故风险高的企业会增加融资。因此，只有自有资本更大的企业能进行筛选，所以减少了宏观经济的投资额。这样，信息非对称性有可能起到增加经济波动的效果。

例题 4-2（自有资本与筛选）

我们来看一下打算向银行申请融资的企业（A 公司）。成功概率按照统一分布 $U[0,1]$，成功时的收益为 $y = 2$。若设截止概率为 x，平均成功概率即为 $q = (1 + x)/2$。A 公司知道自有资本为 $\omega = 0.1$，筛选结果 $p = 0.2$。

1）作为 R 的函数，为请表示出 A 公司的期待利益(4.16a)公式。再用 R 的公式表示截止概率 $x = 0.2$ 时金融机构的参与限制公式(4.16b),并求最佳偿还额 R^*。还有,再求这时 A 公司的期待利益,并对 A 公司是否要申请融资做出判断。

2) $\omega = 0.1$ 与 $y = 2$ 作为前提条件,用 R 和 x 来表示均衡条件 (4.15)公式与(4.17)公式。

3) 请分别描绘出图 4-3 中 $\omega = 0.5$ 时,及 $\omega = 0.1$ 时这两个均衡条件。请使用该图,就增加自有资本对截止概率与偿还额的影响进行说明。

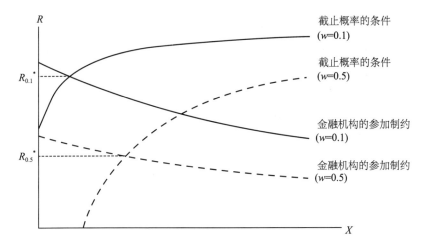

图 4-3 （自由资本与筛选）

(注)往右上的曲线表示截止条件(4.15)公式,往右下的曲线表示最佳偿还额(4.17)公式。横轴为截止概率,纵轴为贷出偿还额 R。

解说 1) A 公司的期待收益为 $\pi = 0.2(2-R) - 0.1$。因 $q = 0.6$,故金融机构的参与限制公式为 $0.6R \geqslant 0.9$。$R^* = 1.5$ 为最佳,故期待利益为 $\pi = 0$。A 公司申请融资(或无差别)。

2) (4.15)公式为 $x = 0.1/(2-R)$,(4.17)公式为 $R = 2 \times 0.9/(1+x)$。

3) 自有资本增加,截止概率就上升,偿还额就降低。

4.2.2 担保的作用

Bester 强调在融资合同中担保起着导出信息的作用[Bester (1987)]。企业家有两种类型,$i = \{g, b\}$。两者的必要资金都为 1 单位,但类型 i 按照概率 p_i 得现金流量 y_i,按照概率 $q_i = 1 - p_i$ 的

0。p_i 为成功概率。两种类型的期待现金流量都相同,为($\bar{y} = p_i y_i$),但假定 g 类型的成功概率比 b 类型要高($p_g > p_b$)。因此,成功时的现金流量为 $y_g < y_b$。设 g 类型的比例为 π_g,b 类型的比例为 π_b。设企业家知道自己的类型,但金融机构无法观测到企业家的类型。设企业家的自有资本为 0,但企业家拥有作为担保的资产 w。虽然担保资产在时间点 0 时不能作为现金,但假定资产相当大($\omega > \bar{y}$)。企业家从金融机构借入 1 单位资金。企业和金融机构的风险都为中性,设无风险利率为 0。

首先,我们来看一下无担保融资合同的情况。金融机构让企业家申报类型,根据类型提示不同的利率 R_i。当类型 i 申报类型 j 时,企业家的期待利益为

$$U_{ij} = p_i(y_i - R_j) = \bar{y} - p_i R_j \tag{4.20}$$

因此,类型 i 可以通过申报自己是 R_j 低的类型 j,获取更大的利益。设现在金融机构拥有强大的垄断能力,向各个类型的企业家提供了 $U_{ij} = 0$ 的 $R_i = y_i$。按照假定,$R_g < R_b$,故两者都申报是 g 类型。这时,金融机构的期待利益为 $V = \bar{p} R_g - 1$。这里,$\bar{p} = \sum \pi_i p_i$ 表示平均成功概率。B 类型得期待利益为 $U_{bg} = \bar{y} - p_b R_g = p_b(y_b - y_g) > 0$。这样,利用信息的非对称性所得超额收益被称作信息租金。

为了阻止将 B 类型虚假申报为 g 类型,想到了要求 g 类型担保。设定作为有担保合同,提供 $\{R_g, c_g, R_b, c_b\}$,让企业家随意选择。这里 c_g 是向申报自己是 g 类型的企业家要求担保的设定比例。为设定担保每 1 单位需要花费 δ 的费用,假定这费用非常少($\delta < q_g$)。下面来看一下,对申报 b 类型的企业家所要求的担保设定比例 $c_b = 0$ 的情况 [1]。金融机构的最大化问题可做如下定式

$$\text{Max} \quad V = \sum_i \pi_i(p_i R_i + q_i c_i \omega - \delta c_i \omega) - 1 \tag{4.21a}$$

$$\text{s.t.} \quad p_i(y_i - R_i) - q_i c_i \omega \geqslant 0 \tag{4.21b}$$

$$p_i(y_i - R_i) - q_i c_i \omega \geqslant p_i(y_i - R_j) - q_i c_j \omega \tag{4.21c}$$

---

① 这里担保只起到筛选的作用。因此,两种类型的担保率都可以设定为 0。而且担保要花费设定费用,故整数担保率会减少金融机构的期待收益。

金融经济学

$$c_b = 0, \quad c_g \leqslant 1, \quad R_i \leqslant y_i \qquad (4.21d)$$

(4.21a)公式是金融机构的期待利益。右边的 $\delta c_i \omega$ 表示担保的设定费用。(4.21b)公式是 i 类型的参与限制，以留存收益为零，对 i $=g,b$ 进行了记述。(4.12c)公式是 i 类型的诱因兼容限制公式，左边为申报是 i 类型时的存款保险 U_{ii}，右边为申报是 $j(\neq i)$ 类型时的存款保险 U_{ij}。这一公式也对 $i=g,b$ 有制约。即给出的条件是：相对虚假申报而言，还是真实申报时存款保险高。(4.12d)公式加上 $c_b=0$，表现可实行的合约应满足的条件。在这样的设定下得结果如下。

结果 4-7（担保与筛选）

若向 g 类型提示有担保合约，就可以对两种类型进行筛选。对 g 类型而言最佳担保比例为正数（$c_g^* = \bar{y}/\omega > 0$）。还有 g 类型的利息要比 b 类型低（$R_g = \bar{y} < R_b = y_b$）。

若设 $s_i = q_i/p_i$，假定由 $p_g > p_b$ 构成 $s_g < s_b$。当每增加 1 单位担保时，s_i 是为确保企业家的期待利益在一定水平所必须减少的利息部分（的绝对值）。因此，若 b 类型增加担保，就需要降低比 g 类型更多的利息。所以，若将担保的设定比例 c_g 设定得足够大，即使 g 类型利息设定很低，也可以让不愿丧失担保的 b 类型不选择有担保合约。出于相同的理由，即使给 b 类型设定有担保合约，给 g 类型设定无担保合约，也不能进行筛选。另外，概论的导出将在补遗中进行。

例题 4-3（担保与筛选）

g 类型和 b 类型的成功概率为 $p_g = 0.5, p_b = 0.2$，成功时的收益为 $y_g = 4, y_b = 10$。两种类型都拥有 10 的担保。金融机构提出 $G = \{R_g, c_g\}$ 及 $B = \{R_b, c_b\}$ 两种融资合约，G 为有担保合约（$c_g > 0$），B 为无担保合约（$c_b = 0$）。

1）请用公式表现出当 g 与 b 各自选择融资合约 G 与 B 时期待利益 $U_{gG}, U_{gB}, U_{bB}, U_{bG}$。

2）设金融机构提出了 $R_g = 2, c_g = 0.2, R_b = 10, c_b = 0$。采用图 4-4，对各自的诱因兼容限制及参与制约进行说明。

3)设 g 类型的比例为 0.8,担保设定费用为 $\delta = 0.1$。以 $R_b = 10, c_b = 0$ 为前提条件,请按 R_g 与 c_g 表示出金融机构的期待利益。还有,图中描绘了金融机构的无差别曲线,请确认最佳合约为 $R_g = 2, c_g = 0.2$。

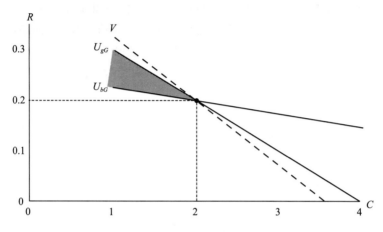

图4-4 (担保与筛选)

(注)横轴为担保比例,纵轴为利率。U_{gG} 线表示 g 的参与制约 $U_{gG} \geqslant 1$ 的界线,U_{bB} 线表示 b 的诱因并存制约 $U_{bG} \leqslant 0$ 的界线。V 为金融机构的无差别曲线。

解说 1) $U_{gG} = 0.5(4 - R_g) - 0.5 \times 10 c_g$, $U_{gB} = 0.5(4 - R_b)$, $U_{bB} = 0.2(10 - R_b)$, $U_{bG} = 0.2(10 - R_g) - 8 c_g$。

2)因 $R_b = 10, c_b = 0$ 故 $U_{bB} = 0$,所以 b 的诱因兼容限制表现为 $U_{bG} = 2 - 0.2 R_g - 8 c_g \leqslant 0$。所以图中的 U_{bG} 线上面的领域满足诱因兼容限制。另一方面,因 $U_{gB} = 0.5(4 - 10) < 0$,故若参与制约 $U_{gG} = 2 - 0.5 R_g - 5 c_g \geqslant 0$ 得到满足,那么诱因兼容限制就一定得到满足。还有,因 $U_{bB} = 0$,故 b 的参与制约得到满足。满足 g 的参与制约与 b 的诱因兼容限制的领域为图的暗遮部分。

3)金融机构的期待利益为 $V = 0.8(0.5 R_g + 5 c_g - c_g) + 0.2 \times 0.2 \times 10 - 1$。虚线表示最佳解的无差别曲线。

4.2.3 名声的获得

Diamond 认为企业名声对融资合约与选择中小企业的项目有很大影响[Diamond(1989,1991)]。我们来看一下风险中性的企业

金融经济学

家与金融机构。期限 $t=0,1\cdots,T$，企业家拥有整个 T 期间的项目，但自有资金为 0。企业家有 $s=1,2,3$ 三种类型。类型 1 的项目每期确定可带来现金流量 G。类型 3 项目按概率 p 可带来 $B>0$ 的现金流量，按 $1-p$ 的概率带来 0 的现金流量。类型 2 的企业家可以选择类型 1 项目(项目 1)或类型 3 项目(项目 3)。假设无风险利率因子为 $r>1$，$G>r>pB$。即，项目 1 具有正数的 NPV，而项目 3 则为负数。因此，选择项目 3 是一种道德风险。

类型与项目的选择是企业家的私有信息。企业家在 s 时间点为 0 时的比例为 π_s。设金融机构的资金额在任何时间点都超过企业家的需要。企业家过去的违约记录 $h_t=1$ 意味着过去有过违约，$h_t=0$ 表示从来未发生过违约。金融机构在各时间点 t 可以观测到违约记录 h_t，按贷款利率 r_t 借出每单位资金。

首先我们来看一下，类型 2 企业只考虑 1 期的期待利益 y_t，来选择项目的情况。若选择项目 1，则 $y_{t_1}=G-r_t$，若选项目 3，则 $y_{t_3}=p(B-r_t)$。假定

$$G-r<p(B-r) \qquad (4.22)$$

左边为可以按无风险利率借入时的项目 1 的期待收益，右边为选择项目 3 时的期待收益。改变一下形式即为

$$r>\frac{G-pB}{1-p}\equiv\bar{r} \qquad (4.23)$$

即，无风险利率要比 $\bar{r}$ 还大。通常借出的利率比无风险利率高(r_t $\geqslant r$)，所以当此条件得到满足，项目 1 的期待收益就低于项目 3。也就是说，只看 1 期间的期待利益的类型 2 企业存在选择项目 3 的诱因。以违约记录为条件，类型 1 企业的有条件概率定义为 $Pr(s=1|h_t)$。因为类型 1 是不违约的，故若在时间点 $t-1$ 之前，哪怕有一次违约($h_t=1$)，那就是类型 2 或 3。即，$Pr(s=1|1)=0$。金融机构从有违约记录的企业可期待的收益为

$$v=Pr(s=1\mid 1)R+Pr(s=2,3\mid 1)pr_t=pr_t\leqslant pB<r \qquad (4.24)$$

从最初的不等式来自 $r_t\leqslant B$，第二个不等式来自假定 NPV 为负数。因此，金融机构不会贷款给有违约记录的企业家。所以，下面我们只探讨从未有过违约记录的企业家。

下面我们来看一下类型 2 企业欲使将来期待利益的折现值最大化的项目选择。在 V_t^1 为时间点 t 选择项目 1, $t+1$ 以后为最佳选择时期待利益的折现值。在 V_t^3 为时间点 t 选择项目 3, $t+1$ 以后定义为最佳选择时期待利益的折现值。即,若设折现因子为 $\delta(<1)$,

$$V_t^1 = \delta(G - r_t + V_{t+1})$$

$$V_t^3 = \delta p(G - r_t + V_{t+1}) \tag{4.25}$$

类型 2 企业在 $V_t^1 > V_t^3$ 时选择项目 1,即是当

$$r_t - V_{t+1} < \frac{G - pB}{1 - p} \tag{4.26}$$

因此,即使在(4.23)公式的条件下,若下期以后的期待利益 V_{t+1} 足够大,类型 2 企业会选择项目 1。项目 1 存在下期以后确定项目可以继续的方便,若选择项目 3,就会存在违约而不能向金融机构贷款的可能性。换而言之,又可能因选择项目 3 而失去类型 2 为类型 1 企业的名声。类型 2 企业生怕失去名声而选择项目 1,这种效果叫作**名声效果**。

下面,我们来看一下存在众多金融机构的借贷市场竞争。企业家提出借款利率,金融机构决定是否接受并进行融资。金融机构虽然不能观测到企业家的类型,但可以根据企业家提出的借款利率来决定是否融资。这就是**贝叶斯博弈**。作为博弈者的企业家提出借贷利率,金融机构做融资决定。掌握信息的企业家的行动因类型的不同而各异,但金融机构不能采取直接依赖类型的战术。各种类型的企业家提出的利率,对于金融机构而言是信号。

企业家的均衡战略是其提出的借款利率能满足金融机构的参与制约。即,借款利率水平 r_t 只要能正好保证金融机构无风险利率 r 的期待利益。类型 1(或者是选择项目 1 的类型 2)企业提出借款利率 r_t 时,类型 3(或者是选择项目 3 的类型 2)企业假装是类型 1 提出了利率 r_t。假定按照(4.23)公式,类型 3 企业提出了与类型 1 相同的利率,类型 3 企业的期待利益就大。于是类型 3 有提出更高利率的空间。但是,这样会暴露其实为类型 3 企业,所以类型 3

选择提出与类型 1 相同的利率。这就是**完美贝叶斯均衡**①。

在时间点 0 时类型 i 的事先概率(类型 i 的比例)为 π_i,但时间点 $t(=1,\cdots,T)$ 的事后概率 f_{it} 依赖于时间进行变化。因为失败的企业家接受不到融资,所以公式

$$\phi_t = \pi_1 + p^{m_t}\pi_2 + p^{t-1}\pi_3 \qquad (4.27)$$

为能接受融资($h_t=0$ 的)企业家的总数。不过,m_t 是类型 2 企业在 t 时间点之前选择项目 3 的次数。时间点 t 时类型 s 的比例为

$$f_{1t} = \pi_1/\phi_t,\, f_{2t} = p^{m_t}\pi_2/\phi_t,\, f_{3t} = p^{t-1}\pi_3/\phi_t \qquad (4.28)$$

f_{1t} 是在时间点 t 之前未曾有违约记录的企业家拥有的名声(金融机构关于类型 1 所掌握的事后概率)。ϕ_t 随着时间减少($\phi_{t+1} \leqslant \phi_t$),故类型 1 的比例(名声)随着时间上升。

(4.26)公式成立(类型 2 选择项目 1)时,若采用事后概率 f_{it},即平均成功概率为 $q_t = f_{1t} + f_{2t} + pf_{3t}$。因市场存在竞争,故平均借入利率 r_t^* 取决于金融机构的期待利益正好为 0 的水平。即满足公式

$$q_t r_t^* = r \qquad (4.29)$$

当初因为 f_{1t} 低,平均成功概率也低,平均利率就高了。这样,金融机构由于不能够观测到企业的风险,借助风险高的借款对象申请融资的活动,提高利率。这叫作**逆选效果**。随着时间的经过,f_{1t} 上升了,所以平均成功概率也随之上升($q_{t+1} \geqslant q_t$),降低了平均借入利率。综上所述得以下结果。

结果 4-8(名声与集资)

当初,类型 2 企业名声较低,故选择了项目 3,但其后随着名声提高,选择了较安全的项目 1。

图 4-5 的横轴取类型 1 的比例 π_1,画出了 $r_t - V_{t+1}$ 的曲线。水平线表示阈值 $\bar{r} = (G-pB)/(1-p)$。当初类型 1 的比例较低,故构不成(4.26)公式。相比失去名声的损失,利率相对要高,所以

---

① 提出满足金融机构的利润零条件水平以上的借款利率,这种均衡也叫完美贝叶斯均衡,但在时间点 t 以后的子博弈,这一战略对于金融机构及可能做出的均衡反应将受到控制,故通过均衡的精炼而被排除。

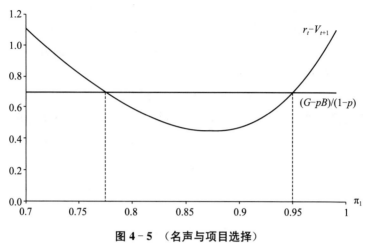

图 4-5 （名声与项目选择）

(注)横轴为类型 1 的比例,纵轴为 $r_t - V_{t+1}$

类型 2 选择项目 3。随着时间推移,类型 1 的比例上升,与利率相比,失去名声的损失更高,所以类型 2 企业选择项目 1。随着接近期末(T),几乎都成了类型 1,失去名声的损失也小了,于是选择项目 3。

例题 4-4(名声与借款利率)

类型 1 企业的收入 $G=1.5$,类型 3 的收益为 $B=2$,类型 3 的成功概率为 $p=0.5$,无风险利率因子为 $r=1.25$,折现因子为 $\delta=0.8$。企业总数为 1,初期时间点的类型比例为 $\pi_1=0.8,\pi_2=0.1,\pi_3=0.1$。期间为 $T=30$,类型 2 为 $t=1$ 到 $t=28$ 选择项目 1,之后选择项目 3。

1)在只做 1 期选择时,请采用(4.23)公式来确认存在选择项目 3 的诱因。

2)最终期 $T=30$ 时平均成功概率为 $q_{30}=0.944$。请确认类型 2 企业选择项目 3。

3)采用(4.27)公式,求时间点 1 和 2 接受融资的企业总数。还有,求第 2 期中各类型的事后概率 f_{i2},及平均成功概率 q_2。

4)请就 $V_2=0.66,r_1=1.389$ 时,第 1 期中类型 2 企业的最佳项目选择进行说明。请确认(4.26)公式。

金融经济学

解说 1) 在(4.23)公式里 $(G-pB)(1-p)=1$,而且因 $r_t>1$,故存在选择项目 3 的诱因。

2) 按(4.29)公式,$r_{30}=1.25/0.944=1.324$。按(4.25)公式,得 $V_{30}^1=0.8\times(1.5-1.324)=0.141$,$V_{30}^3=0.8\times0.5\times(2-1.324)=0.27$。因 $V_{30}^1<V_{30}^3$ 故选择项目 3。

3) 在时间点 1,不存在以前有过失败的企业,所以所有企业都可以接受融资。即,$\phi_1=1$。因为在时间点 1 类型 2 选择项目 1,所以在时间点 2 可接受融资的企业为类型 1 以及 p 比例的类型 1 和类型 3。于是 $\phi_2=0.8+0.1+0.5\times0.1=0.95$。由(4.28)公式,得 $f_{12}=0.8/0.95=0.842$,$f_{22}=0.1/0.95=0.105$,$f_{32}=0.1\times0.5/0.95=0.053$。平均成功概率为 $q_2=0.842+0.105+0.053\times0.5=0.974$。

4) 按照(4.25)公式,若选择项目 1,则 $V_1^1=0.8\times(1.5-1.389+0.661)=0.617$,若选择项目 3,则 $V_1^3=0.8\times0.5\times(2-1.389+0.661)=0.508$,所以项目 1 为最佳。(4.26)公式左边为 $1.389-0.66=0.73$,右边为 $(G-pB)/(1-p)=1$,所以构成了不等式。

4.2.4 中小企业的所有权

最后,简洁地提一下有关中小企业的所有权与套牢问题。Grossman 与 Hart 论述了合约的不完备对投资的影响[Grossman and Hart(1986)]。若两家企业处于密切交易的关系,这些企业虽有可能独立地开展经营活动,但也会结成某种程度上的资本关系。如果一方的公司获得另一方公司过半数的股权等,拥有实质性的经营权,那就是拥有子公司,如果拥有 20% 以上的股权等,可以对经营造成很大影响的话,那就是相关公司。比如,制作零件的企业(承包企业)与由零件组装成产品的企业(制造商)之间有着密切的交易关系,但其资本关系是各式各样的。资本关系,特别是指与企业进行投资有关系。承包企业为了替制造商生产特殊的零件,需要建设没有通用性的工厂等,进行**关系特殊的投资**。所谓关系特殊投资就是指只在两家企业之间具有价值的投资。

企业不具有资本关系时,独立的企业有可能进行无效的投资。比如,虽然零件质量对产品价值产生很大影响,但有时候生产零件的公司进行了极大的关系特殊投资。对生产零件的公司而言,只有来自制造商公司的销售收入是关系特殊投资的收益,而这种销售收入依赖于两者之间的交涉。处于弱势的制作零件的企业很难期待足够的回报,所以对于这种关系特殊投资并不积极。

其理由在于合约的不完备。在投资前,制造何种质量的零件,将用其零件组装怎样的产品,都是不明确的,所以不能够签订完备的合约。因此,实际上有时候要等制作零件以后,两者之间才会对价格进行交涉。

若合约交涉是根据纳什议价进行的,合约的利益(能签订合约时与不能签订时的益差)两者平摊。制作零件的公司即使自己投资也只能得到利益的一半,因此投资水平与两家企业共同投资相比要小得多。企业共同投资的话,为了使总收益最大化,有关决定投资的不利因素就会消失。处于密切交易关系的企业之间存在合约的不完备,关系特殊投资的一部分利益被交涉对方剥夺了,这个问题叫作**套牢问题**。套牢问题成了固定交易关系中无效投资的原因[①]。

补遗 A:通过担保进行筛选

对类型 b 的利率,只要用等号构成参与制约(4.21)公式就行,所以 $R_b^* = \bar{y}/p_b = y_b$。类型 b 的诱因兼容限制为 $R_g \geqslant y_b - s_b c_g \omega$,类型 g 的参与制约为 $R_g \leqslant y_g - s_g c_g \omega$。根据假定 $\bar{y} > 0$,故存在同时满足这些的非负数 R_g, c_g。现在假设任何制约都不是有效的(binding)。不使 c_g 发生变化,即使在 g 的参与制约有效之前一直提高 R_g,在满足了 b 的诱因兼容限制的同时,也能提高金融机构的利益。因此,在均衡时,g 的参与制约为有效。下面我们来看一下虽满足 g 的参与制约,但增加了 R_g,降低了 c_g 的情况。要向金融机构提供担保设定费用,所以即使 g 的期待利益稳定,金融机构的利益也会增加。但是,若按照 $p_g > p_b$ 使得 g 的期待利益保持稳定,U_{bg} 就会增加,所以 b 的诱因兼容限制会越发严格。最终,可以

金融经济学

---

① 当存在合约不完备时,所有权的分配对投资的效率造成影响。套牢问题,在固定的加以关系中一方优先持有对方信息的情况下,比如,银行垄断地拥有中小企业的信息时也会发生。还有,这里所讲的垂直式统一的情况,但附近超市的平行式统一也可能发生同样的问题。

在 b 的诱因兼容限制有效之前增加 R_g，降低 c_g。由此，当 g 的参与制约与 b 的诱因兼容限制通过等号同时成立时，金融机构的利益就达到最大化。若解连立方程式，可得 $R_b^* = \bar{y}$，$c_g^* = \bar{y}/\omega$。另外，g 的诱因限制通过 $U_{gb} = p_g(y_g - R_b^*) = p_g(y_g - y_b) < 0$ 得到满足。最后为了满足（4.21d）公式的正规条件，必须 $\bar{y} < \omega$。

文献指南

派息

Allen. F ., Bernardo. A., Welch, I. 2000. A theory of dividends based on tax clienteles. *Journal of Finance* 55, 2499 - 2536.

Brennan, M. 1970. Taxes, market valuation and corporate financial policy. *National Tax Journal* 23, 417 - 427.

Elton. E., Gruber, M. 1970. Marginal stockholder tax rates and the clientele effect. *Review of Economics and Statistics* 52, 68 - 74.

Kalay, A. 1982. The ex-dividend day behavior of stock prices: A re-examination of the clientele effect. *Journal of Finance* 37. 1059 - 1070.

Miller, M., Modigliani, F. 1961. Dividend policy, growth, and the valuation of shares. *Journal of Business* 34, 411 - 433.

分红的信号与平滑

Bhattacharya, S. 1979. Imperfect information, dividend policy, and "the bird in the hand" fallacy. *Bell joural of Economics* 10, 259 - 270.

Black, F. 1976. The dividend puzzle. *Joural of Portfolio Management* 2, 5 - 8.

Fudenberg, D., Tirole, J. 1995. A theory of income and dividend smoothing based on incumbency rents. *Journal of Political Economy* 103, 75 - 93.

John, K., Williams, j. 1985. Dividends, dilution, and taxes: A signalling equilibrium. *Journal of Finance* 40, 1053 - 1070.

Lintner, J. 1956. Disribution of incomes of corporations among dividends retained earnings, and taxes. *Amertcan Economic Review* 46, 97 – 113.

Miller, M., Rock. K. 1985. Dividend policy under asymmetric information. *Journal of Finance* 40, 1031 – 1051.

Ofer, A., Thakor, A. 1987. A theory of stock price responses to alternative corporate cash disbursement methods: Stock repurchases and dividends. *Journal of Finance* 42, 365 – 394.

利益冲突问题

Jensen, M., Meckling, W. 1976. Theory of the firm: Managerial behavior, agency costs and ownership structure. *Journal of Financial Economics* 3, 305 – 360.

自有资本的作用

Bernanke, B., Gertler, M. 1989. Agency costs, net worth, and business fluctuations. *American Economic Review* 79, 14 – 31.

Bernanke, B., Gertler, M., Gilchrist, S. 1996. The financial accelerator and the flight to quality. *Remew of Economics and Statistics* 78, 1 – 15.

Freixas, X., Rochet, J. 2008. *Microeconomics of Banking.* Second edition. MIT Press.

担保的作用

Bester, H. 1985. Screening vs. rationing in credit markets witli imperfect information. *American Economic Review* 75, 850 – 855.

Bester, H. 1987. The role of collateral in credit markets with imperfect information. *European Economic Review* 31.887 – 899.

名声效果

Diamond, D. 1989. Reputatiou acquisition in debt markets. *Journal of Political Economy* 97, 828 – 862.

Diamond, D. 1991. Monitoring and reputation: The choice between bank loans and directly placed debt. *Journal of Political Economy* 99, 689 - 721.

所有权

Grossman, S., Hart, O. 1986. The costs and benefits of ownership: A theory of vertical and lateral integration. *Journal of Political Economy* 94, 691 - 719.

Hart, O., Moore, J. 1988. Incomplete contracts and renegotiation. *Econometrica* 56, 755 - 785.

教科书

Amaro De Matos, J. 2001. Theoretical Foundations of Corporate Finance. Princeton University Press.

Freixas, X., Rochet, J. 2008. Microeconomics of Banking. Second edition. MIT Press.

清水克俊,堀内昭义。Incentive(インセンティブ)经济学,有斐阁(2003)。

第五章　企业管理

为使企业进行有效的思想决策,本章将对企业必要的各个框架进行说明。在 5.1 节中,将对有效的思想决策所必需的经营者报酬进行说明。在 5.2 节中,将通过债务来说明促使企业以及经营者来进行有效思想决策的方法。在 5.3 节中,将对股东在管理上应该起到的作用与企业的有效思想决策之间的关系进行说明。

5.1　经营者报酬与管理

5.1.1　利益联动型报酬与道德风险 †

企业·股东与经营者的关系是典型的委托代理关系(agency relationship)。通常,委托人是股东,代理人(agent)是董事长。[①]典型的表现是,委托人向代理人提出委托合同,委托代理人进行思想决策与开展业务,但委托人无法观察到业务的所有信息。另一方面,代理人在合同缔结之后,进行各种思想决策,并开展业务,但委托人有权观察那些无法观察的信息。[②]

委托人与代理人在合同关系上,就代理人应该采取的行动,从委托人的观点出发,一般是无法缔结完全契约的,这是由于信息的观察不可能性与立证不可能性引起的。对于应该采取的行动既是观察可能又是立证可能的情况,在没有能采取应该采取的行动时,

---

① 在日本,公司法上的委托人是公司。

② 合同中,把发出要约的人定义为委托人,也有把在信息上处于劣势的人定义为委托人。此外,把采取一些行动的主体定义为代理人的情况也是有的。一般情况下,委托人也可以采取重要的行动,代理人对一些信息处于优势地位的情况也有。

金融经济学

委托人是可以请求损害赔偿的。代理人的行动在观察不可能的时候，通常立证也是不可能的，因此契约是不完全的。[①] 在不完全契约中，只采用履行可能的契约条款，还必须要给代理人适当的动力。在股东（企业）与经营者的代理关系上，企业管理（企业统治）成为问题，就是由于这样的原因。本节首先在股东与经营者的代理关系上，就最合适的报酬体系进行思考。

霍姆斯特罗姆与莫里斯们导出了回避道德风险的最合适的激励条约[Holmstrom(1979)，Mirrlees(1999)]。现在我们把企业利益 y 的概率分布考虑成是受经营者行动（努力水平）e 影响的。假定分布函数 $F(y;e)$ 满足一次概率优势。也就是 $\partial F(y;e)/\partial e \leqslant 0$，越努力高额利益的产生概率就越高。把这个密度函数设成 $f(y;e)$，把 y 的支点设成 $Y=[y_1,y_2](y_1>0,y_2<\infty)$。

股东从利益 y 中给经营者支付经营者报酬 w。股东虽然知道利益的实现值，但是无法观察到经营者的努力。因此无法通过行动 e 来决定经营者报酬，报酬只通过利益来决定 $w(y)$。经营者为了提高利益，要承担个人的费用 $c(e)$。这个费用称之为努力成本。假定努力成本函数满足 $c'>0, c''\geqslant 0$。并且努力是在利益实现前进行的。

股东规避风险，VNM效用用公式 $v=v(y-w)$ 表示。但如果假定 $v'>0, v''\leqslant 0$ 的话，规避风险的经营者就具有关于报酬 w 以及努力成本的 VNM 效用 $u(w)-c(e)$。这里 $u'>0, u''\leqslant 0$。经营者有在其他企业获得报酬的机会，把这个报酬产生的效用设为 U_0。这称之为保留效用（reservation）。经营者为了接受这个企业经营者的就任，就必须满足 $E(u(w))-c(e)\geqslant U_0$。这个称为参与限制（participation constraint）。

最初股东提出明确报酬函数 $w(y)$ 的契约。经营者如果接受契约，经营者就选择行动 e。最后利益 y 实现，股东给经营者支付报酬 $w(y)$。为了考虑最合适的报酬，就要逆向思考。首先，接受契约后，报酬函数作为前提条件，经营者要解开下面最大化问题的

---

① 一般情况下，观察不可能的话，也就意味着无法向法庭提出什么样的证据，也就无法立证了，但是也有即使观察可能也无法提出证据的情况。

公式。

$$\max_e U = \int_{y_1}^{y_2} u(w(y))f(y;e)dy - c(e) \qquad (5.1)$$

最大化的一阶条件是

$$\int_{y_1}^{y_2} u(w(y))f_e(y;e)dy = c'(e) \qquad (5.2)$$

公式左边表示通过努力能够得到的报酬增加结果的效用增量。右边表示努力的费用界限。下面的公式把这个一阶条件看作经营者的激励约束相容。[①]

下面我们回到最初的时间点来考虑委托者的最大化问题。股东立足于上述经营者的行动,来求解下面的最大化问题。

$$\max_{w(y)} V = \int_{y_1}^{y_2} v(y-w(y))f(y;e)dy \qquad (5.3a)$$

$$\text{s.t.} \int_{y_1}^{y_2} u(w(y))f_e(y;e)dy = c'(e) \qquad (5.3b)$$

$$\int_{y_1}^{y_2} u(w(y))f(y;e)dy - c(e) \geqslant U_0 \qquad (5.3c)$$

5.3b 公式是参与限制公式,5.3c 公式是激励相容约束公式[②]。拉格朗日量可以定义为

$$\mathcal{L} = \int_{y_1}^{y_2} [v(y-w(y))f(y;e) + \lambda_1(u(w(y))f_e(y;e) - c'(e)) + \lambda_2(u(w(y))f(y;e) - c(e) - U_0)]dy \qquad (5.4)$$

λ_1 和 λ_2 是各自非负的拉格朗日乘数。因为这个拉格朗日量关于各 y 的逐点优化(pointwise optimization)是可能的,所以关于 $w(y)$ 最大化的一阶条件用

$$\frac{v'(y-w(y))}{u'(w(y))} = \lambda_1 \frac{f_e(y;e)}{f(y;e)} + \lambda_2 \qquad (5.5)$$

表示。右边的 $f_e(y;e)/f(y;e)$ 是对数似然 $\ln f(y;e)$ 的微分系数,称为似然率。似然率是在统计学上推定未知的参数时使用的。似然率(的绝对值)大就意味着在被假想的 e 下,被观察的 y 难以形成。(5.5)公式左边是股东与经营者的边际效用,表示的是

---

① 考虑满足二阶条件等,把这个条件看作是激励约束相容公式的方法称之为一阶方法(first order approach)。

② 这里省略 $y \geqslant w(y) \geqslant 0$ 的制约。

有关利益分配的规则。根据似然率使这个分配规则发生变化，这对给经营者努力的激励是非常必要的。[①] 从(5.5)公式得到以下结果：

结果 5-1(最佳利益联动型报酬)

利益的密度函数具有单调似然率性(monotone likelihood ratio property, MLRP)的时候，最佳的经营者报酬就是利益的单调递增函数。MLRP 是

$$\frac{\partial}{\partial y}\left(\frac{f_e(y;e)}{f(y;e)}\right) > 0 \quad 对所有的 y \tag{5.6}$$

把(5.5)公式的右边设成 $g(y)$ 的话，就有了

$$w'(y) = \frac{u''g + v''}{v'' - u'g'} \tag{5.7}$$

由 MLRP 得到 $g' > 0$，所以由 $u'' \leqslant 0$ 与 $v'' \leqslant 0$ 得到 $w' > 0$。$w'(y)$ 是经营者报仇的利益反应度。并且在解上面最大化问题的时候，把制约条件的有效性放在补遗中进行确认。

利益联动型报酬的有利条件就是防止道德风险，成本必须要牺牲经营者的风险分担。为了确认这一点，要考虑经营者的努力对于股东来说是立证可能的情况。为了简化，我们假定股东是风险中立的。可以缔结努力的完全契约时，股东的最大化问题就是

$$\max_{e,w(y)} V = \int_{y_1}^{y_2} (y - w(y))f(y;e)dy - c(e) \tag{5.8a}$$

$$\text{s.t.} \int_{y_1}^{y_2} u(w(y))f(y;e)dy - c(e) \geqslant U_0 \tag{5.8b}$$

拉格朗日量被定义为

$$\mathcal{L} = \int_{y_1}^{y_2} ((y - w(y))f(y;e) + \lambda_2(u(w(y))f(y;e) - c(e) - U_0))dy \tag{5.9}$$

从最佳报酬 $\hat{w}$ 的一阶条件，得到 $\hat{\lambda}_2 = 1/u'(\hat{w}(y))$。把 $v' = 1$ 代入未来的努力使观察不可能情况下的一阶条件(5.5)公式，就可以得到(5.10)公式。

---

① 似然率一定的情况下，要注意一次概率优势的假定是不被满足的。参照霍姆斯特罗姆(Holmstrom 1997；p.78)。

$$\frac{1}{n'(w^*(y))} = \lambda_1^* \frac{f_e(y;e^*)}{f(y;e^*)} + \lambda_2^* \qquad (5.10)$$

因此在努力是观察可能的情况下，对于所有的 y 报酬 $\hat{w}$ 就成了定数 $\hat{\lambda}_2$。而在努力是观察不可能的情况下，就意味着似然率项的变动会增加。也就是说，前者的分配规则是完全的风险分担，后者中完全的风险分担是无法达成的。观察可能情况下的努力 $\hat{e}$ 与观察不可能情况下的努力 e^* 相比的话，可以得到下面的结果：

结果 5 - 2（经营者的道德风险）

努力是观察不可能情况下的努力水平 e^* 要比努力是观察可能情况下的努力水平小（$e^* < \hat{e}$）。关于努力是观察可能情况下的 e 的一阶条件是

$$(y - w(y) + \lambda_2 u(w(y))) f_{\hat{e}}(y;\hat{e}) = \lambda_2 c'(\hat{e}) \qquad (5.11)$$

代入 λ_2 求定积分的话，可以得到

$$c'(\hat{e}) = \int_{y_1}^{y_2} u(w(y)) f_e(y;\hat{e}) \mathrm{d}y + \int_{y_1}^{y_2} (y - w(y)) u'(w(y)) dy \qquad (5.12)$$

另一方面，决定努力为观察不可能时的努力水平的(5.2)公式中，代入 $v' = 1$ 的话，得出

$$c'(e^*) = \int_{y_1}^{y_2} u(w(y)) f_e(y;e^*) dy \qquad (5.13)$$

比较这两个公式，上面公式的右边第二项由于 $y \geqslant w(y)$，$u' > 0$，所以是非负数。因此由 $c'' \geqslant 0$ 得到 $c'(\hat{e}) \geqslant c'(e^*)$。观察不可能情况下的努力水平比观察可能情况下的努力水平小（$\hat{e} \geqslant e^*$）。努力是观察可能情况下的努力水平最佳（first best），努力是观察不可能情况下的努力水平次之（second best）。这样，在经营者的努力是观察不可能的情况下，把经营者不做最好的努力称之为道德风险（moral hazard）。这是股东与经营者的利益相反问题。

例题 5 - 1（经营者的道德风险与激励报酬）

A 公司的利益是离散概率变数 $y_i = \{1, 2, 3\}$。经营者的努力是 $j = H$ 与 $j = L$ 中的一项。选择 H 时，花费努力成本 $c = 0.1$。y_i

产生的概率 p_i^j 依赖努力水平 j,给出了下面的表格。

j ╲ y_i	1	2	3
H	0.25	0.25	0.5
L	0.5	0.25	0.25

状态 i 的报酬设为 w_i,股东的目标函数是 $V = \sum_i p_i^j (y_i - w_i)$。另外,经营者的 VNM 效用用公式 $u(w) = 2\sqrt{w}$ 表示。经营者的期待效用,在进行努力 H 时,用公式 $U_H = \sum_i 2p_i^H \sqrt{w_i} - c$ 表示;努力是 L 的时候,用公式 $U_L = \sum_i 2p_i^L \sqrt{w_i}$。经营者的保留效用为 $U_0 = 1.5$。

1) 当努力水平 j 立证可能时,追求最合适的报酬 $\hat{w}$ 与股东的收益,要确认最合适的努力水平是 H。

2) 当努力水平立证不可能时,股东的最大化问题被定为

$$\max_w \sum_{i=1}^{3} p_i^H (y_i - w_i)$$
$$\text{s.t.} U_H \geqslant U_L, U_H \geqslant U_0 \tag{5.14}$$

以此来寻求最合适的激励报酬 w_i^*。

3) 图 5-1 把 w_2^* 作为前提条件,组合满足制约条件的 w_1 和 w_3,并绘制了股东的无差别曲线。用图给我们展示了最合适的激励报酬。此外,要比较 1) 和 2) 的股东期待收益 V。

解说 1) 努力立证可能时,无论在哪个状态,都是相同的报酬 w,所以可以达成最合适的努力。通过努力 H 时的经营者参与限制公式 $U_H = U_0$,得出最合适的报酬为 $\hat{w} = (U_0 + c)^2/4 = 0.64$。股东的收益为 $V_H = \sum_i p_i(y_i - w_i) = 1.61$。此外,努力 L 时,由于要给经营者支付满足参与限制 $U_L = U_0$ 的 $w,w = U_0^2/4 = 0.5625$,所以这时股东的目标函数为 $V_L = \sum_i p_i(y_i - w_i) = 1.1875$。$V_H > V_L$,因此最合适的努力水准为 H。

2) 拉格朗日量为 $\mathcal{L} = 0.25(1 - w_1) + 0.25(2 - w_2) + 0.5(3 - w_3) + \lambda(0.5\sqrt{w_1} + 0.5\sqrt{w_2} + \sqrt{w_3} - 0.1 - \sqrt{w_1} - 0.5\sqrt{w_2} - 0.5\sqrt{w_3}) +$

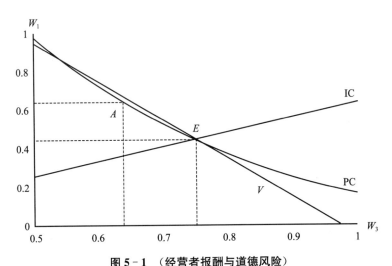

图 5-1 （经营者报酬与道德风险）

(注)V 是股东的期待收益。PC 是参与限制式。IC 表示激励约束相容式。

$$\mu(0.5\sqrt{w_1}+0.5\sqrt{w_2}+\sqrt{w_3}-0.1-1.5)$$

这里 λ 为激励约束相容 $U_H \geqslant U_L$ 的拉格朗日乘数，μ 为参与限制 $U_H \geqslant U_0$ 的拉格朗日乘数。有关 w_i 的一阶条件为 $\sqrt{w_1}=\mu-\lambda$，$\sqrt{w_2}=\mu$，$\sqrt{w_3}=\mu+0.5\lambda$。把这些代入参与限制，得到 $2\mu-1.6$，我们从而可以得知 $\mu=0$ 是不满足参与限制的。因此得到 $\mu^*=0.8$。接下来把一阶条件代入激励约束相容公式，得到 $0.75\lambda-0.1$。$\lambda=0$ 不满足制约，所以得到 $\lambda^*=4/30$。把 μ 和 λ 代入一阶条件，得到 $w_1^*=0.444$，$w_2^*=0.64$，$w_3^*=0.751$。

3) 图中 PC 表示参与限制，IC 表示激励约束相容。PC 上面部分与 IC 下面部分满足各自的制约。图中 V 是通过最合适的激励报酬表示被实现的股东收益 $V=1.603$ 无差别曲线。越是在线面的无差别曲线，股东的收益越大。三条曲线的交叉点 E 是最合适的点。在高利益状态 3 要支付高额薪金，在低利益状态 1 则支付低额度薪金，这是最合适的。1) 中股东的收益 $V=1.61$，所以在不完全契约中股东要负担 0.7 的代理费。图中 A 点就是 1) 中的点。

5.1.2 股价联动型报酬与利益联动型报酬

纳入优先认股权的股价联动型报酬与利益联动型报酬有几点不同。股价是将来利益的折现值，因此对于将来的期待利益被反应在股价上的利益联动型报酬来说，即使将来的利益增加，它的时下报酬也是不会变的。霍姆斯特罗姆与梯若尔特别强调了股价与利益分散的不同，正对最合适的激励报酬进行研究。[Holmstrom and Tirole(1993)]

随后再看一下现在与将来两个时期经营者与股东的委托与代理问题。第一时期的利益为经营者努力 e_1 与干扰项 ε_1 的和，即 $\pi_1 = e_1 + \varepsilon_1$。干扰项遵循均值 0，方差 σ_1^2 的正规分布。第二时期的股价为经营者努力 e_2 与干扰项 ε_2 的和，即 $p_2 = e_2 + \varepsilon_2$。干扰项也遵循均值 0，方差 σ_2^2 的正规分布。为了简单化，我们先忽视第二时期的利益。把目光放在第二时期股价的方差与第一时期利益的方差的不同点 $\sigma_1^2 \neq \sigma_2^2$ 上。假定第二时期的股价与第一时期的利润是不相关的 $(\sigma_{12} = 0)$。

随后再看一下作为经营者报酬的第一时期利益 π_1 与第二时期股价 p_2 的线性函数。也就是 $W = w_0 + w_1 \pi_1 + w_2 p_2$。这里 w_0 是一定的薪金部分，w_1 是第一时期的利益联动型报酬的系数，w_2 是第二时期股价联动型报酬的系数。假定股东是风险中立的，经营者就具有均值·方差效用

$$U = E(W) - \frac{\gamma}{2} \text{Var}(W) - \frac{c_1}{2} e_1^2 - \frac{c_2}{2} e_2^2 \qquad (5.15)$$

这里最后的两项是努力成本，假设各时期努力的二次函数（$c_i > 0$）。折价因子为 0。

以报酬体系为前提条件，$E(W) = w_0 + w_1 e_1 + w_2 e_2$，而 $\text{Var}(W)$ 与 e_i 是独立的，因此经营者报酬的最合适的努力水平是由一阶条件

$$e_i^* = w_i / c_i \, (i = 1, 2) \qquad (5.16)$$

决定的。股东的最大化问题如下

$$\max_{\{w_0, w_1, w_2, e_1, e_2\}} E(\pi_1 + p_2 - W) \qquad (5.17a)$$

$$\text{s.t.} e_i^* = \frac{w_i}{c_i} (i = 1, 2) \qquad (5.17b)$$

$$w_0 + w_1 e_1 + w_2 e_e - 0.5\gamma(w_1^2 \sigma_1^2 + w_2^2 \sigma_2^2) - 0.5c_1 e_1^2 - 0.5c_2 e_2^2 \geqslant 0$$
$$(5.17c)$$

与前面的小节一样，(5.17b)是激励约束相容公式，(5.17c)参

与限制公式。但把均值·方差效用的保留效用定为 $w_0=0$。把公式 5.17b 代入公式 5.17a 和 5.17c 来定义拉格朗日量的话，就有了

$$\mathcal{L} = (1-w_1)\frac{w_1}{c_1} + (1-w_2)\frac{w_2}{c_2} - w_0 + \lambda\left(w_0 + \frac{w_1^2}{c_1} + \frac{w_2^2}{c_2} - \frac{\gamma}{2}(w_1^2\sigma_1^2 + w_2^2\sigma_2^2) - \frac{w_1^2}{2c_1} - \frac{w_1^2}{2c_2}\right) \tag{5.18}$$

从 w_0 相关的一阶条件得到的拉格朗日乘数是 $\lambda=1$。因此最合适的报酬系数是

$$w_1^* = \frac{1}{1+\gamma c_1\sigma_1^2},\, w_2^* = \frac{1}{1+\gamma c_2\sigma_2^2} \tag{5.19}$$

得到以下的结果。

结果 5–3（股价联动型报酬与利益联动型报酬）

线性的经营者报酬中，风险回避度 γ 越高，干扰项的方差 σ_i^2 越大，努力成本的系数 c_i 越大，对股价与利益的报酬系数就越小。

对利益与股价的报酬系数 w_i 越高，具有均值·方差效用的经营者就越要提高相对应的努力水准。[（5.16）公式]。各时期努力成本的系数如果相同（$c_1=c_2$），如提高股价的报酬系数，并超过利益的报酬系数（$w_2>w_1$）的话，经营者就要提高第二时期的努力水准。而股东的目标函数是第一时期的利益与第二时期的股价之和。因此相对地提高更划算一方的报酬系数，可以有效地提高股东的收益。进一步来说，进行风险规避的经营者因为不想报酬发生变动，所以通过提高方差小的一方的报酬系数，用更小的风险差额可以实现一定的收益。

虽然以上考虑的是经营者只关心在任时的报酬。但也许经营者也关心卸任后在其他地方获得的报酬以及不卸任被再聘的情况。像美国那样，在经营者有可能成为其他公司的经营者的情况下，在市场上作为经营者的才能被评价也是目的的一部分。这样的情况下，经营者关心自己的事业，为了提高别人对自己才能（talent）的评价而进行努力。霍姆斯特罗姆与德沃特里蓬分析了职业关心对努力的影响。[Holmstrom(1999) 与 Dewatripont et al. (1999)]

5.2 债务与管理

5.2.1 过剩债务与非效率性投资†

先看一下时点 $t=0$ 时承担债务 D 的企业。时点 $t=1$ 时进行投资 I 的话,在时点 $t=2$ 时,现金流量 y 就会实现。现金流量 y 是个概率变数,时点 $t=0$ 时不确定,但时点 $t=1$ 时,其不确定性就消除了。企业知道这个值 y 之后,就可以决定是否投资。债务 D 在时点 $t=1$ 的投资意思确定后就会失效。在时点 $t=1$ 的投资的股东价值为 $\max(y-D,0)$。因此股东进行投资就是

$$y-D \geqslant I \tag{5.20}$$

的情况。也就是图 5-2 中所示,定义为 $y^*=D+I$ 的话,$y \geqslant y^*$ 实现的时候,企业的股东进行投资。并得到下面的结果。

结果 5-4(过剩债务与过少投资)

企业承担的债务越多,企业进行投资的机会就越少。也就是 $d\,y^*(D)/dD > 0$。

这个问题称为迈尔斯(Myers)的过剩债务问题(debt overhang problem)。如果是承担过剩债务的企业,即使进行投资,股东也无法充分获得自己应得的份额,因此只施行 NPV 极高的项目。换言之,过剩债务会带来无效的投资水准。

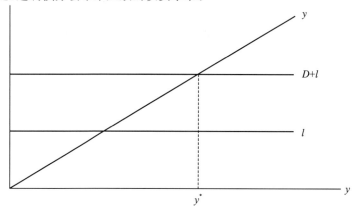

图 5-2 (过剩债务与投资额)
(注)表示的是现金流量(横轴)与投资的思想决定之间的关系

把 y 的密度函数设为 $f(y)$ 的话,时点 $t=0$ 的企业价值就是

$$V=\int_{y*}^{\infty}(y-I)f(y)dy \tag{5.21}$$

也就是说,债务越过剩,有效的投资决定就越会被更频繁地阻碍,企业价值也会变得越小。这是股东与债权者的利益相反问题。由于发行债务而产生的企业价值损失称为债务代理成本(agency cost of debt)。无债务企业的价值为 $V_0=\int_{I}^{\infty}(y-I)f(y)dy$ 的话,代理成本就由 $V_0-V=\int_{I}^{I+D}(y-I)f(y)dy$ 来表示。图 5-3 表示的是伴随负债的增大,不断上升的代理成本。

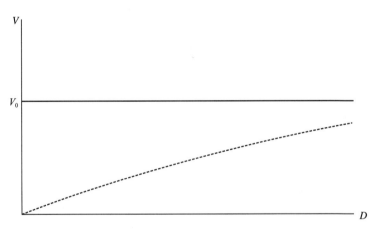

图 5-3 （负债的代理成本）
(注)横轴表示负债,纵轴表示企业价值以及代理成本。

哈特和莫尔论述了面对过剩债务问题的企业的最佳债务额〔Hart and Moore(1995)〕。加入到上面的模型中,时点 $t=2$ 时,既存资产中的现金流量 R 产生。把投资的 NPV 定义为 $v=y-I$。假定投资的 NPV 与既存资产的现金流量遵循独立的正态分布。也就是既存资产的现金流量 R 遵循正态分布 $N(\mu_R,\sigma_R^2)$,投资的NPV 也遵循正态分布 $N(\mu_v,\sigma_v^2)$。(5.20)的公式也一样,企业进行投资的条件就是债务返还后的现金流量超过投资,$y-(D-R)\geqslant I$。这个条件可以写成公式

$$R+v\geqslant D \tag{5.22}$$

既存资产的现金流量 R 与企业的债务额没有关系,所以企业的最大化问题为

$$\max_D V = \int v dF(R,v) \text{ s.t. } R+v \geqslant D \tag{5.23}$$

但 $F(R,v)$ 是同分布函数。解开这个问题就会得到下面的结果。

结果 5－5(过剩债务问题与最适债务额)

由于过剩债务产生过少投资问题的时候,最佳债务额要满足下面的公式

$$D^* = \mu_R - \frac{\sigma_R^2}{\sigma_v^2}\mu_v \tag{5.24}$$

得出的概要会在补遗中描述。依靠两个遵循正态分布的概率变数来确定投资的思想决策时,企业价值不是债务额的单纯减少函数,而是使企业价值最大化的债务额存在。从债务额中扣除资金流动量被认为是纯债务额,所以资金流动的期待值 μ_R 越小,过小投资问题就越严重,越要通过减少债务额来进行有效的思想决策。

现实情况中,债务到期的时机也很重要。如果在进行投资的思想决策前债务到期的话,上述的过剩债务问题当然也就消除了。换言之,比起长期债务(long-term debt)来,短期债务(short-term debt)更难引起过剩债务问题。此外,在担保与财务限制条款等时候,降低既存债务的等级(seniority)也用于确保投资决定的灵活性。比如,使项目资金变成可能是使其他债务与权力关系独立开来,把灵活的投资决定变成可能。并且,如果发行赋予债务期限前偿还条款(call provision)的期限前偿还债券(callable bond),即使是长期债务,在必要的时候也可以消除过剩的债务。像这样由于股东与债权者的利益相反,债务额、债务的等级以及期满结构等都会给企业管理带来很大的影响。

例题 5－2(过剩债务问题)

A公司的既存现金流量 R 遵从均值 2、方差 1 的正态分布,投资的 NPV 遵从均值 1、方差 1 的正规分布。它们之间是相互独立的。A公司以债务额 D 为前提,(5.22)公式成立的时候,进行投资。

1）总的现金流量为 $z=R+v$ 时，以债务额 D 为前提条件来求条件期望值 $E(v|z)$。

2）z 的密度函数为 $g(z)$ 的时候，企业使 $\int_D E(v|z)g(z)dz$ 最大化。求负债 D 最大化的一阶条件与最适负债额。

解说 1）z 的期待值是 $\mu_z=3$，z 的方差是 $\sigma_z^2=\sigma_v^2+\sigma_R^2=2$。$z$ 与 v 的同方差是

$\sigma_{zv}=\mathrm{Cov}(R+v,v)=\sigma_v^2=1$。正态分布的条件期待值公式 $E(v|z)=\mu_v+(\sigma_{zv}/\sigma_z^2)(z-\mu_z)=1+0.5(z-3)$。

2）$V=\int_D(1+0.5(z-3))g(z)dz$，所以一阶条件为 $0.5D-0.5=0$。最佳负债额 $D^*=1$。

5.2.2 债务对经营者的附带要求 †

经营者对投资项目的评价与股东从各种理由对投资项目的评价是不同的。典型的例子是产生了想要得到业务中附带的额外收益（perquisite）。经营者得到的额外收益称为私人利益（private benefit）。经营者也许是想通过给一部分的从业人员发放这样的额外收益，以及给大部分的从业人员相应的职位，来进一步加强自己统治权。为了增加这样的机会，经营者将会过大评价项目，并扩大投资规模。在美国等国家，经营者拥有很大的决定权。他们不会支出剩余的资金，因为他们担心会产生过剩的投资。这时候，既存债务就有了一种作用，那就是通过剩余资金的减少，规范经营者。这作为迈克尔·詹森的自由现金流量假说而被大家所熟知［Jensen（1986）］。

斯图尔兹通过研究必要的最佳债务额来应对经营者的附带要求［Stulz(1990)］。有既存资产的企业在时点 $t=0$ 时发行债务 D。现有资产在时点 $t=1$ 时，带来 $R(>0)$ 的现金流量。这个现金流量是概率变数，分布函数为 $F(R)$。企业的投资额 I 中，$I\leqslant I^*$ 的投资每一单位带来 $Y_G>0$ 的纯收益率。但 $I>I^*$ 的投资每一单位只带来 $Y_B<0$ 的纯收益率。无风险利息率为 0 的话，前者是正的

金融经济学

NPV 项目,后者是负的 NPV 项目。

时点 $t=1$ 时,债务到期,企业从现金流量中拿出一部分偿还债务,剩下的用于投资。也就是投资总额为 $I=R-D$。无论哪个项目都会带来私人收益,但经营者比较喜欢选择正的 NPV 项目。因此,如图 5-4 所示,对各项目的投资额为

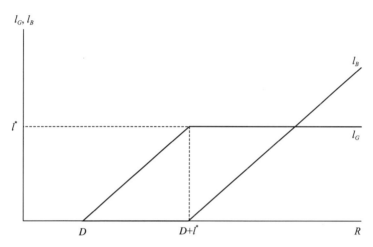

图 5-4 (现金流量与投资模型)

(注)横轴是现金流量,纵轴是投资额。粗线是 I_G,细线是 I_B。

$$I_G = \begin{cases} R-D & \text{for} & D \leqslant R \leqslant D+I^* \\ I^* & \text{for} & R \geqslant D+I^* \end{cases}$$

$$I_B = \begin{cases} 0 & \text{for } D \leqslant R < D+I^* \\ R-D-I^* & \text{for } R \geqslant D+I^* \end{cases} \quad (5.25)$$

企业价值是

$$V = (1+Y_G)(\int_D^{D+I^*}(R-D)dF(R) + \int_{D+I^*}^{\infty} IdF(R)) + (1+Y_B)\int_{D+I^*}^{\infty}(R-D-I^*)dF(R) + \int_0^D RdF(R) + \int_D^{\infty} DdF(R)$$

$$(5.26)$$

第一项是正的 NPV 项目的价值,第二项是负的 NPV 项目的价值,第三项是不履行债务时负债的价值,第四项是履行债务时负债的价值。重新改写的话,得到

$$V = E(R) + Y_G\int_D^{\infty}(R-D)dF(R) + (Y_B-Y_D)\int_{D+I^*}^{\infty}(R-D-$$

$I^{*})dF(R)$ $\hspace{6cm}$ (5.27)

就债务 D 使之最大化的话,就得到了下面的结果:

结果 5 - 6(债务对经营者的附带要求)

为了避免追求额外收益的经营者进行的过剩投资,这是所需的最佳债务额 D^{*} 满足下面的一阶条件。

$$Y_{G}(F(D^{*}+I^{*})-F(D^{*}))=-Y_{B}(1-F(D^{*}+I^{*}))$$

$$\hspace{10cm}(5.28)$$

左边是债务的边际成本,表示的是多发行一单位的债务额,以及减少正数 NPV 项目的投资额而产生的损失。右边是债务的边际收益,表示的是多发行一单位的债务额,以及减少负数 NPV 项目的投资额,可以规避的损失。这样的话,通过对债务函数的观察,我们就可以避免经营者消费额外收益的道德风险。债务是对企业管理有影响的。

前一小节的讨论告诉我们债务中存在函数。债务的函数(debt capacity)中有各种定义,其中之一就是如果发行超额的债务,企业价值就会下降的债务额。这也可以称为债务的最大可发行额。结果 5 - 5 以及结果 5 - 6 中的 D^{*} 给出了债务的函数。

例题 5 - 3(债务对经营者的附带要求)

A 公司中有 0.4 正的 NPV 项目,$Y_{G}=0.1$,$Y_{B}=-0.1$。现金流量 R 遵循均匀分布 $U[0,1]$。以此来求债务 $D=0$ 时的企业价值以及最佳债务额。

解说 $D=0$ 时,如果 $R<0.4$ 就只进行 $I_{G}=R$ 的投资,如果 $R \geqslant 0.4$ 的话就进行 $I_{G}=0.4$ 和 $I_{B}=R-0.4$ 的投资。企业价值就是

$$V_{0}=1.1\int_{0}^{0.4}RdR+0.4\times1.1\int_{0.4}^{1}dR+0.9\int_{0.4}^{1}(R-0.4)dR=0.514$$

$$\hspace{10cm}(5.29)$$

最佳债务额如果满足 $0.1\times(D+0.4-D)=-0.1\times(1-D-0.4)$ 这个公式的话,可以得出 $D^{*}=0.2$。经营者在 $0.2<R<0.6$ 时进行 $I_{G}=R-0.2$ 的投资,在 $R>0.6$ 时进行 $I_{G}=0.4$ 与 $I_{B}=R-0.6$ 的投资,可以得出 $V^{*}=0.516$。

5.2.3　债务重组与重新谈判

在企业管理中,顺利进行债务重组是非常重要的。负债企业的财务情况恶化的时候,股东与债权者的利益相反问题会更加严重。没有在约定期限支付债务本金的利息,停止支付本金的利息的话,债务会陷入拖欠(default)的情况。发生利息支付延迟的债权称为逾期债权。陷入拖欠时,债权者行使抵押权来回收债权。金融机关在企业债务陷入拖欠前,有时也会缓和贷款条件。这称为重订还款期限(rescheduling)。这样的债权称为贷款条件缓和债权。这些债权是按不良债权来分类的。

债权者从债权回收这点来说,他们有权决定是否让财务情况恶化的企业经营继续,以及是否对其进行清算。[①] 股东是希望公司继续经营的。因此在财务情况恶化的企业里,股东与债权者的利益是针锋相对的。这时,企业与债权者会就债务的条件进行重新谈判(renegotiation)。重新谈判的结果,如果两者达成一致的话,就可以避免对公司进行清算(liquidation)。如果没有达成一致,债权者就会行使抵押权等清算权(liquidation right)。

博尔顿和斯卡夫斯坦认为债权者数量如果增加将不利于债务整理[Bolton and Scharfstein(1996)]。清算企业时的企业资产价值为 L,在一些追加投资措施下,继续企业经营时的 NPV 为 y,这是如果 $y \geqslant L$,继续经营是有效的思想决策。如果 $y < L$,清算则是有效的思想决策。既存债务拖欠时,债权者可以行使抵押权,所以 $y < L$ 时,债权者行使抵押权,回收 L。如果剩下的资金价值设为 D 的话,债权的回收率就为 $R = L/D$。

$y \geqslant L$ 时,如果企业继续经营必须要债权者进行追加投资的话,就会对债务条件进行重新谈判。由于债务处于拖欠状态,所以这时债权者也是可以行使抵押权的。在重新谈判时,企业只要不同意,报酬就为 0。这里两者重新谈判的解决方法可以用纳什谈判解(Nash bargaining soluton)。谈判的结果,企业应得的份额为

---

① 在这里,只有债权者同意,企业才可以继续经营,因此要考虑债权者的清算决定迫使公司做出清算决定的情况。

W_0,可以通过

$$\max_{W_0,W_1} W_0(W_1 - L) \text{ s.t. } W_0 + W_1 = y \tag{5.30}$$

来解决债权者应得的份额 W_1 的最大化问题。目标函数称为纳什谈判乘积(Nash bargaining product),是谈判成功获得的份额与谈判决裂获得的份额的差额乘积。制约条件公式表示的是谈判成功,两者几乎不分配利益的情况。可以得到下面的结果。

结果 5-7(既存债务的重新谈判)

企业继续经营有效的时候,债权者与企业重新谈判的一个解决方法是

$$W_0 = \frac{y-L}{2}, W_1 = L + \frac{y-L}{2} \tag{5.31}$$

也就是说,重新谈判的利益 $y-L$ 被两者平分。图 5-5 中,制约条件是右下角的直线,纳什谈判乘积的无差别曲线是右下角的曲线。最合适的纳什谈判解是图中的 E 点。正如右下角的箭头所示,由于谈判决裂时的利益为 0,所以企业的份额为重新谈判利益的一半,而即使谈判决裂,债权者的份额还是可以获得 L,这是在基础上又加上了重新谈判总利益的一半。谈判的解决方法不是唯

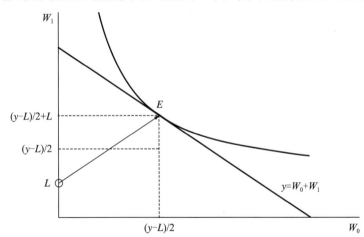

图 5-5 (纳什谈判解)
(注)横轴是企业应得的份额,纵轴是债权者应得的份额。

一的,是多样的。比如我们也要注意,债权者急于回收资金的程度等情况对谈判的解决也有影响。

在日本,有时我们也可以看到一个企业从多个金融机构借款的情况。这时,多个债权者之间,围绕公司存续的判断是有分歧的,很多时候债权者之间的利益是对立的。因此,围绕有拖欠情况的企业的再建问题而进行的重新谈判,债权者越多就越难进行。这作为协商失败(coordination failure)问题而被大家所熟知。

企业有两项资产 A 和 B。债权者没有直接利用资产获得收益的能力,因此会把资产卖给可以利用的外部买手。比如,与这个企业是同一产业的其他企业以及可以利用这个资产的一般投资家可以称为外部买手。假定两项资产有互补性。一起使用时的现金流量为 y,分开使用时的现金流量为 y_A 与 y_B,$y > y_A + y_B$。债权者与外部买手通过谈判(bargaining)来决定资产的买入价格。外部买手为了参加谈判会负担费用 c。这个费用事前是不确定的,假定在 $[0, \gamma]$ 中是均匀分布的。费用 c 实现后,买手在谈判中的利益超过费用的情况下参加谈判。

我们来看一下债权者是一个或两个的情况。债权者是一个的时候,债权者对资产 A 和 B 有抵押权,进行同时卖出这些资产的谈判。债权者是两个的时候,债权者 1 有资产 A 的抵押权,债权者 2 有资产 B 的抵押权。债权者是一个的时候,谈判在买手和债权者之间进行。债权者是两个的时候,谈判在买手与两个债权者之间进行。

在合作博弈(cooperative game)的框架中看谈判的解决。债权者是一个的时候,进行单纯的两者谈判。债权者是两个的时候,可能会结成一部分联合(coalition)。买手用 $i=0$ 表示,买手与债权者 $1(i=1)$ 结成联盟,就会排除债权者 $2(i=2)$。光债权者是不能利用资产的,所以联合必须包含买手。因此结成联合的组合是 $S \in \{\{0,1\}\{0,2\}\{0,1,2\}\}$。最后的组合是全体联合。

假定同时利用资产 A 和资产 B 是有效的,均衡的谈判结果就要排除部分联合。合作博弈的谈判解决有各种方式,这里我们来看一下夏普利值(Shapley value)的分配。夏普利值是把谈判利益平均分配的谈判解决方法(bargaining solution)。夏普利值 W_i 是 i

$=\{0,1,2\}$ 的谈判利益。

债权者是一个的时候，谈判的总利益为现金流量 y。因此夏普利值为 $W_0^1 = y/2$，$W_1^1 = y/2$。附在 W 上面的字是表示债权者的数量，附在 W 下的字表示 i。债权者是两个的时候，夏普利值是

$$W_0^2 = (y_A + y_B)/2 + \Delta y/3$$
$$W_1^2 = y_A/2 + \Delta y/3 \tag{5.32}$$
$$W_2^2 = y_B/2 + \Delta y/3$$

这里的 $\Delta y = y - y_A - y_B$ 是资产的协同效应（synergy effect）。对此，补遗中有简单的说明。债权者 1 可以获得联合 $\{0, 1\}$ 的报酬 $y_A/2$ 中协同效应三分之一的报酬。债权者 2 也是一样。买手获得与各个债权者结成合作时的报酬 $(y_A + y_B)/2$ 中协同效应三分之一的报酬。用这个结果就得到了下面的结果。

结果 5-8（债权者的数量与清算价值）

债权者是两个的预期清算价值 L^2 要比债权者是一个的预期清算价值 L^1 小。

首先债权者是一个的话，买手参加谈判的情况是谈判的成本要比谈判的利益小，也就是 $c \leqslant W_0^1$ 的情况。预期清算价值是

$$L^1 = \int_0^{W_0^1} \frac{W_1^1}{\gamma} dc = \frac{y^2}{4\gamma} \tag{5.33}$$

债权者是两个的话，买手参加谈判的情况是 $c \leqslant W_0^2$。预期清算价值是

$$L^2 = \int_0^{W_0^2} \frac{W_1^2 + W_2^2}{\gamma} dc = \frac{y^2}{4\gamma} - \frac{\Delta y^2}{36\gamma} \tag{5.34}$$

我们明显可以知道 $L^1 > L^2$。债权者是两个的话，两个债权者获得的份额之后是 $W_1^2 + W_2^2 = y/2 + \Delta y/6$。与债权者是一个的情况相比，债权者可以额外获得协同效应的六分之一。这是因为如果没有各债权者的共同合作的话，协同效应也不会出现。所以两者可以获得这个利益。与之相反，比起债权者是一个的情况，买手为了买下两项资产，必须要支付更高的价格。因此，在假定成本是同样分布的基础上，债权者们找到买手就会变得困难，预期清算价值也会变低。

由于债权者数量增加而造成预期清算价值降低的影响有许多效果。直接的效果就是清算价值的降低导致债务价值的降低[1]。预期回收率的恶化导致贷款利益的上升。因此企业的债权者少，贷款成本就更可以降低。

例题 5－4（债权者数与清算价值）

资产 A 和 B 的现金流量是 $y_A＝y_B＝1$，两者相加时的现金流量是 $y＝3$。外部买手的重新谈判的成本 c 遵循正态分布 $U[0,2]$。债权者数是一个或两个的时候各自求资产的清算价值。解说债权者是一个的话，买手、债权者都获得 $W_0^1＝W_1^1＝3/2$。根据(5.32)公式，债权者是两个的话，买手获得 $W_0^2＝(1+1)/2+(3-2)/3＝4/3$，债权者获得 $W_1^2＝W_2^2＝1/2+(3-2)/3＝5/6$。清算价值 $L^1＝0.5×1.5^2＝9/8$，$L^2＝0.5×(5/6+5/6)×4/3＝10/9$。

5.2.4 债务的重组与公司债券

债务是从银行借入的话，一个有力的债务重组方法就是债转股。现在企业有 Y 的无风险资产和价值 0 的实物资产。这个企业在时点 1 时必须返还银行贷款 $B(＞Y)$。什么也不做的话，企业就会破产，银行得到 Y。但是在时点 1 时进行新的投资 I 的话，在时间点 2 就可以得到现金流量 X。为了新的投资于返还既存贷款，在时点 1 时必须要 $I+B$ 的资金，$B＞Y$ 形成的资金不足为 $I-Y+B$。因此银行接受新的贷款 $\Delta B＝I-Y$，把既存债务 B 的到期延长到时点 2，在时点 2 就可以实现现金流量 X。银行接受债转股是在 $X-\Delta B＞Y$ 的时候。

从其他银行接入新贷款要比债转股难。从其他银行借新的贷款 $B+\Delta B$ 来偿还既存贷款的时候，必须满足 $X≥B+\Delta B$。$\Delta B＝I-Y$，现有银行的债转股的条件是 $X≥I$，从其他银行重新借款的条件是 $X≥I+(B-Y)$。$B＞Y$，所以通过新贷款来进行债务整理的障碍要比现有银行的债转股大。这是由于新借入的贷款的一部分会被用于返还到期的既存债务。

---

[1] 参照 10.2 节中的信用风险论述。

公司债券的债务重组也要比银行贷款的难。典型的情况是，公司债券的保有者人数多，所以为了进行债务重组，召集公司债权者，并对重组提案达成一致是比较困难的。重组方法中有债务的减免、债权放弃（debt forgivenes）、以及交换股权和公司债券的债务权益互换（debt equity swap；DES）。[①] 债务减免提案达成一致比较难的理由是一部分债权者如果接受减免，拒绝的债权者就不会承担债务重组的费用。为此让其他债权者接受减免而自己拒绝减免的抵抗问题（holdout problem）就会发生。这个抵抗问题是搭便车（free rider）问题的一种。为了克服抵抗问题，就必须加上一些条件。比如要一定数量以上的债权者同意债务的减免提案，以及被减免的债务等级要优于没被减免的债务等条件。[②]

5.3 股权与管理

作为股权契约在企业管理中发挥的作用，本节将对 M&A（并购）产生的经营者变更机制与大股东对经营的监督作用进行说明。

5.3.1 M&A 与搭便车问题 †

典型大企业的股权所有结构（ownership structure）是少数的大量持有者与多数的少量持有者持有股权。并且大多数的股东拥有资金，但没有经营的权利。这样就形成了所有与经营的分离（separation of ownership and control）。只持有少量股权的股东对现金流量的请求权（股利分配请求权等）很小，所以增加对经营者的规范、监视经营者的行动力也很弱。控制权的行使（决议权）也受到成本等条件的制约，而且大多数股东一起团结起来采取集体行动（collective action）也是很困难的，所以也很难发挥增加有效规范的作用。

股东没有很好地进行管理，经营者就有可能进行没有效率的经营。这种情况就会给投资家与企业裁定的机会。企业并购

金融经济学

---

① 这些重组方法有时也适用于从银行贷款的情况。

② 但是根据现有债务的发行条件，如果有禁止优先债务发行这项条款的话，后者的方法就会变得困难。

(M&A:mergers and acquisitions)的一部分就是裁定产生的现象。股票市场的这个方面称为公司控制权(corporate control)市场。

经营者反对投资集团与竞争对进行收购的情况称为恶意收购(hostile takeover)。经营者不反对的情况叫作友好收购。收购是要约收购(takeover bid,TOB)的,根据法律原则上需要附带义务[①]。要约收购中,收购人发出收购股份的收购要约申报,并明确收购的期间、收购的价格,收购的股份数量等。经营者对这个申报有表明态度的义务。

桑福德・格罗斯曼与哈特分析了收购所需的 TOB 价格[Grossman and Hart(1980)]。目标企业现在的股价为 P_0,收购人成功收购是的企业价值增量为 z。这个 z 是分布在 $(0,a)$ 中的概率变数,有密度函数 $f(z)$。收购价设为 P_1 的话,$\Delta P = P_1 - P_0$ 通常为正数,称为收购溢价。作为要约收购的成本,收购人要承担 $c(> 0)$。收购人最初没有目标企业的股份,那要约收购成立的条件就是收购人能收购过半数的股份。正好取得半数股份的收购人从 TOB 中得到的利益用

$$\pi_B = (z - \Delta P)/2 - c \qquad (5.35)$$

表示。

如图 5-6 所示,以 ΔP 为前提条件的话,价值的增量 z 越高,收购人的利益 π_B 就越大。假设一部分股东拒绝出售股份,只有半数一下的股东答应出售的时候,TOB 不成立,预计收购的股份返还给原先的股东。

股东接受收购的话,获得 ΔP 的收益,不接受收购的话,获得 z 的收益。所以股东接受收购时的利益为 $\pi'_S = \Delta P - z$。如图 5-6 所示,以 ΔP 为前提条件的话,价值增量 z 越高,股东的事后利益 π'_S 就越低。收购人在知道 z 之后,发出邀约收购,但股东无法了解 z。股东知道分布 F 以及收购人在 $\pi_B \geq 0$ 时实行收购的情况。股东对 z 的推定值通过条件期望值 $W(z \mid \pi_B \geq 0)$ 来实现。在 TOB 实施条件的基础下,股东通过出售股份获得利益的条件期望值是

$$\pi_S = E(\Delta P - z \mid \pi_B \geq 0) \qquad (5.36)$$

[①] 金融商品交易法第二十七条的第二项。

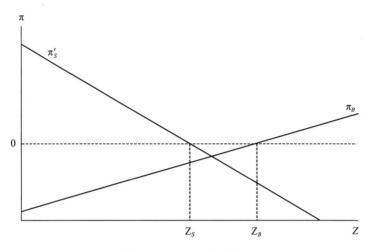

图 5‑6　（TOB 的利益）
横轴是企业价值的增量，纵轴是收购人、股东的利益。

均衡的话，收购人获得非负利益的条件是 $\pi_B \geqslant 0$，股东利益非负的条件是 $\pi_S \geqslant 0$。这是现有股东接受 TOB 的条件。但如果存在无数的股东，在各自的行动不会对 TOB 的成立产生影响的情况下，各个股东决定是否接受 TOB。会得到下面的结果：

结果 5‑9（TOB 与搭便车问题）

收购者的前期保有量为 0，TOB 要花费成本 $c > 0$ 时，TOB 不成功。

由 $\pi_B \geqslant 0$，收购者来实行 TOB 是 $(z - \Delta P)/2 \geqslant c\,(c > 0)$ 的情况，所以必须 $z > \Delta P$。这时 $\pi_S = E(\Delta P - z \mid \pi_B \geqslant 0) < 0$ 的话，均衡条件的收购者与股东的利益的非负条件不会同时成立。理由是股东是在收购费比 TOB 产生的价值增量大的情况下接受收购的。收购者要想获得利益，只要把收购费限制在 TOB 产生的价值增量之下就可以了，股东最好不出售，在 TOB 成功之后再卖出股份。这是前面小节中也提到的保留问题。TOB 的成功是通过把事交给其他股东，自己搭便车只享受利益这样的诱因出现的。图 5‑6 中，在 $z > z_B$ 的范围内 $\pi_B > 0$，而如果是这样的 z，事后的股东利益 π_S'

就成了负数,这点我们是可以确认的。[①]

安德鲁·施莱弗与维希尼分析了收购人股权初期保有量对额外收益的影响[Shleifer and Vishny(1986)]。设收购者最初保有 α <1/2 的股权。要让 TOB 利益最大化的收购人要解决下面的问题。

$$\max_{\Delta P} \pi_B = 0.5z - (0.5 - \alpha)\Delta P - c \tag{5.37a}$$

$$\text{s.t.}\pi_S = \Delta P - \int_b^a zf(z \mid z \geqslant b)dz = 0 \tag{5.37b}$$

(5.37a)公式对应(5.35)公式,$0.5 - \alpha$ 是获得过半数的必要股权比率。(5.37b)公式是收购人以外的现有股东接受 TOB 的条件。定积分的下限 $b = 2c + (1 - 2\alpha)\Delta P$ 给出了收购人实行 TOB 最小的 z[②]。得出下面的结果。

结果 5 - 10(TOB 与收购溢价)

收购人持有的股份比率 α 越高,均衡的收购溢价 ΔP^* 越低。

(5.37b)公式的定积分设为 g,$dg/db >$ 以及 $db/d\alpha < 0$ 形成的持股比率高,这与 TOB 成本低是一个效果。即使价值的增量小,股东也可以考虑实行 TOB,所以 z 的推定值变小,收购溢价也会变小。在均衡的收购溢价的基础下,收购人实行 TOB 是 $z \geqslant b(\alpha)$ 的情况。由公式 $db/d\alpha = (1 - 2\alpha)(\Delta P^*/d\alpha) - 2\Delta P^* < 0$ 我们可以看到,α 越高,TOB 产生的概率 $Pr(z \geqslant b)$ 就越高。

现任的经营阵营尤其会把恶意收购看成是威胁。为此一部分的企业会事先准备诸如股权方案(rights plan)等对抗政策,以此作为收购防卫政策。这个方案俗称"毒丸"(poison pill),1980 年代美国的许多企业都引进了该方案。而日本是在股权合作习惯崩塌的 2000 年代以后,采取这些防卫政策的公司才有所增加。

"毒丸"是以提高收购人的收购成本为目的的。为此会事先给现有股东认购新股的优先权,在进行一定数量以上的股票数的

---

① 注意图不是表示条件期望值的 π_S。

② 严格来说要考虑股东的参与限制是不等式条件,是 $\Delta P > \int_b^a zdF$ 的均衡额外收益。

TOB 时,仅让收购人以外的股东行使新股认购的优先权。现在我们来看一下发行 N_0 股票数的目标企业。收购人的持股数为 N_b,持股比率为 $\alpha = N_b / N_0$。收购人以外的股东用 1 日元优先购买新股的话,持股比率就会降低到 $\alpha' = N_b/(N_0 + N_0 - N_b)$。结合刚才的结果 5 - 10,毒药提高了溢价,降低了 TOB 的发生概率。除此之外,收购防卫政策中,还有其他方案。比如通过错开董事任期,维持董事会过半数的分期分级董事会(董事会轮选制:staggered board)、因收购而造成的经营者去职,要保证其巨额报酬的黄金保护伞(golden parachute)等。

例题 5 - 5(收购与收购价格)

收购 A 公司的企业价值增量 z 遵循均匀分布 $[0,1]$。收购成本为 $c = 0.1$。收购人为了获得过半数的股权而进行 TOB。

1)收购人的股权初期保有为 0 的时候,收购溢价满足的条件用公式表示。收购人最大可以提出多少溢价。

2)收购人的股权初期保有为 $\alpha = 0.25$ 时,收购溢价满足的条件用公式表示。收购人提出溢价 $\Delta P = 0.8$ 的时候,来求解接受收购的股东的利益的条件期望值。

解说 1)根据(5.35)公式,收购溢价必须满足 $z \geqslant \Delta P + 0.1 \times 2$。根据 $z \leqslant 1$ 得出 ΔP 的最大值为 0.8。股东的利益为 $\pi_S = \int_{\Delta P+0.2}^{1} (\Delta P - z)dz/(1 - \Delta P - 0.2) = -0.2$。

2)根据(5.37)公式,进行收购是在 $z \geqslant 0.5\Delta P + 0.2$ 的时候。不等式右边是(5.37b)公式的定积分下限。股东的利益为 $\pi_S = \int_{0.5\Delta P+0.2}^{1} (\Delta P - z)dz/(1 - 0.5\Delta P - 0.2)$。

5.3.2 大股东与监管

伯卡特等认为,由于少数股权保有者的搭便车问题,所有权结构集中在特定的股东上会规范经营者[Burkart et al.(1997)]。其中有这样一个假说,那就是团体投资人等大股东会积极地监管企业的业绩与经营的思想决定。

表 5-1　经营者的努力与大股东的监管

状态 i	概率 p_i	经营者的效用 U_i	大股东的效用 W_i
1	$e\theta$	λb	αv
2	$e(1-\theta)$	b	$\alpha\lambda v$
3	$(1-e)\theta$	0	0
4	$(1-e)(1-\theta)$	0	0

本小节将分析大股东通过经营的监管来提高企业价值的行动。经营者的经营努力为 $e \in (0,1)$,经营者的努力成本为 $e^2/2$。大股东的监管为 $\theta \in (0,1)$,大股东的监管成本为 $\theta^2/2$。经营者的效用 U 是从项目的私人利益中扣除努力成本。[①] 大股东的效用 W 是从项目利益付出的份额 α 中扣除监管成本以后的部分。

经营者的努力成功的话,就会提高企业的利益,大股东的监管成功的话,就会抑制经营者的私人利益,提高企业的利益。各自的成功与失败是独立的,有四个状态。状态 i 的发生概率与经营者、大股东的效用在表 5-1 中做了表述。

状态 1 中,努力与监管双方都是成功的。状态 2 中努力成功了,但监管失败。通过监管,状态 1 中经营者的私人利益受到 $\lambda b(0<\lambda<1)$ 的抑制。状态 2 中由于监管的失败,股东的利益减少到 λ_v。λ 表示监管效果的大小。经营努力失败的话,无论监管是成功还是失败,企业的利益与私人利益都为 0。

下面我们来求解一下经营者与大股东各自的最大化问题。

$$\max_e E(U) = e(\theta\lambda b + (1-\theta)b) - e^2/2 \quad (5.38a)$$

$$\max_\theta E(W) = e(\theta\alpha v + (1-\theta)\alpha\lambda v) - \theta^2/2 \quad (5.38b)$$

假定内点解,联立两者最大化的一阶条件求解的话,可以得到下面的解

———————————

① 这里省略经营者报酬的论述。

$$e^* = \frac{b}{1 + \alpha bv(1-\lambda)^2}$$

$$\theta^* = \frac{\alpha bv(1-\lambda)}{1 + \alpha bv(1-\lambda)^2}$$

(5.39)。

得到下面的结果。

结果 5 - 11(大股东的监管)

大股东持股比率高的话,大股东的监管力度就大,经营者的努力就低下。也就是 $de^*/d\alpha < 0$ 以及 $d\theta^*/d\alpha > 0$ 成立。

大股东的持股比率越高,监管的利益就越高,大股东的监管也越强。这称为大股东的控制效果。另一方面,大股东强有力的监管降低了经营者私人利益的期望值,损害了经营者的努力。这是大股东造成的监管成本。这样,股票所有权结构的集中度中就有了利益与成本。

补遗 A:利益联动型报酬

拉格朗日乘数 λ_1 以及 λ_2 确定为正数。把(5.5)公式作为定积分的话,通过 $\int_{y \in Y} f_e dy = 0$,得出 $\lambda_2 = \int (v'/u') f(y;e) dy > 0$。把 λ_2 代入(5.5)公式,乘以 $u(w(y)) f(y;e)$ 定积分的话,得出 $\lambda_1 \int_Y u(w(y)) f_e(y;e) dy = \mathrm{Cov}(v'/u', u)$。运用激励约束相容公式的话,得出 $\lambda_1 = \mathrm{Cov}(v'/u', u)/c'(e) > 0$。

补遗 B:过剩债务与最适债务额

定义变数 $z = R + v$,$g(z)$ 作为正态分布的密度函数,(5.23)公式变为

$$V = \int_D^\infty E(v \mid z) f(z) dz = \int_D^\infty (\mu_v + \frac{\sigma_{zv}}{\sigma_z^2}(z - \mu_z)) g(z) dz \quad (5.40)$$

这里同时运用遵循正态分布的变数 x 与 y 的条件期望值 $E(y \mid x) = \mu_y + (x - \mu_x)\sigma_{xy}/\sigma_x^2$,这是射影定理的其中之一。最大化的一阶条件为

$$\frac{dV}{dD} = -(\mu_v + \frac{\sigma_{zv}}{\sigma_z^2}(D - \mu_z)) g(z) = 0 \quad (5.41)$$

金融经济学

用 $g(z) \neq 0$、$\sigma_{zv} = \sigma_v^2$ 以及 $\sigma_z^2 = \sigma_v^2 + \sigma_R^2$ 整理的话,可以得到公式(5.24)。

补遗 C: 夏普利值

简单归纳一下夏普利值的原理。详细情况请参考马斯柯莱等著的《微观经济理论》(1995,章.18)。本书简单记述了注释,联合 S 的价值为 $v(S)$ 时,从 i 的联合 S 得到的报偿为函数 $W_i(S, v)$。把 I 作为夏普利值的集合,夏普利值是满足下面公式的 $W_i(I, v)$。

$$W_i(I) - W_i(I \backslash h) = W_h(I) - W_h(I \backslash i) \text{ for } \forall_i, h \in I$$

(5.42a)

$$\sum_{i \in I} W_i(I) = v(I)$$
(5.42b)

(5.42a)公式表示的是谈判的利益被平均分配。符号 \ 表示除去后面要素的集合。左边表示的是从全体联合 i 的报偿中扣除没有 h 的联合得到的 i 的报偿。右边表示的是从全体联合 h 的报偿中国扣除没 i 的联合得到的 h 的报偿。也就是左边表示 h 的存在对 i 的报偿的贡献,右边表示 i 的存在对 h 的报偿的贡献。任意夏普利值的组合,这些情况都成立就是平均的原则。(5.42b)公式表示的是联合 I 的价值几乎没有被分配。解这个联立方程,可以得到夏普利值是

$$W_i(I, v) = \frac{1}{I} (v(I) - \sum_{j \neq i} W_j(I \backslash \{i\}, v) + \sum_{j \neq i} v_i(I \mid \{j\}, v))$$

(5.43)

本文的债权者设定的是两个的情况下,

$$v(\{i\}) = v(\{1, 2\}) = 0, v(\{0, 1\}) = y_A, v(\{0, 2\}) = y_B,$$
$v(I) = y$。

文献指南

经营者的道德风险

Grossman, S., Hart, O. 1983. An analysis of the principal-agent problem. *Econometrica* 51, 7 - 45.

Holmström, B. 1979. Moral hazard and observability. *Bell Journal of Economics* 10, 74 - 91.

Milgrom,P.1981.Good news and badnews:Representation theorems and applications. *Bell Journal of Economics* 12,380 - 391.

Mirrlees, J. 1999.The theory of moral hazardand unobservable behavior:Part I. *Review of Economic Studies* 66,3 - 21.

Rogerson, W. 1985. The-first-order approach to principal-agent problems *Econometrica* 53,1357 - 1367.

股价联动型报酬、经营者的角色

Dewatripont, M., Jewitt, I., Tirole, J. 1999. Tlie economics of career concerns, Part I: Comparing information structures, *Review of Economic Studies* 66, 183 - 198.

Gibbons, R.,Murphy, K.1992. Optimal incentive contracts in the presence of career concerns: Theory and evidence. *Journal of Political Economy* 100, 468 - 505.

Holmström, B., Tirole. J. 1993. Market liquidity and performance monitoring. *Journal of Political Economy* 101, 678 - 709.

Holmström, B. 1999. Managerial incentive problems: A dynamic perspective. *Review of Economic Studies* 66,169 - 182.

过剩债务

Hart. 0., Moore, J. 1995. Debt and seniority: An analysis of the role of hard claims in constraining management. *American Economic Review* 85, 567 - 585.

Hennessy, C. 2004. Tobin's Q, debt overhang, and investment. *Journal of Finance* 59, 1717 - 1742.

Jensen, M. 1986. Agency costs of free cash flow, corporate finance,and takeovers. *American Economic Review* 76, 323 - 329.

Manso, G. 2008. Investment reversibility and agency cost of debt.*Econometrica* 76, 437 - 442.

Myers, S. 1977. Determinants of corporate borrowing.*Journal of Financial Economics* 5, 147 - 175.

Shleifer, A., Vishny, R. 1992. Liquidation values and debt capacity; A market equilibrium approach. *Journal of Finance* 47, 1343 – 1366.

Stulz. R. 1990. Managerial discretion and optimal financing policies. *Journal of Financial Economics* 26, 3 – 27.

债务重组

Bolton, P., Scharfstein, D. 1996. Optimal debt structure and the number of creditors. *Journal of Political Economy* 104, 1 – 25.

Gertner. R., Scharfstein, D. 1991. A theory of workouts and the effects of reorganization law. *Journal of Finance* 46, 1189 – 1222.

股权管理

Burkart, M, Gromb, D., Panunzi, F. 1997. Large shareholders, monitoring, and the value of the firm. *Quarterly Journal of Econormics* 112, 693 – 728.

Grossman, S., Hart, O. 1980. Takeover bids, the free-rider problem, and the theory of the corporation. *Bell Journal of Economics* 11, 42 – 64.

Shleifer, A., Vishny, R. 1986. Large shareholders and corporate control. *Journal of Political Economy* 94, 4()1 – 488.

教科书

Bolton, P., Dewatripont, M. 2005. *Contract Theory*. MIT Press.

Laffont, J., Martimort, D. 2002. *The Theory of Incentives*. Princeton University Press.

Mas-Colell, A., Whinston, M., Green, J. 1995. *Microeconomic Theory*. Oxford University Press.

Salanie, B. 1997. *The Economics of Contracts*. MIT Press.

Tirole, J. 2006. *The Theory fo Corporate Finance*. Princeton University Press.

清水克俊，堀内昭义。激励经济学，有斐阁（2003）。

第二部

金融市场与金融机关

第六章　资本市场与资产价格

本章主要介绍有关决定资产价格的各种理论。在 6.1 节,接着 2.3 节的相关内容,继续就构建有效投资组合的投资者所要求的风险差额与平均收益率的关系进行阐述。6.2 节主要论述在存在不确定因素的动态经济下,消费者进行最佳消费的消费量与资产收益率的关系。6.3 节对有关使用有条件请求权的风险分担意识进行说明,引导出一般证券价格与有条件请求权价格的关系。6.4 节进一步展开前一节的思路,就风险中立性概率与风险中立性价格的意识进行说明。另外,这三节中的探讨将会用于第 7 章和第 8 章相关内容。6.5 节主要就认为资产收益率是由复数个因子生成时的平均价格理论进行说明。

6.1　CAPM

6.1.1　包含无风险资产的有效投资组合†

在 2.3 节中,就包含无风险资产的有效投资组合进行较直观的说明。本小节中将介绍由 Shatpe,Lintner,Mossin 等提出的为导出 CAPM 所设定的更详细内容[Shatpe（1964）,Lintner（1965）,Mossin(1966)]。首先,风险资产存在着 N 种（$i=1,\cdots,N$）,设无风险资产为 0 号资产。风险资产数量在 2 以上（$N\geqslant2$）。投资者对这些资产只投资 1 期。设无风险资产的利率为 r_f,风险资产 i 的收益率为 r_i。投资者知道期待收益率 $\mu_i=E(r_i)$,共同方差 $\sigma_{ij}=\mathrm{Cov}(r_i,r_j)$,方差 $\sigma_i^2=\sigma_{ii}$,这些值在各投资者之间都一样。这叫作同性质期待。风险资产的方差为正数（$\sigma_i^2>0$）,不存在作为其他资产的线性组合来表现的资产①。

假定投资者也可以按无风险借款。若设无风险资产的持有比重为 ω_f，风险资产的比重为 ω_i，那么预算约束公式为 $\omega_f = 1 - \sum_{i=1}^{N} \omega_i$。右边为正数时，投资者持有正数无风险资产，右边为负数时，按无风险利率借入右边的金额。

含无风险资产的有效投资组合 q 通过解下面最小化问题导出。

$$\min_{\omega_i, \omega_f} \sigma_q^2 = \sum_{i=1}^{N} \sum_{j=1}^{N} \omega_i \omega_j \sigma_{ij} \tag{6.1a}$$

$$\text{s.t.} \quad \mu_q = \omega_f r_f + \sum_{i=1}^{N} \omega_i \mu_i \tag{6.1b}$$

$$\omega_f + \sum_{i=1}^{N} \omega_i = 1 \tag{6.1c}$$

即，在预算约束(6.1c)公式下，可以在实现任意期待收益率 μ_q 的投资组合(6.1b)公式中，找到能够使方差 σ_q^2 最小化的比重 ω_i 及 ω_f。这是简单的两次计划问题，即在一次方程式的制约下将二次方程式的目的函数最小化。

我们采用矢量行列对上述问题重新进行定义。若设风险资产持有比重的矢量为 $\omega = (\omega'_1, \cdots, \omega_N)'$，方差及共同方差行列为 Ω，期待收益率矢量为 $\mu = (\mu_1, \cdots \mu_N)'$，就会被定为如下公式

$$\min_{\omega} \frac{\sigma_q^2}{2} = \frac{1}{2} \omega' \Omega \omega \tag{6.2a}$$

$$\text{s.t.} \quad \mu_q = \omega' \mu + (1 - \omega' 1) r_f \tag{6.2b}$$

不过，1 是所有成分为 1 的 $N \times 1$ 矢量。若采用拉格朗日乘子法，最小化的 1 阶条件为

$$\Omega w = \lambda (\mu - r_f 1) \tag{6.3}$$

在这里，λ 是(6.2b)公式的拉格朗日乘子法。若用(6.2b)公式整理，最佳比重为

$$\omega = \frac{\mu_q - r_f}{H} \Omega^{-1} (\mu - r_f 1) \tag{6.4}$$

这里 $H = (\mu - r_f 1)' \Omega^{-1} (\mu - r_f 1)$。若用上面公式，那么按(6.2a)公式，有效边界的方差为

---

① 从这些假定，以第 (i, j) 成分为 σ_{ij} 的方差及共同方差行列 Ω 成非特异行列，保证了逆行列的存在。

$$\sigma_q^2 = \frac{(\mu_q - r_f)^2}{H} \qquad (6.5)$$

因此,得如下结果。

结果 6-1(含无风险资产的有效边界)

含无风险资产的有效边界中,投资组合的期待收益率为标准偏差的一次方程

$$\mu_q = r_f + \sqrt{H}\sigma_q \qquad (6.6)$$

如前述图 2-6 所示,含无风险资产的有效边界,是从纵轴上的截距 r_f 延伸的半直线。在(2.54)公式,将其倾斜外生地给予 $(\mu_T - r_f)/\sigma_T$,但在本小节中则计算为 $\sqrt{H}$。

再重复一次,这个倾斜就是风险的价格,也就是投资者要求的风险差额。以上结果,只要存在无风险资产,选择有效边界,那就意味着无论哪个投资者都将按每 1 单位风险获取同样的报酬。而且,如图所示,半直线成了不含无风险资产的有效边界的接线(这一点将在补遗中再做说明)。

下面,为导出 CAPM 的公式做准备,求任意的投资组合 p 与有效投资组合 q 的共同方差 $\mathrm{Cov}(r_p, r_q) = \sum_i \sum_j w_i^p w_j^q \sigma_{ij}$。任意的投资组合(或资产)$p$,虽然满足预算约束公式,但不一定包含在有效边界里。任意投资组合的比重(矢量)w_p 与投资组合的期待收益率(矢量)μ_p 之间,由预算约束公式构成 $\mu_p - r_f = (\mu - r_f 1) w_p$ 的关系。若采用此公式及与有效投资组合的比重 w_q 相关的 1 阶条件,得共同方差为

$$\mathrm{Cov}(r_p, r_q) = (\mu_q - r_f)(\mu_p - r_f)/H \qquad (6.7)$$

即,共同方差与各自超收益率之积成比例。

另一方面,有效投资组合 q 满足了(6.6)公式,所以用此整理后可得

$$\mu_p = r_f + \frac{\mathrm{Cov}(r_p, r_q)}{\sigma_q^2}(\mu_q - r_f) \qquad (6.8)$$

这表示了任意的投资组合 p 与有效组合 q 的期待收益率之间的关系。这一表现与下面我们要说明的 CAPM 的公式相似,但得注意两者并非相同。之所以能得到这样的公式,是因为按照结果 6-1,

含无风险资产的有效组合 q 的超收益率与标准偏差成比例。

另外,虽然在图 2-6 以及(6.6)公式上没有显示,但是从截距 r_f 往右下方延伸的半直线也是组合前沿。而往右上方延伸的半直线给出了较高的期待收益率,因此不是有效边界[1]。还有,如图 2-6 所示,含无风险资产的有效边界在不含无风险资产的有效边界的上侧相接,所以必要条件是无风险利率 r_f 要在一定水平以下[2]。

在图 2-6 的切线投资组合与纵轴截距相结合的线段上,无风险资产与切线投资组合的持有比例皆为正数。而且,位于比接点组合更靠右上的半直线上的投资组合,是按无风险利率借入,并通过持有 1 以上比例的切线投资组合构成的。再有,延伸到右下的半直线,是卖空了切线投资组合,并通过持有 1 以上比例无风险资产实现的。

例题 6-1(含无风险资产的有效投资组合)

例题 2-5 与 2-6 设定相同。$\mu=(0.408,1.733,1.505)'$,$r_f=$ 1.2,以及采用此公式回答下面的问题。

$$\Omega^{-1}=\begin{bmatrix}1.577 & & \\ 0.633 & 0.990 & \\ 1.701 & 0.748 & 4.656\end{bmatrix}$$

1)求根号 $\sqrt{H}$,列出(6.6)公式。

2)使用表计算软件的程序,解(6.2)公式的最小化问题,求 μ_q =1.5 时的有效边界上的方差 σ_q^2。并求此时的持有比重 ω_i。

解说 1)$H=(\mu-r_f1)'\Omega^{-1}(\mu-r_f1)=0.591$。(6.6)公式为 $\mu_q=1.2$ $+0.769\sigma_q$。

2)使用表计算软件程序,在不等式制约下可以计算出使目的函数最小化问题的近似解。设投资组合的比重 ω_i 为变数单元,方差 σ_q^2 为目的单元,提供 $\sum\omega_i\mu_i+(1-\sum\omega_i)r_f=\mu_q$ 作为制约条件。方差基本上是 $\sigma_q^2=$

---

[1] 往右下方延伸的半直线是 $\mu_q=r_f-\sqrt{H}\sigma_q$。

[2] 条件是,$r_f<\bar{r}_f=(\mu'\Omega^{-1}1)/(1'\Omega^{-1}1)$。相反的不等号成立时,由纵轴上的无风险利率 r_f 延伸的半直线,在不含无风险资产的有效边界的下侧相接,并非在上侧相接。

金融经济学

0.152,比重为 $\omega_A = -0.2, \omega_B = 0.129, \omega_c = 0.239, \omega_f = 0.833$。

6.1.2　市场投资组合与市场均衡 †

我们来看一下有关 I 人的投资者及 N 个风险资产的情况。设投资者 $i(=1,\cdots,I)$ 持有 $j(=1,\cdots,N)$ 证券的比重为 ω_{ij},设这位投资者的风险资产持有额为 A_i。这时,整个市场资产 j 的持有额为 $S_j = \sum_i \omega_{ij} A_i$。而且,所有风险资产持有总额为,$S = \sum_j S_j = \sum_i A_i$。因此,当将投资者集中在一起时,风险资产市场整体持有资产 j 的比重为 $\omega_{Mj} = S_j/S$。这种拥有比重 w_{Mj} 的投资组合叫作**市场投资组合**。

含无风险资产的市场所持有的是,位于接线上的风险资产有效投资组合(T)以及无风险资产两种。平衡时,所有风险资产的持有比重皆为正数。这意味着所有风险资产都必须包含在这切线投资组合 T 中。因此,切线投资组合的比重与市场投资组合的比重相一致。即 $\omega_{Mj} = \omega_{Tj} = (j = 1,\cdots,N)$。设此市场投资组合的期待收益率为 $E(r_M)$,标准偏差为 σ_M。(6.6) 公式,正如图 6-1 所示,是由纵轴上的无风险的利率 r_f,通过市场投资组合的半直线(也是接

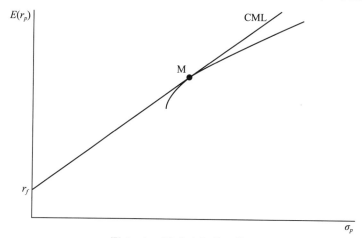

图 6-1　(资本市场的平衡)

(注)横轴为标准偏差,纵轴为期待收益率。M 表示市场投资组合,CML 表示资本市场线。

线）。这条线被称作**资本市场线**（capital market line，**CML**），表现为

$$E(r_p) = r_f + \frac{E(r_M) - r_f}{\sigma_M} \sigma_p \tag{6.9}$$

资本市场线表示含无风险资产的有效边界，或表示含无风险资产的有效投资组合平均时的期待收益率与标准偏差的关系。这斜线 $(E(r_M) - r_f)/\sigma_M$ 叫作**风险的市场价格**。还有，根据同样观点，资产 j 每 1 单位标准偏差的超期待回报（$(E(r_j) - r_f)/\sigma_j$）叫作**夏普比率**。

另一方面，若设平衡中的资产 j 的期待收益率在（6.8）公式，市场投资组合 q 为有效投资组合 M，即得

$$E(r_j) = r_f + \frac{\mathrm{Cov}(r_j, r_M)}{\sigma_M^2} (E(r_M) - r_f) \tag{6.10}$$

这里对（6.11）公式作了定义

$$\beta_j = \frac{\mathrm{Cov}(r_j, r_M)}{\sigma_M^2} \tag{6.11}$$

这叫作 CAPM 的贝塔。

结果 6-2（CAPM）

含无风险资产的资本市场的平衡时，股份 j 的期待收益率呈贝塔曲线形式。即

$$E(r_j) = r_f + \beta_j (E(r_M) - r_f) \tag{6.12}$$

换而言之，资产 j 的期待收益率 $E(r_j) - r_f$ 与 β_j 成比例，这比例定数为市场投资组合的超期待收益率 $E(r_M) - r_f$。图 6-2 就是描绘了这一情况，被称为**证券市场线**（security market line，**SML**）。还有，CAPM 的公式可变性为 $E(r_j) = (1 - \beta_j)r_f + \beta_j E(r_M)$，所以资产 j 的期待收益率是以贝塔为比重的市场投资组合与无风险资产的加权平均。

平均时，市场投资组合的风险差额 $E(r_M) - r_f$（或 SML 斜线）为正数，而且，风险的市场价格（或 CML 斜线）$(E(r_M) - r_f)/\sigma_M$ 也为正数。这是因为，若 $E(r_M) \leqslant r_f$ 的话，投资者不持有风险资产，供需平衡条件就不能成立。为了构成供需平衡条件，含无风险资产的有效边界要在不含无风险资产的有效边界的上侧相接，因此，

必要条件是无风险利率 r_f 要在一定水平以下①。

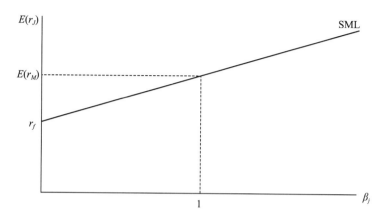

图 6 - 2 （证券市场线）
(注)横轴为贝塔,纵轴为期待收益率。$\beta=1$ 表示市场投资组合。

按贝塔的定义,具有与市场投资组合正数相关的资产的贝塔为正数,与负数相关的资产的贝塔为负数。因此,负数相关的资产的价值被高估,期待收益率就低了。市场投资组合的贝塔 β_M 根据定义为 1。有关任意的投资组合 q,若将比重设为 ω_{qi},那么投资组合的期待收益率按(6.12)公式就是

$$E(r_q) = r_f + (E(r_M) - r_f) \sum_{j \in \{i \mid \omega_{qi} \neq 0\}} \omega_j \beta_j \qquad (6.13)$$

即,投资组合 q 的贝塔成为投资组合里所含资产的贝塔的加权平均。换而言之,CAPM 中的贝塔具有线性。

若将(6.12)公式视为线性回归模型的有条件期待值,就可以考虑时间序列的回归公式 $r_j = r_f + \beta_j(r_M - r_f) + \varepsilon_j$。假定误差项 ε_j 满足 $\mathrm{Cov}(r_M, \varepsilon_j) = 0$。取方差得公式

$$\sigma_j^2 = \mathrm{Var}(\beta_j r_M + \varepsilon_t) = \beta_j^2 \sigma_M^2 + \sigma_\varepsilon^2 \qquad (6.14)$$

即,在 CAPM 中,资产 j 的方差被分解为右边第一项的系统性风险与第二项的非系统性风险。系统性风险表示因市场投资组合的变动所引起的变动,非系统性风险是企业 j 原有的风险。因为回归的决定系数为 $R^2 = \mathrm{Cov}(r_M, r_j)^2 / (\sigma_M \sigma_j)^2 = \beta_j^2 (\sigma_M / \sigma_j)^2$,所以贝塔

---

① 关于条件请参考 P146 脚注 2。

越高,市场投资组合的说服力就越强,非系统性风险的误差比例就越小。

例题 6 - 2(CAPM)

市场投资组合为 $E(r_M)=2,\sigma_M=1$。股份 A 的标准偏差为 $\sigma_A=2$,股份 A 与市场投资组合的相关系数为 0.75。还有,无风险利率为 $r_f=1.2$。求股份 A 的贝塔及平均期待收益率。再进一步求风险的市场价格(CML 的斜线),SML 斜线,A 的夏普比率。

解说 若将相关系数的定义用于(6.11)公式,那么 $\beta_j = \rho_{jM}\sigma_j/\sigma_M = 0.75\times2/1=1.5$。按(6.12)公式,期待收益率为 $E(r_j)=1.2+1.5(2-1.2)=2.4$。风险的市场价格为 $(E(r_M)-r_f)/\sigma_M=(2-1.2)/1=0.8$,SML 的斜线为 $E(r_M)-r_f=2-1.2=0.8$。夏普比率为 $(2.4-1.2)/2=0.6$。

6.1.3 零贝塔 CAPM 与贷款制约

Black 探讨了不能通过无风险资产借款时的资本市场的平衡[Black(1972)]。首先,不含无风险资产的有效投资组合是通过解(2.49)公式的最小化问题导出的。在本小节,用 q 表示前沿组合。若采用这个问题的最佳化条件,前沿组合 q 与任意的投资组合 p 的共同方差为

$$\text{Cov}(r_q, r_p)=\lambda_1\mu_p+\lambda_2 \tag{6.15}$$

这里,λ_i 是最小化问题的拉格朗日乘子法。

下面对零协方差组合(zero covariance portfolio)进行定义。前沿组合 q 的零协方差组合 z,在上述公式构成如下投资组合

$$\text{Cov}(r_q, r_z)=\lambda_1\mu_z+\lambda_2=0 \tag{6.16}$$

因此 $\mu_z=-\lambda_2/\lambda_1$。图 6 - 3 就市场投资组合$(q=M)$,表示了零协方差组合 z。

另一方面,若采用(6.15)公式,前沿组合的方差为

$$\sigma_q^2=\text{Cov}(r_q, r_q)=\lambda_1\mu_q+\lambda_2 \tag{6.17}$$

若从以上三个公式中除去 λ_1,λ_2,(6.15)公式就会被列为

$$\mu_p=\mu_z+\frac{\text{Cov}(r_p, r_q)}{\sigma_q^2}(\mu_q-\mu_z) \tag{6.18}$$

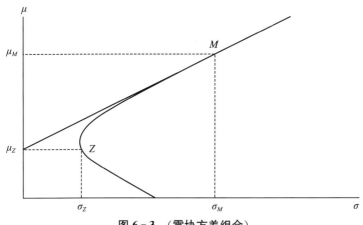

图 6 - 3　（零协方差组合）

(注)横轴是标准偏差,纵轴是期待收益率。M 表示市场投资组合,z 表示零协方差组合。

若采用平衡的市场投资组合 M,有关金融资产 j 将达成如下结果。

结果 6 - 3(零贝塔 CAPM)

在没有无风险资产的资本市场,资本资产的期待收益率 $E(r_j)$ 为贝塔的一次方程式。即为

$$E(r_j) = E(r_z) + \beta_j(E(r_M) - E(r_z)) \qquad (6.19)$$

这个公式叫作**零贝塔 CAPM**。贝塔是 $\beta_j = \mathrm{Cov}(r_j, r_M)/\sigma_M^2$,$E(r_z)$ 是零协方差组合的期待收益率,$E(r_M)$ 是市场投资组合的期待收益率。将含无风险资产的标准 CAPM(6.12 公式)与零贝塔 CAPM 相比较就可知道,虽然无风险利率被置换成了零协方差组合的期待收益率,但贝塔仍相同。零协方差组合本身的贝塔 β_z 为 0。零协方差组合也只被称作零贝塔组合。

零贝塔 CAPM 的重要性之一就是可以将投资者的贷款制约导入 CAPM。即使存在无风险资产,也不能按无风险利率贷款,这叫作贷款制约,用不等式制约 $\omega_f \geqslant 0$ 表示。面对贷款制约,持有无风险资产的时候,适合零贝塔 CAPM 的有效投资组合。

6.2 以消费为基础的 CAPM

6.2.1 资产价格与欧拉方程式

Merton、Rubinstein、Breeden 等探讨了明显考虑到动态的最佳消费途径的资产价格模型[Merton(1973)、Rubinstein(1976)、Breeden(1979)]。这是**基于消费的 CAPM**(consumption-based CAPM)或者被称作跨期的 CAPM。在本小节,将 Lucas(1978)的资产价格模型作为一个例子来进行介绍。

我们来看一下无限期生存的 N 人的消费者。各消费者在时间点 $t=0$,各持有 1 单位的实物资产。实物资产的所有权称为股份。实物资产无限期存在,每 1 单位实物资产在时间点 t 出产 d_t 的消费品。这些消费品作为红利分配给股份持有人。不存在可以将消费品保存 1 期以上的技术。而且,虽然可以交易股份所体现的实物资产,但不存在可以使实物资产增大的投资技术。

下面标记为一位具有代表性的个人。在 t 期的最初期持有 s_t 股份的消费者在 t 期末获得 $s_t d_t$ 的红利后,以价格 p_t 可追加购入 $s_{t+1} - s_t$ 的股份。消费者的预算制约为

$$c_t + p_t(s_{t+1} - s_t) \leqslant d_t s_t \tag{6.20}$$

消费品的价格标准化为 1。分配到 t 期红利 d_t 时的下期红利的有条件概率只依赖于这期的红利 d_t。即,红利 d_t 为马尔可夫过程,按照 $Pr(d_{t+1} \leqslant y' \mid d_t = y) = F(y' \mid y)$。一般马尔可夫过程是作为满足马克可夫性 $Pr(X_{t+1} \mid X_0, X_1, \cdots X_t) = Pr(X_{t+1} \mid X_t)$ 的过程来定义的。状态 X_t 为有限(可计算)时,叫作马尔可夫链[①]。这种经济中的状态变数为红利的实现值 $y \in Y$,$F(y' \mid y)$ 表示状态的转移概率。

各消费者有着共同的折现因子 $\delta(0 < \delta < 1)$,由各时间点的消费 c_t 产生,使有效折现值最大化。

---

① 有关马尔可夫过程(链),在 10.2 中也将进行说明,详情请参考 Billingsley (1995)。

金融经济学

$$E_0\left(\sum_{t=0}^{\infty}\delta^t u(c_t)\right) \tag{6.21}$$

消费者以转移概率矩阵与预算制约式为前提条件,为了使上述期待效用达到,来最大决定消费水平和股份持有量。

在各期的平衡状态,必须要达到消费品的需求均衡条件 $c_t = d_t$,以及股份需求均衡条件 $s_t = 1$。消费者的消费量 c_t 为股份持有量 s_t、红利 d_t 以及股价 p_t 的函数。还有,下期股份持有量 s_{t+1} 也是它们函数。因此,负责这些资源分配功能的股价 p 为状态变数 $d_t = y$ 的函数,即表现为 $p = p(y)$。

作为代表的消费者的最大化问题,就是在预算制约(6.20)公式下,将目的函数(6.21)公式最大化。为了解决这种伴随着不确定因素的最大化问题,通常使用(概率性)动态规划法(dynamic programming)。在这里,把 s_{t+1} 看作是 t 期的控制变数。若以初期来表示下期的变数,按预算制约式,今期的消费表现为 $c = (p(y) + y)s - p(y)s'$,将其代入有效函数,再从变数中除去消费 c。于是贝尔曼方程被定式为

$$v((p(y) + y)s) = \max_{s'}$$
$$u((p(y)s - p(y)s') + \delta E(v((p(y') + y')s') \mid y) = 0 \tag{6.22}$$

在这里,$v(\cdot)$ 是在下期以后的最佳消费途径中获得好评的最大值函数。最大化的 1 阶条件是

$$- p(y)u'(c) + \delta E((p(y') + y')v'((p(y') + y')s') \mid y) = 0 \tag{6.23}$$

另一方面,如将最大值函数进行微分,便可构成

$$v'((p(y') + y')s') = u'(c') \tag{6.24}$$

所以将此代入 1 阶条件,便得如下概率欧拉(Euler)方程式

$$p(y)u'(c) = \delta E((p(y') + y')u'(c') \mid y) \tag{6.25}$$

若从时间点 t 将时间点 $t+1$ 的股份收益率定义为 $1 + r_{t+1} = (p_{t+1} + d_{t+1})/p_t$,那么上述概率欧拉方程式就可以表现如下。

结果 6 - 4(基于消费的 CAPM 中的收益率)
风险资产的期待收益率满足(6.26)公式。

$$\delta E_t\left(\frac{u'(c_{t+1})}{u'(c_t)}(1+r_{t+1})\right)=1 \tag{6.26}$$

无风险利率满足(6.27)公式

$$1+r_{f,t+1}=\frac{u'(c_t)}{\delta E_t u'(c_{t+1})} \tag{6.27}$$

前半部分是通过用(6.25)公式的左边除以右边得到的。正如结果所显示的,在基于消费的 CAPM 中,**跨期的边际替代率**与收益率之积的期待值为 1。其理由是,因多持有 1 单位今期股份而减少的消费所带来的边际效用的损失,必须与通过增加下期回报而增加的消费所带来的边际效用期待值相等。在后半部分,考虑了通过设 $p_t=p_{t+1}=1$ 以及 $d_{t+1}=r_{f,t+1}$ 来构成有关无风险资产的概率欧拉方程式[①]。

上述结果所表示的跨期的边际替代率若作为折现因子来解释更方便。即,**随机折现因子**(stochastic discount factor:**SDF**)m 被定为

$$m_{t+1}=\delta u'(c_{t+1})/u'(c_t) \tag{6.28}$$

若采用此公式,(6.26)公式即为

$$1=E_t(m_{t+1}(1+r_{t+1}))$$
$$=\mathrm{Cov}_t(m_{t+1},1+r_{t+1})+E_t(m_{t+1})E_t(1+r_{t+1})$$

$$\tag{6.29}$$

另一方面,按(6.27)公式得

$$1+r_{f,t+1}=1/E_t(m_{t+1}) \tag{6.30}$$

将此代入前面的公式整理后得

$$E_t(r_{t+1})=r_{f,t+1}-(1+r_{f,t+1})\mathrm{Cov}_t(m_{t+1},1+r_{t+1}) \tag{6.31}$$

即,收益率与随机折现因子的共同方差越大,期待收益率就越小。其他的条件为一定,当 $t+1$ 时间点的消费 c_{t+1} 大时,边际效用 $u'(c_{t+1})$ 就小,随机折现因子也就小。因此,在与消费 c_{t+1} 相关为正数,而且具有相关大的收益率的资产中,$\mathrm{Cov}_t(m_{t+1},1+r_{t+1})$ 为负数,相关也大。这样的资产,因为对增加消费的贡献小,所以在市场上被低估,期待回报就大了。相反,如果与消费之间的相关为负

金融经济学

---

① 在上述探讨中,只涉及了单一的资产,但即使存在复数资产,这公式也是成立的。

数,$\mathrm{Cov}_t(m_{t+1},1+r_{t+1})$ 即为正数,期待收益率就小了。因为这样的资产能够对扩大消费做出更大贡献。

最后,为了探讨与标准 CAPM 的对应关系,我们来看一下某投资组合 ac。这个投资组合也构成(6.31)公式,所以采用这两个公式可得如下结果。

结果 6 - 5(基于消费的 CAPM)

在平衡时,股份 j 的期待收益率为某投资组合 ac 的超期待收益率的线性形式。即

$$E_t(r_{j,t+1})=r_{f,t+1}+\frac{\beta_j}{\beta_{ac}}(E_t(r_{ac,t+1})-r_{f,t+1}) \qquad (6.32)$$

在这里将(6.33)公式叫作消费贝塔

$$\beta_j=\frac{\mathrm{Cov}_t(c_{t+1},r_{j,t+1})}{\mathrm{Var}_t(c_{t+1})} \qquad (6.33)$$

详细导出请参照补遗。消费贝塔是,对于总消费(aggregate consumption)方差的,总消费 c_{t+1} 与 j 资产的收益率的共同方差的比例。而且,系数的分母被定为 $\beta_{ac}=\mathrm{Cov}_t(c_{t+1},r_{ac,t+1})/\mathrm{Var}_t(c_{t+1})$。下脚字母 ac 表示总消费,通常选择与总消费关系密切的投资组合。

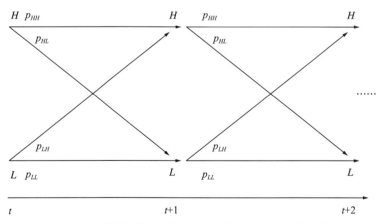

图 6 - 4 〔股息的两项模型(两种状态的马尔可夫链)〕

例题 6‑3(Lucas 的资产价格模型)

股息按照图 6‑4 之两种状态的马尔可夫链。状态 $i=H$ 的红利 d_t 为 $y_H=25/16$,状态 $i=L$ 的红利为 $y_L=100/81$。时间点 t 为状态 $i(=H,L)$ 的时候,时间点 $t+1$ 为状态 $k(=H,L)$ 的转移概率 π_{ik} 中所有的 ik 为 0.5,而且在整个时间内不发生变化。还有,折现因子为 $\delta=0.8$,消费者的效用函数为 $u=2\sqrt{c}$。

1)请将收益率 $1+r_{t+1}=(p_{t+1}+d_{t+1})/p_t$ 代入(6.26)公式,表示状态 $d_t=y_i$ 时的公式。不过,请设由市场均衡设构成 $c_i=y_i$,并将价格函数设为 $p(y_i)=p_i$。

2)请将 1)中所得到两种公式 $i=H,L$ 并联,求均衡价格函数 $p(y_i)$。

3)请对(6.28)公式的随机折现因子的过程进行说明。但是,设时间点 t 为状态 i,时间点 $t+1$ 时为状态 k 的随机折现因子为 m_{ik}。

4)求时间点 t 的状态为 H 时的无风险利率。

解说 1)各状态的边际效用为 $u'_H=0.8,u'_L=0.9$。若将收益率定义代入(6.26)公式,得 $\delta E_t(u'(c_{t+1})(p_{t+1}+d_{t+1}))=p_tu'(c_t)$。若将边际效用与 $d_{t+1}=y_i,p_t=p_i$ 代入其中,那么当 $d_t=y_i$ 时可得 $0.8\times0.5(0.8\times(p_H+y_H)+0.9\times(p_L+y_L)=p_iu'(y_i))$。

2)因 1)的并联方程式为

$$(8/25)p_H+(9/25)p_L+17/18=(4/5)p_H$$
$$(8/25)p_H+(9/25)p_L+17/18=(9/10)p_L \tag{6.34}$$

故解此公式可得 $p_L=425/81=5.247,p_H=425/72=5.903$。

3)在时间点 $t,i=H$ 时,按照等概率 $m_{HH}=\delta=0.8$,或 $m_{HL}=(9/8)\delta=0.9$,而在时间点 $t,i=L$ 时,按照等概率 $m_{LH}=(8/9)\delta=32/45,m_{LL}=\delta=0.8$。

4)在时间点 $t,i=H$ 时,$E(m_t)=0.5(0.8+0.9)=0.85$,所以按(6.30)公式为 $1+r_f=20/17=1.177$。

6.3 不确定性与附条件请求权

6.3.1 附状态条件请求权 †

Arrow 及 Debreu 探讨了不确定情况下的最佳风险分担的问题[Arrow(1964),Debreu(1959)]。我们来看一下由面临着 2 期最佳消费问题的消费者构成的交换经济。消费者存在 1 人,消费品的种类为 1 种。存在时间点 0 和时间点 1,在时间点 1 有 N 个自然状态(state of nature)。状态 $w \in \Omega = \{1, \cdots, N\}$ 是离散概率变数,其概率为 π_w。消费者 $i(=1, \cdots, I)$ 在时间点 0 进行 c_{i0} 消费,在时间点 1 进行 c_{iw} 消费。消费者 i 在时间点 0 的初始禀赋量用 e_{i0} 表示,消费者 i 在时间点 1 的效用由下期的期待效用函数提供。

$$U_i = u(c_{i0}) + \delta_i \sum_{w \in \Omega} \pi_w u(c_{iw}) \tag{6.35}$$

在这里,δ_i 是消费者 i 的折现因子。其效用函数具有时间可加性、状态间的独立性、稳定的折现率以及时间点之间的统一偏好等特征。而且,这里主要探讨风险规避形的经济主体,假定 VNM 效用 u 是增加及凹函数($u'>0, u''<0$)[1]。

在此经济中存在**附状态条件请求权**(state contingent claim,下面略称附条件请求权)的市场。附条件请求权的交易在时间点 0 进行,附一个条件请求权是仅在时间点 1 的一个状态支付 1 单位消费品的金融资产。而且,假定附条件请求权的数量正好存在 N 个。如后所述,在这种情况下,市场是完备的。若设第 $j \in \Omega$ 位的附条件请求权价格为 p_j,设状态 w 中的存款保险为 $y_i(\omega)$,那么第 j 附条件请求权就可以定义为满足 $y_j(j)=1$ 以及 $y_i(\omega)=0$(for $\omega \neq j$)的请求权了。

将时间点 0 的消费品价格标准化为 1。若设消费者 i 的附条件请求权的需要量为 q_{ij},那么各时间点的预算制约公式,将(6.36b)代入(6.36a)即可得跨期(状态)的预算制约公式了。

$$c_0 + \sum_{j \in \Omega} p_j q_{ij} = e_0 \tag{6.36a}$$

---

① Arrow 在论文中假定期待效用为准凹函数,不排除偏好风险的效用。

$$c_{i\omega} = e_{i\omega} + q_{i\omega} \qquad (6.36b)$$

消费者 i 的效用最大化问题为

$$\max_{\{c_{i0}, c_{i\omega}: \omega \in \Omega\}} \quad U_i = u(c_{i0}) + \delta_i \sum_{\omega \in \Omega} \pi_\omega u(c_{i\omega}) \qquad (6.37a)$$

$$\text{s.t. } c_0 + \sum_{\omega \in \Omega} p_\omega (c_{i\omega} - e_{i\omega}) = e_0 \qquad (6.37b)$$

$$c_{i0} \geqslant 0, c_{i\omega} \geqslant 0 (\forall \omega \in \Omega) \qquad (6.37c)$$

在这里,因为采用了时间点 1 的预算约束消除了 $q_{i\omega}$,所以只要将消费最大化就可以了。第一个约束公式表示跨期(状态)的预算约束公式,第二个约束公式表示 $w+1$ 个消费的非负约束。时间点 0 的非负约束,与各消费者不能要求超过初始禀赋存量 e_{i0} 的附条件请求权的情况同值。而时间点 1 的非负约束,与各消费者不能要求超过初始禀赋存量 $e_{i\omega}$ 的附条件请求权的情况同值。为简明起见,假定了消费的内解来看最大化问题。若设拉格朗日乘子法为 λ_i,那么最大化条件就是(6.38a)(6.38b)以及预算约束(6.37b)公式。

$$u'(c_{i0}) = \lambda_i \qquad (6.38a)$$

$$\delta_i \pi_\omega u'(c_{i\omega}) = \lambda_i p_\omega \quad (\text{for} \quad \omega \in \Omega) \qquad (6.38b)$$

若解这些公式,便可得最佳消费 $\{c_{i0}^*, c_{i\omega}^*: \omega \in \Omega\}$,以及影子价格 λ_i^*。

下面,在此经济的均衡中,消费品及附条件请求权的需求必须一致。在这样的设定下,可得如下结果。

结果 6 - 6(附状态条件请求权与市场均衡)

完善的附条件请求权市场的市场平均价格是满足以下及(6.37b)公式的 $\{p_\omega: \omega \in \Omega\}$,叫作**状态价格**。

$$\frac{\delta_i \pi_\omega u'(c_{i\omega}^*)}{u'(c_{i0}^*)} = p_\omega \qquad (6.39a)$$

$$\sum_i^I e_{i0} = \sum_i^I c_{i0}^* \qquad (6.39b)$$

$$\sum_i^I e_{i\omega} = \sum_i^I c_{i\omega}^* \qquad (6.39c)$$

即,在均衡时,状态价格等于消费者的边际替代率。

首先来说明一下(6.39a)公式。这是从最大化的 1 阶条件(6.38)公式除去拉格朗日乘子法所得到的。这公式的左边是,时间点 0 的消费与时间点 1 的状态 ω 下的消费之间的边际替代率。右边是状态 ω 的附条件请求权的价格。在这里,因为已将时间点 0

金融经济学

的消费品价格标准化为 1,所以附条件请求权的价格等于状态 ω 消费品的相对价格。也就是说,若将状态 ω 商品看作是不同于时间点 0 消费品的商品,那么就与标准的微观经济学的消费者理论一样,边际替代率与商品的相对价格的均等化是最佳消费条件。因此,在这样的经济中,附条件请求权的价格对于状态 ω 消费的临界评价,被叫作状态价格。

其次,(6.39b)公式是时间点 0 时的消费品的需求均衡公式,(6.39c)公式是时间点 1 状态 ω 时的消费品的需求均衡公式。与通常的微观经济学一样,为了构成瓦尔拉斯法则,由预算约束(6.37b)公式自动构成了(6.39b)公式。因此,N 例(6.39c)公式决定 N 个状态价格 p_ω。

另外,均衡时,附条件请求权的总需求量为 0。总计时间点 1 和状态 ω 的预算公式,即构成

$$\sum_i^I q_{i\omega} = \sum_i^I c_{i\omega} - \sum_i^I e_{i\omega} \tag{6.40}$$

左边是第 ω 位附条件请求权的总需求量,右边等于状态 ω 的消费品的超需求量。在需求均衡时,右边为零,所以附条件请求权的总需求量为 0。

满足结果 6-6 条件的均衡消费量 $\{ c_{i0}^*, c_{i\omega}^* : i \in \{1,\cdots,I\}, \omega \in \Omega\}$ 是帕累托最佳。与普通微观经济学一样,纯交换经济中帕累托最佳的条件是各消费者的边际替代率的均等化。由(6.39a)公式可得

$$\frac{\delta_i \pi_\omega u'(c_{i\omega}^*)}{u'(c_{i0}^*)} = \frac{\delta_h \pi_\omega u'(c_{h\omega}^*)}{u'(c_{h0}^*)} \quad \forall h, i \in \{1,\cdots,I\} \tag{6.41}$$

所以显示了帕累托最佳性[1]。而且,消费者如果属于风险规避型,那么福利经济学的第二定律也能成立,即,就可以作为市场均衡,实现任意的帕累托最佳的资源分配。

---

① 任意的帕累托最佳分配是采用合理的比重进行计算的,被作为在整体资源约束下,将各消费者效用函数的加权平均最大化之解。根据根岸的定律[Negishi (1960)],通过将(6.38)公式的拉格朗日乘子法德逆数作为比重($\alpha_i = 1/\lambda_i$),提出了市场均衡成了一个帕累托最佳解。

6.3.2 合成证券与市场的完备性 †

如上所述,存在与所有自然状态 ω 相对应的附条件请求权,叫作市场的完备性。而其市场叫作完备市场(complete market)。下面就以完备市场为前提。保证在将来时间点支出金钱(或财富),这种附条件请求权以外的东西被叫作**合成证券**(complex security)。合成证券 k 在时间点 1 的状态 ω,带来 $Y_{k\omega}$ 的存款保险。这种存款保险采用附条件请求权的存款保险 $y_{i\omega}$,表现为

$$Y_{k\omega} = \sum_{j \in \Omega} x_{kj} y_{j\omega} \tag{6.42}$$

在这里,x_{kj} 是为了复制这种合成证券 k 所必需的附条件请求权 j 的量。附条件请求权的存款保险是克罗内克符号函数,若 $j = \omega$,即 $y_{\omega\omega} = 1$,若 $j \neq \omega$,$y_{j\omega} = 0$。所以可知,只要设 $x_{k\omega} = Y_{k\omega}$ 就行。即,合成证券的存款保险可以作为附条件请求权的线性组合制作而成。若设合成证券 k 的价格为 P_k,便可得如下结果。

结果 6-7(合成证券的平均价格)

在完备市场,合成证券的平均价格为状态价格的线性组合。即,

$$P_k = \sum_{j \in \Omega} Y_{kj} p_j \tag{6.43}$$

此公式表示了**无套利条件**(no arbitrage condition)。正如上述合成证券的构成方法所明示,如果上述公式不成立,就会产生合成证券与附条件请求权投资组合的裁决。因此,均衡价格满足上述公式。

这样,附条件请求权的完备市场使得所有合成证券的价格决定成为可能。但是,在现实中这样的附条件请求权并不存在。下面结果就是考虑到了不存在附状态条件证券,只进行合成证券交易的情况,再由合成证券构成附状态条件证券,并引导出附条件请求权的价格。因此,设第 k 的合成证券的存款保险矢量为 $Y_k = (Y_{k1}, \cdots, Y_{kN})'$,将 $Y = (Y_1, \cdots, Y_K)$ 叫作合成证券存款保险矩阵。还有,用 y_i 表示第 j 的附条件请求权的存款保险矢量。这种矢量的成分是克罗内克符号函数 $y_{j\omega}$。设为构成第 j 的附条件请求权而持有的第 k 合成证券持有量为 θ_{kj},设其 K 维阵列为 θ_j。

结果 6-8（制定采用合成证券的附条件请求权）

设在合成证券的存款保险矢量组合 $Y_1, \cdots, Y_K$ 中，存在 N 个一次独立的矢量。这时，第 j 的附条件请求权可以通过持有此 N 个一次独立的合成证券来制作。一次独立合成证券的持有量 θ_j 可用作如下联立方程式的解。

$$Y\theta_j = y_i \quad \text{for } j \in \Omega \tag{6.44}$$

这是具有 K 个 θ_{kj} 变量的 N 项联立方程式。存在联立方程式之解 θ_{kj} 的条件是，合成证券的存款保险矢量组合 $Y_1, \cdots, Y_K$ 中要存在 N 个一次独立矢量[①]。直观而言，合成证券的数量在 N 个以上时，表现为其他合成证券线性组合的合成证券（比如，存款保险是其他证券存款保险的数倍），对构成附条件请求权毫无作用。其作用的只是，带来不表现为其他证券存款保险线性组合的存款保险的合成证券。这些的持有量作为联立方程式之解取决于一个意义。如果设 $K = N$，那么就可由无套利条件按照 $p_j = \sum_{k=1}^{N} \theta_{jk} P_k$ 提出状态价格。

附条件请求权的价格与合成证券的价格之间虽存在线性关系，但合成证券的价格之间构成了可加性（additivity）。就是说，第 3 合成证券的存款保险为第 1 合成证券与第 2 合成证券的存款保险之和，若 $(Y_3 = Y_1 + Y_2)$，价格之间也就可构成 $P_3 = P_1 + P_2$。这也是无套利条件。

例题 6-4（附条件请求权）

时间点 1 的状态有二，各自按相等概率产生。代表消费者的 VNM 效用函数为 $u = \ln c$，资源约束为 $e_0 = 1, e_1 = 1, e_2 = 2$。折现因子为 $\delta = 0.8$。

1）解最大化问题(6.37)公式，列出 1 阶条件。另外，采用图 6-5 来图解最佳风险分担。

2）采用需求均衡条件(6.39b,c)公式，求状态价格 p_ω。

3）合成证券 1 在状态 1 时带来 $Y_{11} = 2$，在状态 2 带来 $Y_{22} = 3$ 的存款保险，求此合成证券的价格 P_1。

---

① 即，存款保险矩阵的阶数等于状态的数量，$\text{rank}(Y) = N$。

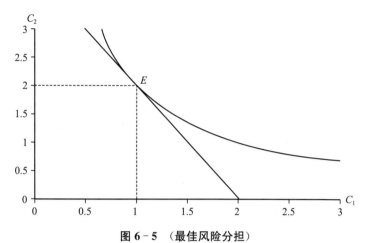

图 6 - 5 （最佳风险分担）

(注)横轴为状态 1 的消费,纵轴为状态 2 的消费。

4) 合成证券 2 在状态 1 时带来 4,在状态 2 带来 5。请就由合成证券 1 与 2 制作附条件请求权 1 的方法进行说明。

解说 1) 拉格朗日算子 $\mathcal{L} = \ln(c_0) + 0.4(\ln(c_1) + \ln(c_2)) + \lambda(1 - c_0 - p_1(c_1 - 1) - p_2(c_2 - 2))$,所以 1 阶条件为 $p_1 = 0.4c_0/c_1$, $p_2 = 0.4c_0/c_2$, $\lambda = 1/c_0$。若固定 c_0,图中预算约束的斜线为 $-p_1/p_2$,无差别曲线的斜线为 $-c_2/c_1$。图中 E 点表示最佳消费点。

2) 若将需求均衡条件 $c_0 = 1, c_1 = 1, c_2 = 2$ 代入 1 阶条件,得 $p_1 = 0.4, p_2 = 0.2$。

3) 此合成证券是通过状态 1 的附条件请求权为 $Y_{11} = 2$,以及状态 2 的附条件请求权为 $Y_{22} = 3$ 合成的。所以,$P_k = 2p_1 + 3p_2 = 1.4$。

4) 为制作状态 1 的附条件请求权的持有量 θ_1, θ_2 是下面联立方程式之解。

$2\theta_1 + 4\theta_2 = 1$

$3\theta_1 + 5\theta_2 = 0$

解为 $\theta_1 = -2.5, \theta_2 = 1.5$

6.3.3 无套利条件与均衡的存在

Ross 清晰地阐述了无套利条件与均衡资产价格的关系[Ross

金融经济学

(1978)]。所谓**套利机会**就是,在某价格 $p=(p_1,\cdots,p_K)'$ 之下,不发生正数支出,而可以得到正数存款保险的机会。若设某投资组合中各项资产的持有矢量为 $x=(x_1,\cdots,x_K)'$,那么此投资组合的存款保险就是,$r=(r_1,\cdots,r_N)'=Yx$,为构成此投资组合的支出为价格矢量 $P=(P_1,\cdots,P_K)$ 与持有矢量的内积 $c=P\cdot x$[①]。下面的定理是资产价格理论中最重要的定理。

结果 6‑9(无套利条件与存在均衡)

若无套利条件成立,那么非负的矢量 $\psi=(\psi_1,\cdots,\psi_N)'$ 就存在,就构成

$$P=Y'\psi \tag{6.45}$$

其结果直接由分离超平面定理或法卡斯引理导出[②]。若将套利机会定义为 $F=\{x\in R^K\mid Yx\geqslant 0, p\cdot x<0\}$,按法卡斯引理,若为无套利(套利机会的集 F 是空集),就存在满足 $P=Y'\psi$ 而且 $\psi\geqslant 0$ 的 ψ。在补遗中将对分离超平面定理的使用进行解释,但状态价格矢量 $p=(p_1,\cdots,p_N)$ 为非负矢量 ψ 的正的常数因子($p=\alpha\psi$, $\alpha>0$)。

6.4　风险中性概率与资产价格

6.4.1　风险中性概率

Harrison 与 Kreps 将前章内容展开,对资产价格的风险中性概率进行了探讨[Harrison and Kreps(1979)]。有时间点 0 和时间点 1,时间点 1 时存在 N 个自然状态。状态 $\omega\in\Omega=\{1,\cdots,N\}$ 是离散概率变数,其概率为 π_ω。存在附条件请求权,这市场就是完备的。设第 $j(\in\Omega)$ 位的附条件请求权的价格为 p_j。某证券 k 在状

---

① 更严密地说,套利机会被定义为以下(1)或(2)的任何一个。(1)$c\leqslant 0$,而且 $r\geqslant 0$,但至少一个成分是正数($r\neq 0$)。(2)$c<0$,而且 $r\geqslant 0$。

② 采用分离超平面定理的严密证明请参照 Ross(1978)。也叫作两选一定理的法卡斯引理如下所示。关于任意的 $(K\times N)$ 行列 Y' 与任意矢量 $P\in R^K$,以下任何一种都是成立的。(1)存在满足 $Yx\geqslant 0$,而且 $p\cdot x<0$ 的 x。(2)存在满足 $P=Y'\psi$,而且 $\psi\geqslant 0$ 的 ψ。

态 ω，带来 $Y_{k\omega}$ 的存款保险。这时，因构成结果 6 - 7［(6.43)公式］，故得如下结果。

结果 6 - 10（无风险利率与状态价格）

无风险利率因子是

$$R_f = \frac{1}{\sum_{j \in \Omega} p_j} \tag{6.46}$$

无风险资产就是所有的 j 为 $Y_{kj} = R_f$，而且是 $P_k = 1$ 那样的证券 k。将这些代入(6.43)公式即得上述公式。

下面，风险中性概率定义为

$$q_\omega = \frac{p_\omega}{\sum_{j \in \Omega} p_j} \quad (=R_f p_\omega) \tag{6.47}$$

可知 q_ω 在非负的状态价格下满足 $0 < q_\omega < 1$，以及 $\sum_\omega q_\omega = 1$。即，这里定义的风险中性概率具有通常概率的性质。采用这种风险中性概率，除去(6.43)公式中的 p_j，即可得如下结果。

结果 6 - 11（风险中性概率与资产价格）

资产 k 的价格是，采用风险中性概率计算其存款保险的期待值的折现值。即

$$P_k = \frac{\sum_{j \in \Omega} q_j Y_{kj}}{R_f} = \frac{E^q(Y_k)}{R_f} \tag{6.48}$$

期待值算子 E 的上标注字母 q 表示了有关风险中性概率取了期待值。其结果显示如下，采用风险中性概率以后，就可以好像是风险中性投资者那样来计算均衡价格了，所以此概率被称之为风险中性概率。原来的概率 π_ω 与风险中性概率相区别，被称为实际概率。由一种概率测定（这里指实际概率）获得另一种概率测定（这里指风险中性概率），这叫作概率测定的更换。有关某事态的风险中性概率与实际概率一般来讲是不同的，但实际概率为 0 的事态，在风险中性概率也为 0 的意义上来讲，具有等价性。另外，在多期模型中，风险中性概率加上等价性，就满足了后面讲述的鞅方法，所以成为实际概率的等价鞅测度（equivalent martingale measure）。

金融经济学

在 Harrison 与 Kreps 定理中,有关状态价格的结果(6-9)被置换成了等价鞅测度。还有,众所周知,无套利条件是等价鞅测度存在的必要条件。

采用(6.47)公式可以由状态价格计算出风险中性概率。而且,若采用(6.48)公式,还可以由资产价格 P_k 和存款保险 Y_{k_ω} 来进行计算。设资产的价格矢量为 P,存款保险矩阵为 Y,风险中性概率适量为 q。若存款保险矩阵是正规的,那么(6.49)公式就可以提供风险中性概率

$$q = R_f Y^{-1} P \tag{6.49}$$

6.3 节与本小节的探讨基本上也可以扩展到多期模型,所以准备将 6.2 节以后的结果按照动态的架构进行归纳。

结果 6-12(概率减低因子与风险中性概率)

以下四者的关系如下

概率减低因子
$$m_{t+1}(\omega) = \delta u'(c_{t+1}(\omega))/u'(c_t) \tag{a}$$
$$= p_{t+1}(\omega)/\pi_{t+1}(\omega)$$

风险中性概率
$$q_{t+1}(\omega) = R_f p_{t+1}(\omega) \tag{b}$$
$$= R_f \pi_{t+1}(\omega) m_{t+1}(\omega)$$

价格
$$P_{k,t+1} = \sum_\omega \pi_{t+1}(\omega) m_{t+1}(\omega) Y_{k,t+1}(\omega) \tag{c}$$

(风险中性价格)
$$= R_f^{-1} \sum_\omega q_{t+1}(\omega) Y_{k,t+1}(\omega)$$

欧拉方程式
$$1 = E_t^\pi(m_{t+1} R_{t+1}) = R_f^{-1} E_t^q R_{t+1} \tag{d}$$

(a)的第一个等号是(6.28)公式。若将这公式与(6.39a)公式合在一起,就可得第二个等号。(b)的第一个等号是(6.47)公式,第二个等号从(a)而来。将(a)的关系 $m_{t+1}(\omega) = p(\omega)/\pi_\omega$ 用于(6.43)公式,就构成了(c)的第一个等号。(c)的第二个等号从(b)之关系式所得。(d)是采用收益率将(c)重设以后得到的,上段部分是(6.24)公式的再版,下段部分是(6.48)公式的变形。不过,R 是风险资产的收益率因子,R_f 是无风险资产的利率因子。上段的期待值是关于实际概率 π,下段时关于风险中性概率。

这样,概率减低因子(或风险中性概率)成为决定价格的核心。概率减低因子被称作定价核(pricing kernel)。因为若给与概率减

低因子,价格就随着存款保险函数 $Y_{k,t+1}(\omega)$ 与原来的概率 $\pi_{t+1}(\omega)$ 一起,由(c)公式决定了。

如果采用股息 D_t 与股价 S_t,将收益率 R_t 定义为 $R_{t+1}=(S_{t+1}+D_{t+1})/S_t$,那么就成为上述结果(d)下段的欧拉方程式(6.50)了。

$$S_1 = R_{f,t}^{-1}E_t^q(S_{t+1}+D_{t+1}) \tag{6.50}$$

现在,时间点 t 以后继续持有股份的投资者的利益定义为 $G_{t+1}=\gamma_i^{-1}S_{t+1}+\sum_{\tau=0}^i \gamma_\tau^{-1}D_{t+\tau}$。$\gamma_i^{-1}$ 是采用无风险利率总收益的折现因子,将 $i=0$ 定义为 $\gamma_0=1$,$i\geqslant1$ 定义为 $\gamma_i=\prod_{\tau=1}^i R_{f,t+\tau-1}$。由这些公式可得

$$E_t^q(G_{t+1}-G_t)=R_{f,t}E_t^q(S_{t+1}+D_{t+1}-S_t)=0 \tag{6.51}$$

第二个等号来自(6.50)公式。此公式对于在时间点 t 以后仍继续持有股份的投资者来说,意味着从时间点 t 到 $t+1$ 的附条件期待利益为0。一般而言,将概率过程 X_t 满足 $E_t(X_{t+1}-X_t)=0$ 叫作鞅方法。这时,利益过程 G_t 叫作鞅。

另一方面,(6.50)公式与2.2节的(2.22)公式相同,所以与结果2-3也相同,在横截面条件下构成(6.52)公式。

$$S_0 = E_0^q\left(\sum_{i=1}^\infty \gamma_i^{-1}d_i\right) \tag{6.52}$$

这就是采用了风险中性概率的股份的股息贴现模型。

例题 6 - 5(风险中性价格)

继续例题6-4的设定。

1)求无风险利率 R_f 与状态 i 的风险中性概率 q_i。

2)采用(6.48)公式,确认具有存款保险 $Y_1=(2,3)$ 的合成证券1的价格 $P_1=1.4$。

3)已知:无风险利率为 $R_f=1.667$,合成证券1的存款保险 $Y_1=(2,3)$,合成证券2的存款保险 $Y_2=(4,5)$,合成证券的价格 $P_1=1.4,P_2=2.6$,但不知道风险中性概率。请采用(6.48)公式或(6.49)公式计算出风险中性概率。

解说 1)因为 $p_1=0.4,p_2=0.2$,所以按照(6.46)公式,无风险利率为 $R_f=1/(0.4+0.2)=5/3$。按照(6.47)公式,风险中性概率为 $q_1=2/3,q_2$

金融经济学

$=1/3$。

2)$P_1=1.667^{-1}((2/3)\times2+(1/3)\times3)=1.4$

3)将(6.48)公式作为联立方程式来表示,即为:

$7/5=(2q_1+3q_2)/(5/3)$

$13/5=(4q_1+5q_2)/(5/3)$

解此可得$q_1=2/3,q_2=1/3$。

6.4.2 概率降低因子的应用

Hansen和Singleton作为应用概率降低因子的一个例子,对效用函数相对稳定的风险规避度($a>0$)的乘冥效用进行了探讨〔Hansen and Singleton(1982,1983)〕。即

$$u(c)=c^{1-a}/1-a \qquad (6.53)$$

因$u'(c)=c^{-a}$,故概率降低因子为

$$m_{t+1}=\delta(c_{t+1}/c_t)^{-a} \qquad (6.54)$$

因此,概率降低因子成为消费增长率乘冥的折现价值。如6.2节所述,消费由预算约束公式成为状态变数的函数。因此,概率降低因子本身也可以作为状态变数的函数作定式化。比如,我们可以看一下由某状态变数y生成的过程等。

$$\ln m_{t+1}=c+by_{t+1}+\varepsilon_{t+1} \qquad (6.55)$$

不过,b和c表示参数,ε表示概率项。

现在,若在(6.54)公式下,来看概率降低因子(SDF)的对数,即为

$$\ln m_{t+1}=\ln\delta-a\ln(c_{t+1}/c_t) \qquad (6.56)$$

假定消费增长率的对数值过程按照如下公式。

$$\ln(c_{t+1}/c_t)=\mu_{ct}+\varepsilon_{t+1} \qquad (6.57)$$

另一方面,假定收益率的对数值过程也按照如下公式。

$$\ln(1+r_{t+1})=\mu_{rt}+\eta_{t+1} \qquad (6.58)$$

在这里,μ_{ct}和μ_{rt}是对数消费增长率与对数收益率在时间点t的附条件期待值。而且,各时间点的概率项ε_t与η_t同时按照正规分布,期待值皆为零,方差为σ_ε^2,σ_η^2。还有,假定各时间点的概率项不存在系列关系($\mathrm{Cov}(\varepsilon_t,\varepsilon_s)=0$,$\mathrm{Cov}(\eta_t,\eta_s)=0(t\neq s)$)。

将(6.57)公式代入(6.56)公式,SDF 的过程为

$$\ln m_{t+1} = \ln \delta - a\mu_{ct} - a\varepsilon_{t+1} \tag{6.59}$$

因此 $E_t(\ln m_{t+1}) = \ln \delta - a\mu_c$,$\mathrm{Var}_t(\ln m_{t+1}) = a^2 \sigma_{\varepsilon}^2$。

根据有关概率项 ε, η 的假定,消费增长率和收益率因子按照对数正规分布。一般而言,X 按照对数正规分布($\ln X \sim N(\mu, \sigma^2)$)时 X 的期待值的对数是 $\ln E(X) = E(\ln X) + \mathrm{Var}(\ln X)/2$[①]。这是对数正规分布的性质。若取结果 6 - 12 的(d)上段欧拉方程式的对数,即为

$$0 = \ln E_t(m_{t+1}(1 + r_{t+1})) \tag{6.60}$$

不过,设了 $R_{t+1} = 1 + r_{t+1}$。因此,若对 $X_{t+1} = m_{t+1}(1 + r_{t+1})$ 作定义,上面的公式即为

$$0 = E_t(\ln(m_{t+1}(1 + r_{t+1}))) + \mathrm{Var}_t(\ln(m_{t+1}(1 + r_{t+1})))/2 \tag{6.61}$$

若将公式变形一下,即得如下结果。

如果 6 - 13(对数正规分布时的欧拉方程式)

当收益率与 SDF 按照对数正规分布时,欧拉方程式为

$$E_t(\ln(1 + r_{t+1})) = -E_t(\ln m_{t+1}) - (\mathrm{Var}_t(\ln(m_{t+1})) + \mathrm{Var}_t(\ln(1 + r_{t+1})) + 2\mathrm{Cov}_t(\ln(m_{t+1}), \ln(1 + r_{t+1})))/2 \tag{6.62}$$

若采用这里的标记来表示,可得

$$E_t(\ln(1 + r_t)) = -\ln \delta + a\mu_{ct} - \frac{1}{2}(\sigma_{\eta}^2 + a^2 \sigma_{\varepsilon}^2) + a\sigma_{\eta\varepsilon} \tag{6.63}$$

因为按照对数正规分布的期待值的性质,可构成 $\ln E(1 + r_t) = E\ln(1 + r_t) + \mathrm{Var}((1 + r_t)^2)/2$,故上面公式为

$$\ln E_t(1 + r_{t+1}) = -\ln \delta + a\mu_{ct} - \frac{1}{2}a^2 \sigma_{\varepsilon}^2 + a\sigma_{\eta\varepsilon} \tag{6.64}$$

因此,期待收益率,当对数消费增长率的方差越大就越低,共同方差 $\sigma_{\eta\varepsilon}$ 越大就越高。

---

① X 按照对数正规分布时,$E(X) = \exp(\mu + \sigma^2/2)$,$\mathrm{Var}(X) = \exp(2\mu + \sigma^2/2)(\exp(\sigma^2) - 1)$。

因无风险利率是定数，故 $\sigma_{\eta} = 0$。所以同 6.2 节一样，无风险利率满足

$$\ln(1 + r_{f,t+1}) = -\ln \delta + a\mu_{ct} - \frac{1}{2}a^2\sigma_{\varepsilon}^2 \qquad (6.65)$$

如果取上述两个公式之差，即得

$$\ln \frac{E_t(1 + r_{t+1})}{1 + r_{f,t+1}} = a\sigma_{\eta} \qquad (6.66)$$

这和基于消费的 CAPM(6.31)公式是相对应的。即，在乘冥效用函数与概率项正规分布的假定下，对数收益率之差成为相对风险规避度与共同方差的积。

根据 Mehra 和 Prescott 的推算，美国 S&P 指数的超收益率（风险差额）为 6.98%，无风险利率为 0.80%，因此，风险差额是 6.18%[Mehra and Prescott(1985)]。而 Mankiw 和 Zeldes 则认为相对风险规避度大于 10 是不现实的[Mankiw and Zeldes(1991)]。根据他们的研究，为了对 6.18% 的风险差额进行说明，需要大约 27 左右的相对风险规避度。这种甚至可以说过大的风险差额被叫作**风险差额之谜**[1]。

例题 6－6（欧拉方程式与风险差额）

设相对风险规避度为 $a = 2$，减低因子为 $\delta = 0.95$，消费增长率的期待值为 $\mu_c = 1.01$，$\sigma_{\varepsilon}^2 = 0.001$，$\sigma_{\eta} = 0.002$。请表示 SDF 的过程(6.59)公式，并求期待收益率的对数值(6.64)公式。再求风险差额(6.66)公式。

解说 SDF 为 $\ln m_{t+1} = -0.051 - 2 \times 1.01 - 2\varepsilon_t = -2.071 - 2\varepsilon_t$，期待收益率为 $\ln E_t(1 + r_{t+1}) = 0.051 + 2 \times 1.01 - 0.5 \times 4 \times 0.001 + 2 \times 0.002 = 2.073$。风险差额为 $2 \times 0.002 = 0.004$。

---

[1] 也有人认为，相对危险规避度极高，就不存在风险差额之谜。

6.5　多因子模型与诱导形研究

6.5.1　因子模型与 APT†

Ross 对由复数因子生成的收益率通过套利交易来决定的模型进行了研究（Ross(1976)）。股份 i 的收益率 $r_i(i=1,\cdots,n)$ 被定式为如下公式，这种模型叫作**因子模型**（factor model）。

$$r_i = \mu_i + \sum_j^k \beta_{ij} f_j + \varepsilon_i \tag{6.67}$$

在这里，f_j 是决定收益率的第 j 位风险因子，所有 i 都一样。风险因子为一个（$k=1$）时，叫作**单因子模型**，拥有 2 个以上因子（$1<k\leqslant n$）的叫作**多因子模型**（multi-factor model）①。β_{ij} 被称作**因子载荷**（factor loading）（或者因子 j 的贝塔）。ε_i 是 i 中固有的（idiosyncratic）概率项，满足 $E(\varepsilon_i)=0$。而且，在因子模型中，将因子标准化后再构成，假定 $E(f_j)=0$。由这些假定，产生 $E(r_i)=\mu_i$。还有，假定 $E(\varepsilon_i \mid f_j)=0$，$\mathrm{Var}(\varepsilon_i)=\sigma_i^2 \leqslant \bar{\sigma}^2 < \infty$，$\mathrm{Cov}(\varepsilon_i,\varepsilon_j)=0(i\neq j)$。设无风险利率为 r_f。Ross 的 APT（arbitrage pricing theory，**套利定价理论**）表现如下。

结果 6-14（APT）

在无套利条件下，期待收益率满足如下公式。

$$E(r_i) \approx r_f + \sum_j^k \beta_{ij} \lambda_j \tag{6.68}$$

在这里，λ_j 叫作**因子的风险差额**。证明的概论将在补遗中展示，但原理上与结果 6-9 所用的相同，来自无套利的推理。不过，加上不存在无成本套利机会的均衡条件，还可加上因子载荷的加权平均为零这个条件。即，设**套利组合**（arbitrage portfolio）的比重为 α_i，就是公式

$$\sum_i \alpha_i \beta_{ij} = 0 \quad \forall j \tag{6.69}$$

这是因为，考虑到在收益率由（6.67）公式生成时，存在不用担负因

---

① CAPM 被作为单因子模型的一种。

金融经济学

系统性因子变动而产生的风险,而获得正数(或无限大的)利益的套利机会。同时,j 中固有的误差项是独立的,若各方差是有界的,那么也可以不担负不系统的风险[1]。在这样的情况下,虽可看作是获得几乎无风险且正数(或无限)利益的套利机会,但(6.68)公式则为不存在这种机会的条件。在 APT 中,期待收益率是由无风险利率及因子的风险差额来决定的。

例题 6–7(APT)

我们来看一下两个因子 j 与两种股份 i。已知:因子载荷为 $\beta_{11}=0.5,\beta_{12}=1.5,\beta_{22}=0.25,\beta_{22}=2$,无风险利率 $r_f=3$,因子的风险差额 $\lambda_1=-0.8,\lambda_2=1.8$。

1)请列出(6.68)公式。

2)请将(6.67)公式作为 f_i,ε_i 的函数列出。

解说 1) $E(r_1)=3+0.5\times(-0.8)+1.5\times1.6=5, E(r_2)=3+0.25\times(-0.8)+2\times1.6=6$

2) $r_1=3+0.5(f_1-0.8)+1.5(f_2+1.6)+\varepsilon_1, r_2=3+0.25(f_1-0.8)+2(f_2+1.6)+\varepsilon_2$

6.5.2 因子模型与基金业绩 †

多因子模型中的因子数量通常集中在 5 个左右。具有代表性的影响系统性风险的因子有:矿产工业生产指数、预期通胀率的变化、不可预测的通胀率、公司债券及国债的收益率差价、长短期利息的收益率差价等。单一因子模型中,将因子变做市场投资组合回报 r_M 的被特称为**市场模型**。即,(6.67)公式被置换成

$$r_i=\mu_i+\beta_i r_M+\varepsilon_i \tag{6.70}$$

在这一模型中,(6.68)公式变为

$$E(r_i)=r_f+\beta_{i,M}\lambda_M \tag{6.71}$$

这里,若设左边的 $i=M$,那么上述公式就是市场投资组合本身的

---

[1] Ross(1976)套利组合中,j 所固有的概率项 ε 小到可以忽略,多样化的投资组合 well-diversified portfolio。

公式了。市场投资组合本身的反应程度(因子载荷)按照定义必须满足 $\beta_{M,M}=1$,所以市场投资组合的因子差额为 $\lambda_M=E(r_M)-r_f$。因此,上述公式为

$$E(r_i)=r_f+\beta_{i,M}E(r_M-r_f) \tag{6.72}$$

这与 CAPM 的公式相同。

Fama 及 French 结合市场投资组合,再加上有关市场价值大小的因子组合与有关账面市值比的因子组合两种收益率,对三种因子模型进行了探讨[Fama and French(1992,1993)]。前者是由股票市价总额大的股份(大型股)的淡仓与市价总额小的股份(小型股)的长仓组成的投资组合,被叫作 **HML**(high minus low)**组合**。Carhart(1997)结合此,加上有关**动量效应**的因子组合,对四种因子模型进行了探讨。动量组合是收益率高的股份的长仓与收益率低的股份的淡仓的投资组合。在四种因子模型中,期待收益率为

$$E(r_i)=r_f+\beta_{iM}(E(r_M)-r_f)+\beta_{i,SMB}(E(r_{SMB})-r_f)$$
$$+\beta_{i,HML}(E(r_{HML})-r_f)+\beta_{i,MMT}(E(r_{MMT})-r_f) \tag{6.73}$$

各种因子组合的风险差额为 $\lambda_j=E(r_j-r_f)$。

CAPM 的(6.72)公式作为回归公式可定式为

$$r_i-r_f=\alpha_i+\beta_i(r_M-r_f)+u_i \tag{6.74}$$

左边表示投资组合 i 的超收益率,u_i 是期待值为 0 的误差。之所以加上定数 α_i,是因为考虑到运用能力高的基金经理的投资组合为 $\alpha_i>0$,而运用能力低的基金经理的投资组合就 $\alpha_i<0$ 了。这种附加的定数 α_i 叫作**詹森阿尔法**,作为一种投资基金的业绩指数广为人知。业绩尺度,是在事后对前面定义过的夏普比率进行评估所得,即,以投资组合 i 的超收益率 $z_i=r_i-r_f$ 的样本平均为 $\bar{z}_i$,样本标准偏差为 s_i,$\bar{z}_i/s_i$ 测量样本标准偏差每 1 单位的超收益率。另外,改变了分母的 $\bar{z}_i/\beta_i$ 叫作特雷诺(Treynor)指数。

补遗 A:有效前沿与 CAPM

不含无风险资产的有效前沿由(2.50)公式提供。将标注字 p 改为 q 再全部进行微分便是

$$2C\sigma_q d\sigma_q-2C^2(\mu_q-A/C)Dd\mu_q=0 \tag{6.75}$$

切线斜线为

$$\frac{d\mu_q}{d\sigma_q} = \frac{\sigma_q D}{C(\mu_q - A/C)} \tag{6.76}$$

切点组合 T 所满足的条件是

$$\mu_T - \frac{d\mu_T}{d\sigma_T}\sigma_T = r_f \tag{6.77}$$

接下来,在 T 评估(6.76)公式,并代入此公式。再采用由(2.50)公式改变的(6.78)公式。

$$\sigma_q^2 = \frac{1}{C} + \frac{C}{D}(\mu_q - A/C)^2 \tag{6.78}$$

将这些进行整理后,切点组合的期待收益率为

$$\mu_T = \frac{A}{C} - \frac{D/C^2}{r_f - A/C} \tag{6.79}$$

再将此代入(6.78)公式便可得

$$\sigma_T = \frac{\sqrt{H}}{C(r_f - A/C)} \tag{6.80}$$

不过, $H = Cr_f^2 - 2Ar_f + B, B = \mu'\Omega^{-1}\mu, D = BC - A^2$。若采用 (6.79)公式与(6.80)公式,就可以计算出连接切点组合 T 与纵轴上 r_f 的斜直线为

$$\frac{\mu_T - r_f}{\sigma_T} = \sqrt{H} \tag{6.81}$$

即可以确认,结果 6-1 中所示的(6.6)公式与不含无风险资产的有效前沿相接。

补遗 B:导出基于消费的 CAPM

假定二次有效函数 $u(c_t) = ac_t - bc_t^2/2$。这时,随机折现因子为 $m_{t+1} = \delta(a - bc_{t+1})/(a - bc_t)$。而且,$\text{Cov}_t(m_{t+1}, r_{t+1}) = -\alpha(c_t)\text{Cov}_t(c_{t+1}, r_{t+1})$。这里设 $\alpha(c_t) = \delta b/(a - bc_t)$。(6.31)公式成为

$$E_t(r_{j,t+1}) = r_{f,t+1} + (1 + r_{f,t+1})\alpha(c_t)\text{Cov}_t(c_{t+1}, 1 + r_{j,t+1}) \tag{6.82}$$

有关本文中投资组合 ac 也适用这一公式,所以才用这两个公式,除去 $r_{j,t+1}$ 便可得

$$E_t(r_{j,t+1}) = r_{f,t+1} + \frac{\beta_j}{\beta_{ac}}(E_t r_{ac,t+1} - r_{f,t+1}) \tag{6.83}$$

因为 $\beta_{ac} = \rho_{ac}\sqrt{\mathrm{Var}(r_{ac,t+1})}/\sqrt{\mathrm{Var}(c_{t+1})}$，所以若存在 $\rho_{ac} = \sqrt{\mathrm{Var}(c_{t+1})}/\sqrt{\mathrm{Var}(r_{ac,t+1})}$ 这样的组合，那么基于消费的 CAPM 即为标准 CAPM 的(6.84)公式。

$$E_t(r_{j,t+1}) = r_{f,t+1} + \beta_j(E_t r_{ac,t+1} - r_{f,t+1}) \qquad (6.84)$$

不过，因为无法保证这样的投资组合存在，所以若固定方差，相关系数最高的组合就可成为组合 ac 的候补了。另外，必须要注意在这个公式中作为基准的组合不是市场组合。

补遗 C：存在无套利条件与均衡

有关结果 6 - 9，采用分离超平面定理来进行说明。设套利机会为支出 $c=0$，定义为能够实现非负 payoff $r \geqslant 0$(但至少有一个成分为正数，$r \neq 0$)的机会[①]。为了使大家能直观地理解，采用分离超平面定理来解释[②]。作为前提，设 payoff 矩阵 Y 的成分皆为非负，不存在皆为零的行。而且，假定所有资产价格皆为正数。

首先，定义形成套利机会的 payoff 群为 $A = \{r \in R^K : r \geqslant 0, r \neq 0\}$。通过支出 $c=0$，有可能实现的 payoff 群表现为 $B = \{r \in R^K : r = Yx, P \cdot x = 0\}$。$A$ 群与 B 群都是凸集合群。在某价格矢量 P 之下，无套利条件意味着 A 群与 B 群没有共同部分($A \bigcap B = \varnothing$)。因此，根据分离超平面的定理，通过非负的矢量 ψ，这些集合群由通过原点的超平面来进行分离。即，存在着 $r \in B$ 为 $\psi \cdot r \leqslant 0$，$r \in A$ 为 $\psi \cdot r \geqslant 0$ 这样的超平面 $\psi \cdot r = 0$ 以及法线矢量 ψ。换而言之，在满足无条理条件的价格下，支出 $c=0$ 的投资组合最大也只能实现 payoff $r=0$。因为这个原点不包含在套利机会 A 中，所以能够进行这样的分离。

实际上，B 集合群中，保有矢量 x 乘上负 1 的投资组合也属于 B 集合群，因此有关属于 B 群的 r，构成 $\psi \cdot r = 0$。但是，若考虑到来自某保有矢量 $\bar{x}$ 的 payoff $\bar{r} = Y\bar{x}$，必须 $\psi \cdot \bar{r} = \psi \cdot (Y\bar{x}) = (Y'\psi) \cdot \bar{x} = 0$。另一方面，$P \cdot \bar{x} = 0$。因此，构成 $P = \alpha Y'\psi$(但 $\alpha > 0$)。所以若设

[①] 更严格来讲，套利机会被定义为一下(1)和(2)中的任何一种。(1)$c \leqslant 0$，且 $r \geqslant 0$，但至少有一个成分为正数($r \neq 0$)，(2)$c < 0$，且 $r \geqslant 0$。

[②] 有关采用分离超平面定理进行的严格论证请参照 Ross(1978)。这个定理也可以通过直接适用法卡斯引理来证明。

金融经济学

$p = \alpha\psi$，即可得 $P = Y'p$。

补遗 D：导出 AOT 的概略

用矢量来表示因子模型，即为

$$r = \mu + \beta f + \varepsilon \tag{6.85}$$

这里，r、μ、ε 是 $(n \times 1)$ 矢量，f 是 $(k \times 1)$ 矢量，β 是 $(n \times k)$ 矩阵[①]。ε 的方差及共同方差矩阵 V 是对角矩阵，设对角要素为 σ_i^2。

现在，定义矩阵 $X = (1, \beta)$。1 是所有成分为 1 的 $(n \times 1)$ 矢量。对于此矩阵 X 的各列，用正交的 $(n \times 1)$ 矢量 α。即，

$$1'\alpha = \sum_i \alpha_i = 0 \tag{6.86a}$$

$$\beta'\alpha = 0 \tag{6.86b}$$

采用满足此 $X'\alpha = 0$ 的 α，μ 的 X 所占空间的射影可以表示为如下公式。

$$\mu = X\hat{\lambda} + \alpha \tag{6.87}$$

现在，设投资组合的比重矢量为 w，来探讨 α 的定数倍比重 $\omega = h\alpha$。这里，h 是标量。若采用（6.85）公式与（6.87）公式，此投资组合的期待回报与方差为

$$E(\omega'r) = h\alpha'X\lambda + h\alpha'\alpha = h\alpha'\alpha \tag{6.88a}$$

$$\mathrm{Var}(\omega'r) = h^2(\alpha'V\alpha) < h^2(\alpha'\alpha)\bar{\sigma}^2 \tag{6.88b}$$

（6.88a）公式的第二个等号采用正交条件 $\alpha'X = 0$。（6.88b）公式中，采用 $\alpha'X = 0$ 及 $\alpha'\beta = 0$。但 $\bar{\sigma}^2$ 是各个收益率方差的上限。即，这项投资组合的期待回报虽与 h 成比例，但方差则与 h^2 成比例。因此，通过合理地采用 h，有可能进行满足下列套利条件的套利交易。

$$\lim_{n \to \infty} E(\omega'r) = \infty \tag{6.89a}$$

$$\lim_{n \to \infty} \mathrm{Var}(\omega'r) = 0 \tag{6.89b}$$

尽管这是无成本[（6.86a）公式]而且无风险[（6.89b）公式]的套利组合，但意味着可获取无限的期待回报。因此，若设在均衡中不产生套利交易，$\alpha = 0$，如采用（6.87）公式就需要建立（6.90）公式。

$$\mu_i = \lambda_0 + \sum_j^k \beta_{ij}\lambda_k \tag{6.90}$$

---

① 假定矩阵 β 是满秩。

这种公式建立叫作套利定价理论（exact APT）。

特别是存在无风险资产的时候，投资组合的回报为 $(1-\omega'r)r_f+\omega'r=r_f+\omega'(r-r_f)$。不过，$\omega$ 只是风险资产的比重矢量。因此，若在以上论述中将 r_i 置换成 r_i-r_f，就可进行相同的探讨。另外，正交条件只是(6.86b) 公式，(6.87) 公式分解后为 $\mu-r_f1=\beta\hat{\lambda}+\alpha$。也就是(6.90)公式中的 $\lambda_0=r_f$。即，不影响到任何因子的投资组合带来无风险资产的收益率。综上所述，(6.85)公式成为

$$r=r_f1+\beta(\lambda+f)+\varepsilon \tag{6.91}$$

我们来看一下与各因子对应的 k 个因子组合 j。若按矢量来定义 $z_k=r_k-r_f-\varepsilon_k$，$\delta_k=\lambda_k+f_k$，上述公式即变为 $z_k=\beta_k\delta_k$。所以若 $\delta_k=\beta_k^{-1}z_k$，就可以采用投资组合的超回报矢量来替代 λ_k+f_k 了。因此，采用因子组合的收益率，APT 就可以表示为

$$r=r_f1+\hat{\beta}z+\varepsilon \tag{6.92}$$

这里，$\hat{\beta}=\beta\beta_k^{-1}$。

文献指南

CAPM

Black，F. 1972. Capital market equilibrium with restricted borrowing. *Journal of Business* 45，444－455.

Lintner，J. 1965. The valuation of risk assets and the selection of risky investments in stock portfolios and capital budgets. *Review of Economics and Statistics* 47，13－37.

Mayers，D. 1973. Nonmarketable assets and the determination of capital asset prices in the absence of a riskless asset. *Journal of Business* 46，258－267.

Mossin，J. 1966. Equilibrium in a capital asset market. *Econometrica* 34，768－783.

Roll，R. 1977. A critique of the asset pricing theory's tests：*Journal of Financial Economics* 4，129－176.

Sharpe，W. 1964. Capital asset prices：A theory of market equilibrium under conditions of risk. *Journal of Finance* 19, 425 – 442.

Sharpe, W. 1966. Mutual fund performance. *Journal of Business* 39, 119 – 138.

Solnik, B. 1974. An equilibrium model of the international capital market. *Journal of Economic Theory* 8, 500 – 524.

Stulz, R. 1981. A model of international asset pricing. *Journal of Financial Economics* 9, 383 – 406.

基于消费的 CAPM

Breeden, D. 1979. An intertemporal asset pricing model with stochastic consumption and investment opportunities. *Journal of Financial Economics* 7, 265 – 296.

Cochrane, J., Hansen, L. 1992. Asset pricing explorations for macroeconomics. *NBER Macroeconomics Annual* 7.

Duffie, D., Zame, W. 1989. The consumption-based capital asset pricing model. *Econometrica* 57, 1279 – 1297.

Grossman, S., Shiller, R. 1981. The determinants of the variability of stock market prices. *American Economic Review* 71, 222 – 227.

Hansen, L., Jagannathan, R. 1991. Implications of security market data for models of dynamic economies. *Journal of Political Economy* 99, 225 – 262.

Hansen, L., Singleton, K. 1982. Generalized instrumental variables estimation of nonlinear rational expectations models. *Econometrica* 50, 1269 – 1286.

Hansen, L., Singleton, K. 1983. Stochastic consumption, risk aversion, and the temporal behavior of asset returns. *Journal of Political Economy* 91, 249 – 265.

Lucas Jr., R. 1978. Asset prices in an exchange economy. *Econometrica* 46, 1429 – 1445.

Merton, R. 1969. Lifetime portfolio selection under

uncertainty: The continuous-time case. *Review of Economics and Statistics* 51,247 - 257.

Merton, R. 1973. An intertemporal capital asset pricing model. *Econometrica* 41, 867 - 887.

Rubinstein, M. 1976. The valuation of uncertain income streams and the pricing of options. *Bell Journal of Economics* 7, 407 - 425.

附条件请求权与风险中性评价等

Arrow, K. 1964. The role of securities in the optimal allocation of riskbearing. *Review of Economic Studies* 31, 91 - 96.

Arrow, K. 1970. *Essays in the Theory of Risk-Bearing*. North-Holland Pub. Co.

Debreu, G. 1959. *Theory of Value*. Yale University Press.

Harrison, J., Kreps, D. 1979. Martingale and arbitrage in multiperiod securities markets. *Journal of Economic Theory* 20, 381 - 408.

Kocherlakota, N. 1996. The equity premium: It's still a puzzle. *Journal of Economic Literature* 34, 42 - 71.

Mankiw, G., Zeldes, S. 1991. The consumption of stockholders and nonstockholders. *Journal of Financial Economics* 29, 97 - 112.

Mehra, R., Prescott, E. 1985. The equity premium: A puzzle. *Journal of Monetary Economics* 15, 145 - 161.

Negishi, T. 1960. Welfare economics and existence of an equilibrium for a competitive economy. *Metroeconomica* 12, 92 - 97.

Ross, S. 1978. A simple approach to the valuation of risky streams. *Journal of Business* 51, 453 - 475.

APT 等

Carhart, M. 1997. On persistence in mutual fund performance. *Journal of Finance* 52, 57 - 82.

Chen, N., Roll, R., Ross, S. 1986. Economic forces and the stock market. *Journal of Business* 59, 383 – 403.

Fama, E., French, K. 1992. The cross-section of expected stock returns. *Journal of Finance* 47, 427 – 465.

Fama, E., French, K. 1993. Common risk factors in the returns on stocks and bonds. *Journal of Financial Economics* 33, 3 – 56.

Huberman, G. 1982. A simple approach to arbitrage pricing theory. *Journal of Economic Theory* 28, 183 – 191.

Jensen, M. 1968. The performance of mutual funds in the period 1945 – 1964. *Journal of Finance* 23, 389 – 415.

Ross, S. 1976. The arbitrage theory of capital asset pricing. *Journal of Economic Theory* 13, 341 – 360.

教科书

Billingsley, P. 1995. *Probability and Measure*. John Wiley & Sons.

Chiang, A. 1992. *Elements of Dynamic Optimization*. Waveland Press.

Cochrane, J. 2005. *Asset Pricing*. Princeton University Press. Revised edition.

Danthine, J., Donaldson, J. 2014. *Intermediate Financial Theory*. Third edition. Academic Press. 日本証券アナリスト協会編, (译)可见滋・佐野三朗・中田勇人,现代财政分析:资产价格理论,ときわ综合服务(第二版,2007)

Dixit, A. 1990. *Optimization in Economic Theory*. Oxford University Press.

Dothan, M. 1990. *Prices in Financial Markets*. Oxford University Press.

Duffie, D. 1992. *Dynamic Asset Pricing Theory*. Princeton University Press.

Huang, C., Litzenberger, R. 1988. *Foundations for Financial Economics*. Prentice-Hall, Inc.

Ingersoll, J. 1987. *Theory of Financial Decision Making.* Rowman & Littlefield Publishers.

Lèonard, D., Van Long, N. 1992. *Optimal Control Theory and Static Optimization in Economics.* Cambridge University Press.

Luenberger, D. 2014. *Investment Science.* Oxford University Press.

Mas-Colell, A., Whinston, M., Green, J. 1995. *Microeconomic Theory.* Oxford University Press.

Merton, R. 1990. *Continuous-Time Finance.* Basil Blackwell Ltd.

Stokey, N., Lucas, R, 1989. *Recursive Methods in Economic Dynamics,* Harvard University Press.

金融经济学

第七章 债务市场与利率

本章将对债务市场上利息的确定进行说明。7.1 节中,将对多时点上的利率期限结构与收益率曲线的基础进行说明。7.2 节中,将对短期利率遭受外在影响时,各种到期的利率如何被决定进行说明。在 7.3 节中,把 6.4 节的风险中性价格的思想应用到债券上,并以初期时点的期限结构为前提条件,对决定将来利率动向的模型进行说明。而在 7.4 节中,将对有信用风险的债券风险中性价格与期权方法形成的信用风险评价方法进行说明。

7.1 利率期限结构与收益率曲线 †

7.1.1 收益率曲线与远期利率 †

到期时点设为 $n+t$,面额 1 的零息债券的时点 t 的价为 P_{nt}。根据(2.6)公式,即期利率(最终收益率)r_{nt} 用

$$1+\frac{r_{nt}}{2}=P_{nt}^{-1/n} \tag{7.1}$$

表示。但时点是半年为一期来计算的,因此利率是半年期复利。时点 t 的现货即**期利率的集合** $\{r_{nt}|n=1,\cdots,N\}$ 称为**利率期限结构**(term structure of interest rates)。如图 7-1 所示,

在横轴上用剩余年期 n 绘制 r_{nt} 的图称为收益率曲线(yield curve)。$n/2$ 年的长期利率与 1 年的短期利率的收益率差(yield spread)用

$$S_{nt}=r_{nt}-r_{2t} \tag{7.2}$$

来定义。大致来说,$S_{nt}>0$ 为正向收益率曲线,$S_{nt}<0$ 为反向

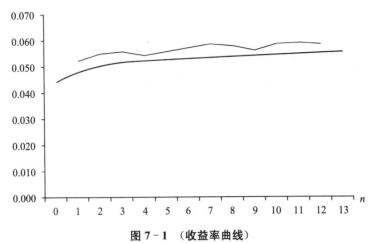

图 7-1　（收益率曲线）

(注)粗线为零息债券收益率,细线为远期利率。描述的是正向收益率曲线的情况。

收益率曲线。

对剩余期限 1 年的债券的投资与对剩余期限 $n/2$ 的债券的投资是不同的。后者干预一年以后的 $n/2-1$ 年的投资收益率,前者只不过干预最初一年的投资收益率。由长期债券现在的价格倒过来计算将来 $n/2-1$ 年的收益率称为远期利率或隐含远期利率(implied forward rate)。

现在我们来看一下,在时点 t,用价格 $P_{r+1,t}$ 购入剩余期限 $r+1$ 的债券 A 的投资战略。如图 7-2 所示,看一下在时点 t,用价格

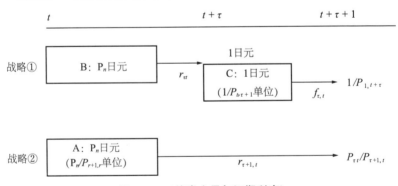

图 7-2　（债券交易与远期利率）

(注)A、B、C 表示债券,P 表示债券价格,r 表示即期利率,f 表示远期利率。

金融经济学

P_{rt}来购买剩余期限 r 的债券 B 的情况。债券 B 要比 A 早一个时点到期,所以在最后一期,要通过到期 1 的债券 C 来运用偿还额 1。时点 $t+r$ 的短期债券的价格是 $P_{1,t+r}$。这个价格(或者是将来的短期利率)是不确定的。

如果在时点 t,这个债券的远期利率可能的话,那就可以缔结把远期期限定为 $t+\tau$,用远期价格 $P_{1,t+\tau}$ 来购买债券 C 的契约。这时在时点 t 确定的从将来的时点 $t+\tau$ 到 $t+\tau+1$ 的远期利率定义为 f_{rt},满足

$$P_{1,t+r} = \frac{1}{1+f_{\tau t}/2} \tag{7.3}$$

公式。这里远期交易的期限只限定在 1 期。f_{rt} 下第一个字母表示契约时点到远期期限这个期间,第二个字母表示契约的时点。

通过 2.1 节来看,契约时点与买卖时点一致的交易利率称为即期利率。相反,远期利率原则上指的是契约时点早于买卖时点的交易利率。下面我们来看一下即期利率与远期利率的关系。比较只进行债券 A 的即期交易与进行 B 的即期交易和 C 的远期交易的情况,在时点 t 时,用价格 P_{rt} 购入一个单位的债券 B 的话,在时点 $t+\tau$ 时获得面额 1。再以此为远期价格 $P_{1,t+r}$ 购入 $1/P_{1,t+r}$ 单位的债券 C,在时点 $\tau+1$ 偿还这个债券,获取收益 $1/P_{1,t+\tau}$。由于投资成本一致,所以在时点 t 购入 $P_{\tau t}/P_{\tau+1,t}$ 单位的债券 A 的话,在时点 $\tau+1$ 的收益为 $P_{\tau t}/P_{\tau+1,t}$。

无套利条件是指两者的收益相等,也就是

$$\frac{1}{P_{1,t+\tau}} = \frac{P_{\tau t}}{P_{\tau+1,t}} \tag{7.4}$$

根据定义,公式左边是时点 $t+r1$ 期的远期利率 $(1+f_{t+\tau,t}/2)$。用公式(7.1)计算可以得到下面的结果。

结果 7-1(即期利率与远期利率)

即期利率与远期利率之间有下面的关系。

$$1+\frac{f_{nt}}{2} = \frac{P_{nt}}{P_{n+1,t}} = \frac{(1+r_{n+1,t}/2)^{n+1}}{(1+r_{n,t}/2)^n} \tag{7.5a}$$

$$\prod_{j=t+1}^{n}(1+f_{jt}/2) = \frac{(1+r_{n+1,t}/2)^{n+1}}{1+r_{1t}/2} \tag{7.5b}$$

为了表示一般的剩余期限 n 的即期利率与远期利率之间的关系，远期期限都设为 $\tau = n$。(7.5a)公式表示的是两个即期利率与一个远期利率之间的关系。时点 $t + n$ 的远期利率是到期时点 $t + n + 1$ 与 $t + n$ 的即期利率总收益的比率。各往回倒 1 时点代入公式 (7.5a)就可以得到公式(7.5b)。时点 $t + 1$ 到 n 的即期利率复利总收益指的是到期时点 $t + n + 1$ 的现货即期利率总收益与到期时点 $t + 1$ 的现货即期利率的比率。

如图 7 - 1 所示，在横轴上用远期利率的远期时点 n 来绘制 $\{f_{nt} \mid n = 1, \cdots, N\}$ 的曲线称为远期利率曲线。粗的曲线与之不同，称为即期利率曲线(零息利率曲线)。从上面的结果来看，即期利率曲线的形状与远期利率曲线的相对位置有如下这样的关系。

结果 7 - 2(收益率曲线的形状与位置)

远期利率曲线在即期利率曲线的上方时，即期利率的收益率曲线向右上行，反之则相反。也就是

$$f_{nt} \lessgtr r_{nt} \Leftrightarrow r_{n+1,t} \lessgtr r_{n,t} \tag{7.6}$$

成立。

(7.5a)公式两边扣除 $1 + r_{nt}/2$，就得出

$$\left(1 + \frac{f_{nt}}{2}\right) - \left(1 + \frac{r_{nt}}{2}\right) = \frac{(1 + r_{n+1,t}/2)^{n+1} - (1 + r_{nt}/2)^{n+1}}{(1 + r_{n,t}/2)^n} \tag{7.7}$$

所以这点就非常清楚了。如果远期利率 f_{nt} 与即期利率 r_{nt} 相同的话，$r_{n+1,t}$ 等于 r_{nt}，收益率曲线是水平的。如果 $r_{n+1,t} > r_{nt}$，这是由于 n 到 $n + 1$ 的资金借贷成本 f_{nt} 比 r_{nt} 高。

例题 7 - 1(远期利率)

剩余期限 $n = 1, 2, 3$ 的债券时点 $t = 0$ 的价格为 $P_{10} = 0.995$，$P_{20} = 0.9803, P_{30} = 0.9563$。

1) 求半年期复利的年利率 r_{n0}。

2) 时点 $t = 0$ 的远期期限 $t = 1$，剩余期限 1 的债券远期价格为 $P_{11} = 0.9852$。求远期利率 f_{10}。

3) 在时点 0 时，运用剩余期限 1 的即期债券，同时进行远期期

限为时点 1 的远期契约与远期期限为时点 2 的远期交易。总收益是多少？

解说 1) 根据(7.1)公式，$r_{no}=0.5(P_{no}^{-1/n}-1)$，所以 $r_{10}=0.01$，$r_{20}=0.02$，$r_{30}=0.03$。

2) 根据(7.3)公式，$f_n=2(1/P_{1,t+r}-1)$，所以得到 $f_{10}=0.03$。

3) 总收益为 $(1+0.5\ r_{10})(1+0.5\ f_{10})(1+0.5f_{20})=1.0457$。

7.1.2　收益率曲线的推算

正如 2.1 节中提到的那样，根据(2.3)公式，可以把半年期复利的年利率变换为瞬间利率。用活期利率 r_t 表示折价函数 $\delta(t)=\exp(-r_tt)$。这里以 t 为年期单位 τ 日后的日期变为 $t=\tau/365$。r_t 为时点 0 的到期 t 年的即期利率的瞬间利率。因此 $\delta(t)$ 给出的对应相当日期的折价率。不同时点，带来现金流量的债券价值是通过对应发生时点的折价率来扣除各现金流量的和得到的。在时点 t 时，支付息票 C_t，用折价函数，面额 1，到期 T 的息票债券的价格可以表示为

$$P_T^c=\sum_{t=1}^{T}\delta(t)C_t+\delta(T) \tag{7.8}$$

一般来说，未必存在对应某债券现金流量发生时点 t 的即期利率。比如不存在某 t_1 到期的零息债券，有时这个即期利率是无法观测的。像这样观测值不充分的情况下，必须要推定与插入必要的折价函数。这称为曲线拟合。

收益率曲线（或折价函数）的推定法之一为三次样条函数法。三次样条函数法，是把 t 分成三个区间，每个区间推定三次样条的平滑法。具体来说就是推定下面的回归方程

$$\delta(t)=\sum_{j=1}^{3}(a_j\ (t-t_{j-1})+b_j\ (t-t_{j-1})^2+c_j\ (t-t_{j-1})^3+d_j)D_j+u \tag{7.9}$$

这里，a_j,b_j,c_j,d_j 为回归系数，u 为误差项，D_j 为 $t\in j=[t_{j-1},t_j]$ 时取 1 的虚拟变量。t_j 称为结点。放入上面的公式，在三次样条函数法中，结点的连续性附加了一阶微分与二阶微分连续

性的条件。也就是说，如果 $\bar{\delta}(t_j) = (a_j(t_j - t_{j-1}) + b_j(t_j - t_{j-1})^2 + c_j(t_j - t_{j-1})^3 + d_j)D_j$，$\bar{\delta}(t_j) = d_{j+1}$、$\bar{\delta}'(t_j) = a_{j+1}$、$\bar{\delta}''(t_j) = b_{j+1}$ 为制约条件。设 $t_0 = 0$ 的话，$\hat{\delta}(0) = a_1 = 1$。用被推定的系数，就任意的 t，可以得到折价函数的推定制。

7.2 期限结构模型

下面我们通过连续复利计算来看一下债券价格模型。零息债券的剩余期限为 n，时点 t 的债券价格为 p_{nt}，面额为 1 的话，用下面的公式

$$p_{nt} = e^{-nr_{nt}} \tag{7.10}$$

来定义瞬间的收益率。这就是连续复利的折价函数。用两边对数来整理的话，瞬间的收益率可以用

$$r_{nt} = -n^{-1}\ln p_{nt} \tag{7.11}$$

表示。这对应的是半年期复利的（7.1）公式。用（7.4）公式的关系，满足

$$e^{f_{nt}} = p_{nt}/p_{n+1,t} \tag{7.12}$$

所以对应（7.5a）公式，就可以得到连续复利的远期利率 f_{nt} 为

$$f_{nt} = \ln \frac{p_{n,t}}{p_{n+1,t}} \tag{7.13}$$

用即期利率表示的话，$f_{nt} = (n+1)r_{n+1,t} - nr_{nt}$。把上面公式设为 $n = 0$ 到 $n = N-1$ 求和的话，可以得到

$$\sum_{n=0}^{N-1} f_{nt} = \ln p_{0t} - \ln p_{Nt} \tag{7.14}$$

用（7.11）公式可以得到下面的结果。

结果 7－3（远期利率与即期利率）
到期 N 的即期利率是最终时点 0 到 $N-1$ 的远期利率的平均值，也就是

$$r_{Nt} = N^{-1}\sum_{n=0}^{N-1} f_{nt} \tag{7.15}$$

但我们要注意，p_{0t} 表示现金及其等价物品，其对数价格为 $\ln p_{0t} = 0$。

7.2.1 单因子的均衡期限结构模型

瓦西塞克分析了均衡利率的期限结构[Vasicek,(1977)]。瓦西塞克模型是均衡期限机构的单因子模型之一。下面我们用 6.4 节后半段看到的概率折价因子来看一下离散时期的瓦西塞克模型[Backus et al.(1998)]。把 SDF 进程的(6.55)公式定型为下面的

$$- \ln m_{t+1} = -\delta + z_t + \lambda \varepsilon_{t+1} \qquad (7.16)^{①}$$

z_t 表示状态变数,是表现这个经济状态的唯一单因素。ε_{t+1} 是对立的、遵循标准正态分布的概率项。也就是说,SDF 遵循对数正态分布,附条件期望值为 $E_t(\ln m_{t+1}) = \delta - z_t$,条件方差为 $\mathrm{Var}_t(\ln m_{t+1}) = \lambda^2$。因此根据对数正态分布的期望值的性质,得到 $\ln E_t(m_{t+1}) = E_t(\ln m_{t+1}) + \mathrm{Var}_t(\ln m_{t+1})/2 = \delta - z_t + \lambda^2/2$。把剩余期限为 1 的债券的收益率设为 r_{1t},价格设为 p_{1t}。结果 6-12(d) 的欧拉方程式可以用

$$E_t\left(m_{t+1}\frac{1}{p_{1t}}\right) = 1 \qquad (7.17)$$

表示。因此剩余期限为 1 的债券价格的对数值为

$$\ln p_{1t} = \ln E_t(m_{t+1}) = \delta - z_t + \lambda^2/2 \qquad (7.18)$$

通过(7.11)公式,我们可以知道短期利率为

$$r_{1t} = -\ln p_{1t} = -\delta - \lambda^2/2 + z_t \qquad (7.19)$$

短期利率表示的是状态变数与**对数 SDF** 的方差的函数。

下面我们假定状态变数遵循外在的进程,来看剩余期限比 1 长的债券价格。

$$z_t = c + \phi z_{t-1} + \sigma \varepsilon_t \qquad (7.20)$$

这称为一阶的**自回归**(autoregressive.AR)过程。z_t 由 1 期前的 z_{t-1} 与不同的概率项 ε_t 生成。概率项 ε_t 满足 $E_t(\varepsilon_t)=0$、$E_t(\varepsilon_t^2)=1$ 以及 $E_t(\varepsilon_t\varepsilon_s)=0(t\neq s)$ 的条件。在 $0<\phi<1$ 的假定下,这个过程要满足下面的性质。无条件期望值为 $E(z_t)=c/(1-\phi)$,无条件方差为 $\mathrm{Var}(z_t)=\sigma^2/(1-\phi^2)$,附条件期望值为 $E(z_{t+1}|z_t)=c+\phi z_t$,条件方差为 $\mathrm{Var}(z_{t+1}|z_t)=\sigma^2$。这些说明在补遗中进行。

---

① 避开符号的烦琐,这里用 δ 表示(6.55) 公式的 $\ln \delta$。

设 $\theta = c/(1-\phi)$ 的话,得到 $E(z_{t+1}|z_t) = (1-\phi)\theta + \phi z_t$ 与 $E(z_t) = \theta$,所以附条件期望值为无条件期望值 θ 与 z_t 的加权平均值。这样的结构意味着在 $|\phi| < 1$ 的嘉定下,z_t 是具有长期回归平均性质的[1]。也就是说,在某个时点,根据概率项 ε_t,即使 z_t 远远地背离平均,其效果也会慢慢变薄,最终回到原先的平均 θ。具有这个性质的概率过程称为平均回归过程。系数 ϕ 越大,$E(z_{t+1}|z_t)$ 越接近平均 θ,最终回归平均的速度也就越快。系数 ϕ 也称为平均回归系数。

在时点 t,购买剩余期限 $n+1$ 的债券,在时点 $t+1$ 以价格 $p_{n,t+1}$ 的价格卖出的话,欧拉方程式为

$$E_t(m_{t+1}p_{n,t+1}) = p_{n+1,t} \tag{7.21}$$

以债券价格函数来看状态变数的线性函数

$$-\ln p_{nt} = a_n + b_n z_t \tag{7.22}$$

这里系数 a_n、b_n 仅依赖剩余期限 n,具有 t 期的状态变数 z_t 的一次方程特征。得到以下结果。

结果 7-4(期限结构模型)

(7.22)公式的债券价格函数参数可以通过下面的公式

$$
\begin{aligned}
a_{n+1} &= -\delta + a_n + b_n c - (\lambda + b_n \sigma)^2/2 \\
b_{n+1} &= 1 + \phi b_n
\end{aligned} \tag{7.23}
$$

得出。(7.21)公式左边,定义 $x_{t+1} = m_{t+1}p_{n,t+1}$ 取对数的话,得出

$$\ln x_{t+1} = \delta - z_t - \lambda\varepsilon_{t+1} - a_n - b_n z_{t+1} = A_n + B_n z_t + C_n\varepsilon_{t+1} \tag{7.24}$$

这里在第一个等号处代入(7.16)公式,在第二个等号处代入(7.20)公式。定义 $A_n = \delta - a_n - b_n c$、$B_n = -1 - \phi b_n$、$C_n = -\lambda - b_n\sigma$。因此 x_{t+1} 遵循对数正态分布,附条件期望值为 $E_t(\ln x_{t+1}) = A_n + B_n z_t$、条件方差为 $\mathrm{Var}_t(\ln x_{t+1}) = C_n^2$。根据对数正态分布的期望值性质,$\ln E_t(x_{t+1}) = E_t(\ln x_{t+1}) + \mathrm{Var}_t(\ln x_{t+1})/2 = A_n +$

---

[1] 这里说明了离散时间模型,但瓦西塞克考虑的是连续时间模型,是把奥恩斯坦-乌伦贝克(Ornstein-Uhlenbeck)过程作为平均回归过程的特殊情况来考虑的。

金融经济学

$B_n z_t + C_n^2/2$。取(7.21)公式的对数,代入这里的话,可以得出

$$- \ln p_{n+1,t} = -(A_n + C_n^2/2) - B_n z_t \qquad (7.25)$$

就 $n+1$ 来表示(7.22)公式的话,就是

$$- \ln p_{n+1,t} = a_{n+1} + b_{n+1} z_t \qquad (7.26)$$

通过这两个公式,线性函数的系数必须满足下面的公式

$$a_{n+1} = -(A_n + c_n^2/2),\ b_{n+1} = -B_n \qquad (7.27)$$

把定义公式代入右边的话,得到(7.23)公式。这些是一阶的差分方程式,所以通过初始值来逐次代入求解。初始值为与现金等价物($n=0$)相关的 $a_0=0$、$b_0=0$。代入这个的话,得到 $b_1=1$、$a_1=-\delta-\lambda^2/2$。我们可以确定这与到期1的债券(7.19)公式是符合的。代入这些求到期2的系数。b_n 为单纯的等比数列,所以通过逐次代入,得到 $b_n = \sum_{i=0}^{n-1} \phi^i = (1-\phi^n)/(1-\phi)$。把(7.26)公式用到(7.13)公式中,得到

$$f_{nt} = -\delta + cb_n - (\lambda + \sigma b_n)^2/2 + (1-(1-\phi)b_n)z_t \qquad (7.28)$$

从上面的内容得到以下结果。

结果 7‑5(期限结构模型中债券价格与收益的变化)

(ⅰ)短期利率的上升造成长期债券价格的下跌逾收益的上升。

(ⅱ)到期 n 越长,相对于对数价格短期利率的反应系数 b_n 越大,为 $\lim_{n\to\infty} = 1/(1-\phi)$。

(ⅲ)短期利率的上升造成远期利率的上升。

根据(7.19)公式,得出状态变数 z_t 的上升造成短期利率的上升($\partial r_{1t}/\partial z_t = 1$)。求(7.22)公式的原函数的话,根据 $0 < \phi < 1$,得出 $\partial \ln p_{nt}/\partial z_t = -b_n < 0$。并且用(7.11)公式得出 $\partial r_{nt}/\partial z_t = b_n/n > 0$。关于(ⅱ)得出 $b_{n+1} - b_n = \phi^n > 0$。关于(ⅲ)得出 $\partial f_{nt}/\partial z_t = \phi^n$。

7.2.2　利率风险与风险溢价

本节中,把剩余期限为 1 的债券称为短期债券,把剩余期限 2 的债券称为长期债券。下面我们来看一下把长期债券保留到到期与 2 期继续保留短期债券的(转滚法)情况。t 时点 与 $t+1$ 时点短

期债券的欧拉方程式为

$$p_{1t} = E_t(m_{t+1}) \tag{7.29a}$$

$$p_{1,t+1} = E_{t+1}(m_{t+2}) \tag{7.29b}$$

另一方面,从结果 6-12 的(a)和(d),得出 t 时点长期债券的欧拉方程式

$$p_{2t} = E_t\left(\frac{e^{-2\delta}u'(c_{t+2})}{u'(c_t)}\right) \tag{7.30}$$

但是 $e^{-\delta}$ 是 1 期的折价因子。

根据短期利率的定义(7.19)公式,$t+1$ 时点的短期利率也被表示成 $r_{1,t+1} = -\ln p_{1,t+1}$。因此**期望短期利率**为

$$E_t(r_{1,t+1}) = -E_t(\ln p_{1,t+1}) \tag{7.31}$$

在上述的铺垫下,我们知道各个债券利率之间有如下的关系。

结果 7-6(期望短期利率与长期利率)

长期利率与短期利率满足下面

$$r_{2t} = \frac{r_{1t} + E_t(r_{1,t+1})}{2} - \frac{1}{2}\left(\frac{\text{Var}_t(\ln p_{1,t+1})}{2} + \text{Cov}_t(\ln p_{1,t+1}, \ln m_{t+1})\right) \tag{7.32}$$

的关系。

导出的概要在补遗中提出。如果是前面小节的模型,根据(7.18)与(7.20)公式,

$$\text{Var}_t(\ln p_{1,t+1}) = \text{Var}_t(-\delta - z_{t+1} + \lambda^2/2) = \sigma^2 \tag{7.33}$$

成立,

$$\text{Cov}_t(\ln p_{1,t+1}, \ln m_{t+1}) = \text{Cov}_t(-z_{t+1}, -\lambda\varepsilon_{t+1}) = \sigma\lambda \tag{7.34}$$

也成立。因此上述的结果就变为

$$r_{2t} = 0.5(r_{1t} + E_t(r_{1,t+1})) - 0.5(0.5\sigma^2 + \lambda\sigma) \tag{7.35}$$

在这些结果中,右边第一项是时点 t 的短期利率与时点 $t+1$ 的期待短期利率的平均。所以这些公式意味着长期利率一般不是期待短期利率的平均。这里,时点 $t=1$ 利率在时点 $t=0$ 时是不确定的,所以有利率风险。选择短期债券的转滚法的时候,将来的利率下降的话产生损失;选择长期债券的时候,将来的利率上升的话产生损失。长期利率背离期待短期利率平均的理由是对此利率风

险产生了风险溢价。这体现在右边第二项的将来短期债券的对数价格与 SDF 的同方差项上。

用将来短期债券的价格标准偏差来标准化此同方差项

$$PR = \text{Cov}_t(\ln p_{1,t+1}, \ln m_{t+1}) / \sqrt{\text{Var}_t(\ln p_{1,t+1})} \quad (7.36)$$

称为债券保有的**风险价格**。前面小节的模型下,此同方差项为 $\sigma\lambda$,所以利率风险的价格为 $PR = \lambda$。回到(7.16)公式,$\lambda < 0$ 的时候,z_t 的创新(由 ε_t 引起的 1 个单位的变化)在于,同时产生对数 SDF 的上升与短期利率的上升。对数 SDF 高是在消费小的时候,所以短期债券对消费的增大可以有很大的贡献。因此短期债券在市场上有很高的评价,对长期债券的保有产生风险溢价。而(7.32)公式的第二项的方差项是对数正态分布的期望值的调整项。

下面我们来看一下收益率曲线的倾斜度与风险价格的关系(图 7 - 3)。取(7.19)公式的无条件期望值的话,为

$$E(r_{1t}) = E(r_{1,t+1}) = \delta - \lambda^2/2 + E(z) \equiv E(r_1) \quad (7.37)$$

取(7.35)公式两边的无条件期望值的话,为

$$E(r_2) = E(r_1) - 0.5\sigma(0.5\sigma + \lambda) \quad (7.38)$$

因此,$\lambda < -0.5\sigma$ 的时候,收益率曲线向右上行,$\lambda > -0.5\sigma$ 的时候向右下行,$\lambda = -0.5\sigma$ 的时候为水平线。需要注意的是这是在状态变量为稳定值 θ 的情况下。

例题 7 - 2(均衡期限结构)

通过金融市场的数据我们可以知道,SDF 的进程(7.16)公式的参数为 $\delta = -0.5$、$\lambda = -0.3$;单因素的进程(7.20)公式的参数为 $c = 0.002$、$\sigma = 0.04$、$\phi = 0.9$。

1) 求(7.23)公式的系数 a_1、a_2、b_1、b_2。

2) 以 $z_0 = 0$、用(7.22)公式求均衡利率 r_{10}、r_{20}。

3) 关于 $z_1 = 0.01$ 或 $z_1 = 0.02$ 的情况,用表格计算软件模拟 r_{n1}。并且绘制收益率曲线,说明 z 的变化对 r_{nt} 的影响。

4) 求在时点 0 的时点 1 的期待短期利率 $E_0(r_{11})$。并确认(7.35)公式的成立。长期利率 r_{20} 中追加了多少风险溢价。

解说 1) 关于现金等价物,由于 $a_0 = b_0 = 0$,所以得出 $a_1 = 0.05 - 0.5$

$(-0.3)^2=0.005, b_1=1, a_2=0.05+0.005+0.002-0.5(-0.3+0.04)^2=0.0232, b_2=1+0.9=1.9$。

2）得出 $r_{10}=-\ln p_{10}=0.005, r_{20}=-0.5\ln p_{20}=0.5(a_2+b_2\cdot 0)=0.0116$。

3）如图 7-3 所示，z 的上升使收益率曲线上扬。剩余年期越长，短期利率上升的影响越小。

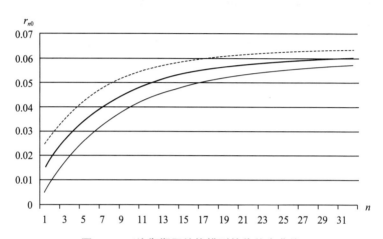

图 7-3 （均衡期限结构模型的收益率曲线）

(注)横轴为剩余期限，纵轴为利率。细线为 $z_0=0$，粗线为 $z_1=0.01$，波浪线为 $z_1=0.02$。

4）根据（7.22）、（7.20）公式等，得出 $E_0(r_{11})=-E_0(\ln p_{11})=E_0(a_1+b_1z_1)=-\delta-0.5\lambda^2+E_0(c+\phi z_0+\sigma\varepsilon_1)=0.007$。（7.35）公式的右边为 $0.006+0.0056=0.0116$，与求得的 r_{20} 相同。产生 $0.5\lambda\sigma=0.006$ 的风险溢价。

7.3 债券的风险中性价格

7.3.1 多年期的风险中性概率与期限结构

本小节中，由于把 6.4 节中的风险中性概率扩大到了多年期，所以是考察各时点把下一期的状态数量限制在两个的模型。这样的模型一般称为债券的**二项式**（binomial）模型。如图 7-4 所示，时间越往前推进（从时点 0 开始看），产生的状态数量越多。这里以二项式模型的观点为例,运用图 6-4 来考察无论在哪个时点,产生的状态都是 2 的二项式模型。

在各时点 t 的状态设为 $s_t \in \{1,2\}$。在时点 t,状态是 s_t 的时候,时点 $t+1$ 时,状态 s_{t+1} 产生的条件概率用 $\pi(s_{t+1} \mid s_t)$ 表示。这是状态的演变概率,并假定满足马尔可夫特性。在时点 t 的状态 s_t 时,存在关于时点 $t+1$ 各状态的未定债权,其价格用 $p_t(s_{t+1} \mid s_t)$ 表示。时点 t 到期 1 的无风险利率的定义为

$$r_{1t}(s_t) = \frac{1}{p_t(1 \mid s_t) + p_t(2 \mid s_t)} \tag{7.39}$$

这与 6.4 节中的(6.46)公式一样。

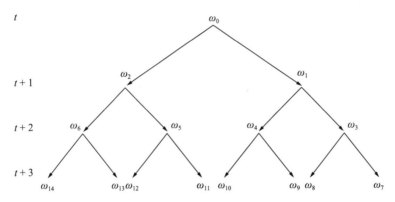

图 7-4(二项式模型的概念图)

(注)w_i 表示状态。

这相当于前面小节中考察的短期利率。与结果 6-12(b)的关系相同,关于状态 s_t 的时点 $t+1$ 状态的附条件风险中性概率

$$q_{t+1}^{s_{t+1} \mid s_t} = r_{1t}(s_t)\pi(s_{t+1} \mid s_t)m(s_{t+1}, s_t) \tag{7.40}$$

m 是 s_t, s_{t+1} 情况下的 SDF。

下面把同样的论述向前推进 1 时点的话,我们就可以考察时点 $t+1$ 到时点 $t+2$ 的无风险利率了。时点 $t+1$ 的剩余期限 1 的无风险利率用

$$r_{1,t+1}(s_{t+1}) = \frac{1}{p_{t+1}(1 \mid s_{t+1}) + p_{t+1}(2 \mid s_{t+1})} \tag{7.41}$$

表示,附条件风险中性概率可以用

$$q_{t+2}^{s_{t+2} \mid s_{t+1}} = r_{1,t+1}(s_{t+1})\pi(s_{t+2} \mid s_{t+1})m(s_{t+2}, s_{t+1}) \tag{7.42}$$

表示。

替代结果 6-12(c)，用这些附条件风险中性概率，就可以解得涉及多年期，获得收益的资产的风险中性价格了。下面我们具体来看一下在 $t+2$ 时点，获得 Y_s 收益的资产。$t+1$ 时点的收益为 0。在这个资产的时点 $t+1$，状态 s_{t+1} 的风险中性价格为

$$P_{t+1}(s_{t+1}) = \frac{q_{t+2}^{1|s_{t+1}} Y_1 + q_{t+2}^{2|s_{t+1}} Y_2}{r_{1,t+1}(s_{t+1})} \tag{7.43}$$

另一方面，在 $t+1$ 的状态 s_{t+1} 时，具有 $P_{t+1}(s_{t+1})$ 价格的资产在时点 t 的状态 s_t 的风险中性价格为

$$P_t(s_t) = \frac{q_{t+1}^{1|s_t} P_{t+1}(1) + q_{t+1}^{2|s_t} P_{t+1}(2)}{r_{1,t}(s_t)} \tag{7.44}$$

把前面的公式代入后面的公式中，得到

$$
\begin{aligned}
P_t(s_t) &= \frac{1}{r_{1,t}(s_t)} \left(q_1^{1|s_t} \frac{q_2^{1|1} Y_1 + q_2^{2|1} Y_2}{r_{1,t+1}(1)} + q_1^{2|s_t} \frac{q_2^{1|2} Y_1 + q_2^{2|2} Y_2}{r_{1,t+1}(2)} \right) \\
&= \frac{1}{r_{1,t}(s_t)} \sum_j \sum_i \left(q_1^{i|s_t} \frac{q_2^{j|i} Y_j}{r_{1,t+1}(i)} \right) \\
&= \frac{1}{r_{1,t}(s_t)} E_t^q \left(\frac{Y_j}{r_{1,t+1}(s_{t+1})} \right)
\end{aligned}
\tag{7.45}
$$

而 i 表示 s_{t+1}，j 表示 s_{t+2}，q 下面附带的 1 字是 $t+1$ 的缩略，附带的 2 字是 $t+2$ 的缩略。这样我们就可以求得涉及多年期带来收益的资产的风险中性价格了。

运用上面的公式，准确求解在 $t+2$ 支付 1 的债券在时点 t 的风险中性价格。设 $Y_1 = Y_2 = 1$，上面的公式就演变为

$$
\begin{aligned}
P_t(s_t) &= \frac{1}{r_{1,t}(s_t)} \left(q_1^{1|s_t} \frac{q_2^{1|1} + q_2^{2|1}}{r_{1,t+1}(1)} + q_1^{2|s_t} \frac{q_2^{1|2} + q_2^{2|2}}{r_{1,t+1}(2)} \right) \\
&= \frac{1}{r_{1,t}(s_t)} E_t^q \left(\frac{1}{r_{1,t+1}(s_{t+1})} \right)
\end{aligned}
\tag{7.46}
$$

在时点 t 的 2 年期利率被定义为 $(1 + r_{2,t}(s_t))^2 = 1/P_t(s_t)$，因此得到如下结果。

结果 7-7　（风险中性概率引出的长期债券与短期债券的收益率关系）

剩余期限为 1 的短期利率与剩余期限为 2 的长期利率之间有

下面

$$\frac{1}{(1+r_{2,t}(s_t))^2} = \frac{1}{r_{1,t}(s_t)} E_t^q \left(\frac{1}{r_{1,t+1}(s_{t+1})} \right) \tag{7.47}$$

的关系。也就是剩余期限为 2 的利率因子的平方倒数是现时点短期利率因子的倒数与将来短期利率因子的倒数期待值的乘积。扩展到 n 年期的话，得到下面的

$$\frac{1}{(1+r_{n,t}(s_t))^n} = \frac{1}{r_{1,t}(s_t)} E_t^q \left(\prod_{i=2}^{n} \frac{1}{r_{1,t+i-1}(s_{t+i-1})} \right) \tag{7.48}$$

这个公式是用以上同样的手法，从后逐次评价价值而得出的。比如剩余期限为 3 的长期利率是在时点 1 把剩余期限为 2 的风险中性价格放到时点 0 进行风险中性评价而得出的。如此一旦得出风险中性概率，在作为前提条件的模型结构的基础下，就可以知道剩余期限 n 的债券的收益率了（也就是利率的期限结构）。

7.3.2 无套利利率变动模型

托马斯·侯和李尚宾以现时点的期限结构为前提条件，探索了分析将来均衡期限结构的框架[Ho and Lee(1986)]。下面我们来看一下图 7-5 的二项式模型。

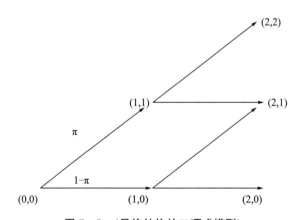

图 7-5 （晶格结构的二项式模型）
(注)(t,i) 表示晶格点。

在各时点 t 的状态 s 时，在下个时点产生的状态有两个，这两个状态称为上升与下降。上升的风险中性概率为 π，下降的概率为

$1-\pi$。把时点 $t=0$ 的状态设为 $s=0$ 的话,时点 $t=1$ 的状态为 $s=\{1,0\}$ 中的一项,$s=1$ 的概率为 π,$s=0$ 的概率为 $1-\pi$。时点 $t=1$ 的状态为 $s=1$ 的时候,时点 $t=2$ 的状态为 $s=\{2,1\}$ 中的一项,$s=2$ 的概率为 π,$s=1$ 的概率为 $1-\pi$。另一方面,时点 $t=1$ 的状态为 $s=0$ 的时候,时点 $t=2$ 的状态为 $s=\{1,0\}$ 中的一项,$s=1$ 的概率为 π,$s=0$ 的概率为 $1-\pi$。一般化的话,就有了 $Pr(s_{t+1}=1+s_t \mid s_t)=\pi$ 与 $Pr(s_{t+1}=s_t \mid s_t)=1-\pi$。这样的二项式模型结构称为晶格 (*lattice*) 结构。各晶格点用 (t,i) 表示,为了写的内容少点,用 $t'=t+1$、$i'=i+1$ 表示。

现在我们来看一下在 (t,i) 时两项的投资战略。一项是对 1 年期短期债券的投资,另一项是在 $t+1$ 时点卖出剩余期限 $n+1$ 长期债券的投资。(t,i) 的短期债券的收益率因子设为 $R_{1t}(i)$,长期债券的 1 年期的收益率因子设为 $y_{nt}(s_t,s_{t+1})$。假设长期债券的收益率因子由下面的

$$y_{nt}(i,i')=u_n R_{1t}(i) \quad \text{for} \quad (t',i')$$
$$y_{nt}(i,i)=d_n R_{1t}(i) \quad \text{for} \quad (t',i)$$
(7.49)

公式决定。这里 u_n、d_n 表示对各剩余期限 n 的债券的上下变动系数。假定这个系数不依赖时点 t,只依赖剩余期限。上方表示 (t',i') 的长期债券的实现收益率为短期利率 R_{1t} 的 u_n 倍。下方表示收益率为 R_{1t} 的 d_n 倍。

在时点 t 时,短期债券是无风险的,所以根据结果 6-12(d),得出下面的

$$R_{1t}(i)=\pi y_{nt}(i,i')+(1-\pi)y_{nt}(i,i)$$
(7.50)

欧拉方程式成立。也就是说在风险中性概率 π 的基础下,长期债券的期望收益率等于无风险利率。把 (7.49) 公式代入上面的公式的话,可以得到下面

$$1=\pi u_n+(1-\pi)d_n$$
(7.51)

的无套利条件。这是在时点 t 剩余期限 n 的长期债券与短期债券之间的无套利条件,对所有的剩余期限 n 都必须成立。

下面我们来看一下在 (t,i) 时进行 2 年期的投资,并发展到 $(t+2,i')$ 的情况。根据晶格结构,有通过 (t',i') 与 (t',i) 的两条路径。前者是上升之后下降,后者是下降之后上升。在 (t,i) 时,对剩

余年期 $n+2$ 的债券投资时,各自的收益率被定义为

$$Y_{n+2,t}^{2ud}(i,i') = y_{n+2,t}(i,i')y_{n+1,t'}(i',i') \tag{7.52a}$$

$$Y_{n+2,t}^{2du}(i,i') = y_{n+2,t}(i,i)y_{n+1,t'}(i,i') \tag{7.52b}$$

这里左上角的字 $2ud$ 表示 u 之后变为 d 路径的 2 年期的收益率,$2du$ 表示路径在 d 之后变为 u 的情况。$(t+2,i')$ 的剩余期限 n 的债券价格与路径无关,必须是相同的,所以

$$Y_{n+2,t}^{2ud}(i,i') = Y_{n+2,t}^{2du}(i,i') \tag{7.53}$$

必须成立。此条件称为路径独立性。从(7.51)与(7.53)公式得出以下结果。

结果 7‑8(长期债券的利率变动)

(7.49)公式中给出的,在时点 t,剩余期限 n 的长期债券的收益率发生如下变动

$$\begin{aligned} y_{nt}(i,i') &= \frac{1}{\pi+(1-\pi)\delta^n}R_{1t}(i) \quad \text{for}(t',i') \\ y_{nt}(i,i) &= \frac{\delta^n}{\pi+(1-\pi)\delta^n}R_{1t}(i) \quad \text{for} \quad (t',i) \end{aligned} \tag{7.54}$$

但 $\delta = (1-\pi u_2)/((1-\pi)u_2)$。

根据无套利条件(7.51)公式,由于 $u_1 \geqslant 1$,$\pi u_1 < 1$,所以 $0 \leqslant \delta \leqslant 1$。因此此在上升时,越是到期的长期债券,系数 u_n 越大,收益率越高。而在下降时,越是到期的长期债券,系数 d_n 越小,收益率越低。

7.2 节中考察的对象称为**均衡期限结构模型**,本节中考察的对象称为**无套利利率变动模型**(arbitrage-free rate movement)。前者从外部影响状态变数(或短期利率)的进程,并导出均衡的期限结构,但后者则从外部影响初期时点的期限结构,决定将来的短期利率的进程。债券的保有年利率定义为

$$y_{nt}(i,i') = p_{n-1,t'}(i')/p_{nt}(i) \tag{7.55}$$

所以如果用债券价格表示(7.49)公式的话,就有了

$$\begin{aligned} p_{n-1,t'}(i') &= \frac{p_{nt}(i)}{p_{1t}(i)}u_n \\ p_{n-1,t'}(i) &= \frac{p_{nt}(i)}{p_{1t}(i)}d_n \end{aligned} \tag{7.56}$$

晶格点(t,i)通过i回的上升与$t-i$回的下降得出。这里我们来看一下最初的$t-i$回下降与最后的i回上升的路径。考察最后一期的话,得出

$$p_{1t}(i)=\frac{p_{2,t-1}(i-1)}{p_{1,t-1}(i-1)}u_1 \tag{7.57}$$

反复逐次地把(7.56)公式代入右边,最终得出

$$p_{1t}(i)=\frac{p_{t'0}(0)}{p_{t0}(0)}\frac{\delta^{t-i}}{\pi+(1-\pi)\delta^t} \tag{7.58}$$

取对数的话,得出

$$r_{1,t}(i)=(t+1)r_{t+1,0}(i)-tr_{t,0}+\text{In}(\pi+(1-\pi)\delta^t)-(t-i)\text{In}\delta \tag{7.59}$$

左边是时点t的短期利率,右边的$r_{t+1,0}$是时点0的剩余期限$t$$+1$的长期利率,$r_{t,0}$为时点0的剩余年期$t$的长期利率。时点0的利率的期限结构就是这样决定短期利率的变动。

例题 7-3(无套利利率变动模型)

我们来看一下到期$1,2,3$的3种债券是可利用的债券市场。在时点$t=0$的状态0时,到期i的债券价格为$p_{10}=0.95$,$p_{20}=0.94$,$p_{30}=0.93$。此外,这个例题中,$u_2=1.01$、$d_2=0.99$是已知的。

1)求风险中性概率π与系数δ。并用(7.49)公式求剩余期限2的收益率$y_{20}(0,1)$与$y_{20}(0,0)$。

2)用(7.55)公式求晶格点$(1,i)$的债券价格$p_{11}(i)$与短期利率$R_{11}(i)$。$(i=0,1)$

3)在时点0时,投资剩余期限为3的债券,考察到达$(2,1)$的路径。用(7.52)与(7.49)公式,以u_3与d_3的形式来表示$Y_{30}^{2ud}(0,1)$与$Y_{30}^{2du}(0,1)$。

4)由2年期的无套利条件(7.53公式)$Y_{30}^{2ud}(0,1)=Y_{30}^{2du}(0,1)$、短期债券以及长期债券的无套利条件(7.51公式)$1=\pi u_3+(1-\pi)d_3$来求u_3与d_3。

解说 1)根据无套利条件(7.51)公式,$\pi=(1-d_2)/(u_2-d_2)=0.5$。并得出$\delta=0.980$。$R_{10}=1/p_{10}=1.0526$,所以$y_{20}(0,1)=1.0526\times1.01=$

金融经济学

1.0632，$y_{20}(0,0)=1.0562\times0.99=1.0421$。

2）在$(0,0)$时，到期2的债券的1年期保有利率为$y_{20}(0,1)=p_{11}(1)/p_{20}(0)$，$y_{20}(0,0)=p_{11}(0)/p_{20}(0)$。因此，$p_{11}(1)=y_{20}(0,1)p_{20}(0)=1.0632\times0.94=0.9994$，$p_{11}(0)=1.0421\times0.94=0.9796$。短期利率为$R_{11}(1)=1.0006$，$R_{11}(0)=1.0208$。

3）$Y_{30}^{2ud}(1)=y_{30}(0,1)y_{21}(1,1)=u_3R_{10}(0)d_2R_{11}(1)=1.0427u_3$，$Y_{30}^{2du}(1)=y_{30}(0,0)y_{21}(1,1)=d_3R_{10}(0)u_2R_{11}(1)=1.0852d_3$。

4）联立方程式$1.0427u_3=1.0852d_3$，取$u_3+d_3=2$，得出$u_3=1.02$，$d_3=0.98$。

7.4　信用风险与负债

7.4.1　信用风险与风险中性价格

2.2.3节中就负债的违约遵循泊松过程的情况，考察了存在风险的债券的均衡价格与收益率。正如泊松PD模型那样，不明确考察企业价值，使信用风险模型化的手法称为**诱导性**方法。杰诺和特恩布尔拓展了前面小节中的二项式模型，得出了存在信用风险的债券的价格[Jarrow and Turnbull(1995)][1]。

我们来看一下2年期模型中，没有信用风险的债券与有信用风险的债券。下面简称无风险债券与风险债券。我认为在时点$t=1$时，有四种状态。在状态1与2，无风险债券的短期利率上升(u)；在状态3与4，下降(d)。另一方面，在状态1与3，风险债券违约(b)；在状态2与4，不违约(n)。状态1为ub，2为un，3为db，4为dn。在时点1时风险债券违约的情况，是不可能在时点2恢复的，而在时点1时如果不违约的话，在时点2有可能违约。图7-6描述了这样的情况。

短期利率上升的风险中性概率为π，下降的概率为$1-\pi$。时点1的违约风险中性概率分别为η_1。假设短期利率与违约概率互相是独立的。在时点1，状态1由$\pi\eta_1$，状态2由$\pi(1-\eta_1)$，状态3由

---

① 泊松PD模型也称为更简化的违约强度模型。

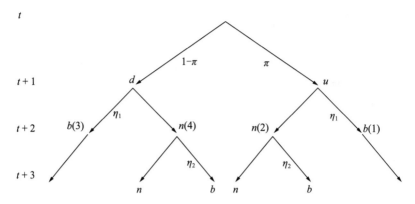

图 7 - 6（信用风险的二项式模型）

（注）括弧内的数值表示状态 $1,2,3,4$。u 为上升，d 为下降，b 为违约，n 为不违约。

$(1-\pi)\eta_1$，状态 4 由 $(1-\pi)(1-\eta_1)$ 的概率产生。在时点 1，状态为 2 或 4 的时候，在时点 2 违约的概率为 η_2。

无论是无风险债券还是风险债券，在时点 0，有到期为 1 的债券与到期为 2 的债券，在时点 1 存在到期 1 的债券。风险债券的面额为 1，设违约时的债券价值为 $L(\geqslant 0)$。面额为 1，所以 L 表示违约时的回收率，$L\leqslant 1$。此模型没有使企业价值模型化，而是从外部得出违约概率以及回收率，所以被分类在诱导性方法中。

时点 1 的状态 1 或 2(u) 的无风险债券的利率用 r_{1u} 表示，状态 3 或 4 的利率用 r_{1d} 表示。时点 0 的状态是单一的，因此短期利率为 r_0。设剩余期限 m 的时点 t 的风险债券价格为 v_{mt}，状态 s 的风险债券的支付额为 $Y(s)$。与 7.3.1 节相同，用条件风险中性概率来评价结果 6 - 12(c) 的话，得到下面的结果。

结果 7 - 9（有信用风险债券的风险中性价格）

短期利率与违约是独立的时候，风险债券的风险中性价格用下面的

$$v_{1t} = r_t^{-1} E_t^q(Y(s)) \tag{7.60}$$

表示。$Y(b)=L, Y(n)=1$。因此时点 1 的风险债券的价格可以用时点 2 的 $Y(s)$ 以及时点 1 的短期利率 r_1 来计算，就是

金融经济学

$$v_{11}(1) = r_{1u}^{-1}L , \quad v_{11}(2) = r_{1u}^{-1}(\eta_2 L + (1-\eta_2))$$
$$v_{11}(3) = r_{1d}^{-1}L , \quad v_{11}(4) = r_{1d}^{-1}(\eta_2 L + (1-\eta_2))$$

$$(7.61)$$

这些公式与考察多年期债券的 7.3.1 节中的(7.43)公式相对应。下面用(7.44)公式同样的方法,我们可以求得时点 0 的风险债券的价值。就是

$$v_{10} = r_0^{-1}(\eta_1 L + (1-\eta_1))$$
$$v_{20} = r_0^{-1}(\pi\eta_1 v_{11}(1) + \pi(1-\eta_1)v_{11}(2) + (1-\pi)\eta_1 v_{11}(3) + (1-\pi)(1-\eta_1)v_{11}(4))$$

$$(7.62)$$

这里使用的是时点 0 的短期利率与时点 1 的收益 $Y(s)$。

论述的细节这里省略,但与 7.3.2 的无套利利率变动模型相同,考察不同到期的债券间的无套利条件,并用回收率以及债券价格,我们可以推定**风险中性违约概率**(η_1, η_2)[①]。

7.4.2 信用风险的期权方法

与诱导性方法不同,明确考察企业价值的方法称为**结构论方法**。莫顿对具有信用风险的风险债券的价值评估运用了期权理论[Morton(1973)]。设某一定期间后的企业价值为 V,负债价值为 B,负债的面额为 D,从股东的剩余债券与有限责任章程得出负债的价值为 $B = \min(V, D)$。正如 3.1 节中考察的那样,违约时债权者得到 $V(<D)$,不拖欠时得到 $D(<V)$。此负债的价值可以改写为 $B = D + \min(V-D, 0)$。也就是说,风险负债到期时的价值在 $V > D$ 时等于面额 D,在 $V < D$ 时等于面额 D 加上损失 $V-D$。如后面 8.3 节中详细论述的那样,此 $\min(V-D, 0)$ 等于把企业价值 V 作为原资产,把负债面额 D 作为行使价格的看跌期权的卖方收益。换言之,在购买面额 D 的无风险债券的同时,购买风险债券与卖出行使价格 D 的看跌期权是等价的。看跌期权的卖方在负债违约的时候,用 V 的价格购买企业,又必须用 D 购买,所以承担 $V-D$ 的损

---

① 无风险债券的价格设为 $p_{mt}(s)$ 的话,无套利条件为 $r_0 = (\pi p_{11}(u) + (1-\pi)p_{11}(d))/p_{20}$。左边为时点 0 的短期利率,右边为到期 2 的无风险债券的 1 年期保有收益率的期待值。

失。在负债的面额上加上此损失就为违约时的风险债券的价值 V。 [1]

如后所述,给出企业资产价值遵循几何布朗运动时的期权价值的模型称为**布莱克-肖尔斯-默顿模型**(**BSM**)。下面内容中,到期之前没有息票的支付,破产也只发生在到期时,破产成本为 0。此外,假设无风险债券的瞬间利率 r、企业资产价值的期待收益率(漂移系数)μ 以及波动率(扩散系数)σ_2 时间上是一定的。得出下面的结果。

结果 7 - 10(期权模型中的风险债券的价值)

初期时点的风险债券的价值为

$$B_0 = V_0 N(-d) + De^{-rT} N(d - \sigma \sqrt{T}) \tag{7.63}$$

违约率为 $PD = N(-d + \sigma \sqrt{T})$。而

$$d = \frac{\ln(V_0/D) + (r + \sigma^2/2)T}{\sigma \sqrt{T}} \tag{7.64}$$

这里 V_0 表示初期时点的企业价值,$N(\cdot)$ 表示标准正态分布的累积分布函数。与 8.3 小节是以前以后,但本小节是以 BSM 模型的期权公式为前提条件来说明的。把风险负债的价值分为无风险债券与看跌期权,用此方法来考察的话,那负债的价值就是 $B_0 = e^{-rT}D + P^S$,其中看跌期权部分的价值设为 P^S。看跌期权初期时点的价值就如后面(8.3 节中(8.35)公式)一下为

$$P^S = -De^{-rT} n(-d + \sigma \sqrt{T}) + V_0 N(-d) \tag{7.65}$$

代入这个公式的话,就得出了结果的前半部分。违约率为 $Pr(V < D)$。在几何布朗运动下,对数企业价值为期待值 $\ln V_0 + (\mu - \sigma^2/2)T$,遵循方差 $\sigma^2 T$ 的正态分布,所以标准化的概率变数 $x = (\ln V - E(\ln V))/\sqrt{\mathrm{Var}(\ln V)}$ 遵循标准正态分布。设 $x_D = (\ln D - E(\ln V))/\sqrt{\mathrm{Var}(\ln V)}$ 的话,得出 $Pr(V < D) = Pr(x <$

---

[1]　负债的价值也可以写成 $B = V + \min(D - V, 0)$。$\min(D - V, 0)$ 与看涨期权的卖方的收益相同。因此,风险债券的价值从企业价值总额中扣除行使价格为 D 的看涨期权价值相等。

金融经济学

$x_D)=N(x_D)$。这里 $x_D=(\ln D-\ln V_0-(\mu-\sigma^2/2)T)/\sigma\sqrt{T}$。根据结果 6-12(d) 注意风险中性评价中 $\mu=r$ 的话,得出 $x_D=-d+\sigma\sqrt{T}$。图 7-7 表示标准正态分布的密度函数与违约临界值 x_D。$x<x_D$ 的领域为违约。

密度

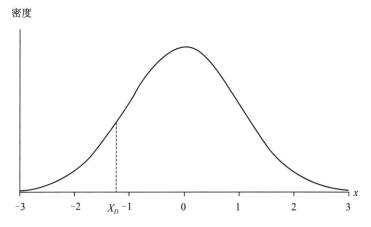

图 7-7　(标准正态分布下的违约领域)
(注)x 为遵循标准正态分布的概率变数,$x<x_D$ 的领域为违约。

这里使用无风险债券的风险中性价格 De^{-rT},设风险中性的负债率为 $k_0=De^{-rT}/V_0$ 与终期资产价值(的对数收益率)的波动率为 $v=\sigma\sqrt{T}$ 的话,得出 $d=-\ln k_0/v+v/2$。因此信用风险的期权方法中,风险中性的负债率 k_0 与终期波动率 v 决定违约概率 PD。

根据 $B_0=e^{-r_L T}D$,风险债券的瞬间收益率 r_L 为 $r_L=-\ln(B_0/D)/T$。因此与无风险利率的价差为

$$s=r_L-r=-\frac{1}{T}\ln(B_0/D)-\ln(e^r)=-\frac{1}{T}\ln\frac{B_0}{De^{-rT}}$$

$$(7.66)$$

代入(7.63)公式,得出信用风险价差为

$$s=-\frac{1}{T}\ln\left(\frac{N(-d)}{k_0}+N(d-\sigma\sqrt{T})\right) \qquad (7.67)$$

价差与负债比率的关系为

$$\frac{\partial s}{\partial k_0}=\frac{e^{sT}N(-d)}{Tk_0^2}>0 \qquad (7.68)$$

也就是负债比率越高,违约率越高,价差也就越大。图7-8表示的是风险中性负债比率与 PD 以及价差之间的关系。

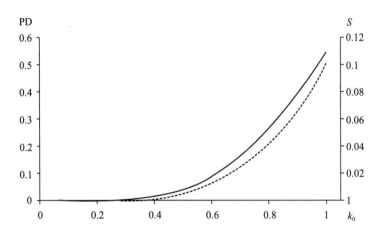

图7-8　（负债比率与 PD 以及价差）

(注)横轴为风险中性负债比率,纵轴为 PD 以及价差。实线为 PD,虚线为价差 s。$v=0.3$ 的情况。

　　关于波动率,为公式

$$\frac{\partial s}{\partial v} = \frac{1}{T}\exp\left(-\frac{(d-v)^2}{2} + sT\right) > 0 \tag{7.69}$$

　　波动率越高价差越大,这是可以被确定的。关于这些的导出,这里就省略了,但大家可以参考8.3.3节以及其后面的补遗。

例题7-4（信用风险的期权方法）

　　A 公司发行到期为 $T=1$、面额 $D=1.0202$ 的债券,初期的资产价值为 $V_0=1.5$。并已知 A 公司的终期资产价值（对数收益率）的波动率为 $v=0.3$。无风险利率为 $r=0.02$。求风险中性的负债比率 k_0 与违约临界值 x_D 以及违约概率 PD。并求出信用风险价差 s。

　　解说　$k_0 = De^{-r}/V_0 = 1.0202 \times 0.9802/1.5 = 0.6667, x_D = -d + v$ $= \ln k_0/v + v/2 = -1.20155$。违约概率 $PD = N(x_D) = 0.115$。$d = v - x_D = 1.5016$,因此得出 $s = -\ln(N(-d)/k_0 + N(-x_D)) = 0.01497$。

金融经济学

补遗 A：一阶的自回归过程

如(7.20)公式,某变数得出的形式是以其变数的过去值与其他概率项的一次结合形式,这称为**线性概率差分方程式**。这里,方程式只包含前期的变数,所以是一阶的线性差分方程式。如此产生的概率变数系列$\{z_t\}_{t=0}^{\infty}$为**概率过程**。

关于概率项ε_t的过程,一般满足$E(\varepsilon_t)=0$、$E(\varepsilon_t^2)=r^2$以及$E(\varepsilon_t\varepsilon_s)=0(t\neq s)$时,其概率过程称为白噪声(white noise)过程。(7.20)公式的概率项ε_t满足这些性质,所以是白噪声过程特别是独立性与正态分布这样更强的假定的话,这时被称为独立高斯型白噪声。

在(7.20)公式中看$|\phi|<1$的情况。设$u_{t+1}=\sigma\varepsilon_{t+1}$,反复逐次代入的话,这就是

$$z_t = \sum_{i=0}^{\infty}\phi^i(c+u_{t-i})=c/(1-\phi)+\sum_{i=0}^{\infty}\phi^i u_{t-i} \quad (7.70)$$

这是把z_t作为u_t的次数无限大的**移动平均(moving average)过程(MA(∞))**来表述的。在其表现上,过去的概率项u_{t-i}的系数为ϕ^i。根据$|\phi|<1$的过程,由于$\lim_{i\to\infty}\phi^i=0$,所以对无限期前的概率项$z_t$的影响为0。此外,过去的影响越大($i$越大),效果越小。

z_t满足下面的性质时,称为**协方差平稳(covariance stationary)**,

$$\begin{aligned} E(z_t) &= \mu & \forall t \\ E(z_t-\mu)(z_{t-j}-\mu) &= \gamma_j & \forall t,j \end{aligned} \quad (7.71)$$

上面部分意味着期待值为一定的μ。下面部分意味着无论关于哪个t,j期滞后的自协方差都是一定的γ_j。而j不同的话,自协方差不同就可以了。上述的MA(∞)表现中,如果满足$|\phi|<1$的话,协方差平稳过程就会被呈现。根据$E(u_t)=0$,取(7.70)公式下面部分的期待值,就得出$E(z_t)=c/(1-\phi)$。方差为$E(z_t-c/(1-\phi))^2=E(\sum_{i=0}^{\infty}\phi^i u_{t-i})^2=\sum_{i=0}^{\infty}\phi^{2i}\sigma^2=\sigma^2/(1-\phi^2)$。这里省略导出项,但$j$期滞后的自协方差为$\gamma_j=\sigma^2\phi^j/(1-\phi^2)$。

(7.70)公式中,固定时点t的话,s期后,

$$z_{t+s}=c/(1-\phi)+\sum_{i=0}^{\infty}\phi^i u_{t+s-i} \quad (7.72)$$

成立。因此 t 期的冲击 u_t 对 z_t 的影响为 $\partial z_{t+s}/\partial u_t = \phi^s$。像这样，1 个单位的外在冲击（也称为新变量）对内生变量的影响在计量经济学中称为脉冲响应（impulse response）。

补遗 B：期待短期利率与长期利率

(7.30)公式是 SDF 的定义以及附条件期望值的反复的公式。按序使用(7.29b)公式可以变形为下面的公式

$$p_{2t} = E_t\left(\frac{e^{-\delta}u'(c_{t+2})}{u'(c_{t+1})}\frac{e^{-\delta}u'(c_{t+1})}{u'(c_t)}\right) = E_t(p_{1,t+1}m_{t+1}) \quad (7.73)$$

取对数，使用对数正态分布的期待值的性质，可以得到

$$\text{In } p_{2t} = \text{In } E_t(p_{1,t+1}) + \text{In } E_t(m_{t+1}) + \text{Cov}_t(\text{In}(p_{1,t+1}, \text{In } m_{t+1})) \quad (7.74)$$

这里根据(7.31)公式，得出

$$E_t(r_{1,t+1}) = -\text{In } E_t(p_{1,t+1}) + \text{Var}_t(\text{In}(p_{1,t+1}))/2 \quad (7.75)$$

成立。并根据欧拉方程式，得出 $\text{In } E_t(m_{t+1}) = \text{In } p_{1t}$ 成立。把这两个公式代入它们前面的公式，得出

$$\text{In } p_{2t} = -E_t(r_{1,t+1}) + \text{Var}_t(\text{In}(p_{1,t+1}))/2 + \text{In } p_{1t} + \text{Cov}_t(\text{In}(p_{1,t+1},)\text{In } m_{t+1})$$

而根据(7.11)公式，由于 $r_{2t} = -\text{In } p_{2t}/2, r_{1t} = -\text{In } p_{1t}$，所以上面的公式变为

$$-2r_{2t} = -E_t(r_{1,t+1}) - r_{1t} + \text{Var}_t(\text{In}(p_{1,t+1}))/2 + \text{Cov}_t(\text{In}(p_{1,t+1}, \text{In } m_{t+1})$$

并得出(7.32)公式。

补遗 C：无套利利率变动模型

把(7.52)公式代入(7.53)公式，并用(7.49)公式整理的话，按序被变为

$$Y_{n+2,t}^{2ud}(i, i') = Y_{n+2,t}^{2du}(i, i')$$
$$y_{n+2,t}(i, i')y_{n+1,t'}(i', i') = y_{n+2,t}(i, i)y_{n+1,t'}(i, i') \quad (7.76)$$
$$u_{n+2}R_{1t}(i)d_{n+1}R_{1,t'}(i') = d_{n+2}R_{1t}(i)u_{n+1}R_{1,t'}(i)$$

时点 $t+1$ 的短期利率因到达晶格点的不同而不同。为了弄清这点，就 $n=2$ 来思考(7.49)公式的话，得出 $y_{2t}(i, i') = u_2 R_{1t}(i)$ 以

金融经济学

及 $y_{2t}(i,i') = d_2 R_{1t}(i)$。这里回到收益率的定义的话,用公式
$y_{2t}(i,i') = p_{1t'}(i')/p_{2t}$、$y_{2t}(i,i) = p_{1t'}(i)/p_{2t}(i)$、$R_{1t'}(i') = 1/p_{1t'}(i')$ 以及 $R_{1t'}(i) = 1/p_{1t'}(i)$ 可以得到下面的关系。

$$R_{1t'}(i') = \frac{1}{p_{1t'}(i')} = \frac{1}{y_{2t}(i,i')p_{2t}(i)} = \frac{1}{u_2 R_{1t}(i)p_{2t}(i)}$$

$$\tag{7.77a}$$

$$R_{1t'}(i) = \frac{1}{p_{1t'}(i)} = \frac{1}{y_{2t}(i,i)p_{2t}(i)} = \frac{1}{d_2 R_{1t}(i)p_{2t}(i)}$$

$$\tag{7.77b}$$

公式。把这些公式代入(7.76)公式的最后一个公式,得到

$$\frac{u_{n+1}d_n}{u_1} = \frac{d_{n+1}u_n}{d_1} \tag{7.78}$$

用(7.51)公式,消去 d 的话,得到下面的差分方程式

$$\frac{1}{u_{n+1}} = \gamma + \delta\frac{1}{u_n} \tag{7.79}$$

这里 $\gamma = \pi(u_2 - 1)/((1-\pi)u_2)$。设初期条件为 $u_1 = 1$,差分方程式的解为

$$u_n = \frac{1}{\pi + (1-\pi)\delta^n} \tag{7.80}$$

另外根据(7.52)公式得出

$$d_n = \frac{\delta^n}{\pi + (1-\pi)\delta^n} \tag{7.81}。$$

文献指南

收益率曲线

Carleton, W., Cooper, I. 1976. Estimation and uses of the term structure of interest rates. *Journal of Finance* 31, 1067 – 1083.

Lutz, F. 1940. The structure of interest rates. *Quarterly Journal of Economics* 55, 36, 63.

McCulloch, J. 1971. Measuring the term structure of interest rates. *Journal of Business* 44, 19 – 31.

Suits, D. 1978. Spline functions fitted by standard regression methods. *Review of Economics and Statistics* 60, 132 – 139.

期限结构模型

Backus,D.,Foresi,S.,Telmer,C.1998.Discrete-time models of bond pricing.*NBER Working Paper*.

Cox,J.,Ingersoll Jr.,J.,Ross,S.1981.A re-examination of traditional hy-potheses about the term structure of interest rates. *Journal of Finance* 36,769 – 799.

Cox,J., Ingersoll Jr., J., Ross, S. 1985a. A theory of the term structure of interest rates. *Econometrica* 53,385 – 407.

Cox, J., Ingersoll Jr., J., Ross, S. 1985b. An intertemporal general equi-librium model of asset prices. *Econometrica* 53, 363 – 384.

Longstaff, F. 2000. Arbitrage and the expectations hypothesis. *Journal of Finance* 55,989 – 994.

Longstaff,F.,Schwartz,E.1992.Interest rate volatility and the term structure:A two-factor general equilibrium model.*Journal of Finance* 47,1259 – 1282.

McCulloch,J.1993.A reexamination of traditional hypotheses a-bout the termstructure: A comment. *Journal of Finance* 48,779 – 789.

Sun,T.1992.Real and nominal interest rates:A discrete-time model and its continuous-time limit.*Review fo Financial Studuies* 5,581 – 611.

Vasicek, O. 1977. An equilibrium characterization of the termstructure.*Journal of Financial Economics* 5,177 – 188.

无套利利率变动模型

Heath,D.,Jarrow,R.,Morton,A.1992.Bond pricing and the termstructure of interest rates:A new methodology for contingent claims valuation. *Econometrica* 60,77 – 105.

Ho,T.,Lee,S.1986.Term structure movements and pricing interest rate contingent claims.*Journal of Finance* 41,1011 – 1029.

金融经济学

Hull, J., White, A. 1990. Pricing interest rate derivative securities. *Review of Financial Studies* 3,573 – 592.

Hull,J.,White,A.1993.One factor interest rate models and the valuation of interest rate derivative securities.*Journal of Financial and Quantitative Analysis* 28,235 – 254.

信用风险模型

Anderson,R.,Sundaresan,S.1996.Design and valuation of debt contracts. *Review of Financial Studies* 9,37 – 68.

Black, F., Cox, J. 1976. Valuing corporate securities: Some effects of bond indenture provisions. *Journal of Finance* 31,351 – 367.

Duffie,D.,Singleton,K.1999.Modeling term structures of defaultable bonds.*Review of Financial Studies* 12,687 – 720.

Jarrow, R. 2001. Default paremeters estimation using market prices. *Financial Analysts Journal* September/October,1 – 18.

Jarrow,R.,Lando,D.,Turnbull,S.1997.A Markov model for the term structure of credit risk spreads. *Review of Financial Studies* 10,481 – 523.

Jarrow,R.,Turnbull,S.1995.Pricing derivatives on financial securities subject to credit risk. *Journal of Finance* 50,53 – 85.

Lando,D.1998.On Cox processes and credit risky securities. *Review of Derivatives Research* 2,99 – 120.

Longstaff,F.,Schwartz,E.1995.A simple approach to valuing risky fixed and floating rate debt.*Journal of Finance* 50,789 – 819.

Merton, R. 1973. On the pricing of corporate debt: The risk structure of interest rates.*Journal of Finance* 29,28 – 30.

教科书

Bluhm,C.,Overbeck,L.,Wagner,C.2010.An Introduction to Credit Risk Modeling.Second edition.Chapman&Hall.(译)森平爽一郎,信用风险模型入门,シグマベイスキャピタル(2007)。

Fabozzi，F. 2006. *Fixed Income Mathematics*. Fourth edition. McGrawHill.

Hull，J. 2012a. *Risk Management and Financial Institutions*. Third edition.John Wiley&Sons.(译)竹谷仁宏。财务风险管理，培生教育(2008)。

Hull，J.2012b.*Options，Futures，and Other Derivatives*.8the edition.Prentice Hall.(译)三菱 UFJ 证券市场商品本部，金融工程，金融财政事情研究会(2016)。

Ingersoll，J.1987. *Theory of Financial Decision Making*. Rowman & Littlefield Publishers.

Luenberger，D. 2014. *Investment Science*. Oxford University Press.

McNeil，A.，Frey，R.，Embrechts，P. 2005. *Quantitative Risk Management*.Princeton University Press.

Nawalkha，S.，Beliaeva，N.，Soto，G. 2007. *Dynamic term structure modeling*.John Wiley&Sons.

Tuckman，B.，Serrat，A. 2011. *Fixed Income Securities：Tools of Today's Markets*.Third edition.Wiley.(译)四塚俊树、森田洋，债券分析的理论与实践，东洋经济新报社(改订版，2012)。

第八章 金融衍生产品市场

本章对期货、期权以及掉期等金融衍生产品的基础进行说明。8.1 节将对期货、远期交易的不同以及它们的均衡价格的推移进行说明。8.2 节将对掉期交易的结构、掉期的价格以及掉期率的决定进行说明。8.3 节将对期权交易的结构与均衡期货价格的决定进行说明。

8.1 期货与远期 †

我们把事先约定未来买卖的交易称为期货交易与远期交易，其市场则称为**期货市场·远期市场**。一般来说，在交易所进行的交易称为期货交易，在柜台(over the counter, OTC)进行的相同的交易称为**远期合约**(forward contract)。特点是期货交易中，交易所标准化的合约适用所有的投资者。而远期合约中，各不相同的合约条件为合约可能[①]。并且**逐日盯市制度**(mark-to-market)适用于所有的投资者，这是惯例。也就是各投资者必须每天计算一天交易结束时的亏损与盈利。在交易所交易的期货价格，投资者是可以看到的。而远期交易的价格通常只有交易者才能看到。

8.1.1 期货·远期的价值变化

下面我们来看一下某原资产的远期价格。在时点 0，缔结 T 期间后以远期价格 F_0 来买卖 1 单位的原资产的合约。设连续复

---

① 特别要注意的是，远期交易指定特定的交割日期，而期货交易指定一定的交割期限。

利的瞬间无风险利率为 r。根据无套利条件,远期价格的贴现值与现时点的现货价格 S_0 必须一致,因此

$$S_0 = F_0 e^{-rT} \tag{8.1}$$

成立。如果上面的公式不成立,以无风险利率借入 S_0 来购买现货的原资产,并根据缔结的以 F_0 卖出的远期合约,则可以获得 $F_0 - S_0 e^{rT}$ 的利益。比如,在 $S_0 < F_0 e^{-rT}$ 的时候可以获得正的套利利益。本节依然忽略原资产存储等方面的交易成本。

下面我们设时点 $t(>0)$ 的到期 $T(<t)$ 远期价格为 F_{tT}。在期货与远期交易中,买入期货合约称为多头头寸,卖出期货合约称为空头头寸。在时点 0 时,对于获得多头头寸的投资者来说,在时点 t 的合约价值为

$$v_t = (F_{tT} - F_0) e^{-r(T-t)} \tag{8.2}$$

也就是 $F_{tT} > F_0$ 时,在时点 $t(>0)$ 办理空头头寸的话,可以在买卖日期 T 时获得 $F_t - F_0$ 的利益。把(8.1)公式代入(8.2)公式中,得出

$$v_t = F_{tT} e^{-r(T-t)} - S_0 e^{rt} \tag{8.3}$$

空头头寸的价值就是把符号反过来。

这里 v_t 表示的是时点 t 的机会利益与损失额。如果进行套利交易,就会错失获得这些利益与避免损失的机会。如果在各时点 t,不进行盈亏 v_t 的套利交易,那么在时点 $t = T$(之前)时,盈亏为

$$v_T = F_T - F_0 = S_T - F_0 \tag{8.4}$$

这里,在时点 T 时,以 T 为期限的远期价格 F_T 在定义上是不存在的。这样的交易为现货交易,因此定义为 $F_T = \lim_{t \to \infty} F_{tT}$。这样的话,

$$F_T = S_T \tag{8.5}$$

也就是说到期日的期货价格与现货价格必须一致,所以第二个等号成立。所谓期货市场的逐日盯市制度就是指通过预先持有并进行高调整,日日确认最后的损益 v_T 的制度。

例题 8-1(远期交易)

下面我们看一下 7.1 节中考察的无风险债券的远期价格。在时点 0 时,债券 1 在 9 个月后的时点 3 到期,时点 0 的价格是 $S_0 =$

金融经济学

97.7751。债券 2 在 6 个月后的时点 2 到期,时点 0 的价格是 $P_2 =$ 98.5112。两个债券都是无风险的零息债券,面额都为 100。投资者(或金融机构)可以通过无风险借入,交易费用为零。投资者对 3 个月的贴现用 $\exp(-0.25r)$。投资者进行如下的交易。

时点 0 缔结在时点 2 以远期价格 F_0 卖出债券 1 的合约。以价格 S_0 买入现货债券 1。可以通过无风险利率借入此买入资金,期限为 6 个月。时点 2 遵照远期合约卖出保有的债券 1。返还借入资金。

1) 计算此交易的盈亏 v。设远期价格为 F_0。并根据(8.1)公式求均衡的 F_0。

2) 在时点 1,债券 1 的价格为 $S_1 = 98.5112$,债券 2 的价格为 $P'_2 = 99.2528$。在时点 2 卖出债券 1 的远期价格 F_1 为多少?在时点 1 时,时点 0 时缔结的远期合约的价值为多少?

3) 在时点 1 时,债券 1 的价格为 $S_1 = 98.0199$,债券 2 的价格为 99.0050。在时点 1 卖出债券 1 的远期价格 F_1 为多少?在时点 1 时,时点 0 时缔结的远期合约的价值为多少?

解说 1) 半年期的利率为 $r_2 = -2\ln(P_2/100) = 0.03$,所以借入返还额为 $S_0\exp(0.5r_2) = 99.2528$。因此此交易的盈亏为 $v = F_0 - 99.2528$。根据无套利条件($v = 0$),得出 $F_0 = 99.2528$。

2) 通过与 1)相同的论证,$r_1 = -4\ln(P'_2) = 0.03$,$F_1 = S_1 e^{0.25r_1} = 99.2528$。$F_1 - F_0 = 0$,所以合约的价值为 0。

3) 同样,$F_1 = S_1 e^{rT} = 98.0199 \times 1.0101 = 99.0050$。$F_1 - F_0 = -0.2478$ 的损失。

8.1.2 期货价格与远期价格的关系

布莱克-肖尔斯、约翰·考克斯、小乔纳森·E·英格索尔(Jonathan E. Ingersoll)和斯蒂芬·罗斯(Stephen A. Ross)等分析了期货价格与远期价格的关系[Black-Scholes(1976),John

Carrington Cox et al.(1981)]。假定最初利率是一定的,贴现函数用 $\delta_{tT} = \exp(-r(T-t))$。这是到时点 t 扣除到期 T 的收益时的贴现率。我们来看一下阶段性地增加每期多头头寸这样的投资战略。各时点 $t = 0, \cdots$,使 T 初期的多头头寸与贴现函数 $\delta_{t+1,T}$ 相同。具体来说,时点 $t = 0$ 的头寸是 $\delta_{1T} = \exp(-r(T-1))$,时点 $t = 1$ 的头寸是 $\delta_{2T} = \exp(-r(T-2))$。为了与远期价格相区别,这里把时点 t 的期货价格设为 f_t。在时点 $t+1$ 时,每一单位产生

$$v_{t+1} = f_{t+1} - f_t \tag{8.6}$$

的利益。头寸的盈亏为 $(f_{t+1} - f_t)\delta_{t+1,T}$。通过无风险利率运用并调整此战略,直到期限 T 的话,这部分的末期差额为 $(f_{t+1} - f_t)\delta_{t+1,T}/\delta_{t+1,T} = f_{t+1} - f_t$。因此在期限日统计,可以获得

$$\sum_{t=1}^{T}(f_t - f_{t-1}) = f_T - f_0 = S_T - f_0 \tag{8.7}$$

的利益。第二个等号与(8.5)公式一样,是指期限日的期货价格与现货价格相同,也就是

$$S_T = f_T \tag{8.8}$$

另一方面,远期交易的话,最终的盈亏为(8.2)公式。故得到下面的结果。

结果 8 - 1[期货价格与远期价格(利率一定的情况下)]

利率一定的情况下,期货价格与远期价格相同。也就是 $F_0 = f_0$ 成立。

这是根据期货与远期的无套利条件。两者的利益相等的话,得出上面的结果。

下面,我们通过7.3节中考察的二项模型来看一下期权的风险中立价格。设时点 t 的状态为 i_t,期限日的现货价格为 $S_T(i_T)$。现在来看一下下面的投资战略。时点 $T-1$ 时,用期货价格 f_{T-1} 来缔结期货合约,买入 $f_{T-1}/r_{1,T-1}$ 日元的面额1、期限1的现货无风险债券。但 $r_{1,T-1}$ 是无风险利率因子。在到期日 T 时,现货债券带来 f_{T-1} 日元的收益,所以以此作为期货合约的购入资金。购入的现货当场以现货价格 $S_T(i_T)$ 卖掉。该投资的收益率因子为 $R_T = S_T(i_T)/(f_{T-1}/r_{1,T-1})$,用结果 6 - 12(d) 公式的话,得出

金融经济学

$$1 = r_{1,T-1}^{-1} E_{T-1}^q \left(\frac{S_T(i_T)}{f_{T-1}/r_{1,T-1}} \right) = \frac{E_{T-1}^q(S_T(i_T))}{f_{T-1}} \tag{8.9}$$

成立。因此得出

$$f_{T-1} = E_{T-1}^q(S_T(i_T)) \tag{8.10}$$

也就是期货价格等于现货价格的期待值。用同样的手法,关于 0 时点的期货价格与到期时的现货价格,得出

$$f_0 = E_0^q(S_T(i_T)) \tag{8.11}$$

成立。

下面看一下该期货价格与远期价格的关系。为了使论述简单,这里主要看一下 7.3 节中考察过的 2 期限模型。时点 0 的远期价格满足(8.1)公式的关系,无风险利率用时点 0 的 2 期限的无风险利率 r_{20}。也就是在 $T=2$ 时,$S_0 = F_0 e^{-2r_{20}}$。得出下面的结果[1]。

结果 8 – 2 [期货价格与远期价格(利率变动的情况下)]

期限为 2 的时候,现时点的期货价格 f_0 与远期价格 F_0 之间有

$$F_0 = f_0 + \frac{\text{Cov}(S_2, e^{-r_{11}})}{E_0^q(e^{-r_{11}})} \tag{8.12}$$

的关系。这里,r_{11} 是时点 1 的期限 1 的无风险利率,q 是从时点 0 看到的时点 2 的状态发生的风险中性概率。导出的概要在补遗中进行说明。

8.1.3 期货与远期交易的种类

上面我们通过一般的形式考察了期货与远期交易的理论特性。本小节将对不同的交易进行举例说明[2]。代表性的利率期货中,有欧洲美元利率期货与欧洲日元利率期货等。**欧洲美元期货**是以本金 100 万美元 3 个月的定期存款(以欧洲美元支付)为对象的。期货的期限(到交割日为止的期限)在 10 年前,有 3 个月、6 个月、9 个月、12 个月等共计 40 个种类。交易所是 GME。东京金融

---

[1] 这个结果主要依据的是格林布拉特与杰格迪什(Crinblatt and Jegadeesh, 2000)的理论。

[2] 以下的说明主要依据的是龙伯格(Luenberger, 2013)以及赫尔(Hull, 2012)的理论。

交易所的**欧洲日元3个月利率期货**是以全国银行协会的欧洲日元东京同业拆借利率（TIBOR）3个月期货为对象的；本金是1亿日元，5年前有3个月、6个月、9个月、12个月这几种。表示与欧洲美元利率期货相同的价格。

欧洲美元利率期货中，时点t的欧洲美元期货价格f_t在期货利率（年利率）为R_t^f时，被定义为$f_t=100-R_t^f(\%)$。因此如果欧洲美元期货价格上升或下降0.01的话，期货利率的年利率就会下降或上升1个基点（1 bp=0.01%）。

下面看一下在时点0时，交割时点为$t=3$的欧洲美元期货的空头头寸。在时点0时以f_0卖出欧洲美元期货，在时点3再以f_3回购。最终日的期货合约金额为$p^f=100-0.25R_0^f$（万美元），最终决算金额为$p^s=100-0.25R_3^f$。这里，0.25=90/360，是把年利率换算成3个月利率的四分之一年度复利的调整系数[①]。

因此交割时的盈亏为

$$v_3=p^f-p^s=0.25(R_3^f-R_0^f) \tag{8.13}$$

$t=3$是期限的话，R_3^f则与现货欧洲美元利率R_3^s一致。把利率变化定义为$\Delta R_{03}=R_3^s-R_0^f$的话，空头头寸的最终盈亏为$v_3=0.25\Delta R_{03}$。故1 bp的利率变化就会带来$0.25\times100$万美元$\times0.0001=25$美元的盈亏。

假定银行贷款利率在欧洲美元与欧洲日元利率基准上（或伦敦银行同业拆借利率与东京银行同业拆借利率基准）追加差额的话，要确定将来银行贷款利率的一个方法就是，交易欧洲美元（日元）利率期货。设差额为$y(\%)$的话，贷款利率（年利率）R_t^b为

$$R_t^b=R_t^s+y \tag{8.14}$$

结合以上说明的欧洲美元期货空头头寸，得出交割时点$t=3$的3个月贷款成本为

$$R_3^c=0.25R_3^b-v_3=0.25(R_0^f+y) \tag{8.15}$$

也就是说，在时点$t=0$时，3个月后到6个月后的贷款成本由R_3^c确定。

作为金融机关与借款方的相对交易，这里有**远期利率协议**

---

① 按惯例，以3个月90天，1年360天的天数计算。

(forward rate agreement, FRA)。**LIBOR 基准**下的远期利率协议中,把 LIBOR 的远期利率 f_{nt} 作为 FRA 的基本利率。用 FRA 的话,与以上论述相同,在现时点,可以确定 LIBOR 基准下的银行贷款利率。在下节中也会对 LIBOR 进行说明,而远期 LIBOR 就是 LIBOR 的远期利率。远期 LIBOR 满足(7.13)公式,所以用 LIBOR 零息利率 r_{nt},远期 LIBOR 可以表示为 $f_{nt} = (n+1)r_{n+1,t} - n\,r_{nt}$。这里 r_{nt} 是时点 t 的期限 n 的 LIBOR 零息利率。

大阪交易所的**国债期货**分为中期国债期货、长期国债期货与超长期期货。三类中,被作为交易对象的不是实际存在的品种,为大阪交易所选定的标准物。比如长期国债标准物是利率 6%,期限 10 年。面额是 1 亿日元,有 3、6、9、12(月)四个期限。在期货合约时点到交割(决算)时点为止的这段时间逐日盯市,并且反对买卖的差额决算也是可能的。交割时点之前,由于差额决算,头寸没被解决的话,就有必要在交割时点进行原资产的国债现货决算。**可交割的品种**作为可交割品级是固定的,交付方(卖方)可以自由决定交付哪个品种。设期货交易的面额为 B,第 i 品种的交割决算价格为 s_i,交换比率为 c_i,得出决算金额为 $v_i = s_i c_i B/100$ ①。交换比率是由每个品种剩余期限(剩余支付利息次数)与利率等来定的。设期货价格(卖出价格)为 f,空头头寸的利益为 $\pi_i = (f - s_i c_i)B/100$。但这里忽略应计利息。因此空头头寸的投资者为了利益最大化来选择交割品种。这称为**最便宜可交割债券**(cheapest to deliver)。

外汇契约是在现时点确定外币结算资产与债务中的收益以及支付额的方法。CME 中有欧元与日元等**货币期货**。设现货汇率为 S_t,期货(远期)汇率为 F_t,日元结算利率为 r_j,美元结算利率为 r_u。以 r_j 借入 X 日元,用美元计算,在现时点签订 1 年后以 F_0 日元卖出(购入日元)Y 美元的外汇契约(或期货)。1 年后的美元资产为 Xe^{r_u}/S_0(美元),1 年后的债务偿还额为 Xe^{r_j}。外汇契约的决算时,支付 Y 美元,获得 YF_0 日元。现在为了用卖出的 YF_0 日元正好可以偿还贷款,设定卖出额为 $Y = Xe^{r_j}/F_0$,得出 1 年后的利

---

① 原则上,交割决算价格(或叫清算价格)是交易终了时的价格。

益为

$$v = X\left(\frac{e^{r_u}}{S_0} - \frac{e^{r_j}}{F_0}\right) \tag{8.16}$$

因此 $F_0 > e^{r_j - r_u} S_0$ 的时候,用美元结算在现时点可以确定正的利益,故产生套利交易。从这里可以得出期货美元结算利率的无套利条件为

$$F_0 = e^{r_j - r_u} S_0 \tag{8.17}$$

这在期货中作为**利率平价公式**而被大家所熟知。

8.2 掉期 †

8.2.1 LIBOR 与浮动利率债务

LIBOR(伦敦银行同业拆息:London Interbank Offered Rate)具有短期利率的基准的功能。现在,关于 5 个国家的货币,从隔夜到 1 年,共有(1 夜 1 周、1、2、3、6 个月、1 年)7 种期限。作为对象的金融机构称为承担者,是高规格、世界性、权威性的金融机构。LIBOR 是这些金融机构从其他金融机构借款也可以的利率(年率)。LIBOR 指标由 ICE(洲际交易所:Intercontinental Exchange)的运营公司 IBA 进行管理,称为 ICE LIBOR[①]。TIBOR(东京银行同业拆息:Tokyo Interbank Offered Rate)由全国银行协会 **TIBOR** 运营机构进行管理。有日本日元 TIBOR 与本国海外市场的欧洲日元 TIBOR,并有 1 周期限到 12 个月期限的 6 类。金融机构由日本大型金融机构构成,称为征信银行。

浮动利率债务是指在合约时点将来的利息支付额是不固定的债务。除了前面(8.14)公式中的 LIBOR 基准的银行贷款与**浮动有价国债**,在美国等国家,还有可调利率住宅抵押证券(adjustable rate mortgage,ARM)与政府相关机构发行的浮动利率有价证券(floating rate notes,FRN)。

---

① LIBOR 的管理运营由英国银行协会负责,但在 2014 年 1 月移交给了 IBA。货币的种类为欧元、美元、英镑、瑞士法郎。责任者数量为 11 到 18。公布的指标是在责任者的拆借利率上,扣除 3 或 4 的利率的平均值。

考克斯们分析了浮动利率债务的价值。[Cox et al.(1981)]。在时点 $t=0$ 时,发行面额 B、期限 T 的浮动利率债务。浮动利率债务中,在当初定的间隔内,利息支付额发生变动。比如每半年,利息就会重新设定。贷款利率 R_t^b 与(8.14)公式一样,由参考利率与差额的和决定。**参考利率**指的是作为浮动贷款利率基准的 LIBOR 等短期利率。时点 t 的间隔为半年,就为半年复利。在时点 t 支付的利息为

$$C_t = 0.5R_{t-1}^b B \tag{8.18}$$

这里添加的 $t-1$ 表示时点 t 的半年前,考察的是参照前面一期的 LIBOR 利率,来决定本期利息的情况。

考虑到差额为 $y=0$ 的情况,浮动贷款利率与短期利率 R_t^s 一致。时点 $t=T-1$ 的浮动利率债务的价值为

$$P_{T-1} = \frac{B+C_T}{1+R_{T-1}^s/2} \tag{8.19}$$

代入(8.18)公式,得出 $P_{T-1}=B$。也就是说,时点 $T-1$ 的浮动利率债务变为等价。时点 $T-2$ 债务价值也为

$$P_{T-2} = \frac{P_{T-1}+C_{T-1}}{1+R_{T-2}^s/2} \tag{8.20}$$

因此同样可以确认为等价。以此为结果来进行总结。

结果 8-3(浮动利率债务的价格)

没有信用风险的时候,浮动利率债务的价格在利率重新设定的时点时,变为等价。即 $P_t=B$。

例题 8-2(浮动利率债务)

A 公司承担面额 100、期限 2 年的浮动利率债务。利息支付为半年复利,贷款利率为 6 个月 LIBOR,与 R_{t-1}^s 相同。应用在时点 1 与 2 的 LIBOR 为 $R_0^s=R_1^s=2.5\%$,应用在时点 3 与 4 的 LIBOR 为 $R_2^s=R_3^s=2\%$。求各时点的债务价值。这些时点的单位是半年。

解说 第一年的利息每半年 1.25%,第二年的利息是每半年 1%。债务价值为 $P_3=(100+1.25)/(1+0.025/2)=100$,按顺序计算的话,$P_2=(100+1.25)/(1+0.025/2)=100$,$P_1=(100+1)/(1+0.02/2)=100$,

$P_0 = (100+1)/(1+0.02/2) = 100$。

8.2.2 利率掉期

掉期交易是交易双方在合约期间同时交换现金流的合约。标准的**利率掉期**中，当事者一方支付固定利率，获取浮动利率，而当事者的另一方获取固定利率，支付浮动利率。特点是浮动利率与固定利率的本金是相同的。支付与收取都是以日元为基准的，这样的掉期称为日元掉期。浮动利率有 LIBOR 等短期利率与追加差额的情况。

主要在金融机构同行之间进的标准利率掉期称为**普通掉期交易**（plain vanilla）。一般企业与金融机构进行掉期交易。掉期交易是相对（OTC，柜台）交易，因此企业可以提出个别条件（比如结合债务余额来减少名义本金额）与金融机构缔结掉期合约。

掉期交易的对象称为交易对手。下面来看一下没有交易对手没有信用风险时的掉期交易。现在，如图 8-1 所示，考察的是 A 对 C 承担浮动利率债务，为了确定支付额，与金融机构缔结掉期合约的情况。

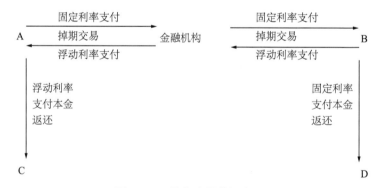

图 8-1 （掉期交易的概念图）

(注)A 是掉期的买方，交易对手是金融机构。B 的掉期交易中，B 是掉期的买手，金融机构是交易对手。两个掉期交易没有直接的关系。C 与 D 是金融机构与债券的持有者。

该浮动利率债务的本金在掉期合约中称为**名义本金**[①]。下面来看名义本金为 1 的情况。在各时点 t，A 给金融机构支付固定利息 R^{fix}，收取浮动利息 R_t^{float}。本书中，把进行固定支付的掉期合约者称为买方。

图 8-2 表示的是 4 期限掉期的买方 A 的现金流。买方的净现金流为 $X_t = R_t^{float} - R^{fix}$。而由于 A 给 C 支付 R_t^{float}，所以整体的净现金流为 $Y_t = X_t - R_t^{float} = -R^{fix}$。也就是说，根据掉期合约，各时点的利息支付额可以固定为 R^{fix}。

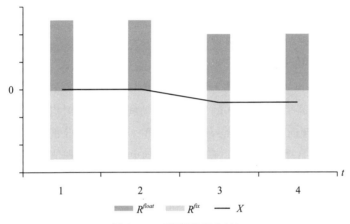

图 8-2 （掉期的现金流）

(注)收取浮动利率、支付固定利率的掉期交易的现金流。使收取 R^{float} 为正，R^{fix} 为负。折线图为净的获利额 X。前面一半的短期利率为 2%，后面一半的短期利率为 3%。

另一方面，B 对 D 承担固定利率债务，为了使该支付额转变为浮动利率，与金融机构缔结掉期合约。B 付给金融机构浮动支付额 R_t^{float}，获取固定支付额 R^{fix}。B 为掉期的卖方。卖方的净现金流为 $X_t = R^{fix} - R_t^{float}$。而由于 B 给 D 支付 R^{fix}，所以整体的净现金流为 $Y_t = X_t - R^{fix} = -R_t^{float}$。也就是说，根据掉期合约，我们可以使各时点的利息支付额转变为浮动利率 R_t^{float}。

下面我们来看一下期限 T 的掉期的价值。从掉期的买方来考

[①] 掉期交易中，本金只被用于现金流的计算，不进行本金的交易，所以用名义本金这一说法。

察。假定获取与支付都是每半年进行,时点 t 是以半年为 1 个期限来表记的。固定利率是半年复利的年利率,用 R^{fix} 表示。浮动利率是以 6 个月期限的 LIBOR 为参考利率,再加上期限中一定的差额 y 而形成的。也就是如果设备时点的 LIBOR 为 x_t 的话,浮动利率则为 $R_t^{float} = x_t + y$。设 1 期的贴现因子为 $k_i = 1/(1+0.5x_i)$,则时点 i 为 t 时,贴现的贴现函数为 $\delta_{ti} = \Pi_{j=t+1}^{i} k_j$ [1]。运用此函数,掉期的价值被定义为 $v_t = \sum_{i=t+1}^{T} 0.5\delta_{ti}(R_i^{float} - R^{fix})$ (8.21)

因此得出下面的结果[2]。

结果 8–4(掉期的价值)

掉期的价值如下

$$v_t = (1 - \delta_{tT}) + 0.5(y - R^{fix})\sum_{i=t+1}^{T}\delta_{ti} \qquad (8.22)$$

根据结果 8–3,面额为 1 的 LIBOR 浮动利率债务在时点 t 的价值为 1。面额的贴现值为 δ_{tT},因此右边第一项是 LIBOR 的浮动利率债务的利息部分的价值。在此基础上加上差额的贴现值就是掉期的浮动利率获取现金流的贴现值。也就是 $\sum_{i=t+1}^{T} 0.5\delta_{ti}R_i^{float} = 1 - \delta_{tT} + 0.5y\sum_{i=t+1}^{T}\delta_{ti}$。扣除固定利率的贴现值的话,得出上面的结果。对于掉期卖方的掉期价值只要把符号反过来就可以了。就如合约时点 $t=0$ 时掉期的价值变为 $v_0 = 0$ 那样来决定掉期率的话,掉期率就为

$$R^{fix} = \frac{2(1 - \delta_{0T})}{\sum_{i=1}^{T}\delta_{0i}} + y \qquad (8.23)$$

利率掉期交易的固定利率称为掉期率。大型金融机构在掉期市场也进行交易(做市商)。固定利率的买入是企业获取固定利率时的利率,固定利率的卖出是企业支付固定利率时的利率。IBA 负责买入与卖出的平均掉期率(ISDAFIX 利率互换的基准利率)的

① 参照(1.11)公式。
② 该结果依据的是龙伯格(Luenberger,2013)的理论。

金融经济学

运营①。美元的情况下,期限有 1 年到 30 年。

在评价掉期的价值时,把 LIBOR 与掉期率用到在贴现函数中使用的零息利率上。也就是 1 年内的贴现函数使用 LIBOR,超过 1 年的用掉期率。首先,关于 1 年内的贴现函数进行了如下的论述。面额 B,期限 $T(<1)$ 的 LIBOR 浮动利率债务根据结果 8-3,满足

$$P_T^{float} = \frac{B+C}{(1+Tx_T)} \qquad (8.24)$$

其中 $C = BTx_T$ 是利息。用 $1+r = (1+Tx_T)^{1/T}$ 来定义有效年利率 r 的话,得出 $(1+r)^T = 1+Tx_T$,因此我们知道这里的 r 构成了(2.4)公式中给出的贴现函数。

关于超过 1 年的贴现函数,在(8.22)公式中,设 $t = y = v_0 = 0$ 的话,得出

$$\delta_T + 0.5 R_t^{fix} \sum_{i=1}^{T} \delta_i = 1 \qquad (8.25)$$

左边是以掉期率为利率的固定利率债务的面额 1 与现金流的贴现值(或者价格),右边是表示面额的 1。用这个公式的话,通过掉期率就可以推定无法预测的零息利率了。现在我们已知 $\delta_i (i = 1, 2, 3)$ 与 2 年期掉期率 R_4^{fix},但无法预测 δ_4,(8.25)公式就变为

$$\delta_4 = 1 - 0.5 R_4^{fix} (\delta_1 + \delta_2 + \delta_3) \qquad (8.26)$$

所以用 δ_4 可以得出 2 年期零息利率 r_4。 即使 $T > 4$,我们也只要逐次用(8.22)公式论证,就可以得出零息利率 r_T。 知道零息利率与所给的掉期率,最后我们就可以通过(8.22)公式计算出任意掉期的价值。

例题 8-3(掉期交易)

继续例题 8-2 的设定,A 公司以浮动利率的 LIBOR 部分与固定利率为掉期,来看利率浮动风险的规避。

1)求时点 0 的浮动利率债务的利息的贴现值以及掉期的浮动利率获取部分的贴现值。

2)金融机构在掉期的价值为 0 的标准下决定掉期率时,掉期

---

① 该掉期率原先由 ISDA(International Swaps and Derivatives Association, Inc.,国际掉期与衍生品协会)运营,自 2014 年开始转由 IBA 运营。

率 R^{fix} 为多少?

解说 1) 根据结果 8-3,浮动利率债务的时点 0 的价值为 100,本金的贴现值为 $100\delta_{04}=100/((1+0.0125)(1+0.0125)(1+0.01)(1+0.01))=95.6241$。因此利息部分的贴现值为 $100-95.6241=4.3759$。差额为 0,所以掉期的浮动利率获取部分的贴现值与浮动利率债务的利息部分的贴现值相同。

2) 根据(8.23)公式,$R^{fix}=2\times4.376/3.885=2.25\%$。

8.2.3 货币掉期

将来,某货币计价的现金流兑换为其他货币计价的现金流的合约称为**货币掉期**。在日本,外债发行的同时,在其他场合也经常被使用。外币计价的本金与相当于利率的现金流换算成日元计价的本金与利率[1]。特别是把双方的利率是固定利率的情况称为固定-固定货币掉期。浮动-固定的货币掉期称为货币利率交叉互换。浮动-浮动的货币掉期称为**基差互换**。

下面我们看一下固定-固定货币掉期。在时点 $t=0$ 时,A 给 B 支付美元计价的本金 D_u,B 给 A 支付日元计价的本金 D_j。在期限时点 T,A 给 B 支付日元计价的本金 D_j,B 给 A 支付美元计价的本金 D_u。时点 $t=1$ 到 T 期间,A 支付日元计价的利息相当的部分,B 支付美元计价的利息相当的部分。设日元计价的固定利率为 R_j,美元计价的固定利率为 R_u,两者都是半年复利的话,各自的利息为 $D_j R_j/2$、$D_u R_u/2$。通常来说,通过 $t=0$ 时点的现货汇率 S_0,把本金设定为 $D_j=S_0 D_u$。图 8-3 展示了这样的情况。

这样的现金流交换就是指 A 发行日元计价的定息债券的同时买入美元计价的债券,B 发行美元计价的定息债券的同时买入日元计价的债券,两者是相同的。A 如果另外还负有美元计价的债务的话,根据此掉期交易,美元计价的支付获取就相抵消了,实际上与发行日元计价的债券是相同的。

---

[1] 只换算利率的货币掉期称为息票掉期。

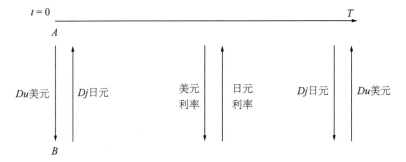

图8-3　[货币掉期(固定-固定)]

(注) D 表示本金, j 表示日本, u 表示美国。

对于 A 来说,掉期的价值(日元计价)可以像下面

$$v = (D_j - S_0 D_u) + \sum_{t=1}^{T} (F_{0t} R_u - R_j) \delta_{jt} + (F_{0T} D_u - D_j) \delta_{jT} \tag{8.27}$$

公式这样来计算。第一项是时点 $t=0$ 的净现金流,正如上面提到的那样,本金设为等价的话,其值为 0。第二项是利率部分的净现金流,假定签订美元计价现金流的外汇期货合约,用(8.17)公式中的期货汇率,计算将来的美元计价现金流的价值。然而时点 t 的美元期货汇率要改为 $F_{0t} = e^{(r_j - r_u)t/2} S_0$。并且贴现函数为 $\delta_{jt} = e^{-r_j t/2}$。第三项是到期时的本金交换产生的净现金流,本金等价的话,其为 $(F_{0T} - S_0) D_u \delta_{jT}$。因此得出下面的结果。

结果8-5(货币掉期的价值)

本金等价 $(D_j = S_0 D_u)$ 的话,通过美元期货来规避外汇风险的货币掉期的价值为

$$v = \sum_{t=1}^{T} (F_{0t} R_u - R_j) \delta_{jt} + (F_{0T} - S_0) D_u \delta_{jT} \tag{8.28}$$

利率掉期也是一样,由价格机制得出合约时点的货币掉期的价值通常为 0。

货币掉期时,B 为一般金融机构。B 发行美元计价的债券,购入日元计价的债券。日美间利率的期限结构如果不同,就会发生各自的利率风险。由这样的浮动利率差产生的风险称为基差风险。为了规避不同货币间由短期利率的变动差产生的风险,金融

机构会进行交换美元 LIBOR 与日元 LIBOR 的掉期交易。这是基差互换的一种。

8.3　期权 †

8.3.1　期权交易

期权是对原资产以**行使价**进行买卖的权利交易。原资产中有利息、债券、货币、股价指数、期货以及掉期等。只有在期限日才可行使权力的期权称为欧式期权，而在期限日之前都可以行使权力的期权称为美式期权[①]。赋予购买权利的期权称为看涨期权，而赋予卖出权利的期权称为看跌期权。两者都可以通过行使价来买卖原资产。

设期限为 T，行使价为 K，原资产价值为 S_T，以此来看欧式期权。看涨期权的买方在原资产的价格高于行使价时行使期权，而看跌期权的买方则在原资产低于行使价时行使期权。看涨期权中 $S_T > K$ 时与看跌期权中 $S_T < K$ 时称为价内期权（in-the-money），不等号相反的话称为价外期权（out-of-the-money），等号的话称为平价期权（at-the-money）。期权的回报如下

$$Y_c^b = \max(S_T - K, 0), \ Y_c^s = \min(K - S_T, 0)$$
$$Y_p^b = \max(K - S_T, 0), \ Y_P^s = \min(S_T - K, 0) \tag{8.29}$$

添加的字母 c 表示看涨，p 表示看跌，b 表示买方，s 表示卖方。设合约期间的看跌期权价格为 P，看涨期权价格为 C，得出下面的结果。

结果 8 - 6（看跌、看涨、等价）

看跌期权与看涨期权的价值间下面的关系成立

$$C + Ke^{-rT} = P + S_0 \tag{8.30}$$

这称为看跌、看涨、等价［斯托尔 Stoll（1969），默顿 Merton（1973a）］。r 为无风险利率。根据（8.29）公式，得出看跌期权与原资产投资组合的收益为 $Y_p^b + S_T = \max(K, S_T)$。图 8 - 4 的上面

---

① 处于两者之间的类型称为百慕大期权，设定了多次的权力行使日。

金融经济学

部分表示 Y_p^b 与 S_T。看涨期权与 Ke^{-rT} 的无风险资产投资组合的收益为 $Y_c^b + K = max(S_t, K)$。图 8-4 的下面部分表示 Y_c^b 与 K。这两项投资战略的收益相同,所以无套利条件是这些投资战略的构建成本相同。前者的构建成本为 $P + S_0$,后者的成本为 $C + Ke^{-rT}$,因此得出该结果。

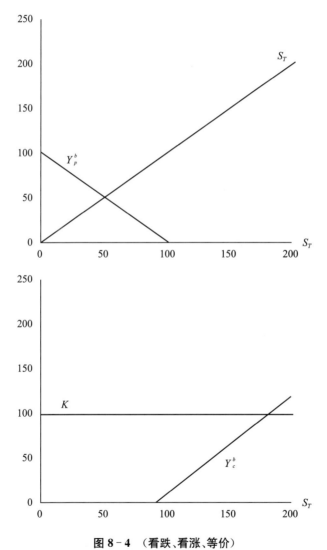

图 8-4 (看跌、看涨、等价)

(注)行使价 $K = 100$ 的话,上图表示看跌期权 Y_p^b 与原资产,下图表示看涨期权 Y_c^b 与行使价 K。横轴表示原资产的价值。

8.3.2 二项式模型中的期权

考克斯、罗斯与罗宾斯坦们就股票问题考察了 7.3 节中的二项式模型[Cox et al.(1979)]。设时点 0 的股价为 S_0，概率 p 时股价上升到 uS_0，概率 $1-p$ 时下降到 dS_0。但假定 $u > e^r > 1 > d$。现在使用 x 单位的股票与 z 单位的无风险资产来复制看涨期权的收益 Y_c^b。在该二项式模型中，收益为 $Y_u = \max(uS_0 - K, 0)$ 或 $Y_d = \max(dS_0 - K, 0)$。复制看涨期权的 x 与 z 是下面联立方程式的解

$$
\begin{aligned}
xuS_0 + ze^r &= Y_u \\
xdS_0 + ze^r &= Y_d
\end{aligned}
\tag{8.31}
$$

解得 $x = (Y_u - Y_d)/((u-d)S_0)$，$z = e^{-r}(uY_d - dY_u)/(u-d)$。这里 $z < 0$ 的话，表示无风险的贷款。根据无套利条件，复制看跌期权的构建费用 $xS_0 + z$ 与看涨期权的价格 C 必须相同，因此得出下面的结果。

结果 8-7（二项式模型中看涨期权的价格）

看涨期权的价格为

$$
C = \frac{e^{-r}}{u-d}((u-e^r)Y_d - (d-e^r)Y_u)
\tag{8.32}
$$

这里如果定义 $q = (e^r - d)/(u - d)$，上面的公式就变为 $C = e^{-r}(qY_u + (1-q)Y_d)$。$q$ 满足概率的性质，所以这表示看涨期权的风险中性价格。

例题 8-4（二项式模型中的期权价值）

设瞬间的无风险利率为 $r = 0.03$，$u = 1.2$，$d = 0.9$，初期的股价为 $S_0 = 1$，看涨期权的行使价为 $K = 0.5$。求看涨期权的价值 C。并求股价上涨的风险中性概率。

解说 看涨期权的收益在上涨时为 $Y_u = 0.7$，下跌时为 $Y_d = 0.4$。(8.31)公式得出 $1.2x + 1.0305z = 0.7$ 与 $0.9x + 1.0305z = 0.4$。解得 $x = 1$，$z = -0.4852$。因此看涨的价值为 $C = x + z = 0.51478$。风险中性概率为 $q = 0.43485$。

8.3.3 期权定价模型

股价遵循几何布朗运动时的期权价格模型由布莱克-舒尔斯-默顿导出,故被称为期权定价模型(BSM 模型)[Black and Scholes (1973),Merton(1973b)]。他们根据股票的多头头寸与空头头寸,从构建的无风险对冲投资组合的无套利条件中导出了期权价格[1]。本节中,只对导出法的简单概要进行说明,该导出法是使用结果 6-12(c)的风险中性概率的方法得出的。在连续时间 t 下进行股票交易,股价 S 遵循几何布朗运动

$$dS = \mu Sdt + \sigma Sdz \tag{8.33}$$

这里 μ 表示期待收益率(漂移系数),表示 σ^2 波动率(扩散系数),dz 表示由 $dz = \xi(t)\sqrt{dt}$ 得出的维纳过程(标准布朗运动过程)。ξ 为遵循独立的标准正态分布的概率变数。图 8-5 表示该股价的模拟值。

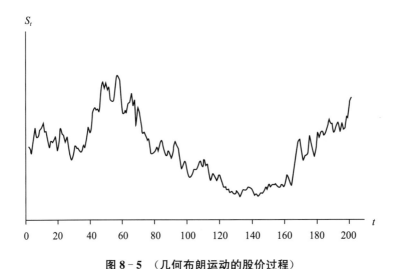

图 8-5 (几何布朗运动的股价过程)

(注)几何布朗运动得出的股价理论值。$S_0 = \mu = \sigma = 1$ 的情况,在微小的离散时间中,近似连续时间。

股价过程是(8.33)公式的情况下,时点 T 为止的股票的对数

---

① 交易是在连续时间进行的时候,该无套利条件为概率偏微分方程式。

总收益 $\ln(S_T/S_0)$ 为平均 $(\mu - \sigma^2/2)T$,遵循方差 $\sigma^2 T$ 的正态分布。下面假定时点 T 之前股票的分红为 0,无风险利率 r 一定 [1]。通过运用结果 6‑12(c)下段的公式,得出看涨期权的价格 C 在均衡时,为

$$C = e^{-rT}E(\max(S_T - K, 0)) \tag{8.34}$$

而关于风险中性概率,定义了期待值。得出下面的结果。

结果 8‑8(布莱克-舒尔斯-默顿的期权价格)

欧式期权的看涨与看跌期权的价格为下面的公式

$$C = S_0 N(d_1) - Ke^{-rT}N(d_2)$$
$$P = Ke^{-rT}N(-d_2) - S_0 N(-d_1) \tag{8.35}$$

而这里

$$d_1 = \frac{\ln(S_0/K) + (r + \sigma^2/2)T}{\sigma\sqrt{T}}$$
$$d_2 = \frac{\ln(S_0/K) + (r - \sigma^2/2)T}{\sigma\sqrt{T}} \tag{8.36}$$

$N(\cdot)$ 为标准正态分布的分布函数。看涨期权公式右边第一项表示(8.34)公式 $e^{-rT}S_T$ 部分的风险中性价格,第二项表示对应 $e^{-rT}K$ 部分的风险中性价格。导出的概要在补遗中提出。图 8‑6 横轴中初期时点的股价为 S_0,表示看涨期权的价值。S_0 比行使价高很多的时候,期权不会马上变为价内期权,所以价值非常接近收益 $S_0 - K$。在行使价附近,变为价内期权或价外期权的可能性都不低,因此价值为 0 与 $S_0 - e^{-rT}K$ 的中间值。

关于 BSM 的期权价格与参数的关系有下面这样的结果。

结果 8‑9(BSM 期权的比较静态学)

关于看涨期权 $C(S_0, K, r, \sigma, T)$,下面的公式成立。

Δ: $\dfrac{\partial C}{\partial S_0} = N(d_1) > 0$

---

[1] 假定可以卖空,交易费用与税金为 0。

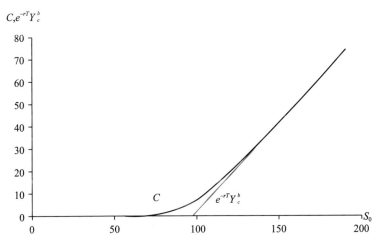

图 8-6　（看涨期权的价值）

（注）曲线表示看涨期权的价值 C，折线表示看涨期权买方的收益 $e^{-rT}Y_c^b$。$K=80$，$r=0.03$，$\sigma=0.2$ 的情况。

$$\Gamma：\quad \frac{\partial^2 C}{\partial S_0^2}=\frac{N'(d_1)}{S_0 \sigma \sqrt{T}}>0$$

$$\nu：\quad \frac{\partial C}{\partial \sigma}=S_0 \sqrt{T} N'(d_1)>0$$

$$\rho：\quad \frac{\partial C}{\partial r}=TK e^{-rT}N(d_2)>0$$

$$\Theta：\quad \frac{\partial C}{\partial \gamma}=-\frac{S_0 N'(d_1)\sigma}{2\sqrt{T}}-rKe^{-rT}N(d_2)<0$$

$$\frac{\partial C}{\partial K}=-e^{-rT}N(d_2)<0$$

这些导出的概要会在补遗中提及。$\Delta=\partial C/\partial S_0$ 为看涨期权的 delta。微小的原资产的价值变化仅在 Δ 范围内增大看涨期权的价值。看涨期权的买方仅在 Δ 范围内遭受损失，因此为了对冲此情况，只要保有 Δ 的原资产就可以了。该对冲法称为 delta hedge。如以上结果所示，看涨期权的 delta 为 $N(d_1)$，取正数。对冲比率为 $N(d_1)$ 的投资组合的 delta 为 0，为 delta 中性。从看跌、看涨、等价以及上面的结果来看，看跌期权的 delta 为 $\partial P/\partial S_0=N(d_1)-1<0$。根据分布函数的性质，得出看涨与看跌的 delta 的绝对值

都小于 1。

gamma(Γ) 表示 delta 的一阶微分系数。Delta 的变化会使 delta 中性的对冲比率发生变化,因此 gamma 的大小表示伴随 S_0 的变化的对冲比例变化的程度。看涨的 gamma 为正数,S_0 越大 delta 越高。$\partial C/\partial\sigma$ 称为看涨期权的 Vega(ν)。波动率 σ 的增大会增大看涨期权的价值。直观来说,波动率越高,就越有可能实现高的原资产价值,因此看涨期权的价值也就越高。$\partial C/\partial r$ 称为看涨期权的 Rho(ρ)。无风险利率的上升会增加看涨期权的价值。利率的上升降低行使价的贴现值,并增大看涨期权的价值。$\partial C/\partial\Upsilon$ 表示随时间过程而发生的看涨期权的价值变化,称为 Theta(Θ)。这里期权期限前的长短为 $T=\tau_1-\tau$。τ_1 为期限时点,τ 为现时点。τ 的增大会使权利行使的期限 T 减少,从而降低看涨期权的价值。

Delta,Gamma,Rho,Theta 称为金融风险(Greeks)。关于看跌期权,我们从看跌、看涨、等价中,可以简单地确定出 $\partial^2 P/\partial S_0^2 = \partial^2 C/\partial S_0^2,\partial P/\partial\sigma=\partial C/\partial\sigma$。并可以确定 $\partial P/\partial r<0,\partial P/\partial\tau=\partial C/\partial\tau +rKe^{-rT}$。行使价 K 的下降会造成看涨期权的上升。如果降低行使价的话,即使是更低的价格也可以行使期权,因此可以获得更大的收益。故我们可以直观地看到这样的看涨期权可以用更高的价格交易。

例题 8－5（BSM 模型中的期权价值）

原资产为股票的欧式期权。已知期权的期限为半年($T=0.5$),行使价为 $K=80$。现时点的股价为 $S_0=100$,年利率的波动率为 $\sigma=0.2$。无风险利率为 $r=0.03$,分红为 0。

1）用 BSM 模型求看涨期权与看跌期权的价值。

2）确认(8.30)公式的看跌、看涨、等价。

3）求看涨期权的 delta、gamma、vage、Rho、Theta。

解说 1）由 $\ln S_0/K = 0.2231$,$Ke^{-rT} = 78.809$,$d_1 = 1.7546$,$d_2 = 1.6132$,$N(d_1) = 0.9603$,$N(d_2)=0.9467$,得出 $C=100\times0.9603-78.809\times0.9467=21.42$。并由 $N(-d_2)=0.0533$,$N(-d_1)=0.0397$,得出 $P=78.809\times0.0533-100\times0.0397=0.23$。

2) (8.30)公式左边是 $C + Ke^{-rT} = 21.4215 + 78.809 = 100.23$,右边是 $P + S_0 = 0.230 + 100 = 100.23$。

3) 根据结果 8-9,得出 delta 为 $\partial C/\partial S_0 = N(d_1) = 0.96$,gamma 为 $\partial^2 C/\partial S_0^2 = 0.01$,由 $N'(d_1) = 0.086$ 得出 vega 为 $\partial C/\partial \sigma = 6.05$,Rho 为 $\partial C/\partial r = 37.30$,Theta 为 $\partial C/\partial \Upsilon = -3.45$。

8.3.4 隐含波动率

BSM 模型中,运用股票价格、行使价、无风险利率、期限、对数股价的波动率,计算出了期权价格。要得出波动率,只要从过去的股价数据中计算出标本标准偏差就可以了。这称为**历史波动率**(historical volatility)。但在有些情况下,过去的波动率也可能有提供不了对最近的市场环境有用的信息的时候。近年来,有时交易所公布的市场波动率指数受到了市场参与者很大的关注。作为指数的例子,CBOE 的 VIX 指数比较有名。

运用 BSM 模型,根据所给的期权价格、行使价、无风险利率与期限,可以得出波动率的市场评估额。把这些观察到的变量代入(8.35)公式,解非线性方程式得出的标准偏差 $\hat{\sigma}$ 称为隐含波动率[①]。隐含波动率与行使价的关系作为波动率微笑(或波动率偏离:skew)而被大家所熟知。比价典型的是,货币期货中呈现 U 字形,股票期权中呈现向右下倾斜的形状。使用期限与行使价,用 3 次元方程表示隐含波动率的情况称为波动率曲面(surface)。

7.4.2 节中信用风险的期权方法(7.63)公式用使用的 σ 为(对数)资产价值的标准偏差。通常来说,股价的历史波动率可以从股价数据中计算出来,但资产价值的波动率无法单纯地计算出来。设资产价值为 V,股票价值为 S,股票的波动率为 σ_S,得出资产价值的波动率为

---

① 用表格计算软件的程序很快就可以解出该非线性方程式。

$$\sigma_V = \frac{S\sigma_S}{V_0(\partial S/\partial V_0)} \qquad 8.37^{[1]}$$

这里 $\partial S/\partial V_0$ 是把股票作为看涨期权的 BSM 模型的偏微分系数(delta),为 $N(d_1)$。d_1 包含 σ_V,所以推算资产价值的隐含波动率的一个方法就是求解这个公式与(7.63)公式组成的非线性联立方程式的方法。

8.3.5 利率衍生产品与信用衍生产品

关于利息的支付与获取额的衍生产品称为**利率衍生产品**。**利率限额**是以 LIBOR 等利率为原资产的期权。行使价称为利率上限。限额的买方收益形状与看涨期权的买方收益相同。设时点 t 的 LIBOR 为 r_t,利率上限为 K,收益则变为 $\max(r_t - K, 0)$。

有浮动利率贷款(浮动利率债务)的企业,通过结合利率限额,可以变为上线利率贷款(借款)。浮动利率债务的借款利率 R_t 为 6 个月 LIBOR(r_t)与差额 y 的和。该浮动利率债务的利率没 6 个月设定一次。重新设定的期限称为有效期限(tenor),这里 $\Upsilon = 6/12 = 0.5$。包含时点 t 利率上限契约(caplet)的净现金流为

$$x_t = -\tau(R_t + \max(\tau_t - K, 0)) = -\tau(\min(\tau_t, K) + y)$$

(8.38)

从收益与看涨期权相似这点,我们可以把利率上限契约的价值作为 BSM 模型的变形版来定型化。重要的不同点是原资产中存在期货这一点。也就是说,存在时点 t 到 $t + \tau$ 的 τ 期间的期货LIBOR(f_t),所以可以用该价值代替原资产的价值。一般来说,把期货作为原资产的期权称为期货期权(futures option)。对此布莱克构建了与 BSM 模型相同的模型[Black(1976)]。

假定时点 t 的期货(LIBOR)本身遵循对数正态分布的话,时点

---

[1] 上面的公式是像下面这样导出的。首先,遵循概率过程 $dS = \mu_S S dt + \sigma_S S dS$ 的股票价值 $S = G(V,t)$,通过伊藤的补充,得出 $dS = (G_V \mu V + G_t + G_{VV}\sigma^2 V^2/2)dt + \sigma G_V V dz$,因此扩散系数 $\sigma_S S = \sigma G_V V$ 成立。G 下面的字表示与此相关的偏微分系数。其次,股票可以看作是以企业价值为原资产的看涨期权,所以 G_V 与结果 8-9 的看涨期权的偏微分系数 $\partial C/\partial S_0 = N(d_1)$ 一致。详情参见默顿[Merton(1973c)]。

金融经济学

t 的利率上限契约的价值为结果 8-8 中,把 S_T 换为 t 年期期货 LI-BOR 的值,故得出

$$v_t = \tau \delta_{t+\gamma}(f_{t0}N(d) - KN(d - \sigma\sqrt{t}))$$
$$d = \frac{\ln(f_{t0}/K) + \sigma^2 t/2}{\sigma\sqrt{t}} \tag{8.39}$$

但 f_{t0} 为时点 0 的 t 年期期货 LIBOR 的价值,σ^2 为期货LIBOR的波动率。利率上限契约为所有时点的利率上限契约的价值总和。

而利率下限为可以规避浮动利率债务的下限风险的期权。减少行使价的利率下限的话,产生收益。个别时点 t 的契约称为利率下限契约。利率下限契约的现金流与看跌期权类似。

这些利率衍生产品被用于利率风险的规避,而信用衍生产品则被用于信用风险的规避。比如信用违约掉期(credit default swap:CDS)就是对合约期间参照物的违约提供担保。A 保有 B 的债券时,从 C 购买 CDS 的话,B 违约时,C 给 A 支付债券的面额。A 保有债券的面额总额称为名义成本,A 在合约期间给 C 的担保费(率)称为 CDS 差额。CDS 在合约期间定期支付这个意义上具有掉期的特征,但原理上还是为信用风险提供保险,这与之前说明的掉期不同。对于这点,总收益掉期我们可以看作是对掉期的社会债务的应用。在 LIBOR 上加上差额,互换债券的收益。

资产担保证券(asset-backed securities:ABS)是把金融机构等的证券投资组合作为担保资产而发行的证券。比如,金融机构 A 设立特殊目的公司 B,把住宅贷款等一部分资产卖给 B。B 发行资产担保证券,卖给投资者 C。突出的表现是,资产担保证券被分为几个风险等级(高级、中级、正常等分级),投资者根据风险等级优先顺序获取收益。在美国担保住宅贷款的资产担保证券委 MBS(mortgage-backed securities),担保一般债券的为 CDO(collateralized debt obligation)。

补遗 A:期货价格与远期价格

运用(7.45)公式的思维方式的话,时点 0 期限 2 的现货价格满足

$$S_0 = e^{-r_{10}} E_0^q (S_2 e^{-r_{11}})$$ (8.40)

根据同方差的定义,上面的公式演变为

$$S_0 = e^{-r_{10}} (\text{Cov}(S_2, e^{-r_{11}}) + E_0^q(S_2) E_0^q(e^{-r_{11}}))$$ (8.41)

并且根据结果 7-7 的关系,这里的标记法上,使用 $e^{-2r_{20}} = e^{-r_{10}}$,可以得出 $S_0 = F_0 e^{-r_{10}} E_0^q(e^{-r_{11}})$ 的关系。再用(8.6)公式进行整理的话,得出

$$F_0 = E_0^q(S_2) + \frac{\text{Cov}(S_2, e^{-r_{11}})}{E_0^q(e^{-r_{11}})}$$ (8.42)

最后根据(8.11)公式得出结果。

补遗 B:SM 期权价格

首先说明一下(8.35)公式的看涨期权公式的导出。先说明一下对应行使价格部分(第二项)的导出。运用结果 6-12(d)的欧拉方程式,设 $R = S_T/S_0$,得出

$$E(S_T) = S_0 e^{rT}$$ (8.43)

$\text{In}S_T$ 是期待值 $\mu_s = \text{In}S_0 + (\mu - \sigma^2/2)T$,遵循方差 $\sigma^2 T$ 的正态分布,为 $E(S_T) = S_0 e^{\mu T}$,所以在风险中性概率的基础 σ 上,利率与股票的收益率是一致的($r = \mu$)。

$X = (\text{In}S_T - \mu_s)/(\sigma\sqrt{T})$ 遵循标准正态分布。$Pr(S_T > K) = Pr(\text{In}S_T > \text{In}K) = Pr(\sigma\sqrt{T}x + \mu_s > \text{In}K) = Pr(x > x_k)$。但 $x_k = (\text{In}K - \mu_s)/(\sigma\sqrt{T})$ 是用 x 来定义的行使价格。代入 $r = \mu$,得出

$$x_k = \frac{(\text{In}K - \text{In}S_0 - (r - \sigma^2/2)T)}{\sigma\sqrt{T}}$$ (8.44)

行使看涨期权的概率为

$$Pr(S_T > K) = Pr(x > x_k) = 1 - N(x_k) = N(-x_k)$$

(8.45)

因此,设 $d_2 = -x_k$ 的话,行使概率就为 $N(d_2)$。

接下来说明一下(8.35)公式第一项的股价条件期待值的导出。按顺序可以变形为

$$e^{-rT} E(S_T \mid S_T > K) = e^{-rT} \int_K^\infty S_T dF$$

$$= e^{-rT} \int_{x_k}^\infty \exp(\sigma\sqrt{T}x + \mu_S) n(x) dx$$

$$= e^{-rT} e^{\mu_s + \sigma^2 T/2} \int_{x_k}^{\infty} \frac{1}{\sqrt{2\pi}} \exp\left(-\frac{(x - \sigma\sqrt{T})^2}{2}\right) dx \qquad (8.46)$$

定义 $x' = x - \sigma\sqrt{T}$ 的话,最后的积分项则为 $Pr(x' > x_k - \sigma\sqrt{T}) = 1 - N(x_k - \sigma\sqrt{T}) = N(-x_k + \sigma\sqrt{T})$。因此与前面相同,使用 $r = \mu$,设 $d_1 = -x_k + \sigma\sqrt{T}$ 的话,积分项为 $N(d_1)$。

而由于(8.46)公式的指数函数部分为

$$e^{-rT} e^{\mu_s + \sigma^2 T/2} = S_0 \qquad (8.46)$$

公式则变为

$$e^{-rT} E(S_T \mid S_T > K) = S_0 N(d_1) \qquad (8.47)$$

通过上述条件,得出看涨期权的(8.35)公式。

下面我们再说明一下看跌期权的公式。根据看跌、看涨、等价的(8.30)公式,看跌期权为

$$P = C + K e^{-rT} - S_0 = K e^{-rT}(1 - N(d_2)) - S_0(1 - N(d_1))$$

$$\qquad (8.48)$$

因此运用正态分布的左右对称性,得出(8.35 公式)的看跌期权价格。

最后,对 BSM 模型的看涨期权的比较静态学进行说明。首先,就 S_0 使(8.35)公式偏微分的话,得出

$$\frac{\partial C}{\partial S_0} = N(d_1) + (S_0 N'(d_1) - K e^{-rT} N'(d_2)) \frac{\partial d_1}{\partial S_0} \quad (8.49)$$

把(8.36)公式变形为 $S_0 = X \exp(d_1 \sigma\sqrt{T} - (r + \sigma^2/2)T)$ 并代入的话,得出上述公式中括号内为零。然后就 K 使(8.35)公式偏微分的话,得出

$$\frac{\partial C}{\partial K} = -e^{-rT} N(d_2) + (S_0 N'(d_1) - K e^{-rT} N'(d_2)) \frac{\partial d_1}{\partial K} \quad (8.50)$$

与上面相同,括号内也为零。

现在同时使 S_0 与 $K e^{-rT}$ 扩大 λ 倍的话,(8.35)公式变为

$$C_\lambda = \lambda S_0 N(d_1) - \lambda K e^{-rT} N(d_2) = \lambda C_{\lambda=1} \qquad (8.51)$$

这是由于如果设 $\ln(S_0/K) + rT = z$ 的话,$S_0/(K e^{-rT}) = e^z$。$\lambda S_0/(\lambda K e^{-rT}) = e^z$,所以这时可以知道 d_1 与 d_2 不变。故 $C_\lambda = \lambda C_{\lambda=1}$ 成立,因此对于 S_0 与 $K e^{-rT}$,看涨期权的价格满足一次同次性。设 $\lambda = 1/(K e^{-rT})$,标准化的看涨期权的价格为 $\hat{C} = A_0 N(d_1) -$

$N(d_2)$。这是使行使价格的折现值标准化为 1 时的价格，$A_0 = S_0/(Ke^{-rT})$ 为标准化的原资产的价值。设 $v = \sigma\sqrt{T}$，则 $d_1 = \ln A_0/v + v/2$，$d_2 = \ln A_0/v - v/2$，所以标准化的看涨期权的价值可以表示为 $\hat{C} = \hat{C}(A_0, v)$。运用这一点，任意看涨期权的价值可以表示为

$$C = Ke^{-rT}\hat{C}(A_0, v) \qquad (8.52)$$

用该公式可以得出

$$\frac{\partial C}{\partial \sigma} = Ke^{-rT}\sqrt{T}\,\frac{\partial \hat{C}}{\partial v} = Ke^{-rT}\,\frac{\sqrt{T}}{\sqrt{2\pi}}e^{-d_1^2/2} > 0 \qquad (8.53)$$

同样用(8.52)公式，得出

$$\frac{\partial C}{\partial r} = -T\,Ke^{-rT}\,\hat{C} + Ke^{-rT}\,\frac{\partial \hat{C}}{\partial r} \qquad (8.54)$$

第二项的偏微分系数为 $\partial \hat{C}/\partial r = N(d_1)S_0(e^{rT})T/K$，代入公式整理得出结果。

补遗 C：上限利率（收益率）价格

$\ln f_t$ 为期待值 $\mu_s = \ln f_{t0} - \sigma^2 t/2$，遵循方差 $\sigma^2 t$ 的正态分布时，$E(f_t) = f_{t0}$

$x = (\ln f_t - \mu_s)/(\sigma\sqrt{t})$ 遵循正态分布。用 x 定义的行使价格为公式

$$x_k = (\ln K - \ln f_{t0} + \sigma^2 t/2)/\sigma\sqrt{t} \qquad (8.55)$$

因此 $d_2 = -x_k$。下面通过补遗 B 同样的方法，得出利率期货的条件期待值为 $\delta_{t+r}E(f_t \mid f_t > K) = \delta_{t+r}f_{t0}N(d_1)$。

文献指南

期货交易与远期交易

Black，F.1976.The pricing of commodity contracts. *Journal of Financial Economics* 3，167 - 179.

Cox. J.，Ingersoll, J.，Ross, S.1981. The relation between forward prices and future prices. *Journal of Financial Economics* 9，321 - 346.

Grinblatt，M.，Jegadeesh，N.1996. Relative pricing of Eurodollar futures and forward contracts. *Journal of Finance* 51, 1499 –1522.

Grinblatt, M., Jegadeesh, N. 2000. Futures vs. forward prices: Implications for swap pricing and derivatives valuation, in Jegadeesh, N. and Tuckman, B. (eds.) *Advanced Fixed-Income Valuation Tools*. John Wiley & Sons, Inc.

Jarrow, R., Oldfield, G. 1981. Forward contracts and future contracts. *Journal of Financial Economics* 9, 373 – 382.

Park, H., Chen, A. 1985. Differences between futures and forward prices: A further investigation of the marking-to-market effects. *Journal of Futures Markets* 5, 77 – 88.

掉期

Baz, J., Pascutti, M. 1996. Alternative swap contracts: Analysis and pricing. *Journal of Derivatives* 4, 7 – 21.

Bicksler, J., Chen, A. 1986. An economic analysis of interest rate swaps. *Journal of Finance* 41, 645 – 655.

Cooper, I., Mello, A. 1991. The default risk of swaps. *Journal of Finance* KLVI, 597 – 620.

Cox, J., Ingersoll, J., Ross, S. 1980. An analysis of variable rate loan contracts. *Journal of Finance* 35, 389 – 403.

Litzenberger, R. 1992. Swaps: Plain and fanciful. *Journal of Finance* 47, 831 – 851.

Ramaswamy, K., Sundaresan, S. 1986. The valuation of floating-rate instruments. *Journal of Financial Economics* 17, 251 –272.

Turnbull, S. 1987. Swaps: A zero sum game? *Financial Management* 16, 15 – 21.

看跌、看涨、等价

Merton, R. 1973a. The relationship between put and call option prices: Comment. *Journal of Finance* 28, 183 – 184.

Stoll, H. 1969. The relationship between put and call option prices. *Journal of Finance* 24, 801 – 824.

期权二项式模型

Cox. J., Ross, S., Rubinstein, M. 1979. Option pricing: A simplified approach. *Journal of Financial Economics* 7, 229 – 263.

Harrison. J., Kreps, D. 1979. Martingale and arbitrage in multiperiod securities markets. *Journal of Economic Theory* 20, 381 – 408.

Jackwerth. J., Rubinstein, M. 1996. Recovering probability distributions from option prices. *Journal of Finance* 51, 1611 –1631.

Rendleman, R., Bartter, B. 1979. Two-state option pricing. *Journal of Finance* 34, 1093 – 1110.

Rubiustein, M. 1994. Implied binomial trees. *Journal of Finance* 49, 771 – 818.

BSM 模型

Black. F., Scholes, M. 1973. The pricing of options and corporate Liabilities. *Journal of Political Economy* 81, 637 – 654.

Boyle. P. 1977. Options: A Monte Carlo approach. *Journal of Finance of Economics* 4, 323 – 338.

Brennan, M., Schwartz, E. 1977. The valuation of American put options. *Journal of Finance* 32, 449 – 462.

Broadie, M.. Detemple, J. 1996. American option valuation: New bounds, approximations, and a comparison of existing methods. *Review of Financial Studies* 9, 1211 – 1250.

Cox, J., Ross, S. 1976. The valuation of options for alternative stochastic processes. *Journal of Financial Economics* 3, 145 – 166.

Daglish, T., Hull, J., Suo, W. 2007. Volatility surfaces: Theory, rules of thumn, and empirical evidence. *Quantitative Finance* 7, 507 – 524.

Merton，R.1973b.Theory of rational option pricing. *Bell Journal of Economics and Management Science* 4，141 - 183.

Merton，R.1973c.On the pricing of corporate debt：The risk structure of interest rates. *Journal of Finance* 29，28 - 30.

Smith，C.1976.Option pricing：A review. Journal of Financial Economics 3，3 - 51.

Van Hulle，C.1988.Option pricing methods：An overview. *Insurance：Mathematics and Economics* 7，139 - 152.

利率衍生产品

Black，F.1976.The pricing of commodity contracts. *Journal of Financial Economics* 3，167 - 179.

Hull，J.，White，A.1990.Pricing interest-rate derivative securities. Review of Financial Studies 3，573 - 592.

教科书

Hull，J.2012.Options，*Futures，and Other Derivatives*.8th edition.Prentice Hall.(译)三菱 UFJ 证券市场商品本部，金融工程，金融财政事情研究会(2016)。

Luenberger，D. 2013. *Investment Science. Second edition. Oxford University Press.*

Neftci，S. 2008. Principles of Financial Engineering. Secondedition.Academic Press.

Taleb，N. 1997. *Dynamic Hedging：Managing Vanilla and Exotic Options.* Wiley.

Tuckman，B.，Serrat，A. 2011. *Fixed Income Securities：Tools for Today's Markets.* Third edition.Wiley.(译)四塚俊树、森田洋，债券分析的理论与实践,东洋经济新报社(改订版,2012)。

渡边信三,概率微分方程式,产业图书(1975)。

第九章　金融机构的机能

本章将就金融中介机构接受存款、进行借贷的功能进行论述。金融中介机构从狭义上来讲就是处理存款业务的金融机构,从广义上来讲,还包括其以发行间接证券为主要集资融资手段来运用资金的主体。9.1 节主要对产生流动性冲击的消费者提供存款的最佳风险分担,并向他们阐述银行挤兑的危险性。9.2 节介绍金融中介机构的信息产生与金融机构的收益结构以及借贷利率的关系。9.3 节就金融中介机构的监控和融资决定对项目选择和企业选择的有效性的影响进行说明。

9.1　流动性的创造

9.1.1　流动性与市场的不完备性

Diamond 及 Dybvig 对作为金融机构功能之一的流动性产生进行了论述[Diamond and Dybvig(1983)]。我们来看一下计划进行整 2 期消费的消费者。设时间点为 0 的资产 $W_0 = 1$,在时间点 1 和时间点 2 不产生所得。这位消费者在时间点 1 及时间点 2 进行 C_1 及 C_2 的消费。经济存在流动资产(liquid asset)与非流动资产(illiquid asset)。流动资产是通过单纯的储存产生的短期无风险资产,(纯)收益率为 0。一期届满,在时间点 0 与时间点 1 可以利用。非流动资产是长期的无风险资产,时间点 0 的非流动资产在时间点 2 带来收益因子 $R > 1$。不过,在时间点 1 清算非流动资产时产生**清算成本**(liquidation cost)。设每单位清算成本为 $\tau \in [0,1]$。

消费者因种种理由产生**流动性冲击**。产生流动性冲击的类型

金融经济学

叫作早期消费(E)类型,他们在时间点 1 进行消费 C_1。类型 E 在时间点 1 进行消费叫作**流动性需求**。不产生流动性冲击的消费者叫作延迟消费(L)类型,在时间点 2 进行消费 C_2。即,消费者有两种类型,但消费者在时间点 0 并不知道自己的类型,而是在即将进入时间点 1 时才知道。设 E 类型的比例为 π_1,L 类型的比例为 π_2。不过,$\pi_1 + \pi_2 = 1$,消费者的整体人口为 1。

消费者的期待效用表示为

$$U = \pi_1 u(C_1) + \pi_2 \delta u(C_2) \tag{9.1}$$

这里,$u(\cdot)$ 是 VNM 效用函数,增加且凹函数($u' > 0, u'' < 0$),满足 $u(0) = 0$ 且 $u'(0) = \infty$。还有,假设折现因子 $\delta(\leqslant 1)$ 大于非流动资产收益率因子的逆数($\delta > 1/R$)。

我们来看一下消费者各自进行投资组合的情况。消费者在 $W_0 = 1$ 时向非流动资产投入 ω,向流动资产投入 $1 - \omega$。因此,这位消费者在时间点 1 获得 $1 - \omega$ 的收益,在时间点 2 获得 ωR 的收益。但设 $0 \leqslant \omega \leqslant 1$。$E$ 类型消费者在时间点 1 的预算制约为

$$C_1 = 1 - \omega + (1 - \tau)\omega \tag{9.2}$$

右边第一项表示来自流动资产的收益,第二项表示在清算非流动资产后所得到的收益。L 类型消费者在时间点 2 的预算制约为

$$C_2 = 1 - \omega + \omega R \tag{9.3}$$

右边第一项表示的是来自时间点 1 的流动资产收益 $1 - \omega$ 对流动资产的再投资,第二项表示的是来自持有到期满的非流动资产的收益。由此,不同时间点的预算制约公式为

$$C_2 = \frac{R - (1 - \tau)}{\tau} - \frac{R - 1}{\tau}C_1 \tag{9.4}$$

图 9 - 1 中短线部分表示了此预算制约线。连接 $(1,1)$ 与 $(1 - \tau, R)$,若增加非流动资产持有比例 ω,C_2 就增加,C_1 就减少。这条线上的消费量表示为 C_1^A, C_2^A。在这一预算制约下,将期待效用(9.1) 公式最大化时,使最佳消费量成为内点的条件是

$$\tau\pi_1 < \pi_2 \delta(R - 1) \tag{9.5}$$

即,清算成本 τ 非常小,或非流动资产的收益率 R 非常大时,即便需要花费清算成本,消费者也会投资非流动资产。

下面我们来看一下 E 类型与 L 类型之间,在市场交换时间点 1

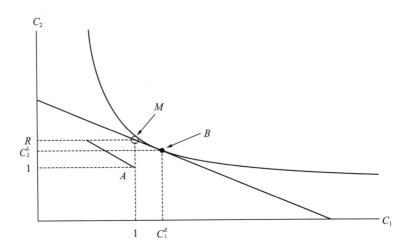

图 9–1 （最佳流动性需求）

（注）横轴与纵轴表示各时间点的消费量。短线部分表示各个组合的预算制约,长线部分表示能利用有条件请求权时的预算制约,曲线表示无差别曲线。$R=1.1, \tau=0.1, \gamma=6, \pi_1=0.4$。

和时间点 2 消费品的合约。E 类型不能从时间点 2 的消费 C_2 获得效用,而且因为要花费清算成本,最好通过流动性供给合约将所有非流动资产收益 ωR 出售。另一方面,L 类型也可以将 $1-\omega$ 的流动资产带到时间点 2,但若收益率超过 0,还是最好将全部流动资产出售给 E 类型。因此,E 类型将时间点 2 面额为消费品 ωR 单位的证券出售给 L 类型。这个证券价格用时间点 1 消费品的个数 p 来表示。出售了证券的 E 类型在时间点 1 获得 $p\omega R$ 个消费品,在时间点 2 返还给 L 类型 ωR 的消费品。L 类型出售 $1-\omega$ 个时间点 1 的消费品,可以在时间点 2 增加 $(1-\omega)/p$ 单位的消费。这份合约是从不产生流动性冲击的人向产生流动性冲击的人提供事后流动性。

预算制约公式为

$$C_1 = (1-\omega) + pR\omega$$
$$C_2 = \omega R + (1-\omega)/p \tag{9.6}$$

C_1 的右边第一项是来自流动资产的收益,第二项是来自提供流动性合约的收益,C_2 右边第一项是来自非流动资产的收益,第二项是来自提供流动性合约的收益。无套利条件为 $p=1/R$。若 $pR>1$,

就没有必要在时间点 0 持有流动资产,最好将全额投入非流动资产。相反,若 $pR < 1$,就没有必要在时间点 0 持有非流动资产,最好将全额投入流动资产。因此,均衡必须是 $p = 1/R$。若采用此,就可从上述预算制约公式知道 $C_1^M = 1, C_2^M = R$。通过图 9-1,很容易地将各自进行投资组合时的消费量 (C_1^A, C_2^A),与签订提供流动性合约的消费量 $(C_1^M = 1, C_2^M = R)$ 进行比较。显而易见,后者的点 M 位于前者预算制约公式的右上方,所以可知通过提供流动性合约,能够实现更高的效用。各自进行投资组合时,为了将 C_1 定为 1 就必须全部作为流动资产来持有,所以 C_2 也同样成为 1 了。通过提供流动性合约,既不牺牲 L 类型的消费,又可以增加 E 类型的消费。

但是,对于流动性冲击,通过提供流动性合约来解决问题的方法,由于市场的不完备,并非最佳方法。若在时间点 0,有可能进行依赖于消费者类型的有条件请求权的交易,那么与 6.3 节一样,就有可能实现以下最佳风险分担。现在,若将时间点 t 的类型 $j = \{E, L\}$ 的消费表现为 C_t^j,时间点 1 的资源制约即为 $\pi_1 C_1^E = 1 - \omega$,时间点 2 的资源制约为 $\pi_2 C_2^L = \omega R$。还有,$C_1^L = C_2^E = 0$。若除去 ω,即得经济的资源制约

$$\pi_1 C_1^E + \pi_2 \frac{C_2^L}{R} = 1 \qquad (9.7)$$

消费者的最大化问题就是在这个预算制约之下将期待效用 (9.1) 最大化。1 阶条件为

$$u'(C_1^E) = \delta R u'(C_2^L) \qquad (9.8)$$

图 9-1 中 B 点表示了这个最佳消费点。得结果如下。

结果 9-1(最佳流动性需求)

若有可能利用依赖于消费者类型的有条件请求权,那么均衡消费量将比通过提供流动性合约来进行资源分配更有效率。即构成

$$C_1^M = 1 < C_1^E < C_2^L < R = C_2^M \qquad (9.9)$$

首先中间的不等式 $C_1^E < C_2^L$ 是根据 1 阶条件和假定 $\delta R > 1$。即,$u'(C_1^E) > u'(C_2^L)$,所以由 $u'' < 0$ 至 $C_1^E < C_2^L$。左侧的不等式意

味着 E 类型可以实现短期流动资产带来的总收益 1 以上的消费。有关证明概略将在补遗中进行说明，但必要条件是相对风险规避度要大于 1。

9.1.2　金融机构的流动性创造

根据不同的消费者类型附加条件困难时，即市场不完备时，按照提供流动性合约所产生的事后对策就不能够实现有效的风险分担。**活期存款**与其他金融资产不同，没有规定期满，是一种发行人可以应约退还资金的金融合约。存款人可以根据自己的消费时机取出存款进行消费。银行（处理存款的金融机构）可以将存款人的资金合理地分配为非流动资产和流动资产，创造出合理的**流动性**。假设现在银行将时间点 1 的总收益率设定为 $r_1 = C_1^E$，将时间点 2 的总收益率设定为 $r_2 = C_2^L$。这些是实现满足 (9.7) 和 (9.8) 公式的最佳风险分担的消费水平。各消费者将自己 1 的资金存入银行。因消费者人口为 1，故存款总额也是 1。银行与之前一样，构成满足 $\pi_1 C_1^E = 1 - \omega, \pi_2 C_2^L = \omega R$ 的投资组合。

存款人在时间点 1 选择是否提取存款。存款人的类型是存款人的个人信息，银行无法观察到其类型。因此，即使 L 类型在时间点 1 来取存款，银行也会支付。在这样的情况下，某个存款人做取出存款的决定依赖于其他存款人的决定。因此，为了分析这种决定的结果是如何实现均衡的，要采用博弈论中贝叶斯博弈（Bayesian game）的结构。得结果如下。

结果 9‒2（银行通过创出流动性进行最佳资源分配）

银行提示 $r_1 = C_1^E, r_2 = C_2^L$ 时存在一个均衡，即所有 E 类型都在时间点 1 取出存款，所有 L 类型都在时间点 2 取出存款。

设第 i 位存款人的类型为 t_i，所有 E 类型的集合群为 $S_E = \{i : t_i = E\}$，所有 L 类型的集合群为 S_L。存款人 i 的行动 $m_i = 1$ 表示在时间点 1 取款，$m_i = 0$ 表示不取款。作为条件，若设第 i 位存款人以外的存款人为 $-i$，其他 E 类型的战略是 $m_{-i \in S_E} = 1$，L 类型的战略是 $m_{-i \in S_L} = 0$。

表 9 - 1　银行挤兑的战略与获利

$E \backslash L$	战略 $m_L = 0$	战略 $m_L = 1$
战略 $m_E = 0$	$(u(0), -)$	$(-, -)$
战略 $m_E = 1$	$(u(C_1^E), u(C_2^L))$	$(u(z), u(z))$

（注）－表示值没有特定。

表9-1表示了 E 类型与 L 类型的获利。考虑到 $i \in S_E$，若选择 $m_i = 1$，消费量就为 C_1^E，若 $m_i = 0$，消费量就为0。当然，E 类型存款人取款属**最佳反应**（best response）。另一方面，$i \in S_L$ 的情况，若 $m_i = 1$，则消费量最大也只有 E 的消费量（$z < C_1^E$）。若 $m_i = 0$ 则为 C_2^L。按(9.9)公式，L 类型存款人不取款属最佳反应。因此，**贝叶斯纳什**（Bayesian Nash）**均衡战略**为 $(m_i \in S_E, m_i \in S_L) = (1, 0)$。这是一种**自我选拔**（self-selection）的机制，不同类型的选手根据自己的利益表明自己的类型。通过这种机制，银行即使不知道类型，存款人也可以自己来实现最佳风险分担。

另外，在到目前为止的论述中，我们一直就消费者的流动性需求进行了探讨，但企业也存在流动性需求。**现金管理**（cash management）和**信用交易**（trade credit）对管理企业的流动资产很重要。还有，金融机构的特定融资额合约是当将来流动资产等不足时，保证能迅速提供资金的合约，这也成为金融机构提供流动性的一项选择。企业通过与金融机构签订特定融资额合约，减少了流动资产的持有量，可以节约这部分的费用。

9.1.3　银行挤兑

接下来，我们来看一下前小节博弈论中所存在的其他的均衡。通常，银行按照来窗口的顺序为顾客提款进行服务。只要银行能够支付，就会接受顾客的提款，但若是无法支付，就不会接受提款。如以上结果，若正好 π_1 位 E 类型要提取存款，银行从事先持有的流动资金接受其提款。但是，因某种事情，当超过 π_1 位的存款人想要提取存款时，银行就有必要对非流动资产进行清算了。

现设 $n \in [0, 1]$ 为在时间点1提取存款的人数。当 $n > \pi_1$ 时，银行将对满足(9.10)公式的 f 比例的非流动资产进行清算。

$$nr_1 = 1 - \omega^* + f(1-\tau)\omega^* \qquad (9.10)$$

这里，ω^* 是满足(9.7)和(9.8)公式的非流动资产的持有比例。

我们里看一下所有 L 类型在时间点1提取存款的均衡。即，作为条件，设 E 类型的战略是 $m_{-i \in S_E} = 1$，L 类型的战略也是 $m_{-i \in S_L} = 1$。在上述公式中若设 $f = 1$，能够提取存款的最多人数为

$$n^* = (1 - \tau\omega^*)/C_1^E \qquad (9.11)$$

因此，第 i 位存款人若能排在第 n^* 位之前，就能够提取 r_1 的存款，但是若排在了第 n^* 位之后，则提取额为 0。如果顺序是随机决定的，那么能够提取 r_1 存款的概率为 n^*。因此，若存款人 i 想要提取存款，期待效用则为 $U_{m_i=1} = n^* u(C_1^E)$。若不提取，期待效用即为 $U_{m_i=0} = u(0)$。表 9-2 显示了各类型在挤兑均衡中的获利。

表 9-2　银行挤兑的战略与获利

$E \backslash L$	战略 $m_L = 0$	战略 $m_L = 1$
战略 $m_E = 0$	$(-,-)$	$(u(0),-)$
战略 $m_E = 1$	$(-, u(0))$	$(n^* u(C_1^E), n^* u(C_1^E))$

(注)—表示值没有特定。

根据上述情况，所有 L 类型提取存款时，提款时最佳反应。因此，贝叶斯纳什均衡战略为 $(m_{i \in S_E}, m_{i \in S_L}) = (1,1)$。这就是自我实现式的银行挤兑(bank run)的均衡。得结果如下。

结果 9-3(流动性需求与银行挤兑)

银行提出 $r_1 = C_1^E, r_2 = C_2^L$ 时，存在这样一个均衡，即所有存款人都要提取存款。

现实中，银行通过持有的准备金等应对流动资产，借贷等应对非流动资产。其他市场型较高的有价证券根据不同情况，有时起到流动资产的作用，有时或作为清算成本较低的非流动资产。通过提取存款能够提款的概率为 n^*，根据银行预算制约 $n^* = \pi_1(1 - \tau\omega^*)/(1-\omega^*)$。因此，清算成本越高，可提款概率就越低，流动资产持有比例越高，可提款概率就越高。

结果 9-2 与 9-3 这两个均衡中究竟哪一个成立，并不依赖于

金融经济学

上述模型条件(基本因素)①。这种均衡被叫作**太阳黑子**(sunspot)**均衡**。即,并非经济的基本因素恶化时就会产生挤兑。12.3 节中将会介绍了基本因素恶化产生挤兑的理论。

例题 9－1(流动性需求与银行挤兑)

消费者持有初期资产 $W_0=1$,相对风险规避度有着 $\gamma=2$ 的冥乘效用。流动性冲击的概率为 $\pi_1=0.1$,折现因子为 $\delta=0.8$,非流动资产的收益因子为 $R=1.1$,清算成本为 $\tau=0.72$。

1) 请列出每个消费者各自进行投资组合时的预算制约(9.4)公式,期待效用(9.1)公式,并求最佳消费量 C_1^A, C_2^A。

2) 可利用依赖于消费者类型的有条件请求权的情况下,求预算制约(9.7)公式以及最佳消费 C_1^E, C_2^L。

3) 请将 1) 及 2) 与在可利用市场提供流动性合约时消费量$(C_1^M=1, C_2^M=R)$ 各自的期待效用水平进行比较。

4) 在银行挤兑均衡时,求可以提取存款的概率 n^* 及期待效用$n^* u(C_1^E)$。

解说 1) 预算制约公式为 $C_1=1-\omega+0.28\omega$ 以及 $C_2=1-\omega+1.1\omega$ 至 $C_2=(0.82-0.1\,C_1)/0.72$。期待效用为 $U=-0.1C_1^{-1}-0.72\,C_2^{-1}$。因效用最大化的 1 阶条件为 $C_2^2/C_1^2=1$,故将此代入预算制约公式,得 $C_1^A=C_2^A=1$。

2) 资源制约为 $0.1C_1=1-\omega, 0.9C_2=1.1\omega$,故预算制约为 $0.11C_1+0.9C_2=1.1$。最佳的 1 阶条件为 $C_2^2/C_1^2=0.88$,故将此代入预算制约公式,得 $C_1^E=1.1527, C_2^L=1.0813$。

3) $U(C_1^A, C_2^A)=-0.82, U(C_1^E, C_2^L)=-0.7526, U(C_1^M, C_2^M)=-0.7546$。

4) 根据(9.11)公式,接受概率为 $n^*=(1-0.72\times0.8847)/1.153=0.315$。

---

① 这里,关于每个存款人属于何种类型,存在不确定性,但经济状况确实存在 π_1 比例的 E 类型消费者。

9.2　信息的制造

9.2.1　金融中介机构与监管

Diamond 对金融机构的信息制造与风险的关系进行了分析 [Diamond(1984)]。我们来看一下,某企业有一个需要 1 单位资金 为期 1 的投资项目,但没有自己的资金。这项投资的末期现金流 量 y 为非负的概率变数,是一个以固定区间为支撑的连续变数。 投资者人数为 $m(>1)$,各自拥有 $1/m$ 单位的资金。投资者和企业 都是风险中性的。设无风险利率因子为 r,假定 $E(y)>r$。即,投 资具有正数的 NPV。若设约定偿还额为 R,则融资合约中投资者 收益为 $Y=\min(R,y)$。

首先,我们来看一下投资者不可能观测到也不可能证实借款 方企业现金流量的情况。企业即使产生正数的现金流量也将偿还 额定为 0,这是最佳战略。设企业向投资者申报的现金流量为 x, 当可以支付($y \geqslant R$) 时,若申报比 R 更小的 x 的话,即支付额为 x。若其中也设定 $x=0$,则企业的利益为 $y-0=y$。不可能支付 $R(R<y)$ 时,只要设 $x=0$,企业的利益也是 $y-0=y$。因此,$x=0$ 为最佳申报额,投资者的期待收益就成了 $Y=0$。这时,不进行融资 是投资者的最佳战略,故不能观测信息阻碍了有效的投资。

其次,我们来看一下可以进行监管的情况。监管是使不能观 测到现金流量变得可能观测的一项技术。为了监管某家企业,将 花费监管成本 K[①]。还有,某投资者通过监管所得的信息,其他人 不可能利用。监管在产生收益前进行,企业能够观测到是否实施 了监管[②]。当各投资者进行个别监管直接融资时,投资成本总额为 $r+mK$。因此,若 $E(y) \geqslant r+mK$,会进行投资,但不等号相反时便

———————

①　但这个假定现实很单纯,实际上还包括,企业拖延偿还时其现金流量究竟 不足到什么程度,不久的将来其现金流量由多少改善等信息。因此,监管意味着将 产生多于监察公司进行会计监察的信息。

②　但是这里就每个投资者是否实施监管省略了分析,只考虑整体是否进行 监管。

金融经济学

不会进行投资。这就是当出现每个投资者资金少(m 大)这一预算制约上问题，以及监管成本 K 较大时所产生的非有效性。

下面我们将要介绍，当这种直接融资方式不能顺利作用时，通过由**金融中介机构**（financial intermediary）融资的方式使得投资变为可能。设经济情况中存在 n 个企业，并存在 nm 位投资者。假定各企业现金流量的概率分布是独立的。现在，nm 位投资者组建了金融中介机构，若各自出资 $1/m$ 单位的资金，那么金融中介机构的资金为 n。金融中介机构将这资金借贷给 n 个企业，每个企业为 1 单位，并负责监管。即，投资者将监管工作委托（delegation）给了金融中介机构。

下面若不做另外说明，按每 1 单位融资为变数。若设企业 j 向金融中介机构偿还的额度为 g_j，金融中介机构的现金流量（偿还额）即为 $\overline{g} = \sum_{j=1}^{n} g_j / n$。投资者与企业一样，也不能观测到这现金流量。因此，像企业那样，存在向金融中介机构虚报，将支付给投资者的金额设定为 0 的诱因。设金融中介机构对投资者的约定偿还额为 D。按照相对存款合约的投资者与金融中介机构之间合约，向投资者支付的金额为 $Z = \min(D, \overline{g} - K)$。假定金融中介机构的经营者支付 $Z(<D)$ 时，要负担 $C = D - Z$ 的违约成本。这项违约成本是非现金的破产成本，包含了 3.2 节中曾提到的直接成本以及经营者损失的名声等。

金融中介机构的利益为

$$Y_F = \begin{cases} \overline{g} - D - K & if \quad Z = D \\ \overline{g} - Z - K - C & if \quad Z < D \end{cases} \tag{9.12}$$

若将违约成本 $C = D - Z$ 代入，上下都同样为 $\overline{g} - D - K$，故以 $\overline{g}$ 为条件，金融中介机构无论选择怎样的 $Z(<D)$ 偿还额，利益都相同。也就是说，通过违约成本进行虚报的诱因就不存在了。因此，当 $\overline{g} - K < D$ 时，金融中介机构不管 Z，都要负担一定的成本，所以只要考虑支付 $Z = \overline{g} - K$ 就行了。

金融机构的违约概率定义为 $p = Pr(\overline{g} < D + K)$。若包括违约成本，金融中介机构的期待利益为

$$E(Y_F) = (1-p)E(\overline{g} - K - D \mid \overline{g} \geqslant K + D) - pE(C \mid \overline{g} < K + D)$$
$$\tag{9.13}$$

右边第一项表示没有违约时的利益,第二项表示违约时的利益。在违约时,因从现金流量扣除监管成本后,将全部偿还给投资者,所以只有违约成本成为金融中介机构的利益。

　　金融中介机构的参与制约为 $E(Y_F) \geqslant 0$。既然金融中介机构违约时要负担违约成本,那么对此的等价补偿就需要从企业的偿还额来支出了。这就是投资者委托金融中介机构进行监管的行为所产生的成本,所以叫作**委托成本**。当初设定偿还给金融中介机构的金额,除了资金成本 r 和监管成本 K,还有委托成本 $h(>0)$。总计为

$$E(\overline{g}) = r + K + h \tag{9.14}$$

　　还有,投资者的期待收益(每1单位资金)为

$$E(Y_I) = E(\min(D, \overline{g} - K)) = (1-p)D + pE(\overline{g} - K \mid \overline{g} - K < D)$$
$$\tag{9.15}$$

　　在以上设定下,得如下结果。

结果 9-4(金融中介机构的违约概率与委托成本)

　　各企业现金流量的概率分布为独立时,若取借贷方企业的数量 n 足够大,金融中介机构的违约概率将收缩为 0,委托成本也会收缩为 0。还有,这时来自金融中介机构融资方式的信息成本低于直接融资方式的信息成本。

　　为了表明平均偿还额 $\overline{g}$ 以及违约概率 p 依存于 n,用 $\overline{g}_n, p_n$ 来表示。考虑到金融中介机构设定了 $D = r$,根据(9.14)公式与概数的法则

$$p\lim_{n \to \infty} \overline{g}_n = E(\overline{g}_n) = r + K + h \tag{9.16}$$

拖欠概率为 $\lim_{n \to \infty} p_n = \lim_{n \to \infty} Pr(\overline{g}_n < r + K) = 0$ [①]。也就是说,金融中介机构的违约概率收缩为 0。图 9-2 为表现概数法则的图

---

　　① 用 $p\lim X_n = X$ 来表示概率变数列 X_n 收缩为 X。这意味着有关任意的 $\varepsilon > 0, \lim_{n \to \infty} Pr(|X_n - X| \geqslant \varepsilon) = 0$。一般来说,把样本平均 X_n 的概率收缩为母平均 X 的情况叫作概数的法则。

像,例示了 $n=80$ 与 $n=800$ 的概率分布不同①。虽然两个期待值都相同,但可以确认到 $n=80$ 在概率较高部分有更宽的余地。

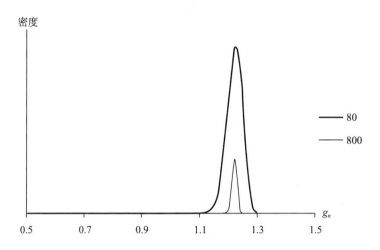

图 9‑2 (概数的法则与平均偿还额)

(注)图像表示 $n=80$ 与 $n=800$ 情况下的概率密度。原本的分布为二项分布。横轴为平均偿还额。

这时,投资者的期待收益也收缩为 $\lim_{n\to\infty} E(Y_I)=r$,投资者的参与制约公式得到满足。 还有,期待违约成本也收缩为 $\lim_{n\to\infty} pE(C\,|\,\overline{g}<K+D)=0$。在(9.13)公式中,由于金融中介机构的利益也收缩为 $\lim_{n\to\infty} E(Y_F)=h$,所以即便委托成本为 $h=0$,也能够满足金融中介机构的参与制约。结果的后半部分来自

$$K+h<mK \tag{9.17}$$

左边表示金融中介机构实行融资方式的信息成本,是金融中介机构进行监管的成本与委托金融中介机构实施监管的委托成本之和。右边为投资者进行直接融资时监管成本的总计。由 n 足够大时 $h=0$ 以及 $m>1$ 构成不等号。即,$r<E(y)\leqslant r+mK$,即使不可能进行直接融资,也可以实施投资。这是因为 n 足够大,以及为了充分分散金融中介机构的借贷组合,给予金融中介机构的监管诱因的成本足够小。

---

① 是下个例题所用的二项分布情况。

例题 9－2（金融机构的监管与风险分散）

我们来看一下向 n 家公司提供借贷的金融机构。各借款方的现金流量是独立的，概率为 $\pi=0.9$ 时 $y_s=1.5$，概率为 $1-\pi=0.1$ 时 $y_f=0.5$。无风险利率因子为 $r=1$，监管成本为 $K=0.1$。借款人需要资金为 1，投资者每人拥有 0.1 的资金，存在 $10n$ 人的投资者。设成功投资的借款人人数为 i，将此称为状态。但是，n 和 i 都是非负的整数。金融机构成功时收到的偿还额为 $g=D+K+h$，失败时收到的偿还额为 $g=0.5$。

1）问：投资者各自进行监管和融资时，融资实施是否可能？

2）设 $D=1.1, h=0.1$。请用公式表示向 n 家公司进行融资的金融机构在状态 i 收到的平均偿还额 $\overline{g_i}=(i(D+K+h)+(n-i)y_f)/n$。并求各状态的金融机构的利益 $Y_{Fi}=\overline{g_i}-K-D$。

3）设 $Y_{Fi}=0$ 的状态为 i^*。求 $n=8,80,800$ 的 i^*。

4）采用二项分布表或表计算软件来求 $n=8,80,800$ 时，金融机构违约的概率 $p_n=Pr(Y_{Fi}<0\mid n)$。

解说 1）　期待收益 $E(y)=0.9\times1.5+0.1\times0.5=1.4$。因向 1 家企业的融资需要 10 人的投资者，所以监管成本全部需要花费 $mK=10\times0.1=1$。因 $r+mK=2>1.4$，不可能进行直接融资。

2）代入后得 $\overline{g_i}=0.5+0.8i/n$。并得 $Y_{Fi}=0.5+0.8i/n-0.1-1.1=0.8i/n-0.7$。

3）由上述公式得 $i^*=7n/8$。

4）因 i 按照二项分布 $Bi(n,0.9)$，故产生状态 i 的概率为 $f(i)=\,_nC_i0.9^i0.1^{n-i}$。违约概率为 $p_n=\sum_{i=0}^{i=i^*-1}f(i)$。$p_8=0.187, p_{80}=0.173$，$p_{800}=0.009$。如使用 Excel，就应用 binom.dist.range 函数。另外，图9－3横轴取借款人数 n，表示银行的违约概率。可以确认 $n>2000$ 时违约概率几乎为 0。

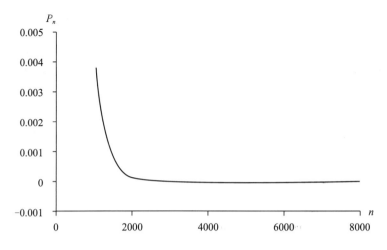

图 9 - 3　（银行的违约概率与借款人数：二项分布）

(注)横轴为借款人数，纵轴为违约概率。$n > 1000$ 表示银行的违约概率。但为成功概率 $p = 0.9$ 的二项分布。

9.2.2　金融中介机构与融资审查

Broecker 对在不完全的风险筛选情况下，金融机构的借贷利率与竞争条件的关系进行了分析[Broecker(1990)]。我们来看一下有一个需要 1 单位资金的为期 1 的投资项目，但企业自己没有资金。企业存在两种类型（$i = g, b$）。两种类型企业的期末现金流量都为 X 或 0。成为 X 的概率叫作成功概率，设为 p_i。失败概率为 $1 - p_i$。假定 $1 > p_g > p_b > 0$。设 g 类型的比例（先验概率）为 $\pi (> 0)$，b 类型的比例为 $1 - \pi (> 0)$。以下为节省本章篇幅，称金融中介机构为银行。银行拥有足够的资金，而且银行与企业都是风险中性的。设无风险利率为 0。若设融资合约中的约定偿还额为 $r (\leqslant X)$，i 类型期望的期待收益则为 $y_i = p_i r - 1$。假定 $p_g X > 1 > p_b X$。即，对 b 类型的融资，偿还额再大也亏本。

银行不能够直接观察到企业的类型，但有关企业的信用力（或信用风险），通过融资审查，得结果 $k = \{A, B\}$。$k = A$ 表示合格，$k = B$ 表示不合格。融资审查根据可利用的数据来进行对象甄别，在这个意义上来说是一种筛选。但是，这里所说的筛选不能够完全地识别企业类型,属于不完全的筛选。即,设 g 类型企业被判断为 B(有条件)的概率为 $q_g = Pr(B \mid g) > 0$,b 类型企业被判断为 B 的概率为 $q_b = Pr(B \mid b) < 1$。g 类型企业被判断为 A 的概率为 $1 - q_g$,b 类型企业被判断为 A 的概率为 $1 - q_b$。不过,g 类型结果为 B 的概率要低于 b 类型结果为 B 的概率($q_g < q_b$),在这个意义上,假定筛选是有效的。

在具有信用力 $k = \{A, B\}$ 的企业中,g 类型企业的比例(事后概率)为

$$\pi_A = \frac{\pi(1 - q_g)}{\pi(1 - q_g) + (1 - \pi)(1 - q_b)}, \pi_B = \frac{\pi q_g}{\pi q_g + (1 - \pi)q_b}$$

(9.18)

由假定 $q_g < q_b$ 构成 $\pi_A > \pi > \pi_B$。具有信用力 k 的企业的**平均成功概率**为

$$p_A = \pi_A p_g + (1 - \pi_A)p_b, \quad p_B = \pi_B p_g + (1 - \pi_B)p_b \quad (9.19)$$

若设采用筛选前的先验概率 π 的平均成功概率为 $\bar{p} = \pi p_g + (1 - \pi)p_b$,也可以由 $\pi_A > \pi > \pi_B$ 构成 $p_A > \bar{p} > p_B$。即,信用力 A 企业的平均成功概率要高于 B。下面我们假定 $p_A X > 1 > p_B X$。即,向审查后被评为 B 的企业借贷再多也亏本。因此,下面我们将 B 企业视为被拒绝融资。

根据以上情况,设存在着 n 家银行。这些银行同时发表对具有信用 A 的企业的借贷利率。企业向所有银行申请融资审查。银行对申请者进行审查并通知结果。各家银行的审查结果是毫不相关的,无法了解到竞争对手的结果以及竞争对手提出的利率。企业与提出最低利率的银行签订借贷合约。这种银行之间有关利率的竞争被叫作 **敌对竞争**。

现在假设有 m 家银行提出了最低利率 r_0。因 g 类型企业被 m 家银行同时评估为 B 的概率为 q_g^m,所以至少有一家银行评估其为 A 的概率为 $1 - q_g^m$。若设评估其为 A 的银行中有一家被随机选中,那么 g 类型企业与银行 i 签订合约的概率为 $\theta_g(m) = \pi(1 - q_g^m)/m$。同样,$b$ 类型企业签订合约的概率为 $\theta_b(m) = (1 - \pi)(1 - q_b^m)/m$。因此有关 m 家银行进行了融资审查的 g 类型比例的事后概率为

$$\pi_A(m) = \frac{\theta_g(m)}{\theta_g(m) + \theta_b(m)} \qquad (9.20)$$

平均成功概率为

$$p(m) = \pi_A(m) p_g + (1 - \pi_A(m)) p_b \qquad (9.21)$$

银行 i 的期待利益为 $V(m) = p(m) r_0 - 1$。将 $V_i = 0$ 称为**利润零条件**，满足利润零条件的最低利率叫作**利润零利率**。利润零利率 $r_m = 1/p(m)$ 是竞争条件下所能够提出的最低利率。从上得结果如下。

结果 9–5（融资审查与借贷竞争）

提出最低利率的银行数量 m 越多，平均成功概率就越低，满足利润零条件的最低利率就会上升。

其结果如图 9–4 所示。若定义 $z = (1 - q_b^m)/(1 - q_g^m)$，则 $dz/dm > 0$。因 $\pi_A(m) = 1/(1 + (1 - \pi) z/\pi)$，故得 $d\pi_A(m)/dm < 0$。由于银行的审查是独立进行的，越多银行进行审查，所有银行都评估为不合格的概率就越低。因此，银行数量越多，可获取融资的概率就越高。而且一次审查不及格的企业还可以通过接受重复审查，来获得信用力 A，所以审查次数越多，有关 b 类型企业比例的

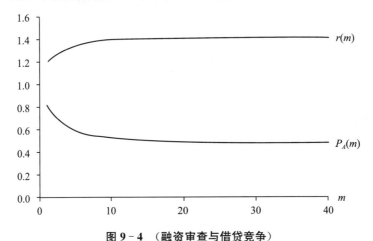

图 9–4 （融资审查与借贷竞争）

（注）横轴为提出最低利率的银行数，纵轴为平均成功概率与利润零利率。

事后概率就越高。因此,银行数量越多平均成功概率就越低,满足利润零条件的利率水平就会上升。银行数量增多也意味着竞争的激烈,但按照上述结果,与直觉观察相反,激烈的竞争反而导致利率上升。

例题 9－3(融资审查与借贷竞争)

设 g 类型企业与 b 类型的比例各为一半($\pi = 0.5$),成功概率为 $p_g = 0.9, p_b = 0.5$。还有,设融资审查出错概率为 $q_g = 0.1, 1 - q_b = 0.2$。求银行数为 $m = 1, 2$ 时,银行与 g 类型企业签约的概率 $\theta_g(m)$、与 b 类型签约的概率 $\theta_b(m)$、企业为 g 类型的事后概率 $\pi_A(m)$、平均成功概率 $p_A(m)$,利润零利率 $r(m)$。

解说 $\theta_g(1) = 0.5 \times 0.9 = 0.45, \theta_b(1) = 0.5 \times 0.2 = 0.1, \theta_g(2) = 0.5 \times (1 - 0.1^2)/2 = 0.2475, \theta_b(2) = 0.5 \times (1 - 0.8^2)/2 = 0.09$。通过审查的借款人为 g 类型的概率是 $\pi_A(1) = 0.45/(0.45 + 0.1) = 0.818, \pi_A(2) = 0.2475/(0.2475 + 0.09) = 0.733$。还有,平均成功概率为 $p_A(1) = 0.818 \times 0.9 + 0.182 \times 0.5 = 0.827, p_A(2) = 0.733 \times 0.9 + 0.267 \times 0.5 = 0.793$。利润零利率为 $r(1) = 1.209, r(2) = 1.261$。

9.2.3 金融中介机构之间的信息不对称性与放款利率

Sharpe 分析了银行在掌握有关借款人信用力的不同信息情况下是如何决定贷款的[(Sharpe(1990))]。对前一小节的设定稍做修正。假设存在前期进行融资的与未进行融资的银行。将前者称为**内部银行**,后者称为**外部银行**。内部银行观察企业的成功与失败,将成功企业评估为 A,失败的企业评估为 B。外部银行不了解企业的成功或失败,但可以观察到信号 $s = \{\tilde{A}, \tilde{B}\}$。公式信号满足以下

$$Pr(\tilde{A} \mid A) = (1 + \phi)/2 = Pr(\tilde{B} \mid B)$$

$$Pr(\tilde{A} \mid B) = (1 - \phi)/2 = Pr(\tilde{B} \mid A) \tag{9.22}$$

这里,$0 \leqslant \phi \leqslant 1$,$\phi$ 越高信号就越准确,ϕ 越小信号的准确度就会降低。这样的信号叫作**噪音信号**(noisy signal)。

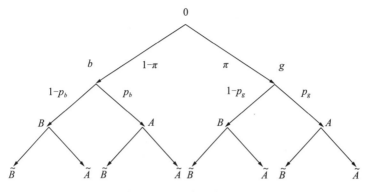

图 9‑5 （项目的成败与信号）

（注）g,b 表示类型，$A、B、\tilde{A}、\tilde{B}$ 表示信号。

图 9‑5 表示的是项目的成功及失败与两个信号的关系。内部银行只观测 A 或者 B，外部银行只观测 $\tilde{A}$ 或者 $\tilde{B}$。有关对观察到前期成功（信号 A）的内部银行而言的 g 类型，设其事后概率为 $\pi_A = Pr(g \mid A)$，设 b 类型的事后概率为 $\pi_B = Pr(g \mid B)$。对于内部银行而言，具有信用力 A 的企业当期成功概率为 $p_A = \pi_A p_g + (1-\pi_A)p_b$，具有信用力 B 的企业当期成功概率为 $p_B = \pi_B p_g + (1-\pi_B)p_b$。另一方面，有关对观察到信号 $\tilde{A}$ 的外部银行而言的 g 类型，其事后概率被定义为 $\pi_{\tilde{A}} = Pr(g \mid \tilde{A})$，而有关对观察到信号 $\tilde{B}$ 的外部银行而言的 g 类型，其事后概率被定义为 $\pi_{\tilde{B}} = Pr(g \mid \tilde{B})$。信号 $\tilde{s} = \{\tilde{A}\tilde{B}\}$ 的成功概率也一样为 $p_{\tilde{A}} = p_g Pr(g \mid \tilde{A}) + p_b Pr(g \mid \tilde{A})$，$p_{\tilde{B}} = p_g Pr(g \mid \tilde{B}) + p_b Pr(g \mid \tilde{B})$。因利润零条件 $V_s = p_s r_s - 1 = 0$，故 $r_s = 1/p_s$，所以得结果如下。

结果 9‑6（内部银行与信息垄断）

内部银行与外部银行的利润零利率满足下列公式。

$$r_A < r_{\tilde{A}} < \bar{r} < r_{\tilde{B}} < r_B \tag{9.23}$$

不过，$\bar{p} = \pi p_g + (1-\pi)p_b$，$r = 1/\bar{p}$。

有关各自的平均成功概率将在补遗中叙述。对内部银行而言的利润零利率要比对于外部银行而言的利润零利率低，这是因为，内部银行为了能够更准确地观察信号,在看到 A 时的 g 的事后概率比看到 $\tilde{A}$ 时的事后概率要高,而看到 B 时的事后概率比看到 $\tilde{B}$ 时的事后概率要低。

内部银行与外部银行同时向企业提出贷款利率时,内部银行可以获得某种信息租金,而外部银行将遭遇获胜者之灾。为了对此进行说,下面我们来谈一下有关外部银行的信号完全失效时(ϕ=0),银行的期待利益与借贷利率的设定。

企业会选择提出更低利率的银行。内部银行表示为1,外部银行表示为2,内部银行提出的利率表示为 r_1^s,外部银行提出的利率表示为 r_2。期待利益为

$$V_1^s = Pr(r_1^s < r_2)(p_s(1+r_1)-1) \qquad s = A,B$$
$$V_2 = \overline{p}Pr(r_2 < r_1 \mid A)(p_A(1+r_2)-1) + (1-\overline{p})Pr(r_2 < r_1 \mid B)(p_B(1+r_2)-1) \tag{9.24}$$

内部银行根据信号提出不同的利率,从不同企业获得期待利益。另一方面,外部银行因为信号完全无效,所以不能够依靠自身的信号,只能向所有企业提出一样的利率。$\overline{p}$ 表示前期成功企业(信号 A)的比例,$Pr(r_1 < r_2)$ 为内部银行在借贷利率竞争中胜出的概率,$Pr(r_2 < r_1 \mid s)$ 为在信号 s 条件下,该银行胜出的概率。内部银行在观察到 B 时,提出低于 r_B 的利率就会产生损失,所以只提出 r_B 的利率($r_1^B = r_B$)。另一方面,观察到 A 时,内部银行不存在提出 r_A 的诱因($r_1^A > r_A$)。这是因为,由于外部银行若提出 r_A 一定会蒙受损失,故外部银行无法提出 r_A,而内部银行很清楚即使自己提出较高的利率也不会输。因此,观察到 A 的内部银行将获得 $r_1^A - r_A > 0$ 的超额利润。这种内部银行独占了外部银行所无法得到的信息的情况叫作**信息垄断**(informational monopoly),内部银行通过信息垄断得到超额利润。

但是,即使存在信息垄断,企业也有可能将向内部银行贷款改为向外部银行贷款。如果前期遭到失败的企业因内部银行提出的利率较高($r_2 < r_B$),而转向提出的利率较低的外部银行,那就是外部银行胜出。但企业为 B 时,很显然外部银行的利益为负数。这

种虽然在竞争取胜却会蒙受损失的现象被叫作**胜者之灾**[①]。

例题 9-4（内部银行与外部银行）

设 g 类型企业与 b 类型企业各占一半（$\pi=0.5$），成功概率为 $p_g=0.9, p_b=0.5$。$\phi=0.5$。

1) 求获取信号 A 的银行的事后概率 $\pi_A = \pi p_g / \overline{p}$，及获取信号 B 的银行的时候概率 $\pi_B = \pi(1-p_g)/(1-\overline{p})$。

2) 求信号为 A 时的成功概率 $p_A = (\pi p_g^2 + (1-\pi)p_b^2)/\overline{p}$，及信号为 B 时的成功概率 $p_B = (\pi p_g(1-p_g) + (1-\pi)p_b(1-p_b))/(1-\overline{p})$。

3) 求获取信号 $\widetilde{A}$ 时的事后概率 $\pi_{\widetilde{A}} = (\pi(1-\phi+2\phi p_g))/((1-\phi)+2\phi\overline{p})$，及获取信号 $\widetilde{B}$ 时的事后概率 $\pi_{\widetilde{B}} = (\pi(1+\phi-2\phi p_g))/((1+\phi)-2\phi\overline{p})$。

4) 求信号 $\widetilde{A}$ 时的成功概率 $p_{\widetilde{A}} = (\overline{p}(1-\phi+2\phi p_A))/((1-\phi)+2\phi\overline{p})$，及信号 $\widetilde{B}$ 时的成功概率 $p_{\widetilde{B}} = (\overline{p}(1+\phi-2\phi p_A))/((1+\phi)-2\phi\overline{p})$。

5) 求各自的利润零利率，并进行大小比较。

解说　只提示答案。

1) $\pi_A = 0.643, \pi_B = 0.167$

2) $p_A = 0.757, p_B = 0.567$

3) $\pi_{\widetilde{A}} = 0.583, \pi_{\widetilde{B}} = 0.375$

4) $p_{\widetilde{A}} = 0.733, p_{\widetilde{B}} = 0.65$

5) $r_A = 1.32, r_B = 1.765, r_{\widetilde{A}} = 1.364, r_{\widetilde{B}} = 1.538$，故可以确认 $r_A < r_{\widetilde{A}} < r_{\widetilde{B}} < r_B$。

[①] 虽然本书对此说割爱了，但这项博弈不存在纯粹战略性的贝叶斯纳什均衡。在混合战略的均衡中，内部银行对前期成功的企业采取混合战略，而外部银行对所有企业都采取混合战略。

9.3 金融交易的中介

9.3.1 金融中介机构的监管与短期融资

Rajan 对金融中介机构的监管之利与成本进行了分析[Rajan (1992)]。我们来看一下没有自己资金的企业。投资项目为期 2 期,在时间点 0 需要 1 单位的资金。在时间点 1 实现状态 1 或 2,在时间点 2 产生现金流量。状态 1 为成功,产生 $X>1$ 的现金流量。状态 2 为失败,现金流量为 0。若企业做努力 e,到达状态 1 的概率为 $\pi(e)$。π 是成功概率,$1-\pi$ 为失败概率。努力越大成功概率就越大($\pi'>0$),但其效果为递减的($\pi''\leqslant 0$)。努力需花费成本 $c(e)$,**努力成本**满足 $c'>0, c''>0$。

在时间点 1 可以对企业进行清算。这时的清算价值是半旧货市场的转售价值,在任何状态皆为 L。清算价值小于当初的投资额 $1(L\leqslant 1)$。银行拥有足够的资金,银行和企业都属风险中性。设无风险利率为 0,借贷利率因子为 $R(>1)$。

我们来看一下作为企业贷款来源的内部银行与外部银行。假设内部银行进行监管,在时间点 1 可以观察到企业状态,而外部银行因不进行监管,故无法观察到企业状态[1]。通过外部银行进行融资也被叫作保持距离(arm's length)融资。发行公司债券,各投资者的监管成本相比出资相对要高,所以也被看作是一种保持距离的集资方法。

首先来看一下由外部银行提供的长期融资。外部银行因为在时间点 1 不能够观察到企业状态,所以在时间点 1 停止融资,对企业进行清算,这是不现实的[2]。因此,通过外部银行进行融资应考虑长期合约。如图 9-6 所示,在时间点 0 进行融资,在时间点 2,

---

① Chemmanur 与 Fulghieri 强调名声效果作为金融机构进行监管的诱因 [Chemmanur and Fulghieri(1994)]。比如,金融机构或许可以通过进行监管投资,来降低是继续运作还是进行清算的判断失误概率。银行是害怕失去有能力合理评估企业的声誉,而进行监管。

② 还有,发行公司债券的话,在时间点 1 召集众多债权人来开会以决定停止融资,很困难。

金融经济学

只有状态 1 进行偿还。企业最大化问题被定为如下公式。

$$\max_{\langle R,e \rangle} \upsilon = \pi(e)(X-R) - c(e) \tag{9.25a}$$

$$\text{s.t. } u = \pi(e)R \geqslant 1 \tag{9.25b}$$

$$e^* = \arg\max_e \pi(e)(X-R) - c(e) \tag{9.25c}$$

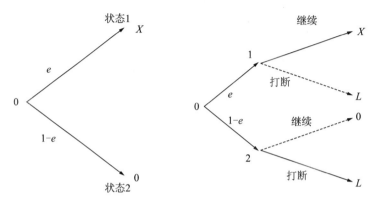

图 9 - 6 （外部银行的长期融资与内部银行的短期融资）
(注)外部银行在中途无法判别状态 1,2。

(9.25a)公式的 υ 表示企业的期待利益。(9.25b)公式表示银行的参与制约公式。市场属于完全竞争型,若获得超过融资额 1 的期待收益,银行就会进行融资。融资以后,企业以借款利率 R 为条件来选择努力水平 e。(9.25c)公式表示有关最佳努力水平的最大化问题。1 阶条件为

$$\pi'(e_A^*)(X-R_A^*) = c'(e_A^*) \tag{9.26}$$

不过,下标注 A 字表示通过外部银行进行的融资。2 阶条件由 $c'' > 0, \pi'' \leqslant 0$ 得到满足。在这个努力水平之下,企业项目的 NPV 为正数的条件是,$\pi(e_A^*)X > c(e_A^*) + 1$。若这一条件得到满足,那么在(9.25b) 公式以及(9.25c) 公式之下,贷款利率为 [1]

$$R_A^* = 1/\pi(e_A^*) \tag{9.27}$$

---

① 为了在状态 1 有可能实施偿还利息,就需要 $X \geqslant R_A$,但是要注意,$\pi(e_A^*)X > c(e_A^*) + 1$ 意味着 $X > R_A$。

接着我们来看一下由内部银行融资的每期为 1 的短期融资[①]。银行在时间点 1 观察状态后决定是否停止融资。若停止融资,企业将被清算,银行获得 L。在状态 2,即使继续融资也只能获得 0 的现金流量,所以银行选择停止融资。在状态 1,若继续融资,可得 $X(>1>L)$ 的现金流量,所以继续比较合适。但是,在短期合约中,继续融资并非义务,所以金融机构与企业需要进行有关继续融资的交涉。若交涉顺利,项目继续,两者都可以获得 $X-L$ 的(纯)利益,因此一般来说企业获得其中的 θ 比例,银行获得 $1-\theta$ 的比例。$\theta(0\leqslant\theta\leqslant 1)$ 越高,就意味着企业的交涉能力更强。因为银行即使停止融资也可以获得 L,所以纯利润和清算价值共计可得 $(1-\theta)(X-L)+L$。

银行进行短期融资的企业的最大化问题定式如下

$$\max_{\langle R,e\rangle} \upsilon = \pi(e)\theta(X-L) - c(e) \qquad (9.28a)$$

$$\text{s.t.} \quad u = \pi(e)((1-\theta)(X-L)+L) + (1-\pi(e))L \geqslant 1 \qquad (9.28b)$$

$$e^* = \arg\max_e \pi(e)\theta(X-L) - c(e) \qquad (9.28c)$$

(9.28a)公式表示企业的期待利益。(9.28b)公式表示银行的参与制约,需要注意的是,其中附加了状态 2 的清算价值。根据(9.28)公式,最佳的努力水平所满足的 1 阶条件为

$$\pi'(e)\theta(X-L) = c'(e_B^*) \qquad (9.29)$$

下标注 B 字表示内部银行的融资。

为了简化表记,假设 $\pi'=1$,得结果如下。

结果 9-7(停止融资与道德风险)

当满足下列条件时,内部银行的融资就会妨碍企业的努力。

$$e_A^* > \frac{1}{1-\theta(X-L)} \qquad (9.30)$$

根据(9.26)公式与(9.29)公式以及 $c''>0$,$e_A^*>e_B^*$ 的条件为:

---

① 短期融资在时间点 0 约定时间点 1 的偿还额,但出于后述理由,在这里就不明示了。因为在时间点 1 不产生现金流量,所以短期融资在时间点 1 有必要新旧借贷转换。

金融经济学

$$X - R_A^* = c'(e_A^*) > c'(e_B^*) = \theta(X - L) \tag{9.31}$$

若代入(9.27)公式,得如上结果。

如(9.29)公式所示,企业的交涉能力越低(θ 小),银行的融资合约中将不提企业的努力诱因。这由来于信息的垄断,因为只有内部银行了解企业为状态1。通过信息垄断来妨碍企业的努力,这就是内部银行的成本。另一方面,内部银行融资的好处是,可通过监管来阻止状态2继续无效的企业运作。即,有可能做出有效决定,在状态2停止融资。企业通过这种权衡来决定是选择内部银行的融资还是外部银行的融资。若将(9.27)公式代入(9.25)公式,选择外部银行融资企业的利益为 $v_A = \pi(e_A^*)X - 1 - c(e_A^*)$。若假定企业可以通过事前竞争获得内部银行所得的超收益 $u - 1$,选择内部银行融资,企业家就可得 $v_B = \pi(e_B^*)X + (1 - \pi(e_B^*))L - 1 - c(e_B^*)$。选择内部银行融资,可由 $v_B > v_A$ 成为

$$(1 - \pi(e_B^*))L > (\pi(e_A^*) - \pi(e_B^*))X - c(e_A^*) + c(e_B^*)$$
$$\tag{9.32}$$

左边表示方便避开无效企业运作,右边表示因努力水平低下带来的成本。

例题 9 - 5(内部银行停止融资)

Z 公司的项目状态1的现金流量是 $X = 1.8$,清算价值为 $L = 0.9$。设成功率为 $\pi = 0.5 + e$,努力成本为 $c(e) = 0.9e^2$,企业交涉能力为 $\theta = 0.5$。

1)作为 R 的函数,请表示外部银行融资中的努力水平,并求最佳利率水平 R_A^* 与企业的期待利益 v_A^*。

2)求内部银行融资中的努力水平 e_B^*,请确认已满足内部银行的参加制约。并求 Z 公司的期待利益 $v_B^* = \pi(e_B^*)X + (1 - \pi(e_B^*))L - 1 - c(e_B^*)$。

3)问:Z 公司应选择何种融资?请说明其理由。

解说 1)根据(9.25)公式,最佳努力水平取决于将 $(0.5 + e)(1.8 - R) - 0.9e^2$ 最大化的水平,所以 $e_A^* = 1 - 5R/9$。将此代入(9.25a)公式,得 $v = (1/2 + 1 - 5R/9)(9/5 - R) - (9/10)(1 - 5R/9)^2$。$v$ 为二次函数,因在 R

$<9/5＝X$ 的范围内为减少函数,故满足制约条件(9.25b)公式的最小 e 为 v 的最大解。(9.25b) 公式为 $\pi R-1=-(10R^2-27R+18)/18$,这是在解 $R=6/5,3/2$ 之上的凸二次函数。因此,$R_A^*=6/5$。这个努力水平为 $e_A^*=1-(5/9)\times(6/5)=1/3,Z$ 公司的期待利益为 $v_A^*=2/5$。

2) 根据 (9.29) 公式,最佳努力水平为 $e_B^*=(1/2)\times(9/5-9/10)/(9/5)=1/4$。内部银行的参加制约公式(9.28b) 得到了满足,为 $(1/2+1/4)\times(0.5\times(1.8-0.9)+0.9)+0.25\times0.9-1=0.2375\geqslant0$。银行超收益的预付款为 0.2375,所以 Z 公司的期待利益为 $v_B^*=0.28125+0.2375=0.51875$。

3) 根据 $v_A^*=0.4<v_B^*=0.51875$ 选择内部银行。内部银行的融资,在状态 2 停止融资,可以避免继续无效的企业运作,获得 $(1-\pi(e_B^*))L=0.25\times0.9=0.225$ 的利益。另一方面,在这问题中,清算价值比较高,企业家只能在成功时获得 0.45 的利益,所以努力水平降低。努力水平的低下降低了 $(0.333-0.25)1.8=0.15$ 的期待利益,带来了 $0.9(0.25^2-0.33^2)=-0.04375$ 的努力成本节约。即,内部银行融资的成本为 $0.15-0.04375=0.10625$,净得益为 0.11875。

9.3.2 金融中介机构的监管与项目选择

Holmström 与 Tirole 就金融中介机构的监管对项目选择的影响进行了分析[Holmström and Tirole(1997)]。我们来看一项需要 1 单位资金的投资项目。各企业拥有不同的净资产(自有资产)E。E 遵循分布函数 $F(E)$。项目在期末带来现金流量 R 或 0,还给企业经营者带来个人的利益。项目有三个,$i=\{1,2,3\}$,成功概率与个人利益存在差异。设项目 i 的成功概率为 p_i,个人利益为 b_i。这些都假定为 $p_1>p_2=p_3,b_1=0<b_2<b_3$。即,项目 1 带来现金流量 R 的概率最高,而没有个人利益。项目 2 与 3 成功概率较低,但带来正数的个人利益。项目 3 可带来更多的个人利益。即使项目失败也可以获得个人利益。

除企业之外,还存在银行和投资者,都属风险中性。设投资者要求的收益率为 r,假定为如下

$$P_1R-r>0>p_3R+b_3-1 \tag{9.33}$$

即,项目 1 为有效,而项目 3 为无效率的。还有,假定 $p_2=p_3$

以及 $b_3 > b_2$，项目 2 也是无效率的。项目的选择不能明确写入合约，不可能进行论证。

银行能够进行监管，但投资者无法进行监管。不知道信息的投资者叫作**无知的投资者**(uninformed investor)。假定银行的监管能够排除追求个人利益的项目 3。这种监管需要花费成本 $c > 0$，但这成本从外部是观察不到的。银行的融资额表示为 D_m，投资者的投资额为 D_u，成功时偿还给银行的金额为 R_m，给投资者的偿还额为 R_u，企业获得的现金流量额为 R_f。

首先来看银行不进行融资的情况($D_m = 0$)。这叫作直接融资。企业最大化问题被定为如下公式

$$\max v = p_1 R_f \qquad (9.34a)$$
$$\text{s.t.} \quad p_1 R_f \geqslant p_3 R_f + b_3 \qquad (9.34b)$$
$$p_1 R_u \geqslant r D_u \qquad (9.34c)$$
$$E + D_u = 1 \qquad (9.34d)$$
$$R_f = R - R_u \qquad (9.34e)$$

(9.34a)公式为选择项目 1 的企业的现金流量期待值。(9.34b)公式是经营者的诱因兼容制约公式，是为了选择有效项目 1 的条件①。(9.34c)公式为投资者的参加制约，(9.34d)公式是初期的资产负债表条件公式，(9.34e)公式为期末的资产负债表制约公式②。若定义 $\Delta p = p_1 - p_3$，(9.34b)公式就为 $R_f \geqslant b_3 / \Delta p$。并且，若将 (9.34c)(9.34d)(9.34e)归纳起来，即得 $R_f \leqslant R - r(1-E)/p_1$。因此，只是在 $b_3 / \Delta p \leqslant R - r(1-E)/p_1$ 得到满足的情况下存在可能实行的 R_f。即

$$E \geqslant 1 - p_1 (R - b_3/\Delta p)/r \equiv E_u \qquad (9.35)$$

所以自有资本在 E_u 以上的企业能够筹集资金③。这时，$R_f = R - r(1-E)/p_1$ 才得以实现。

图 9-7 展示了这个最大化问题。往右下的直线表示(9.34e)公式，垂直线表示参加制约(9.34c)公式，水平线表示诱因并立制约

---

① 根据假定，若不能够让其选择项目 1，最好还是不实行融资。还有，项目 2 比项目 3 更差，故右边是项目 3 的经营者的利益。

② 也可能存在 R_f，R_u 都为非负的情况，但不会明确考虑。

③ 若在以下，就要考虑 $E_u > 0$ 情况。

(9.34b)公式。参加制约 PC 的右侧与诱因兼容制约 IC 的上方满足各自的制约。图中描绘了净资产高时的参加制约 PC_1 和净资产低时的制约 PC_2。净资产高时,在 A 点企业的利益为最大。另一方面可以确认,净资产低时,不能够实现同时满足参加制约与诱因兼容制约的领域。

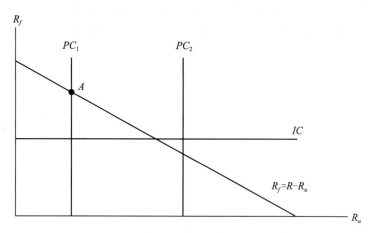

图 9-7 （道德风险中的最佳合约）

(注)往右下的线表示期末资产负债表条件,垂直线表示不同的净资产相对应的参加制约公式,水平线表示诱因兼容制约公式。PC 的右边,IC 的上则满足制约。PC_1 对应高净资产,PC_2 对应低净资产。

接着来看一下除了投资者,银行也进行融资的情况($D_m > 0$)。把这称为银行融资。企业的最大化问题被定为如下公式

$$\max v = p_1 R_f \tag{9.36a}$$
$$\text{s.t.} \quad p_1 R_f \geqslant p_2 R_f + b_2 \tag{9.36b}$$
$$p_1 R_u \geqslant r D_u \tag{9.36c}$$
$$E + D_u + D_m = 1 \tag{9.36d}$$
$$R_f = R - R_u - R_m \tag{9.36e}$$
$$p_1 R_m - c \geqslant p_2 R_m \tag{9.36f}$$
$$p_1 R_m \geqslant \gamma D_m \tag{9.36g}$$

因为银行融资能够通过监管排除项目 3,所以(9.36b)公式右边为项目 2 的期待收益。资产负债表条件(9.36d)和(9.36e)公式中追加了银行项,(9.36f)公式为银行的诱因兼容制约公式。(9.36g)公式是银行参加制约公式,γ 表示银行的要求收益率。详细情况将在

金融经济学

补遗中说明。使得银行有可能实行融资的条件为

$$E \geqslant 1 - \frac{p_1}{r}\left(R - \frac{b_2 + c}{\Delta p}\right) - \frac{p_1 c}{\gamma \Delta p} \equiv E_m \qquad (9.37)$$

综上所述得如下结果：

结果 9‑8（银行融资与实施投资的可能性）

若以 γ 与 r 为条件，在 $\gamma(b_3 - b_2) > (\gamma - r)c$ 的情况下才出现 $E_u > E_m$。这时，$E > E_u$ 的企业选择直接融资，$E_u > E > E_m$ 的企业选择银行融资。$E < E_m$ 的企业不贷款。

$E > E_u$ 的企业两者都有可能选择，但直接融资要比银行融资可获得的期待利益更大，所以会选择直接融资。这一点将在补遗中进行解说。$E > E_m$ 的企业选择银行融资。当银行的监管成本足够小，项目 3 的个人利益相比项目 2 足够大时，直接融资需要的最低资本高于银行融资的最低资本。换而言之，这时，银行融资通过抑制道德风险，有可能向企业提供有效的资金。不过，若银行包括监管成本在内的期待利益，要求超过 r 的收益率，那就是 $\gamma - c \geqslant r$，$\gamma > r$。即，银行融资的利率比投资者的利率要高。

9.3.3 持续融资与道德风险

Dewatripont 与 Maskin 就动态的模型，对银行决定是否继续融资与道德风险的问题进行了分析［Dewatripont and Maskin (1995)］。如图 9‑8 所示，我们来看一下为期 2 期的项目。项目分为 g 与 b。项目 g 在时间点 1 完成，但项目 b 则要在时间点 2 完成。项目 g 在时间点 0 需要 1 单位资金，项目 b 在时间点 0 和时间点 1 各需要 1 单位资金。企业没有自有资金，向银行借贷。银行在时间点 0 无法观测到项目，但 g 的比例为 π。银行在项目开始以后观察项目。项目 g 在时间点 1 带来现金流量 $R_g (>1)$ 以及个人利益 $y_g (>0)$。再看项目 b，银行在时间点 1 之前进行监管。为了进行监管 e 需要成本 $c(e)$。但假定 $c' > 0, c'' > 0$。银行在时间点 1 决定是中止还是继续项目 b。若继续，将在时间点 2 实现个人利益 $y_g (>0)$ 以及现金流量。现金流量为概率变数，概率 e 则为 R_b，概率 $1 - e$ 则为 0。即，进行监管则成功概率上升。若中止，不能带来

现金流量,而会产生负数的个人利益 $y_t(<0)$。另外,企业与银行均属风险中立性,无风险利率为 0。

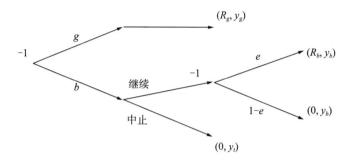

图 9 - 8 （继续融资与项目）

(注)省略了银行的监管。

下面为了简明论述,设合约中所有银行都获得现金流量,所有企业都获得个人利益。并设存在一家拥有 2 单位资金的银行,以及两家各拥有 1 单位资金的银行。首先来看一下前者。当了解到项目为 b 时,银行将 $eR_b - c(e)$ 最大化。因此,银行为一家时的最佳努力水平 e_1^* 满足以下公式

$$R_b = c'(e_1^*) \tag{9.38}$$

银行的期待利益为 $v_1 = e_1^* R_b - c(e_1^*)$。

下面来看两家银行的情况。把最初融资的银行称为银行 A,在时间点 1 参加融资的银行叫作银行 B。若是项目 b,银行 A 在时间点 1 委托银行 B 融资。设银行 B 若对 1 单位资金的期待收益为 1,进行融资。银行 B 因无法观测到银行 A 的努力水平,所以推断为 $\hat{e}$。若设银行 B 获得的现金流量为 R_B,项目 b 时的银行 A 最大化问题如下

$$\max_e v_{2A} = e(R_b - R_B) - c(e)$$

$$\text{s.t.} \quad \hat{e}R_B = 1 \tag{9.39}$$

最大化的 1 阶条件是 $R_b - 1/\hat{e} = c'(e)$。若银行 B 的期待是合理的,就必须达成 $\hat{e} = e$,所以银行为两家时的均衡努力水平 e_2^* 满足以下公式

$$R_b - 1/e_2^* = c'(e_2^*) \tag{9.40}$$

根据(9.38)公式与(9.40)公式,在 $c'' > 0$ 条件下,可得 $e_1^* > e_2^*$。

即,银行为一家时监管更强。银行为两家时,银行 A 已经知道中途要撤资,所以不会积极地进行监管。这就是银行的道德风险。还有,银行 1 与 2 的期待利益之和,小于银行为一家时的期待利益。即,$v_2 = e_2^* R_b - c(e_2^*) < v_1$。

下面来看一下 $v_1 + y_b < 2$ 的情况。即,最好不实施项目 b。得结果如下:

结果 9-9(长期融资的无效率性)

当 $v_1 > 1 > v_2$ 时,银行为一家的话,实施任何项目都可以,但若银行为两家,就只能实施项目 g。

银行为一家时,项目 b 带来 $v_1 > 1$,所以在时间点 1 银行选择继续融资。在时间点 0,银行选择上述监管水平 e_1^*。B 类型企业,在时间点 2 因 $y_b > 0$ 故申请融资。当期待利益为 $V = \pi(1 + R_g) + (1 - \pi)v_1 > 2$ 时,银行进行融资。

接着来看一下银行为两家的情况。项目 b 只能带来 $v_2 < 1$,所以在时间点 1 银行 A 的期待利益为 $v_{2A} = v_2 - v_{2B} = v_2 - 1 < 0$。这里采用了 $v_{2B} = eR_B = 1$。因此,银行 A 选择中止项目。中止时,银行 A 不进行监管为佳。b 类型企业在时间点 1 的个人利益为负数 $(y_t < 0)$,所以通过自我筛选不申请融资。而银行的期待利益为 $V = R_g > 1$,故进行融资。

这样,即使项目 b 的总价值比必要资金还要小 $(v_1 + y_b < 2)$,当一家银行融资时,项目 b 企业有时也会进行投资。这时,银行会进行更严的监管,但不会进行追加融资。项目 b 企业期待追加融资,提出融资申请。把这叫作**软预算**(soft budget)问题。银行为两家时,不发生软预算问题,用过自我筛选就可以排除低质量的项目 b。另外,若 $v_1 < 1$,即使银行为一家,也不实施项目 b,若 $v_2 > 1$,即使银行为两家也可以实施项目 b。

例题 9-6(软预算问题)

项目 g 的现金流量为 $R_g = 1.5$,项目 b 的现金流量为 $R_b = 2.2$。本问题中银行监管只有两家。还有,前提条件是,银行为一家时选择监管 $\bar{e}_1$,银行为两家时选择 $\bar{e}_2$。设选择不同的监管时,项目 b 的

成功概率各为 $\bar{e}_1 = 0.685$, $\bar{e}_2 = 0.456$。而监管成本各为 $c_1 = 0.303$，$c_2 = 0.009$。设个人利益为 $y_b = 0.5$, $y_t = -0.1$, g 类型企业的比例为 0.8。

1）求银行为一家时，银行的期待利益 v_1。并对银行 A 是否决定继续融资、b 类型企业是否决定申请融资、银行是否决定融资进行说明。

2）求银行为两家时，银行 B 获得的现金流量 R_B，及银行 A 的期待利益 v_{2A}，并对银行 A 是否决定继续项目进行说明。再进一步就 b 类型企业是否决定申请融资进行说明。

解说 1）银行为一家时，$v_1 = 0.685 \times 2.2 - 0.303 = 1.204$。因为银行 A 若中止融资，便得 0，若继续融资将获得 $v_1 - 1 = 0.204$，所以决定继续融资是最佳选择。b 类型企业因可获得个人利益 $y_b = 0.5$，故申请融资。因银行 A 的期待利益为 $V = 0.8 \times (1 + 1.5) + 0.2 \times 1.204 = 2.241 > 2$，故进行融资。

2）因银行为两家时，成功概率为 $p_2 = 0.456$，故 B 的利息偿还额为 $B_B = 2.19$。因 $v_{2A} = 0.456 \times (2.2 - 2.192) - 0.009 = -0.0058 < 0$，故银行 A 决定中止项目。若 b 类型企业被中止项目，便得负数个人利益 -0.1，故不申请融资。

补遗 A：最佳风险分担与提供流动性合约

提供流动性合约 $(1, R)$ 时，边际替代率比预算制约倾斜更大时，按照最佳合约，类型 E 可以实现 1 以上的消费。即，(9.41)公式为结果 9-1 可满足的条件。

$$\frac{u'(1)}{\delta u'(R)} > R \tag{9.41}$$

若改变形式，即为

$$\delta R u'(R) < R u'(R) = u'(1) + \int_1^R \frac{\partial}{\partial x} x u'(x) dx$$

$$= u'(1) + \int_1^R u'(x) \left(1 + \frac{x u''(x)}{u'(x)}\right) dx \tag{9.42}$$

不等号来自 $\delta < 1$。因此，为构成(9.41)公式，积分项需要为负数。因而相对风险规避度不许大于 1。

补遗 B：内部银行与外部银行的借贷竞争

本文中所定义的时候概率与成功概率计算如下

$$\pi_A = \pi p_g / \overline{p}, \pi_B = \pi(1-p_g)/(1-\overline{p})$$

$$p_A = (\pi p_g^2 + (1-\pi)p_b^2)/\overline{p}$$

$$p_B = (\pi p_g(1-p_g) + (1-\pi)p_b(1-p_b)))/(1-\overline{p}) \quad (9.43)$$

$$\pi_{\bar{A}} = \frac{\pi(1-\phi+2\phi p_g)}{(1-\phi)+2\phi\overline{p}}, \ \pi_{\bar{B}} = \frac{\pi(1+\phi-2\phi p_g)}{(1+\phi)-2\phi\overline{p}}$$

$$p_{\bar{A}} = \frac{\overline{p}(1-\phi+2\phi p_A)}{(1-\phi)+2\phi\overline{p}}, \ p_{\bar{B}} = \frac{\overline{p}(1+\phi-2\phi p_A)}{(1+\phi)-2\phi\overline{p}}$$

由此得 $p_A > p_{\bar{A}} > \overline{p} > p_{\bar{B}} > p_B$。

补遗 C：项目选择与监管

有关 (9.36) 公式的最大化问题，若首先固定 D_m 来进行考虑，制约条件将集中在以下四个方面。

(b) $R_f \geqslant b_2/\Delta p$

(c) $R_f \geqslant R - R_m - r(1-E-D_m)/p_1$

(f) $R_m \geqslant c/\Delta p$

(g) $p_1 R_m \geqslant \gamma D_m$

(c) 是代入 (9.36) 公式的 (d) 和 (e) 之后所得的投资者的参加制约。(b) 与 (f) 若按照等号所构成的那样来调整 (c) 之 D_m，那么 (c) 也可以用等号来构成。由此可得 $D_m = 1 - E - p_1(R-(b_2+c)/\Delta p))/r$。若将此代入 (g)，得可实行条件

$$E \geqslant 1 - \frac{p_1}{r}\left(R - \frac{b_2+c}{\Delta p}\right) - \frac{p_1 c}{\gamma\Delta p} \equiv E_m \quad (9.44)$$

在结果 9-8 中说明了直接融资的收益要比银行融资的收益高。直接融资的利益为 $R_f^u = R - r(1-E)/p_1$，银行融资的利益为 $R_f^m = b_2/\Delta p$，所以当 $p_1 R - r(1-E) > p_1 b_2/\Delta p$ 时，$R_f^u > R_f^m$。然而，由 $E > E_u$ 构成

$$p_1 R - r(1-E) \geqslant p_1 b_3/\Delta p \quad (9.45)$$

假定由 $b_3 > b_2$，构成 $R_f^u > R_f^m$。

文献指南

流动性供给机能与银行挤兑

Allen, F., Gale, D. 1998. Optimal financial crises. *Journal of Finance* LⅢ, 1245 - 1284.

Chari, V., Jagannathan, R. 1988. Banking panics, information, and rational expectations equilibrium. *Journal of Finance* 43, 719 -761.

Cooper, R., Ross, T. 1998. Bank runs: Liquidity costs and investment distortions. *Journal of Monetary Economics* 41, 27 - 38.

Diamond, D., Dybvig, P. 1983. Bank runs, deposit insurance, and liquidity *Journal of Political Economy* 91, 401 - 419.

Goldstein, I., Pauzner, A. 2005. Demand-deposit contracts and the probability of bunk runs. *Journal of Finance* 110, 1293 -1327.

Gorton, G. 1985. Bank suspension of convertibility. *Journal of Monetary Economics* 15, 177 - 193.

Jacklin, C., Bhattacharya, S. 1988. Distinguishing panics and information-based bank runs: Welfare and policy implications. *Journal of Political Economy* 96, 568 - 592.

Myers. S., Rajan, R. 1998. The paradox of liquidity. *Quarterly Journal of Economics* 113, 733 - 771.

Peck, J., Shell, K. 2003. Equilibrium bank runs. *Journal of Political Economy* 111, 103 - 123.

Postlewaite, A., Vives, X. 1987. Bank runs as an equilibrium phenomenon. *Journal of Political Economy* 95, 485 - 491.

信息制造机能

Boyd, J., Prescott, E. 1986. Financial intermediary-coalitions. *Journal of Economic Theory* 38, 211 - 232.

Diamond, D. 1984. Financial intermediation and delegated monitoring. *Review of Economic Studies* 51, 393 - 414.

Gale. D., Hellwig, M. 1985. Incentive-compatible debt

contracts: The one-period problem. *Review of Economic Studies* 52, 647 – 663.

Krasa, S., Villamil, A. 1992. Monitoring the monitor: An incentive structure for a financial intermediary. *Journal of Economic Theory* 57, 197 – 221.

Townsend, R. 1979. Optimal contracts and competitive markets with costly state verification. *Journal of Economic Theory* 21, 265 – 293.

Williamson, S. 1987. Costly monitoring, loan contracts, and equilibrium credit rationing. *Quarterly Journal of Economics* 102, 135 – 145.

融资与信息的非对称性

Boot, A., Greenbaum, S., Thakor, A. 1993. Reputation and discretion in financial contracting. *American Economic Review* 83, 1165 – 1183.

Broecker, T. 1990. Credit-worthiness tests and interbank competition. *Econometrica* 58, 429 – 452.

Hauswald, R., Marquez, R. 2006. Competition and strategic Information acquisition in credit markets. *Review of Financial Studies* 19, 967 – 1000.

Sharpe, S. 1990. Asymmetric information, bank lending and implicit contracts: A stylized model of customer relationships. *Journal of Finance* 45, 1069 – 1087.

von Thadden, E. 2004. Asymmetric information, bank lending and implicit contracts: the winner's curse. *Finance Research Letters* 1, 11 – 23.

监管与道德风险

Besanko, D., Kanatas, G. 1993. Credit market equilibrium with bank monitoring and moral hazard. *Review of Financial Studies* 6, 213 – 232.

Bolton. P. , Freixas, X. 2000. Equity, bonds, and bank debt: Capital structure and financial market equilibrium under asymmetric information. *Journal of Political Economy* 108, 324 - 351.

Boot, A. , Thakor, A. 2000. Can relationship banking survive competition? *Journal of Finance* 105, 679 - 713.

Chemmanur, T. , Fulghieri, P. 1994. Reputation, renegotiation, and the choice between bank loans and publicly traded debt. *Review of Financial Studies* 7, 475 - 506.

Detragiache, E. 1994. Public versus private borrowing: A theory with implications for bankruptcy reform. *Journal of Financial Intermediation* 3, 327 - 354.

Dewatripont, M. , Maskin, E. 1995. Credit and efficiency in centralized and decentralized economies. *Review of Economic Studies* 62, 541 - 555.

Gertner, R. , Scharfstein, D. , Stein, J. 1994. Internal versus external capital markets. *Quarterly Journal of Economics* 109, 1211 -1230.

Hellmann, T. , Murdock, K. , Stiglitz, J. 2000. Liberalization, moral hazard in banking, and prudential regulation: Are capital requirements enough? *American Economic Review* 90, 147 - 165.

Holmstrom. B. , Tirole, J. 1997. Financial intermediation, loanable funds, and the real sector. *Quarterly Journal of Economics* 112, 663 - 691.

Marquez, R. 2002. Competition, adverse selection, and information dispersion in the banking industry. *Review of Financial Studies* 15, 901 - 926.

Rajan, R. 1992. Insiders and outsiders: The choice between informed and arm's-length debt. *Journal of Finance* 47, 1367 - 1400.

Von Thadden, E. 1995. Long-term contracts, short-term investment and monitoring. *Review of Economic Studies* 62, 557 -575.

金融经济学

教科书

Bolton，P.，Dewatripont，M. 2005. *Contract Theory*. MIT Press.

Freixas. X.，Rochet，J. 2008. *Microeconomics of Banking*. Second odition. MIT Press.

Greenbaum. S.，Thakor，A.1995. *Contemporary Financial intermediation*. The Dryden Pross.

Tirole,J.2006. *The Theory of Corporate Finance*. Princeton University Press.

清水克俊、堀内昭义,激励经济学,有斐阁(2003)。

第十章 金融机构的风险管理

本章将就金融机构的风险管理方法进行阐述。10.1节主要对利率风险所产生的投资组合损失及尺度进行说明。10.2节就信用风险的评估方法和放贷投资组合的损失及其尺度进行说明。

10.1 利率风险管理†

如7.1节所述,我们来看一下利率变化对债券价格的影响。而且,除了债券之外,放贷债权的价值和股份的市场价格也随着将来的利率变化产生变动。下面我们将就金融机构随着利率变动,对资产和负债的价值变动的风险管理进行说明。

10.1.1 债券价格的利率应对

有关债券价格与利率变化之间关系的研究是由 Macaulay 和 Bierwag 等开始的[Macaulay(1938),Bierwag(1977)]。我们采用连续复利的利率来看债券价格的利率应对。在时间点 $t=0$,存在期满时点为 $t(1,\cdots,n)$,面额为 1 的零息债券。采用这个价格,来定义将时间点 t 的现金流量打折为时间点 0 的折现函数为 $\delta(t) = e^{-r_t t}$。但是,时间点 t 的单位为年,r_t 为时间点 0 时的期满 t 瞬间性零息利率[①]。与时间点 t 相对应的折现函数的利率应对为

$$\frac{d\delta(t)}{dr_t} = -te^{-r_t t} = -t\delta(t) \tag{10.1}$$

即,折现函数的变化成为折现函数乘上 $-t$ 了。如(7.8)公式

---

① 因固定为时间点 0 来考虑的,故 r_{t0} 的下标 0 字省略了,表示为 r_t。其他的变数也一样标记。

所示,期满 n,面额 1,息票 C_n 的付息债券的价格可以表示为

$$p_n = \delta(n)(1+C_n) + \sum_{t=1}^{n-1} \delta(t)C_n \qquad (10.2)$$

现在,设任意期满的零息利率的单因子 x 为满足 $dr_t/dx=1$。即,单因子 1% 的变化引起所有零息利率 1% 的变化。这正如图 10-1所示,意味着**零息利率的弯线**为平行移动(平行移位)。这时,因为 $d\delta(t)/dx = d\delta(t)/dr_t$,所以可知,有关单因子的变化带来的零息利率弯线的平行移位,付固定利息债券的价格变化为

$$\frac{dp_n}{dx} = -\left(n\delta(n)(1+C_n) + \sum_{t=1}^{n-1} t\delta(t)C_n\right) \qquad (10.3)$$

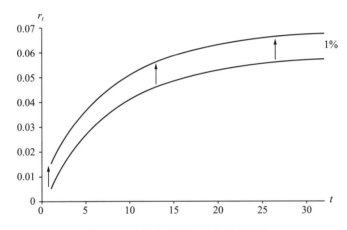

图 10-1 零息利率弯线的平行移位
(注)横轴为残存期间,纵轴为零息利率。

即,有关债券价格单因子的变化是,各现金流量的折现值乘上期间—t 的总和。

债券的持续时间(duration)定义如下。

$$D_n = \left(n\frac{\delta(n)(1+C_n)}{p_n} + \sum_{t=1}^{n-1} t\frac{\delta(t)C_n}{p_n}\right) \qquad (10.4)$$

这是直到各现金流量产生时间点的长度 t 的加重平均,是以现金流量比率 $\delta(t)C_n/p_n$ [期满时间点为 $\delta(n)(1+C_n)/p_n$] 为比重的加重平均。

结果 10－1（单因子的变化与固定息票债券的价格变化）

有关单因子变化带来的零息利率弯线的平行移动，固定息票债券的价格变化可以表现为

$$\frac{dp_n}{dx} = -D_n p_n \tag{10.5}$$

若改变此公式，即成 $D_n = -(dp_n/dx)/p_n$，所以可知持续时间表示债券价格的变化率。

下面来看一下有关固定息票债券对最终收益 y_n 变化的反应。为期半年，设期满时间点为 n。根据（2.7）公式，面额 B，年利率 C 的息票债价格 p_n 采用 y_n 可表现为

$$p_n = \frac{B}{(1 + y_n/2)^n} + \sum_{t=1}^{n} \frac{C/2}{(1 + y_n/2)^t} \tag{10.6}$$

若将最终收益微分，变为

$$\frac{dp_n}{dy_n} = -\frac{1}{2(1 + y_n/2)} \left(\frac{nB}{(1 + y_n/2)^n} + \sum_{t=1}^{n} \frac{tC/2}{(1 + y_n/2)^t} \right)$$

$$\tag{10.7}$$

对各时间点现金流量的折现值价格的比例定义为

$$\theta_t = \frac{C/2}{(1 + y_n/2)^t p_n} \qquad \text{for } t = 1, \cdots, n-1$$

$$\theta_t = \frac{B + C/2}{(1 + y_n/2)^n p_n} \qquad \text{for } t = n \tag{10.8}$$

修正持续时间（modified duration）定义为

$$D_n^M = \frac{1}{(1 + y_n/2)} \sum_{t=1}^{n} \frac{t}{2} \theta_t \tag{10.9}$$

右边的 $t/2$ 表示了年单位的时间长度。因此，修正持续时间是，将直到产生各现金流量的时间长度 $t/2$（年）的加重平均，及以现金流量比例 θ_t 为比重的加重平均，除以半年的收益因子所得的商。若设 $C=0$，$y_n = r_n$，就是零息债券的修正持续时间。即，由 $\theta_t = 0$ 以及 $\theta_n = 1$，上述公式为 $D_n^M = 0.5n/(1 + 0.5r_n)$。若采用修正持续时间，即可得如下结果：

结果 10－2（修正持续时间与价格应对）

有关债券价格的最终收益的微分系数为

$$\frac{dp_n}{dy_n} = -D_n^M p_n \qquad (10.10)$$

因此,修正持续时间乘上 $D_n^M = -(dp_n/dy_n)/p_n$,即表示对于最终回报变化的债券价格变化。

这种修正持续时间乘上回报因子 $1 + y_n/2$ 的结果,就是 $\overline{D}_n = (1 + y_n/2)D_n^M$ 叫作**麦考莱**(Macauley)的持续时间。修正持续时间在表示价格变化率这个意义上非常重要,麦考莱持续时间的意义在于现金流量发生时间点的平均。由 $\theta_t < 1$ 以及 $\sum_1^n \theta_t = 1$,构成 $\overline{D}_n < n$。也就是说,固定息票债券的麦考莱持续时间比期满的长度要短。还有,息票债券等价时,按结果 2-1,$p_n = B(= p_{n0}^c)$,而且 $y_n = C/B$。若将(2.8)公式微分,$y_n = C/B$ 中的微分系数即为

$$\frac{dp_n^c}{dy_n} = \frac{B}{y_n}\left(\frac{1}{(1 + y_n/2)^n} - 1\right) \qquad (10.11)$$

因此,等价的修正持续时间根据(10.7)公式以及 $p_n = B$ 为

$$D_{par}^M = \frac{1}{y_n}\left(1 - \frac{1}{(1 + y_n/2)^n}\right) \qquad (10.12)$$

以上,我们对最终回报的变化以及现货汇率的平行移位进行了探讨。但是,一般而言,也有可能只有具有特定期满的零息利率(或好几个)发生变化,或一部分的利率发生相反方向的变化。对应此收益率曲线的种种变化进行分析的时候,采用**关键利率**(key rate)手法[①]。

下面,我们对更近似于债券价格变化的方法来进行较准确说明。在时间点 $t = 0$ 时最终获利由 y_n 变为 $y_n + \Delta y_n$,这时有关债券价格函数 $p_n(y_n)$,若进行近似 2 阶泰勒即可表现为

$$p_n(y_n + \Delta y_n) \approx p_n(y_n) + \frac{dp_n}{dy_n}\Delta y_n + \frac{1}{2}\frac{d^2 p_n}{dy_n^2}\Delta y_n^2$$

$$(10.13)$$

右边第二项的微分系数按(10.10)公式可用修正持续时间来表示。将债券价格最终获利 2 阶微分后的结果叫作债券凸性(convexity)。

---

① 关键利率是美国 on the run 债券的收益。有关这个关键利率的变化,将所定义的持续时间叫作关键利率持续时间。即,$KRD_j = -(dp_n/dr_j)/p_n$ 是有关第 j 位关键利率 r_j 的持续时间。

即,凸性 X 为

$$X_n = \frac{d^2 p_n}{d y_n^2} \frac{1}{p_n} \tag{10.14}$$

若取(10.6)公式的 2 阶微分,代入(10.14)公式即得

$$X_n = \frac{1}{4(1 + y_n/2)^2} \left(n(n+1)\theta_n + \sum_{t=1}^{n-1} t(t+1)\theta_t \right) \tag{10.15}$$

不过,θ 是上述所定义的面额以及现金流量折现值的比例。很明显,这里所考虑的债券凸性取正数值。若设 $C=0, y_n = r_n$,则为零息债券的凸性。即,按 $\theta_t = 0$ 及 $\theta_n = 1$,上述公式为

$$X_n = \frac{n(n+1)}{4(1 + r_n/2)^2} \tag{10.16}$$

若将(10.10)公式及(10.14)公式代入(10.13)公式,价格变化率即可表示为

$$\frac{\Delta p_n}{p_n} \approx - D_n^M \Delta y_n + \frac{1}{2} X_n \Delta y_n^2 \tag{10.17}$$

这里,$\Delta p_n = p_n(y_n + \Delta y_n) - p(y_n)$。持续时间及凸性为已知时,债券价格的变化可计算为

$$\Delta p_n \approx - D_n^M \Delta y_n p_n + 0.5 X_n \Delta y_n^2 p_n \tag{10.18}$$

即,债券价格的变化可以从持续时间、凸性、收益率变化情况、价格来计算。若只有持续时间是已知的,只要无视泰勒展开的 2 阶项,以持续时间、收益率变化情况及价格之积就可得价格变化情况的近似值。图 10 - 2 的曲线表示债券价格与最终收益的关系。虚线是价格相等时的切线,其斜度的绝对值是修正持续时间。

例题 10 - 1(持续时间与债券价格的变化分析)

在某时间点 0,投资者 A 持有面额为 1,年度息票为 0.02 的债券,需要分析一下这债券的价格变化。不过,债券为半年复利,为期半年。

1)已知:期满 $n=5$ 的债券的修正持续时间为 $D_5^M = 2.4267$,凸性为 $X_5 = 7.1603$,设现时价格为 $p_5 = 1$。求最终收益上升 0.1%(10 bp)时($\Delta y_5 = 0.001$)的债券价格近似值。

2)设期满 $n=2$(1 年)的债券的最终收益为 $y_2 = 0.02$。求修正持续时间 D_2^M(年数表示)、麦考莱的持续时间 $\overline{D}_2$、凸性 X_2。设

金融经济学

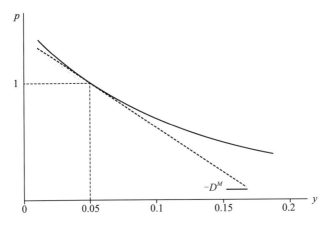

图 10 - 2 （债券价格与持续时间）

(注)横轴是收益,纵轴是价格。债券价格为等价时的持续时间和债券价格。

$p_2 = 1$。

解说 1) 按照(10.18)公式,一次近似为 $\Delta p_5 = -2.4267 \times 0.001 \times 1 = -0.0024267$。若包括二次项,即为 $\Delta p_5 = -0.0024267 + 0.0000036 = -0.0024231$。

2) 按照(10.8)公式,因 $\theta_1 = 0.0099$,$\theta_2 = 0.9901$,故修正持续时间(年)为

$$D_2^M = 0.5 \times (1 \times 0.0099 + 2 \times 0.9901)/(1 + 0.5 \times 0.02) = 0.9852 \tag{10.19}$$

麦考莱的持续时间 $\overline{D}_2 = 1.01 \times 0.9852 = 0.995$。按照(10.15)公式,债券凸性为:

$$X_2 = \frac{1}{4(1 + 0.5 \times 0.02)^2}(2 \times 3 \times 0.9901 + 1 \times 2 \times 0.0099) = 1.461 \tag{10.20}$$

10.1.2 债券投资组合的价值变动风险

来看一下期满为 $n = 1, \cdots, N$ 的债券投资组合[1]。设各债券的

---

[1] 此后的论述都是根据 Tuckman and Serrat（2011）以及 Saunders and Cornett(2013)等章末参考文献中的教科书内容。

面额为1,息票为 C_n。若设各债券的价格为 p_n,债券持有量(面额基准)为 B_n,那么各债券的价值为 $V_n = p_n B_n$。因此,投资组合的价值为

$$V = \sum_{n=1}^{N} B_n p_n \qquad (10.21)$$

投资组合对于单因子 x 变化的价值变化为

$$\frac{dV}{dx} = \sum_{n=1}^{N} B_n \frac{dp_n}{dx} = -\sum_{n=1}^{N} B_n D_n p_n \qquad (10.22)$$

若将投资组合的持续时间定义为 $D = -(dV/dx)/V$,按照上述公式可构成

$$D = \sum_{n=1}^{N} w_n D_n \qquad (10.23)$$

这里, $w_n = V_n/V$ 是债券 n 的持有比重。即,投资组合的持续时间为各债券持续时间的加权平均。通过同样的计算方法,投资组合的凸性也为 $X = \sum_{n=1}^{N} w_n X_n$。

一般来讲,把投资组合的价值额对于某种市场变数变化所产生的变化叫作**德尔塔**。dV/dx 就是将单因子 x 作为市场变数时的德尔塔。不过,这是假定零息利率曲线的平行移位 $dr_n/dx = 1$。尤其是,对于1个基点(0.0001)零息利率曲线的平行移位所带来的投资组合的价值变化额被叫作**DV01**[①]。现在,当折现函数 $\delta(t)$ 为已知时,按照(10.4)公式就可计算出各债券的持续时间 D_n。下面,若按照(10.23)公式能够计算出投资组合的持续时间 D,那么按照投资组合的持续时间的定义,为 $\Delta V = -\Delta x \cdot V \cdot D$。若设 $\Delta x = 10^{-4}$,(10.24)公式就表示对于投资组合单因子的曝光。

$$DV01 = -10^{-4} V \cdot D \qquad (10.24)$$

下面我们同时来考虑一下投资组合的利率风险曝光以及有关金融机构净资产的利率风险曝光。

现在我们用上标字 A 来表示某家金融机构持有的多头(或资产)的投资组合,用 L 字表示短仓(或负债)的投资组合。两者的DV01 表示为 ΔV^A, ΔV^L。若将投资组合的净值(或金融机构的净资产)定义为 $W = V^A - V^L$,那么净资产的 DV01 就可以定义为

---

① DV 表示 dollar value,01 表示 01bp。本书中均以日元为单位来定义DV01。

$\Delta W = \Delta V^A - \Delta V^L$。 这就是对于单因子 1 bp 变化的净风险,也是测试金融机构投资组合(或净资产)的利率风险曝光的一种手段。按照(10.24)公式,净风险的 DV01 为

$$\Delta W = -10^{-4}(V^A D^A - V^L D^L) \tag{10.25}$$

这里,D^A, D^L 是各自的持续时间。得如下结果。

结果 10 - 3(持续时间带来的利率风险曝光的对冲)

金融机构将持续时间设定为

$$\frac{D^A}{D^L} = \frac{V^L}{V^A} \tag{10.26}$$

由此可使得利率风险曝光为 0。

当负债(短仓)的持续时间能够像资产(多头)的持续时间那样定为($D^L = D^A$)时,规避多头投资组合利率风险的方法之一就是建构一个同样额度($V^L = V^A$)的短仓。由此就可以使得净利率风险曝光变为 0。这种交易叫作利率风险的**免疫**(immunization),是**德尔塔对冲**的一种。这种被对冲了的投资组合叫作德尔塔中性组合。

若将负债比率固定为 $k = V^L/V^A$,那么为了对冲金融机构净资产的利率风险,只要将持续时间比率定作 $D^A/D^L = \mathrm{k}$,就可以使得风险曝光变为 0 了。或者,将考虑到杠杆作用的**持续期缺口**定义为 $g = D^A - kD^L$,就可以通过将持续期缺口变为 0,而使得风险曝光变为 0 了。这是 **ALM**(asset and liability management)之一,被叫作缺口管理。

另外,对于金融机构而言,并非一定要使利率风险曝光变为 0 的。相反,在现实中保持一定(以上)的自有资本比率更为重要。因为,每 1 单位资产的净资产变化 $\Delta(W/V^A)$ 为

$$\Delta\left(\frac{W}{V^A}\right) = -10^{-4}k(D^A - D^L) \tag{10.27}$$

所以无关负债比率,$D^A = D^L$ 便使得自有资本比率的风险曝光变为 0 了。

例题 10 - 2(金融机构的 DV01)

在时间点 0 时,零息利率曲线相持平,瞬间利率为 $r = 0.02$。时

间 t 单位为 1 年,采用连续复利的折现函数 $\delta(t)=\exp(-rt)$。此金融机构的资产只是由为期 10 年的债券所构成,负债只由为期 1 年的债券构成。各债券都要支付半年复利的息票 $C=\exp(0.01)-1=0.01005$,面额为 1。请采用 DV01 对某金融机构的利率风险管理进行分析。

1)求负债与资产的持续时间。但设各债券的价格为 1。

2)设资产为 $V^A=10$ 亿日元,负债为 $V^L=9$ 亿日元,求各自的 DV01(单位 100 万日元)。并求净资产风险曝光的 DV01。

3)设此金融机构的负债比率固定为 $k=0.9$。若不改变负债的持续时间,为了使持续期缺口为零,持续时间需要定多长?

解说 1)按照(10.4)公式,负债的持续时间为

$D^L = 0.5 \times e^{-0.5 \times 0.02} \times 0.01005 + 1 \times e^{-1 \times 0.02} \times (1+0.01005)/1 = 0.99503$

资产的持续时间也同样为 $D^A=9.10886$。

2)资产的 DV01 是 $DV01^A=-0.0001 \times 9.10886 \times 1000=-0.9109$(百万日元),负债的 DV01 为 $DV01^L=-0.0001 \times 0.99503 \times 900=-0.0896$(百万日元)。净资产净曝光的 DV01 为 $\Delta W = -0.9109 + 0.0896 = -0.8213$(百万日元)。

3)按照(10.26)公式,资产持续时间必须为 $D^A=0.9 \times 0.99503=0.8955$。

10.1.3 期货的利率风险对冲

Stulz 等对期货的风险对冲进行了分析[Stulz(1984),Johnson(1960),Stein(1961),Ederington(1979)]。继续前一小节的内容,我们来看一下当金融机构面临 ΔW 的利率风险曝光,通过利率期货来对冲的情况。为了言简意赅,我们假定在计划期间内,存在一个持有与金融机构净风险曝光的现金流量完全相同现金流量的债券。而且,还存在一个以此债券为原始资产的期货。设投资计划的期间为由 $t=0$ 时间点到 T 时间点。设与净资产相对应的债券价格为 W_t,期货价格为 f_t。如(8.7)公式所示,从期货所得的利益为 $f_T - f_0$。用期货来与风险曝光进行对冲的曝光比率叫作**对冲**

金融经济学

比率。这里,相对作为原始资产的 1 单位债券的期货合约数为对冲比率。若设对冲比率为 h,金融机构包括由期货交易所收益在内的期末净资产即为

$$V_T = W_T + (f_T - f_0)h \qquad (10.28)$$

如 8.1 节中所述,若到期时的期货价格与现货价格相等($W_T = f_T$),即为 $V_T = (1+h)W_T - f_0 h$,所以方差为

$$\mathrm{Var}(V_T) = \mathrm{Var}(W_T)(1+h)^2 \qquad (10.29)$$

因此,$h = -1$ 使得方差最小化。即,若使对冲比率为 -1,就可以使风险为 0,在这个意义上来说,风险曝光有可能**完全对冲**。

但是,通常由于经济形势等的变化,这个对冲不一定维持到投资计划期间的最终日。因为在当初设定的期满时间之前,已经消化了一部分的期货,故期货价格与现货价格就不相等了。这个时候产生的原始资产与期货价格之差 $b = W_T - f_T$ 叫作**基准风险**[①]。

存在基准风险时,使期末净资产的方差最小化的对冲比率为(10.30)公式之解。

$$\min_{h} \quad \mathrm{Var}(V_T) = \mathrm{Var}(W_T) + 2\mathrm{Cov}(W_T, f_T)h + \mathrm{Var}(f_T)h^2$$

$$(10.30)$$

即,
$$h^* = -\sigma_{wf}/\sigma_f^2 \qquad (10.31)$$

这是最小方差对冲比率。这里 $\sigma_{wf} = \mathrm{Cov}(W_T, f_T)$,$\sigma_f^2 = \mathrm{Var}(f_T)$。将(10.31)公式代入(10.30)公式,包括对冲在内的期末资产的最小方差为

$$\mathrm{Var}(V_T) = \sigma_w^2(1 - \rho_{wf}^2) \qquad (10.32)$$

不过,作为 $\sigma_w^2 = \mathrm{Var}(W_T)$,$\rho_{wf} = \sigma_{wf}/(\sigma_w \sigma_f)$ 是 W_T 和 f_T 的相关系数。另外,最小方差对冲比率等于以 W_T 为被说明变数及以 f_T 为说明变数的线性回归公式之回归系数的最小平方推量,而最小化后的方差等于残差平方和。

---

① 定义基准时用了下标字 T,但严格来讲应该是 $T'(\leqslant T)$。不过,作为基准风险的另一个原因,就是对冲的期间原本就是不确定的,因此这里只是用 T。第三个产生基准风险的原因是,由于不存在以对冲对象的资产为原始资产的期货,故通过类似的期货来进行对冲。这里假定了存在这样的期货,但当不存在时,原则上基准不为 0。

但是,通常最小方差对冲比率不一定是最佳对冲比率。比如,当预设 $f_T > f_0$ 时,提高对冲比率(的绝对值)就会使期末资产价值的期待值降低。因此在平均方差效用下,来考虑**最佳对冲比率**。平均方差效用为

$$\mu_w + (\mu_f - f_0)h - \gamma(\sigma_w{}^2 + 2\sigma_{wf}h + \sigma_f^2 h^2)/2 \quad (10.33)$$

不过,γ 为绝对危险规避度,$\mu_w = E(W_T)$,$\mu_f = E(f_T)$。若将上述公式的 h 最大化,最佳对冲比率如(10.34)公式那样需要对 $\mu_f - f_0$ 进行调整。

$$h^{**} = \frac{\mu_f - f_0}{\gamma\sigma_f^2} - \frac{\sigma_{wf}}{\sigma_f^2} \quad (10.34)$$

作为从时间点 t 到 $t+1$ 之间的利率风险对冲,可以考虑采用持续时间的对冲。如上所述,对冲比率为 h 时,时间点 $t+1$ 的期末价值是 $V_{t+1} = W_{t+1} + (f_{t+1} - f_t)h$,所以构成

$$\Delta V_{t+1} = \Delta W_{t+1} + h\Delta f_{t+1} \quad (10.35)$$

若设对冲前净资产 W 的持续时间为 D^W,期货原始资产的持续时间为 D^f,采用(10.25)公式,(10.36)即为风险曝光。

$$\Delta V_{t+1} = -10^{-4}(WD^W + hf_t D^f) \quad (10.36)$$

$h = -WD^W / (f_t D^f)$ 是使得将风险曝光为 0 的对冲比率。另外,为了使风险曝光近似于 2 阶,可以将凸性项的 $10^{-4}X_w f_t$ 附加在净风险曝光上。

10.1.4　VaR风险管理

VaR(value at risk)是 1990 年前后用华尔街所使用的风险管理手法[Duffie and Pan(1997),Jorion(2007)][①]。在 T 期的投资计划中,设初期的债券组合为 V_0,期末价值为 V_T。期末价值 V_T 是连续的概率变数,$V_0 - V_T > 0$ 表示投资组合的损失额。投资组合的VaR 定义如下。

$$\mathrm{VaR}_\alpha = \min_\alpha(X : \mathrm{Pr}(V_0 - V_T \leqslant X) \geqslant 1 - \alpha), \alpha \in [0,1]$$

$$(10.37)$$

---

① 据 Jorion(2007)所说,是 1980 年代末 J.P.Morgan 银行所使用的叫法 value at risk。

金融经济学

这里 $1-\alpha$ 叫作信赖水平(或 α 的可损失度)。也就是 VaR 被定义为:在一定期间内,作为投资组合的损失在 X 以下的概率为 $1-\alpha$ 以上的最小值 X。比如,当设定 $\alpha=0.05$ 时,若满足上述公式的 X 为 10 亿日元,那么可以考虑,按 95% 以上的信赖水平,投资组合的损失在 10 亿日元以下。上述 X 的定义也可以换算成 $Pr(V_0-V_T\geqslant X)\leqslant\alpha$,所以也可以说损失在 10 亿日元以上的概率为 5% 以下。

来看一下投资组合的连续复利总收益 $R_T=\ln(V_T/V_0)$。设有关 T 期间的总收益,在 $-\infty<R_T<\infty$ 的范围内分布函数 $F(R_T)$ 是连续的而且是一直递增的。总收益 VaR 也与上述相同,定义为

$$\mathrm{VaR}_\alpha=\min_\alpha(X:Pr(-R_T\leqslant X)\geqslant1-\alpha),\alpha\in[0,1]$$

(10.38)

若设 $Pr(R_T\geqslant-\mathrm{VaR}_\alpha)=1-F(-\mathrm{VaR}_\alpha)=1-\alpha$,$\mathrm{VaR}_\alpha$ 采用分布函数的逆函数即为

$$\mathrm{VaR}_\alpha=-F^{-1}(\alpha)\qquad(10.39)$$

这在统计学是与的百分数相对应的,百分数是表示分布特征的特性值之一。即,VaR_α 就是分布下侧 $100\alpha\%$ 数。F^{-1} 叫作分位数函数。另外,总收益 VaR_α 的损失额 VaR 可通过 $V_0(1-e^{-\mathrm{VaR}})$ 来求。

下面来看一下总收益按照正规分布的情况[①]。设总收益 R_t 的期待值为 μ,方差为 σ^2,标准正规分布的分布函数为 Φ。这时,通过正规分布的标准化形成 $Pr(-R_T\leqslant X)=\Phi((x+\mu)/\sigma)$,所以若设 $\Phi((\mathrm{VaR}_\alpha+\mu)/\sigma)=1-\alpha$,即为

$$\mathrm{VaR}_\alpha=-\mu-\sigma\Phi^{-1}(\alpha)\qquad(10.40)$$

不过采用了 $\Phi^{-1}(1-\alpha)=-\Phi^{-1}(\alpha)$。比如,若设 $\mu=0.02$,$\sigma^2=0.02$,那么信赖水平 99% 的 VaR 为 $\mathrm{VaR}_{0.01}=-0.02+0.2\times2.326=0.445$。即,总损失超过 -44.5%($R_T<-0.445$)的概率在 1 以下。另外,$\Phi^{-1}(0.95)=1.64485$,$\Phi^{-1}(0.99)=2.32635$,$\Phi^{-1}(0.999)=3.09023$。图 10-3 显示了 $\mu=0,\sigma=1$ 时的 5% 的 $\mathrm{VaR}=\Phi^{-1}(0.05)$ 的情况。横轴为总收益 R_T,总收益低于虚线所

① 作为 VaR 的计算中常用的分布,还有其他学者提出的 t 分布及一般化帕累托分布等。

表示的－1.65 的概率（虚线左侧区域的积分值）为 5%。

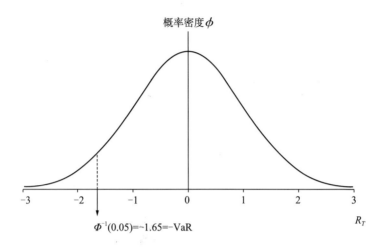

图 10-3 （VaR）

(注)横轴为总收益。是 $\mu=0, \sigma=1$ 时的 VaR。图标只显示了(-3,3)范围内的标准正规分布的密度函数。

设债券组合的每日收益 r_t 是根据 $r_t = \mu + \sigma\varepsilon_t$。这里 ε_t 是按照相互独立的标准正规分布的概率变量，μ 与 σ 是参数。每日收益的方差为 $\mathrm{Var}(r_t) = \sigma^2$。T 期间的总收益定义为 $R_T = \sum_{t=1}^{T} r_t$，所以 $\mathrm{Var}(R_T) = T\sigma^2$。因此，采用每日收益的标准偏差来求 T 期间的 VaR 时，将(10.40)公式做如下修改。

结果 10-4（VaR 的风险管理）

当债券组合的收益按照正规分布时，T 每日的 VaR 由下述公式来表示。

$$\mathrm{VaR}_\alpha = -\mu T + \sqrt{T}\sigma\Phi^{-1}(1-\alpha) \qquad (10.41)$$

下面，我们来看一下改变符号后，投资组合的构成对 VaR 的影响。设债券 $i(=1, \cdots, N)$ 的持有比重为 w_i，各债券的收益率为 r_i，投资组合 k 的收益率为 r_k。为简明扼要，设为极短期间内的 VaR，对数收益率 R_k 近似于 r_k [1]。如(2.41)公式所示，投资组合的方

---

[1] 即，$R_k = \ln(1+r_k) \doteqdot r_k$。

金融经济学

差为

$$\sigma_k^2 = \sum_i^N \sum_j^N w_i w_j \sigma_{ij} \tag{10.42}$$

这里 σ_{ij} 表示共同方差。比重的变化给予投资组合方差的影响是

$$\frac{\partial \sigma_k^2}{\partial w_i} = 2 \sum_{j=1}^N w_j \sigma_{ij} = 2\mathrm{Cov}(r_i, r_k) \tag{10.43}$$

故投资组合标准偏差的变化为 $\partial \sigma_k / \partial w_i = (\partial \sigma_k^2 / \partial w_i)/(2\sigma_k) = \mathrm{Cov}(r_i, r_k)/\sigma_k$。若在极短期间内的 VaR，$\mu = 0$，那么 $\mathrm{VaR}_a = \sigma_k \Phi^{-1}(1-\alpha)$，故得

$$\frac{\partial \mathrm{VaR}_a}{\partial w_i} = \frac{\mathrm{Cov}(r_i, r_k)}{\sigma_k} \Phi^{-1}(1-\alpha) \tag{10.44}$$

这被叫作**边际**（marginal）**VaR**，表示第 i 债券的投资位置的微小变化带来的 VaR 变化情况。

使 Δw_i 投资位置发生变化时，投资组合的 VaR 变化状态近似于 $\Delta\mathrm{VaR}_a = (\partial\mathrm{VaR}_a / \partial w_i)\Delta w_i$。这叫作**增量**（incremental）**VaR**。现在，我们来看一下由 n 个资产组成的投资组合 k，再加上第 $n+1$ 位资产的情况。若设 n 个投资组合标准偏差为 σ_k^n，设加上第 $n+1$ 位资产时的投资组合标准偏差为 σ_k^{n+1}，第 $n+1$ 位的资产标准偏差为 σ_{n+1}，即可通过正规分布的假定来构成 $\sigma_k^{n+1} \leqslant \sigma_k^n + \sigma_{n+1}$。设增加第 $n+1$ 位资产之前的 VaR 为 VaR_a^{kn}，增加后的 VaR 为 $\mathrm{VaR}_a^{k,n+1}$。还有，设只由 $n+1$ 位的资产构成的投资组合的 VaR 为 $\mathrm{VaR}_{a,n+1}$。这时，由（10.40）公式与标准偏差的大小关系构成 $\mathrm{VaR}_a^{k,n+1} \leqslant \mathrm{VaR}_a^{kn} + \mathrm{VaR}_{a,n+1}$。这被叫作劣可加性（subadditivity），意味着通过投资分散来降低 VaR[①]。

测量 VaR 时，可以说最重要的是推测投资组合的方差 σ_k^2。设债券 i 的价格为 p_i，各债券的收益率定义为 $r_i = \Delta p_i / p_i$。若采用（10.17）公式，$r_i \approx -D_i^M \Delta y_i$。这里 D_i^M 是修正持续时间，Δy_i 是最终收益的变化。不过，为简单起见，无视了债券凸性。考虑到债券组合的单因子模型，若设单因子 x，构成 $dy_i / dx = 1$，既可表现为 $r_i = -D_i^M \Delta x$。收益率的方差为

$$\mathrm{Var}(r_i) = (D_i^M)^2 \mathrm{Var}(\Delta x) \tag{10.45}$$

---

① 但 VaR 除了正规分布的情况之外，一般都不满足这一性质。

还有,共同方差为 $\mathrm{Cov}(r_i, r_j) = \mathrm{Cov}(D_i^M \Delta x, D_j^M \Delta x) = D_i^M$, $D_j^M \mathrm{Var}(\Delta x)$,相关系数为 $\rho_{ij} = 1$。这是因为考虑到单因子的变化引起的最终收益的平行移位。

这时,由(10.42)公式形成 $\sigma_k^2 = \left(\sum w_i \sigma_i\right)^2$,所以用于计算 VaR 的标准偏差为

$$\sigma_k = \sum_i w_i \sigma_i = \left(\sum_i w_i D_i^M\right)\sigma_x \qquad (10.46)$$

不过,σ_x 是 Δx 的标准偏差,第二个等号来自(10.25)公式。即,收益率的 VaR 能够近似地表示为修正持续时间的加权平均及单因子的标准偏差之积。这里,如 $r_i = -D_i^M \Delta x$ 那样,将各债券的收益率 r_i 表现为**市场风险因子** x 及其敏感度 D_i^M 的线性模型。这样的探讨叫作测量 VaR 的德尔塔法[①]。

以上就债券的投资组合进行了探讨,VaR 也适用于伴随种种价格变化的资产的投资组合。这时,作为对于具有价值 v_i 的资产 i 的市场风险因子的敏感度(factor sensitivity),采用 $\partial v_i / \partial x$,通过 $r_i = (\partial v_i / \partial x) \Delta x / v_i$ 达到近似于资产 i 的价值变化率。还有,这里虽然只考虑了单因子,但作为市场风险因子,也可以考虑复数的因子。

采用 VaR 作为风险尺度时所产生的问题之一,就是存在着在相当于分布下方的边缘发生事态的风险。即,缺点就是,VaR 只是分布下方 $\alpha\%$ 点,故即使说应该考虑到比这更小的概率所产生的大损失,但也不会反应在 VaR 里。**预期损失**(expected shortfall)是比 VaR 还大的损失的有条件期待值。即,若采用总收益 R_T,即为

$$ES_\alpha = E(-R_T \mid R_T \leqslant -\mathrm{VaR}_\alpha) \qquad (10.47)$$

这里,VaR 的定义来自(10.38)公式。即,预期损失是,R_T 在 $-\mathrm{VaR}_\alpha$ 以下这一条件下的损失率 $-R_T$ 的期待值。若假定总收益 R_T 为期待值 μ,按照方差 σ^2 的正规分布,那么预期损失如下。

结果 10 – 5(预期损失)

总收益按照正规分布时,信赖水平 $1 - \alpha$ 的预期损失表现为

---

① 这里,考虑到了收益率的 VaR,但在考虑损失额的 VaR 时,只要采用 (10.21)公式,考虑 $\Delta V = \sum B_n \Delta p_n = -\sum B_n D_n^m \Delta x$ 的标准偏差就行。

$$ES_\alpha = -\mu + \sigma\frac{\phi(\Phi^{-1}(\alpha))}{\alpha} \tag{10.48}$$

一般而言,有关按照平均 μ_y、方差 σ_y^2 正规分布的变数 y,有条件期待值为 $E(y \mid y \leqslant y_0) = \mu_y - \sigma_y\phi(\gamma)/\Phi(\gamma)$。不过,$\gamma = (y_0 - \mu_y)/\sigma_y$。若采用此,设 $\gamma = (-\mathrm{VaR}_\alpha - \mu)/\sigma$,即 $\Phi(\gamma) = \mathrm{Pr}(R_T \leqslant -\mathrm{VaR}_\alpha) = \alpha$,故 $\gamma = \Phi^{-1}(\alpha)$。因此,得上述结果。正如定义所明示的,预期损失要大于 VaR。

例题 10‑3(VaR 的风险管理)

设由 n 个债券组成的投资组合 k 的每日收益按照 $r_t = \mu + \sigma_k^n\varepsilon_t$。$\varepsilon_t$ 独自按照标准正规分布。已知这投资组合的年率期待收益为 2%,年率的波幅为 2%。

1) 以 1 年为 250 天计算,求每天的期待收益 μ 与每天的标准偏差 σ_k^n。再按 99% 的信赖水平求 10 天时间的 VaR。当投资组合的资产价格为 $V_0 = 10$ 亿日元时,求损失额的 VaR(百万日元)。

2) 第 i 位债券的标准偏差为 $\sigma_i = 0.004$,与投资组合的相关系数为 $\rho_{ki} = 0.5$。信赖水平为 99%,求有关此投资组合第 i 位债券的边际 VaR。但,为期 10 天,设期待收益为 0 即可。

3) 设投资组合 k 再加第 $n+1$ 位债券 z。z 的每天标准偏差为 $\sigma_z = 0.004$,与投资组合的相关系数为 $\rho_{kz} = 0.5$。信赖水平为 99%,求投资组合 k 的 VaR,和加上了 z 的投资组合的 VaR。但,为期 10 天,设期待收益为 0 即可。进一步求 z 的 VaR,并对三个 VaR 的大小关系进行说明。

解说 1) 每天的期待收益为 $\mu = 2\%/250 = 0.8\,\mathrm{bp}$,每天的波幅为 $\sigma_k^n = 2\%/\sqrt{250} = 12.6\,\mathrm{bp}$。按照(10.41)公式,$\mathrm{VaR}_{0.01} = (-0.8 + \sqrt{10}\times 12.6 \times 2.3263)/10^4 = 92\,\mathrm{bp}$。损失额的 VaR 为 $1000\times(1 - \exp(-0.0092)) = 9.18$(百万日元)。

2) 边际 VaR 按照(10.44)公式,为 $\rho\sigma_i\Phi^{-1}(1-\alpha) = 0.5\times 3.162\times 0.004 \times 2.3263 = 0.0147$。

3) 按照(10.41)公式,投资组合 k 的 VaR 为 $\mathrm{VaR}_{0.01}^{k,n} = 0 +$

$\sqrt{10} \ \sigma\Phi^{-1}(0.99) = 3.162 \times 0.00126 \times 2.3263 = 93(\text{bp})$。若加上 z，每天标准偏差为 $\sigma_k^{n+1} = \sqrt{\sigma_k^2 + 2\rho\sigma_k\sigma_z + \sigma_z^2} = 0.00476$。加了 z 的 VaR 为 $\text{VaR}_{0.01}^{k;n+1} = 3.162 \times 0.00476 \times 2.3263 = 350(\text{bp})$。$Z$ 的 VaR 为 $\text{VaR}_{0.01}^z = 3.162 \times 0.004 \times 2.3263 = 294(\text{bp})$。因此构成 $\text{VaR}_{0.01}^{k;n} + \text{VaR}_{0.01}^z = 93 + 294 = 387 > 350 = \text{VaR}_{0.01}^{k;n+1}$。

10.2 信用风险管理†

10.2.1 违约概率的推定法

最单纯的违约概率推定法可以用于风险债券价格（或信用风险价差）已知的情况。来看一下本金为 1，期满为 1 的风险债券。违约时的回收率为 $L(<1)$。若设年度无风险利率为 r，风险债券的收益为 R，风险中性违约概率为 PD，风险债券的风险中性评价即为

$$\frac{1}{1+R} = \frac{(1-PD) + PD \cdot L}{1+r} \tag{10.49}$$

因此，若以回收率 L，收益 R，无风险利率 r 为条件，即 PD 的理论值为

$$\hat{PD} = \frac{1}{1-L}\frac{s}{1+r+s} \tag{10.50}$$

这里，设信用风险价差为 $s = R - r$。这个 PD 的理论值也被叫作隐含（implied）违约概率，价差 s 越大，或回收率 L 越小就越高。出现在上述公式中的 $1-L$ 被叫作**违约损失率**（loss given default：LGD）。

连续复利的情况也相同，(10.49)公式表现为

$$e^{-Rt} = ((1-PD) + PD \cdot (1-LGD))e^{-rt} \tag{10.51}$$

这里 t 表示期满时间点。违约概率的理论值为

$$\hat{PD} = \frac{1-e^{-st}}{LGD} \tag{10.52}$$

这样的违约概率推定法叫作**价差法**[Lane et al.（1986），Ramaswamy and Sundaresan(1986)]。

Fons,Jarrow,Lando,Turnbull 等的研究,利用过去的违约概率数据,对推定违约概率的方法进行了探讨[Fons(1994),Jarrow et al.(1997)]。现在设风险等级 k 在 T 期间违约概率的样本均值为 θ_k。我们来看一下 2.2.3 节与 7.4.1 节中所论述的泊松 PD 模型。设瞬间的违约概率(风险概率)为 h,到时间点 t 的违约概率为 $F(t)=1-e^{-ht}$。不过,设违约时的债务偿还额为 0(即,$LGD=1$)。平均瞬间违约概率定义为满足(10.53)公式的 $\overline{h}_k$。

$$\theta_k = 1 - e^{-\overline{h}_k T} \tag{10.53}$$

即,$\overline{h}_k = -\ln(1-\theta_k)/T$ 是由样本均值推断出来的瞬间违约概率。还有,在时间 $t < T$ 之前违约的概率理论值为

$$\hat{PD}_{kt} = 1 - (e^{-\overline{h}_k T})^{t/T} = 1 - e^{-\overline{h}_k t} \tag{10.54}$$

这种推定法就叫作**泊松 PD 法**。

通常,金融机构将借款人分成好几个风险等级。设等级为 $k=1,\cdots,K$,用 K 表示违约(破产),定义各个等级的违约概率满足 $PD_1 < \cdots < PD_{K-1}$。现在,设时间点 t 的等级为 k_t,假定登记的推移按照**马尔可夫链**。即,在时间点 t 等级 i 的债权到了时间点 $t+1$ 时成了等级 j。这种推移概率满足 6.2 节中所说马尔可夫法。

$$p_{ij}(t,t+1) = \Pr(k_{t+1}=j \mid k_t=i) \tag{10.55}$$

表 10 - 1　风险等级的推移概率(行列)

$t+1$ 期的等级 j　　t 期的等级 i	1	2	$\cdots$	K(违约)
1	p_{11}	p_{12}	$\cdots$	$p_{1K}=PD_{1,t+1}$
2	p_{21}	p_{22}	$\cdots$	$p_{2K}=PD_{2,t+1}$
$\vdots$	$\vdots$	$\vdots$	$\ddots$	$\vdots$
K(违约)	$p_{K1}=0$	$p_{K2}=0$	$\cdots$	$p_{KK}=1$

下面为了简明扼要,推移概率不依存于时间点 t,假定 $p_{ij}(t,t+1) = p_{ij}(\forall t)$[①]。以推移概率 p_{ij} 为 (i,j) 成分的行列叫作推移概率行列。表 10 - 1 是为了便于看清这种情况。推移概率满足

---

① 满足这种性质的马尔可夫链叫作均时马尔可夫链。

$\sum_j p_{ij} = 1$。时间点 t 的等级 i 的风险债权在时间点 $t+1$ 的违约概率为 $PD_{i,t+1} = p_{iK}(i < K)$。还有,若是一旦发生违约的情况,就不可能再从违约好转,那么 $p_{Kj} = 0$。

时间点 t 的等级为 $k_t = i(< k)$ 时,在时间点 $t+2$ 为 $k_{t+2} = j$ 的概率叫作 2 阶推移概率。在图 10-4 中,用实线箭头表示了在当初等级 2 的情况下,2 期后之前违约时的路径。一般而言,(10.56)表示 2 阶推移概率。

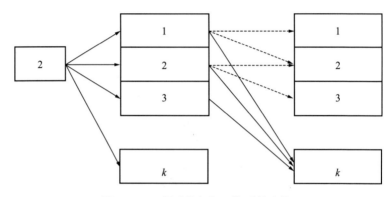

图 10-4 (风险等级与 2 期后的违约)

(注)表示当初等级为 2 时的,2 期后之前的推移。

$$p_{ij}^{(2)} = \Pr(k_{t+2} = j \backslash k_t = i)$$
$$= \sum_{k=1}^K \Pr(k_{t+2} = j \backslash k_{t+1} = k)\Pr(k_{t+1} = k \mid k_t = i)$$
$$= \sum_{k=1}^K p_{kj} p_{iK} \qquad (10.56)$$

若采用推移概率行列 $A = \{p_{ij}\}$,行列 A 的平方,A^2 表示 2 阶的推移概率。

若推而广之,m 阶的推移概率为

$$p_{ik}^{(m)} = \Pr(k_{t+m} = j \mid k_t = i)$$
$$= \sum_{k=1}^K \Pr(k_{t+m} = j \mid k_{t+m-1} = k)\Pr(k_{t+m-1} = k \mid k_t = i)$$
$$= \sum_{k=1}^K p_{kj} p_{ik}^{(m-1)} \qquad (10.57)$$

因此,m 阶的推移概率行列为行列 A 的 m 乘方,A^m。$p_{ik}^{(m)}$ 表示了时间点 t,等级 i 的债权在 m 期后违约的概率 $PD_{i,t+m}$。

为了推断违约概率,运用过去的债权数据,即在等级 i 的债权中,运用 1 期后移动至 j 的债权数 n_{ij}。若设等级 i 的债权数为 n_i, 1 阶推移概率的推断值之一就是相对频度。即为 $\hat{p}_{ij} = n_{ij}/n_i$。当然,1 期后的违约概率的推断值为 $\hat{PD}_{i,t+1} = \hat{p}_{iK} = n_{iK}/n_i$,$m$ 期后的违约概率的推断值为 $\hat{PD}_{i,t+m} = \hat{p}_{iK}^{(m)}$。这就是推断违约概率的三种方法,在这里叫作**马尔可夫链预测法**。

运用 7.4.2 节所论述的期权方法就能够推断违约概率[Merton(1973)]。这个方法运用了债券发行公司的股份市场价值。在结果 7-10 中,若知道初期时间点的资产价值 V_0 与 σ,就可以计算出违约概率 $N(-d^*)$。不过,N 是标准正规分布函数,$d^* = d - \sigma\sqrt{T}$。正如 8.3.4 所述,波幅需要采用(8.37)公式来推算。若将 $\hat{d}$ 与 $\hat{\sigma}$ 代入(7.64)公式,可得违约概率的理论值 $\hat{PD} = N(-\hat{d}^*)$。这里将这种方法叫作**期权方法**。

下面不用 d^*,来定义(7.64)公式中,以企业价值的期待带收益率 μ 来替代无风险利率 r 的(10.58)公式。

$$DD = d - \sigma\sqrt{T} = \frac{\ln(V_0/D) + (\mu - \sigma^2/2)T}{\sigma\sqrt{T}} \qquad (10.58)$$

在 KMV 模型中,将此叫作**违约距离**(distance to default)用此方法将违约概率推算为 $N(-DD)$。这是期权方法的变形版,在此叫作**违约距离法**。$N(-DD)$ 表示实际的违约概率,采用了 r 的 $N(-d^*)$ 表示风险中性违约概率。按照规避风险 $\mu > r$,所以实际违约概率要小于风险中性违约概率($N(-DD) < N(-d^*)$)。还有,$\ln(V_0/D)/(\sigma\sqrt{T})$ 越小,实际违约阈值 DD 越小。这个比率表示了初期时间点的资产・负债(的面额)比例(V_0/D)的对数值为标准偏差 $\sigma\sqrt{T}$ 的多少倍,这个比例越小违约概率 $N(-DD)$ 就越上升[1]。

---

[1] KMV 模型,通过将违约距离与期待违约频率(expected default frequency,EDF^{TM})相关联,来推算违约概率。取 Kealhofer,McQuown,Vasicek 三个单词的第一个字母作为公司名字的 KMV,现在已成了 Moody's Analytics Enterprise Risk Solutions 公司的一部分了。

例题 10 - 4（违约概率的推定）

1）A公司的债券（借贷债券）期满为 1，连续复利的利率为 $R = 0.05$。金融机构 B 想要推定 A 的违约概率。B 估算 A 的债权 LGD 为 0.5。请按照价差法（10.52）公式来推断违约概率。不过，设无风险利率为 $r = 0.02$。

2）金融机构 B 已知风险等级（$k = 1$）的违约概率为 $\theta_1 = 0.01$。LGD $= 1$，请按照泊松 PD 法推断瞬间违约概率 $\overline{h}_1$ 与到 $t = 2$ 为止的违约概率 $\hat{PD}_{12}$。

3）金融机构 B 将风险等级分为三类。等级 3 表示违约状态。按照马尔可夫链预测法，1 期推移概率行列推断如下。

$$\begin{bmatrix} 0.97 & 0.02 & 0.01 \\ 0.01 & 0.97 & 0.02 \\ 0 & 0 & 1 \end{bmatrix} \qquad (10.59)$$

求风险等级 1 的 2 期后之前的违约概率。

4）由 A 公司的股份数据推断，资产价值为 $V_0 = 1.5$，对数资产价值的波幅为 $\sigma = 0.3$。无风险利率为 $r = 0.02$，负债面额为 $D = 1.0202$。请按照期权方法来推断 A 公司的违约概率。还有，A 公司对数股价的期待收益率为 $\mu = 0.05$。求违约距离与违约距离法带来的违约概率。

解说 1）因价差为 $s = 0.03$，故违约概率被推断为 $\hat{PD} = (1 - \mathrm{e}^{-0.03}) / 0.5 = 0.0591$。

2）按照（10.53）公式，瞬间违约概率推断为 $\overline{h}_1 = \ln(1 - \theta_1) = 0.0101$。按照（10.54）公式，到 2 年后为止的等级 1 的违约概率被推断为 $\hat{PD}_{12} = 1 - \exp(-0.0101 \times 2) = 0.0199$。

3）等级 1 的借款人在 1 期后，按概率 $p_{11} = 0.97$ 推移到等级 1，按概率 $p_{12} = 0.02$ 推移到等级 2，按概率 $p_{13} = 0.01$ 推移到等级 3。1 期后为等级 1 时，在 2 期后按概率 $p_{13} = 0.01$ 发生违约，1 期后为等级 2 时，在 2 期后按概率 $p_{23} = 0.02$ 发生违约。因此，2 期后之前的违约概率推断为：

金融经济学

$$PD_{12} = p_{11}p_{13} + p_{12}p_{23} + p_{13} = 0.97 \times 0.01 + 0.02 \times 0.02 + 0.01 = 0.0201$$

4）正如例题 7－4 所求得的那样，因 $d = 1.5016$，故按照期权方法所得的违约概率为 $PD = N(-d + \sigma) = 0.115$。另一方面，距离是 $DD = (0.38547 + 0.05 - 0.09/2)/0.03 = 1.3016$，按违约距离法所得的违约概率为 $N(-1.3016) = 0.0965$。

10.2.2　放款投资组合的风险管理

Vasicek 对放款投资组合的风险进行了分析［Vasicek(2002)］。有关时间点 t 的借款企业 i 的资产价值 V_i，对数收益率 $r_i = \ln(V_i/V_{0i})$ 按照标准正规分布，假定按照以下公式

$$r_i = \sqrt{\rho_i}\,y + \sqrt{1 - \rho_i}\,\varepsilon_i \tag{10.60}$$

这里，y 是表示经济状况的单因子，通用于所有企业。ε_i 是借款人固有的概率项。两者都按照标准正规分布，假定 $\mathrm{Cov}(y, \varepsilon_i) = 0$。若假定不同的借款人所固有的概率项为独立的，那么 $i \neq j$ 即为 $\mathrm{Cov}(\varepsilon_i, \varepsilon_j) = 0$。这种模型叫作单因子**高斯连接模型**（参照补遗）。这种模型为：

$$
\begin{aligned}
\mathrm{Cov}(r_i, r_j) &= \mathrm{Cov}(\sqrt{\rho_i}\,y + \sqrt{1 - \rho_i}\,\varepsilon_i, \sqrt{\rho_j}\,y + \sqrt{1 - \rho_j}\,\varepsilon_j) \\
&= \mathrm{Cov}(\sqrt{\rho_i}\,y, \sqrt{\rho_j}\,y) = \sqrt{\rho_i}\,\sqrt{\rho_j}
\end{aligned}
$$

$$\tag{10.61}$$

因此，借款人收益率之间的相关系数为(10.60)公式的**共同单因子系数**之积。

若设债务偿还额为 D_i，当债权的违约为 $V_i < D_i$ 时，就会产生 $r_i < \ln(D_i/V_{0i}) \equiv c_i$ 的情况。若用 N 来表示标准正规分布的分布函数，**无条件违约概率**为 $PD_i = \Pr(r_i < c_i) = N(c_i)$。得结果如下。

结果 10－6（共同单因子模型的违约概率）

若以单因子 $Y = y$ 为前提，无条件违约概率为 PD_i 的债权的有条件违约概率来自(10.62)公式。

$$p_i(y) = N\left(\frac{N^{-1}(PD_i) - \sqrt{\rho}y}{\sqrt{1-\rho}}\right) \tag{10.62}$$

以 y 为前提时的**有条件违约概率**按照(10.60)公式为

$$p_i(y) = \Pr(r_i < c_i \mid y) = \Pr\left(\varepsilon_i < \frac{c_i - \sqrt{\rho}y}{\sqrt{1-\rho}}\right) = N\left(\frac{c_i - \sqrt{\rho}y}{\sqrt{1-\rho}}\right)$$
$$\tag{10.63}$$

若代入 $c_i = N^{-1}(PD_i)$ 就可得上述结果。有条件违约概率是，共同单因子越大就越低，无条件违约概率越高就越高。

接着来看一下金融机构的放贷投资组合。各放贷债权的放贷额为 1，设借款者数量为 m。因此，初期时点投资组合的大小为 m。若设表示债权 i 违约的变数为 L_i，当 $r_i < c_i$ 时 $L_i = 1$，当 $r_i \geqslant c_i$ 时 $L_i = 0$。投资组合的损失为 $L = \sum_i^m L_i$，（平均）损失率可表示为 L/m。下面，(10.60)公式表示企业资产的收益率，来看一下放贷投资组的规模 m 足够大时，投资组合的损失率。这种投资组合叫作**渐近组合**，下面将进行说明的模型叫作**渐近式单因子模型**（asymptotic single factor model）。为简明起见，与各债权的单因子相关的都假定为均一（$\rho_i = \rho \quad \forall i$）[1]。在相关均一的情况下，要注意的是，在(10.60)公式中造成不同收益率的只是固有的概率项。因此，下面将无条件的违约概率表示为 PD，有条件违约概率表示为 $p(y)$。

若以单因子为前提，因 ε_i 的独立性，任意的两个债权的违约（$\{L_i = 1\}$ 与 $\{L_j = 1\}$）就是独立的，各自的有条件违约概率为 $p(y)$。因此，根据大数法则，投资组合的规模足够大（$m \to \infty$）时，损失率就会收缩到 $p(y)$，即（$L/m \to p(y)$）。基于此，损失率分布函数如下。

结果 10－7（放贷投资组合的损失率分布）
投资组合的规模足够大时，损失率分布函数如下

---

[1] 实际上，若在高斯连接模型中做相关均一的假定，ε_i 就独立了。

$$\Pr\left(\frac{L}{m} \leqslant x\right) = N\left[\frac{\sqrt{1-\rho}\,N^{-1}(x) - N^{-1}(PD)}{\sqrt{\rho}}\right] \quad (10.64)$$

导出概略将在补遗中明示。以与无条件违约概率 PD 的相关系数 $\sqrt{\rho}$ 为前提,上述公式提供了渐近组合的损失率在 x 以下的概率。图 10-5 表示了 $\rho=0.1, PD=0.02$ 时的损失率的密度函数。投资组合的损失率取 $0 \leqslant x \leqslant 1$ 的值,但在适当的参数之下,当这种分布近似 0 时,呈密度集中的扭曲形状。

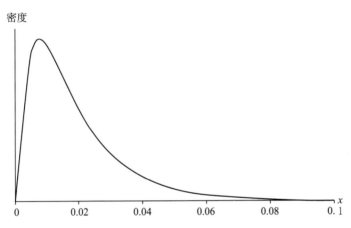

图 10-5 (渐近式单因子模型损失率分布的密度函数)
(注)损失率分布的密度函数。横轴为损失率。$\rho=0.1, PD=0.02$。

放贷投资组合的 VaR 与(10.38)公式相同,可定义为

$$\text{VaR}_\alpha = \min_\alpha(x : \Pr(L/m \leqslant x) \geqslant 1-\alpha), \alpha \in [0,1] \quad (10.65)$$

这叫作**信用 VaR**(credit VaR)。按照(10.64)公式,VaR_α 满足下列公式。

$$N\left[\frac{\sqrt{1-\rho}\,N^{-1}(\text{VaR}_\alpha) - N^{-1}(PD)}{\sqrt{\rho}}\right] = 1-\alpha \quad (10.66)$$

由此得如下结果。

结果 10-8(信用 VaR)

在渐近式单因子模型中,以下公式提供了放贷投资组合的 VaR

$$\text{VaR}_\alpha = N\left(\frac{N^{-1}(PD) + \sqrt{\rho}\,N^{-1}(1-\alpha)}{\sqrt{1-\rho}}\right) \qquad (10.67)$$

比如,若设 $PD=0.01$,$\rho=0.4$,$\alpha=0.001$,即为 $\text{VaR}_{0.001}=0.135$。因此,若放贷投资组合为 100 亿日元,按 99.9% 以上的概率,损失额为 13.5 亿日元以下。如图 10-5 所示,典型的渐近投资组合的分布是,损失高于假定正规分布,其下线就拖得越长,所以 VaR 就越大。

例题 10-5(放贷投资组合的风险管理)

1) A 公司的资产价值为 $V_0=1$,负债的面额为 $D=0.1$,资产的对数收益率按照 (10.60) 公式的高斯连接模型。不过,与单因子的相关系数为 $\rho=0.4$。求无条件违约概率 PD_A。并求 $y=-1$ 时的有条件违约概率。

2) 金融机构 B 的放贷投资组合有着足够大的放贷对象,每个放贷对象都具有与 A 公司一样的风险结构,属于均一相关投资组合。求投资组合的损失率在 1% 以下的概率。

3) 求金融机构 B 的 1% 水平的信用 VaR。

解说 1) 违约阈值为 $c_A = \ln(0.1) = -2.303$,所以无条件违约概率为 $PD = N(-2.303) = 0.0107$。按照 (10.62) 公式,有条件违约概率为:

$$p_A(-1) = N\left(\frac{-2.303 - \sqrt{0.4} \times (-1)}{\sqrt{0.6}}\right) = 0.0155$$

2) 按照 (10.64) 公式,损失率为 1% 以下的概率是

$$\Pr\left(\frac{L}{m} \leqslant 0.01\right) = N\left(\frac{\sqrt{0.6}\,N^{-1}(0.01) - N^{-1}(0.0107)}{\sqrt{0.4}}\right) = 0.786$$

3) 按照 (10.67) 公式,信赖水平 99% 的信用 VaR 是:

$$\text{VaR}_\alpha = N\left(\frac{N^{-1}(0.0107) + \sqrt{0.4}\,N^{-1}(0.99)}{\sqrt{0.6}}\right) = 0.1416 \quad (10.68)$$

补遗 A:单因子的对数收益率模型

单因子的对数收益率模型定式如下

$$r_i = \beta_i y + u_i \qquad (10.69)$$

这里，r_i 与 y 是将按照正规分布的 $\widetilde{r}_i$ 与 $\widetilde{y}$ 标准化后的变数，r_i 的方差为 $\sigma_r^2 = 1$，y 的方差也是 $\sigma_y^2 = 1$。还有，u_i 按照正规分布 $N(0, \sigma_u^2)$，为 $\mathrm{Cov}(y, u_i) = 0$。因为 r_i 与 y 的方差为 1，所以系数 β_i 满足 $\beta_i = \sigma_{ry}$。再者，回归的决定系数也满足 $R_i^2 = \sigma_{ry}^2$。进而，$1 - R_i^2 = \sigma_u^2$。根据以上情况，若设 $\rho_i = R_i^2$，上述模型可列为

$$r_i = \sqrt{\rho_i}\, y + \sqrt{1 - \rho_i}\, \varepsilon_i \tag{10.70}$$

补遗 B：放贷投资组合损失率的渐近分布

当 $m \to \infty$ 时，可以表示为 $\mathrm{Pr}(L/m \leqslant x) = \mathrm{Pr}(p(y) \leqslant x)$。因为 $p(y)$ 是 y 的减少函数，所以这个概率可列为 $\mathrm{Pr}(y \geqslant p^{-1}(x))$。$y$ 按照标准正规分布，故此概率为 $N(-p^{-1}(x))$。

若采用 (10.62) 公式，设 (10.71) 公式为

$$x = p(y) = N\left(\frac{N^{-1}(PD) - \sqrt{\rho}\, y}{\sqrt{1 - \rho}}\right) \tag{10.71}$$

即可得

$$y = p^{-1}(x) = N^{-1}(x) = \frac{N^{-1}(PD) - \sqrt{\rho}\, y}{\sqrt{1 - \rho}} \tag{10.72}$$

若将公式改变一下即为

$$y = p^{-1}(x) = \frac{N^{-1}(PD) - \sqrt{1 - \rho}\, N^{-1}(x)}{\sqrt{\rho}} \tag{10.73}$$

若将此代入 $\mathrm{Pr}(L/m \leqslant x) = N(-p^{-1}(x))$，即可得

$$\mathrm{Pr}\left(\frac{L}{m} \leqslant x\right) = N\left(\frac{\sqrt{1 - \rho}\, N^{-1}(x) - N^{-1}(PD)}{\sqrt{\rho}}\right) \tag{10.74}$$

文献指南

利率风险与持续时间

Bierwag, G. 1977. Immunization, duration, and the term structure of interest rates. *Journal of Financial and Quantitative Analysis* 12, 725 - 742.

Bierwag, G., Kaufman, G., Khang, C. 1978. Duration and bond portfolio analysis: An overview. *Journal of Financial and Quanti-*

tative Analysis 13, 671 - 681.

Cox, J., Ingersoll, J., Ross, S. 1979. Duration and the measurement of basis risk. *The Journal of Business* 52, 51 - 61.

Elton, E., Gruber, M., Michaely, R. 1990. The structure of spot rates and immunization. *Journal of Finance* 45, 629 - 642.

Fisher, L., Weil, R. 1971. Coping with the risk of interest-rate fluctuations-Returns to bondholders from naive and optimal strategies. *Journal of Business* 44, 408 - 431.

Fong, H., Vasicek. O. 1983. The tradeoff between return and risk in immunized portfolios. *Financial Analysts Journal*, September-October 73 - 78.

Fong, H., Vasicek, O. 1984. A risk minimizing strategy for portfolio immunization. *Journal of Finance* 39, 1541 - 1546.

Ho, T. 1992. Key rate durations: Measures of interest rate risks. *Journal of Fixed Income* 2, 29 - 44.

Kahn, R., Lochoff, R. 1990. Convexity and exceptional return. *Journal of Portfolio Management* 16, 43 - 47.

Macaulay, F.1938. *Some theoretical problems suggested by the movements of interest rates, bond yields and stock prices in the United States since 1856*. NBER.

Samuelson, R.1945. The effect of intent rate increases on the banking system. *American Economic Review* 35, 16 - 27.

期货的风险对冲

Benninga, S., Eldor, R., Zilcha, I. 1984. The optimal hedge ratio in unbiased futures markets. *Journal of Futures Markets* 4, 155 -159.

Black, F.1989. Universal hedging: Optimizing currency risk and raward in international equity portfolios. *Financial Analysts Journal* 45, 16 - 22.

Black, F.1990. Equilibrium exchange rate hedging. *Journal of Finance* 45, 899 - 907.

金融经济学

Carcano, N., Foresi, S. 1997. Hedging against interest rate risk: Reconsidering volatility-adjusted immunization. *Journal of Banking & Finance* 21, 127 – 141.

Ederington, L. 1979. The hedging performance of the new futures markets. *Journal of Finance* 34, 157 – 170.

Hilliard, J.1984. Hedging interest rate risk witli futures port-folios under term structure effects. *Journal of Finance* 39, 1547 –1569.

Johnson, L. 1960. The theory of hedging and speculation in commodity futures. *Review of Economic Studies* 27, 139 – 151.

Kolb, R., Chiang, R. 1982. Duration, immunization, and hedging with interest rate futures. *Journal of Financial Research* 5, 161 – 170.

Stein, J. 1961. The simultaneous determination of spot and fu-tures prices. *American Economic Review* 51, 1012 – 1025.

Stulz, R. 1984. Optimal hedging policies. *Journal of Financial and Quantitative Analysis* 19, 127 – 140.

VaR

Basak, S., Shapiro, A. 2001. Value-at-Risk-based risk manage-ment: Optimal policies and asset prices. *Review of Financial Studies* 14,371 – 405.

Baumol, W. 1963. An expected gain-confidence limit criterion for portfolio selection. *Management Science* 10, 174 – 182.

Beder, T. 1995.VAR: Seductive but dangerous. *Financial An-alysts Journal*, September/October, 12 – 24.

Campbell, R., Huisman. R., Koedijk, K. 2001. Optimal port-folio selection in a Value-at-Risk framework. *Journal of Banking&Finance* 25,1789 – 1804.

Dowd, K.1998. *Beyond Value at Risk: The New Science of Risk Manage-ment*. John Wiley &Sons.

Duffie, D., Pan, J. 1997. An overview of value at risk. *Journal of Deriva-tive* 4, 7 - 49.

Fama, E., Roll, R. 1968. Some properties of symmetric stable distributions. *Journal of the American Statistical Association* 63, 817 - 846.

Hendricks, D.1996. *Evaluation of Value-at-Risk models using historical data.* FRB *New York Economic Policy Review*, April, 39 - 70.

Hull, J., White, A. 1998. Value at Risk when daily changes in market variables are not normally distributed. *Journal of Deriva-tives* 5, 9 - 19.

Jackson, P., Maude, D., Perraudin, W.1997. Bank capital and value at risk. *Journal of Derivatives.* 4, 73 - 89.

Kaplanski, G., Kroll, Y. 2002. VAR risk measures vs tradi-tional risk measures: An analysis and survey. *Journal of Risk* 2, 5 - 19.

Marshall, C., Siegel, M. 1997. Value at Risk: Implementing a risk measurement standard. *Journal of Derivatives* 4, 91 - 111.

Roy, A. 1952, Safety-first and the holding of assets. *Econo-metrica* 20, 431 - 449.

信用风险

Fons, J.1994. Using default rates to model the term structure of credit risk. *Financial Analysts Journal*, September/October, 25 - 32.

Jarrow, R., Lando, D., Turnbull, S. 1997. A Markov model for the term structure of credit risk spreads. *Review of Financial Studies* 10, 481 - 523.

Lane, W., Looney, S., Wansley, J. 1986. An application of the Cox proportional hazards model to bank failure. *Journal of Banking & Finace* 10, 511 - 531.

Merton, R. 1973. On the pricing of corporate debt: The risk structure of interest rates. *Journal of Finance* 29, 28 - 30.

Ramaswamy,K.,Sundaresan,S.1986.The valuation of floating-rate instruments：Theory and evidence. *Journal of Financial Economics* 17，251－272.

Vasicek，O. 1987. Probabilityof loss on loan portfolio. KMV Corporation.

Vasicek，O. 2002. Thedistribution of loan portfolio value. RISK.

（注）也参考第 2 章与第 7 章的信用风险模型的参考文献。

教科书

Bierwag，G. 1987. *Duration Analysis*. Ballinger Publishing Company.

Bluhm,C.,Overbeck,L.,Wagner,C.2010，*An Introduction to Credit Risk Mdelling*. Second edition. Chapman &. Hall.（译）森平爽一郎,信用风险模型入门,シグマベイスキャピタル(2007)。

Chatterjee，R. 2014. *Practical Methods of Financial Engineering and Management*. Apress.

Crouhy，M.，Galai，D.，Mark，R. 2013. *The Essentials of Risk Management* McGraw-Hill.（译）三浦良造,风险管理的本质,共立出版(2015)。

Fabozzi，F. 1999. *Duration，Convexity，and Other Bond Risk Measures*. Wiley.

Fabozzi，F. 2006. *Fixed Income Mathematics*. McGraw-Hill.

Fabozzi，F. 2012. The Handbook of Fixed Income Securities. Eighth edition. McGraw-Hill.

Hull，J. 2007. *Risk Management and Financial Institutions*. Pearson Education.竹谷仁宏译,金融风险管理,培生教育(2008)。

Hull,J.2012. *Options，Futures，and Other Derivatives*. 8th edition.Prentice Hall.（译）三菱 UFJ 证券市场商品本部,金融工程,金融财政事情研究会(2016)

Jorion,P. 2007.*Value at Risk：The New Benchmark for Controlling Market Risk*. Third edition.McGraw-Hill.

Luenberger, D. 2013. *Investment Science*. Second edition. Oxford University Press.

McNeil, A., Frey, R., Embrechts, P. 2005. *Quantitative Risk Management*. Princeton University Press.

Neftci, S. 2008. *Principles of Financial Engineering*. Second edition. Academic Press.

Saunders, A., Cornett, M. 2013. *Financial Institutions Management：A Risk Management Approach*. McGraw-Hill/Irwin.

Tuckman, B., Serrat, A. 2011. *Fixed Income Securities：Tools for Today's* Marfcets. Third edition. Wiley. 四塚俊树、森田洋,债券分析的理论与实践,东洋经济新报社(改订版,2012)。

菅野正泰,风险管理,ミネルヴァ书房(2011)。

第十一章 金融机构的管控

本章主要对金融中介机构的管控、政策的理念及其影响进行说明。11.1节是在10.2节观点的基础上，对保障金融机构健全性的自有资本比率管控的理念进行说明。11.2节对存款准备金成本及其影响进行说明。11.3节将对金融机构的各种破产处理政策的效果进行说明。

11.1 自有资本比率原则

11.1.1 自有资本比率原则的作用

瓦西塞克与科迪通过金融机构的资本量与风险的整合与调整，提出了把金融机构的违约概率固定在一定值以下的观念[Vasicek(2002)，Cordy(2003)]。下面我们接着10.2节中的内容，继续来看一下金融机构的贷款投资组合。设债权人 i 的违约概率为 PD_i，违约用 D_i 表示。如图11-1所示，$D_i=1$ 表示违约，$D_i=$

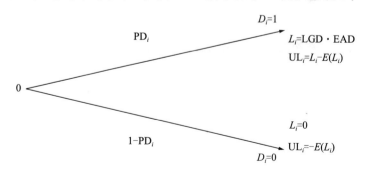

$$D_i=1$$
$$PD_i$$
$$L_i=LGD \cdot EAD$$
$$UL_i=L_i-E(L_i)$$
$$0$$
$$L_i=0$$
$$1-PD_i$$
$$UL_i=-E(L_i)$$
$$D_i=0$$

图 11-1 （预期损失与非预期损失）

（注）D_i 表示违约的指示函数

0 表示非违约。违约时有可能产生损失,把对借款方 i 的债权额 x_i 称为 EAD(违约风险暴露:exposure at default)。一下姑且设 $EAD_i = x_i$ [1]。违约时损失 LGD 是作为每一单位 **EAD** 的损失率来定义的。由借款方 i 的债务产生的损失额用

$$L_i = D_i \cdot LGD_i \cdot EAD_i \qquad (11.1)$$

表示。LGD 与 EAD 为定数的时候,预期损失(expected loss:EL)为

$$EL = E(L_i) = PD_i \cdot LGD_i \cdot EAD_i \qquad (11.2)$$

但金融机构产生的损失是在预期损失的周围变动的。从实际损失额中扣除预期损失,$UL_i = L_i - E(L_i)$ 称为**非预期损失**(unexpected loss:UL)。这通常被用于表示违约时,超过违约预期损失额的损失。事前,损失的标准偏差

$$\hat{UL} = \sqrt{Var(L_i)} = EAD_i \cdot LGD_i \sqrt{(1 - PD_i)PD_i} \qquad (11.3)$$

作为非预期损失的一个尺度而被使用。如此,就算金融机构积累的只是预期损失额的呆账准备金,但金融机构足以弥补 UL 损失的能力是必要的。这个观点是下面论证的基础。

下面我们来看一下**贷款投资组合的损失率**。设借款方的数量为 m。为了使标注简单化,下面我们用 U_i 来定义表示每一单位 EAD 损失的概率变数。违约时,$U_i = LGD$,非违约时 $U_i = 0$。这样定义的话,投资组合的损失额为 $\tilde{L} = \sum_i^m U_i x_i$。把借款方 i 的债权的权数定义为 $w_i = x_i / \sum_i^m x_i$ 的话,得出投资组合的损失率为

$$L = \frac{\tilde{L}}{\sum_i^m x_i} = \frac{\sum_i^m U_i x_i}{\sum_i^m x_i} = \sum_i^m w_i U_i \qquad (11.4)$$

与个别债权相同,保有该投资组合的金融机构的预期损失被定义为 $E(L)$,非预期损失则被定义为 $UL = L - E(L)$。在图 11-2 中,呈现了贷款投资组合的密度函数以及预期损失与非预期损失的关系。

---

[1]　债权额与 EAD 之间的差额是由承诺契约等带来的。

金融经济学

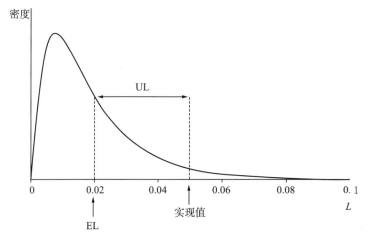

图 11 - 2 （贷款投资组合中的预期损失与非预期损失）

（注）损失率分布的密度函数 $f(L;0.02,0.1)$。$EL=0.02$，L 的实现值为 0.05 时的 UL。

图中表示的是预期损失为 2%时的 5%的损失以及非预期损失 3%实现的状况。

现在，设该金融机构的自有资本为 K，金融机构的违约（破产）在损失额超过自有资本时，也就是 $\tilde{L}>K$ 时产生。或者把**自有资本比率**定义为 $k=K/\sum_i^m x_i$ 的话，违约在 $L>K$ 时产生。现在我们就如 10.2 节中考察的那样，用定数 $\sqrt{\rho}$ 来表示各债权的对数收益率间的关联，用相同的定数 PD 来表示违约概率。设 10.2 节中考察的损失率 L 的分布与函数为 $F(L;PD,\rho)$ 的话，金融机构的违约概率就为 $1-F(k;PD,\rho)$。自有资本比率规制可以作为不等式约束 $k\geqslant\theta$ 来表现，θ 称为必要最低自有资本比率。得出以下结果。

结果 11 - 1（自有资本比率原则的意义）

设必要最低自有资本比率为 $\theta=F^{-1}(1-\alpha)$，金融机构的违约概率就为 α 以下。

正如（10.65）公式中看到那样，金融机构的信用 VaR 可以定义为 $VaR_\alpha=\min_\alpha\{k:Pr(L\leqslant k)\geqslant1-\alpha\}$，所以运用分位数函数的话，$VaR_\alpha=F^{-1}(1-\alpha)$。因此设 $\theta=VaR_\alpha$ 的话，在信赖水平 $1-\alpha$ 中，损失率在 θ 以下。反之，要使金融机构的违约概率在 α 以下，就只要

使必要最低水平在 VaR_α 以上就可以了。自有资本比率原则通过一定的概率,要求拥有可以规避损失的自有资本,可以说是为了使金融机关的违约概率降到一定值以下的原则。特别要指出的是,从 VaR_α 扣除预期损失 EL 的那部分称为**经济资本**(economic capital)。也就是说 $EC = VaR_\alpha - EL$。从非预期损失的定义中,我们可以知道,经济资本有这样一层意思,那就是对 VaR_α 损失发生时的非预期损失 UL_α 的资本的缓冲。另外,如果把损失率的标准偏差定义为 $\hat{UL}$ 的话,$(VaR_\alpha - EL)/\hat{UL}$ 表示则表示每一单位的损失率标准偏差的必要经济资本,这是为了把违约概率控制在 α 以下。

例题 11-1(非预期损失与自有资本比率原则)

为了理解起来比较容易,作为示例,贷款投资组合的损失率 L 遵循同分布 $U[0,1]$。

1)求预期损失 EL。并求呆账准备金为 0,自有资本比率 $k = 0.5$ 时的金融机构的违约概率。

2)为了把金融机构的违约概率控制在 1%,管控当局把必要最低自有资本比率 θ 设定为多少合适?而金融机构把自有资本比率设定为与必要最低自有资本比率相同,呆账准备金就为 0。

3)金融机构在积累预期损失部分的呆账准备金时,必要的经济资本是多少?并求得损失率的标准偏差 $\hat{UL}$,以及每一单位的标准偏差的必要经济资本。

解说 1)由于是同分布,所以预期损失 EL$=(1-0)/2=0.5$。金融机构的违约概率为 $\Pr(L>0.5)=0.5$。

2)金融机构的违约概率 $\Pr(L>k)=1-k$,所以 99% 水平的 $VaR_{0.1}=0.99$。因此必须设定 $\theta = 0.99$。

3)经济资本 EC $= VaR_{0.01} - EL = 0.99 - 0.5 = 0.49$。同分布,因此损失率的标准偏差 $\hat{UL} = 1/\sqrt{12}$。故每一单位的标准偏差的必要资本为 $\sqrt{12} \times 0.49 = 1.69$。

11.1.2 加法自有资本法则

科迪在 10.2 节中的渐近单因子模型中,考察了加法的自有资

金融经济学

本规定[Cordy(2003)]。这里我们要考察的渐近投资组合中,各敞口 x_i 不同,都为正数,并在某个有限的值以下。在该假定下,借款方的数量 m 非常大的时候,总资产无限大发散($\sum_i^m x_i \to \infty$)[①]。对于(11.4)公式中得出的投资组合损失率,这里用 L_m 明确表示借款方的数量 m。并以单因子 y 为前提条件的话,各债权的损失率 U_i 与 $U_j(i \neq j)$ 假定互相独立。这时,渐近投资组合的损失率 L_m 与以单因子 y 为条件的条件期待值 $E(L_m|y)$ 几乎在各处都是一致的。这根据的是强大数定律[②]。即

$$L_m - E(L_m \mid y) \to 0 \quad \text{(a.s.)} \tag{11.5}[③]$$

$E(L_m \mid y)$ 称为**投资组合的附条件预期损失率**。

接下来,以单因子为条件,把个别债权的附条件预期损失率定义为

$$E(U_i \mid y) = g_i(y) \tag{11.6}$$

这对应(11.63)公式,$g_i(y)$ 假定的是 y 的单调递减函数。根据(11.4)公式,得出渐近投资组合的附条件预期损失率为

$$E(L_m \mid y) = E\left(\sum_i^m w_i U_i \mid y\right) = \sum_i^m w_i g_i(y) \tag{11.7}$$

设单因子 y 的下侧 $100\alpha\%$ 为 y_α。$y_\alpha = \max\{y : \Pr(Y \geqslant y) \geqslant 1 - \alpha\}$。根据 $g_i(y)$ 的单调递减性,得出

$$\Pr(E(L_m \mid y)) \leqslant E(L_m \mid y_\alpha) = \Pr(Y \geqslant y_\alpha) \geqslant 1 - \alpha \tag{11.8}$$

也就是说,我们在考察附条件损失 $E(L_m \mid y)$ 的无条件分布时,在 $1 - \alpha$ 的信赖水平下,损失可以说是在 $E(L_m \mid y_\alpha)$ 以下的。换句话说,附条件损失的无条件分布的信用 VaR 为 $\text{VaR}_\alpha(E(L_m \mid y)) = E(L_m \mid y_\alpha)$。

通过以上说明,我们可以知道,金融机构在重新保有债权者 i

---

① 稍微有些专业,同时各债务者的风险权数 w_i 的平方和在渐近上是有上限的($\sum_{n=1}^{\infty} w_b^2 < \infty$)。

② 总资产无限大的话,在脚注 2 的基础下,投资组合的投资率的方差有上限。根据条件独立性的假定,可以适用大数定律。

③ 记号 a.s. 表示概率收敛。也就是 L_m 产生与 $E(L_m \mid y)$ 不同现象的概率收敛为 0。

的债权时，必须追加资本。把必要资本分配给各债权的法则称为**资本分配法则**。下面我们来看一下把债务者 i 的债权的必要资本作为每一单位债券额 $c_i = g_i(y_\alpha)$ 的法则。也就是，以单因子的下侧 $100\alpha\%$ 为条件，把个别债权的附条件预期损失率作为每一单位必要资本。该法则的特点是，使各债权的资本分配只依赖在个别债权的预期损失率上，而不依赖在其他债权（或投资组合全体）的特性值上。这一特性称为**投资组合不变性**（portfolio invariance）[①]。

在该资本分配法则的基础下，每单位总必要资本为

$$c = \sum_i^m w_i c_i = \sum_i^m w_i g_i(y_\alpha) = E(L_m \mid y_\alpha) \tag{11.9}$$

也就是，作为个别必要资本的加权平均被定义的总必要资本为个别债权的附条件损失的加权平均。在第一个等号中，等号的两边乘以 $\sum x_i$ 话，总必要资本 C 就为 $c_i x_i$ 的和，该资本分配法则就为加法法则。最后的等号表示总必要资本与以 y_α 为条件的投资组合的附条件损失率相等。金融机构的破产发生在 $L_m > c = E(L_m \mid y_\alpha)$ 的时候，所以得出下面的结果。

结果 11 - 2（加法分配法则的基础下，金融机构的违约概率）

在加法分配法则 $c_i = g_i(y_\alpha)$ 的基础下，金融机构的违约概率收敛为 α。金融机构的违约概率如下

$$\lim_{m \to \infty} \Pr(L_m > E(L_m \mid y_\alpha)) = \Pr(\lim_{m \to \infty} L_m > E(L_m \mid y_\alpha)) =$$
$$\Pr(E(L_m \mid y) > E(L_m \mid y_\alpha)) = \alpha \tag{11.10}$$

第一个等号的依据是一定条件下，极限与定积分可以互换。第二个等号的依据是渐近投资组合的损失率 L_m 收敛为以 y 为条件的 $E(L_m \mid y)$。最后一个等号的依据是(11.8)公式。因此，根据把对债权 i 的必要资本作为附条件损失的加法资本法则，可以把金融机构的违约概率抑制在一定值之下。

11.1.3 巴塞尔协议与风险加权资产

用**巴塞尔协议**的内部评级法（internal ratings based：IRB），以

---

① 一般来说，对某债务者 A 的融资有可能会提高对其他债务者 B 的债权的预期损失。在这样的情况下，对 A 融资的必要资本我们不仅要考虑 A 的预期损失，还要考虑 B 的预期损失的增量部分。投资组合不变性排除了这样的情况。

10.2 节中的渐近性单因子模型为基础,来计算必要资本。也就是在(10.60)公式中,单因子 y 与固有的概率项各自遵循标准正态分布,各债务者 i 的对数收益率之间的关系是相同的($\rho_i = \rho \, \forall \, i$)。但10.2 小节中考察的是 LGD＝1 的情况,而本节则把 LGD 作为前提条件的常量($0 \leqslant$ LGD $\leqslant 1$)。U_i 在违约时($D_i = 1$)取 LGD,在非违约时($D_i = 0$)取 0,因此明确考虑 LGD 的话,(11.6)公式的附条件预期损失率可以表示为

$$g_i(y) = E(U_i \mid y) = E(\text{LGD} \cdot D_i \mid y) = \text{LGD} \cdot p(y)$$

$$(11.11)$$

这里,$p(y)$ 为(10.62)公式中得出附条件违约概率。因此前面小节中的加法资本分配法则 $c_i = g_i(y_a)$ 可以置换为

$$c_i = \text{LGD} \cdot p(y_a) \qquad (11.12)$$

巴塞尔协议中,把债权 i 的必要资本 RC_i 定义为 $\text{RC}_i = (c_i - \text{EL}_i)x_i$。预期损失的呆账准备金作为贷款的成本,扣除预期损失 $\text{EL}_i = \text{PD} \cdot \text{LGD}$ 是以金融机构准备的准备金为前提的。得出下面的结果。

结果 11－3(巴塞尔协议的必要自有资本)

由内部评定法产生的个别债权 i 的必要自有资本用

$$RC_i = \text{LGD} \left[N \left(\frac{N^{-1}(\text{PD}) + \sqrt{\rho}\, N^{-1}(1-\alpha)}{\sqrt{1-\rho}} \right) - \text{PD} \right] x_i$$

$$(11.13)$$

表示。(11.7)公式中出现的渐近投资组合的附条件预期损失率为

$$E(L_m \mid y_a) = \text{LGD} \cdot p(y_a) \qquad (11.14)$$

用(10.67)公式求渐近投资组合的附条件预期损失率的 VaR 时,LGD＝1,但这里 LGD $\leqslant 1$。因此,(10.67)公式不是附条件预期损失率,可以看作是附条件概率 $p(y_a)$。

$$p(y_a) = N \left(\frac{N^{-1}(PD) + \sqrt{\rho}\, N^{-1}(1-\alpha)}{\sqrt{1-\rho}} \right) \qquad (11.15)$$

代入(11.12)公式的话,根据 RC 的定义公式,得出上面的结果。在实际的巴塞尔协议中,12.5 乘以该必要资本被定义为敞口 i 的**风险加权资产**(risk-weighted asset:RWA)。也就是

$$\text{RWA}_i = 12.5\,RC_i \tag{11.16}$$

总风险加权资产为 $\text{RWA} = \sum_i^m \text{RWA}_i$。设自有资本为 K，巴塞尔协议的自有资本比率为 $k = K/\text{RWA}$。设最低自有资本比率基准为 $\theta = 0.08$，巴塞尔的自有资本比例原则为

$$0.08 \leqslant k = \frac{K}{\text{RWA}} = \frac{K}{12.5\sum_i^m \text{RC}_i} \tag{11.17}$$

因此对债权 i 的资本分配额 K_i 满足 $K_i \geqslant \text{RC}_i$ 是满足巴塞尔自有资本比率原则的充分条件。(11.13)公式在理论上是简单化的公式，实际的巴塞尔协议中，在必要资本的计算上，还有轧差、担保、到期等各种调整规定。另外，在巴塞尔协议的自有资本比率的计算中，作为分子的自有资本不是会计上的自有资本，有时也包含了资本性的高额负债。

例题 11-2（IRB 法的自有资本比率原则）

通过巴塞尔协议的内部评定法来看必要自有资本的原理。金融机构 A 的贷款投资组合是贷款者数量非常大，无论哪个贷款者都是相同风险结构的同等关系投资组合。与单因子的相关系数是 $\rho = 0.2$，无条件违约概率为 PD $= 0.0107$，LGD $= 0.5$，容许率为 $\alpha = 0.001$。但该例题中，以结果 11-3 为基础的，忽略前面提到的巴塞尔协议的修改。

1）设债权 i 的敞口为 $x_i = 100$ 亿日元。运用(11.13)公式，求解对于债权 i 的必要自有资本 c_i。并求解该债权的风险加权资产 RWA_i。

2）金融机构 A 拥有 1000 件相同的债权。该金融机构的原则资本为 $K = 8$ 千亿日元的时候，必要资本充足吗？并求解风险加权资产的总额以及自有资本比率。

解说 1）$RC_i = 0.5 \times \left(N\left(\dfrac{N^{-1}(0.0107) + \sqrt{0.2}\,N^{-1}(0.999)}{\sqrt{1-0.2}} \right) - \right.$

$\left. 0.0107 \right) \times 100 = 0.5 \times (0.152 - 0.0107) \times 100 = 7.072 \tag{11.18}$

风险加权资产为 $\text{RWA}_i = 12.5 \times 7.072 = 88.398$。

2）必要资本的总额为 $1000 \times 7.072 = 7072$ 亿日元，所以自有资本充

足。总风险加权资产为 RWA＝1000×88.398＝8.84 兆亿日元，自有资本比率为 0.8/8.84＝9.05％。

11.1.4　日本的巴塞尔协议Ⅲ†

本节将对现行巴塞尔协议Ⅲ的要点进行总结①。巴塞尔协议Ⅲ是在 2011 年由**巴塞尔银行监督委员会**（Basel Committee on Banking Supervision：BCBS）提出，并阶段性地引入日本②。金融厅把资本协议分为**国际统一标准**与**国内标准**。国际统一标准行适用海外有营业点的银行，国内标准行适用没有海外营业点的银行。国际统一标准是遵照巴塞尔协议Ⅲ的协议，国内标准的协议遵照的是与巴塞尔协议Ⅲ不同的定义。以下，我们只大致说明一下以巴塞尔协议Ⅲ为基础的国际统一标准。

国际统一标准行的资本协议中，制定了 3 个资本比率的必要最低标准。3 个比率中，分母都是相同的**风险加权资产**，分子不同。第一个自有资本比率中，以普通股权等 Tier1、其他 Tier1、Tier2 的和为分子。第二个的 Tier1 比率中，前两项为分子。普通股权等 Tier1 比率中，以普通股权等 Tier1 为分子。各自的最低标准被定为 8％、6％、4.5％。

除了这三个比率，今后预计至少还会有三个追加协议③。首先是**资本留存缓冲机制**，这是在普通股权等 Tier1 比率的基准上追加 2.5％，达到 7％基准的机制。但在危机期间，可以降低其水准，而分红等利益分配受到限制。第二项为**逆周期资本缓冲机制**。该机制使资本留存缓冲进一步提高最大限度 2.5％。该基准被设定为在 2.5％以内的非负范围内，符合由债务/GDP 比例的趋势产生的

---

① 基于 BCBS 提案内容的协议称为巴塞尔协议。以 1988 年的巴塞尔协议为基础的资本协议称为白塞尔协议Ⅰ，在 1992 年引入日本。接下来的巴塞尔协议Ⅱ从 2007 年开始进入日本。

② 这是由以平成 18(2006)年金融厅 19 号公告为基础的平成 24(2012)年金融厅 28 号公告产生的资本协议。这里，作为现在的自有资本协议，以平成 25(2013)年 3 月 31 日适用的协议为中心进行说明。

③ 除此之外，预计还会导入流动性覆盖率协议（LCR, Liquidity coverage ratio），净稳定资金比率。

背离。并于资本留存缓冲机制一样,增加了资本外流的限制。第三项是对**全球系统重要性银行**(G - SIBs)的补充协议[1]。全球金融系统的稳定性很大程度依赖具有较大规模、与其他金融机构关联程度高的银行的健全性,从该认识来看,G - SIBs(Global Systemically Important Banks)中认定的金融机构的附加资本要求最高 2.5%。

Tier1 资本是核心的、质量高的资本。作为普通股权等 Tier1 资本被算入的基础项目为以普通股票发行的股东资本、新股预约权以及少数股东持股量等。但地位与公司自有股票会被扣除。其他 Tier1 资本是满足一定条件的普通股权以外的资本筹措手段,是可转换为**优先股**的股东资本与普通股的负债性资本筹措手段的负债额以及优先股的新股预约权等。Tier1 资本分为普通股权等 Tier1 与其他 Tier1 资本。Tier2 资本是 Tier2 资本筹措手段的股东资本额与负债额等。所谓的 Tier2 资本筹措手段是指在**劣后债权**与劣后贷款等剩余财产等的分配中,具有劣后其他债务特征的债权。**风险资产额**是信用风险资产的额度、市场风险的 12.5 倍以及操作风险的 12.5 倍的总和[2]。这些资本比率中有单基与链接,并也适用银行持股公司。

信用风险资产的计算中有标准法、**初级内部评级法**(FIFB)、高级内部评级法(AIRB)这三种方法。标准法中,根据债务者及其等级,在法令上确定了风险权重,敞口乘以相应的风险权重的总和为信用风险资产。也就是说,如果设风险等级 $i(=1,\cdots n)$ 的加权重为 w_i,敞口为 x_i 的话,标准法的信用风险资产为

$$\mathrm{RWA}^c = \sum_{i=1}^{n} w_i x_i \tag{11.19}$$

表 11 - 1 是对典型的风险等级与风险权重的总结。

---

① 包含银行以外的金融机构的同类机构称为全球系统重要性金融机构(G - SIFIs,Global Systemically Important Financial Institutions)。

② 操作风险是指遭受业务上的人的过失以及系统障碍造成的损失的风险。有其中表现形式,分别为:内部欺诈,外部欺诈,聘用员工做法和工作场所安全性,客户、产品及商业行为,实物资产损坏,业务中断和系统出错,订单等的执行、交割及流程管理。有三种计量法:基本指标法、大致利益分配法以及高级计量法。

表 11 - 1 标准法的风险权重的例子

风险权重	对象
0	现金、日本政府、日本银行、地方公共团体、OECD、外国政府（AAA）
10	政府相关机构的一部分、信用保证的某个融资
20	金融机构（AAA）、法人（AAA）、外国政府（A＋）
35	住宅贷款的一部分
50	金融机构（A＋）、法人（A＋）、外国政府（BBB＋）
75	中小企业、个人的一部分
100	金融机构（B－）、法人（BB－）、外国政府（BB＋）、无评级、无符合
150	法人（不满 BB－）、拖欠

一般来说，评级越低，风险权重越高。评级是由具有评级资格的机构来定的[①]。

内部评级法的话，是用（11.13）以及（11.16）公式来计算风险资产。但（11.13）公式中，增加了到期与相关系数等各式的调整[②]。并且，通过担保、与存款的抵消、保证、信用衍生产品等方式，信用风险被削减的情况下，也有调整措施。通常分为自我审定的债务者区分的内部管理债权、危险债权、实际破产债权、破产债权违约。初级法中，通过内部评定模型只推定了违约概率（PD），而高级法中，通过内部模型，除了（PD）还推定了违约时损失（LGD）与 EAD。

风险资产的**市场风险资本**的计量法中也有两种方式，即标准

① 具有评级资格的机构有 5 家公司：评级投资信息中心、日本评级研究所、穆迪信用评级、标准普尔公司、惠誉国际信用评级有限公司。这 5 家公司不同的符号（AAA、AA、BBB 等）进行评级，但其统一的评定标准是由法令制定的。并且表中的风险加权资产是表内的情况，表外的情况下，我们把预计本金乘以权重的值定义为信用额度。例如超过原契约期限 1 年的承担义务的权重为 50%。衍生产品交易的情况下，信用额度也是用一定的方式计算的。

② 这些调整因敞口是面向企业法人还是个人（住宅用不动产贷款或其他面向个人的贷款）而不同。除此之外，还有股票等敞口以及以资产担保证券（ABS）等证券化的商品为对象的证券化敞口。并且巴塞尔协议Ⅲ中，重新加入了信用评价调整（credit valuation adjustment：CVA）风险。这是为了增加资本，以用于弥补由交易方信用风险的恶化而造成的损失。

法与内部模型法。标准法中，分为一般市场风险、个别风险、追加风险、综合性风险。对象为利率风险、股权风险、外汇风险、商品风险、期权风险。内部模型方式中，把 VaR 与压力 VaR 的和作为市场风险资本。而所谓的银行账目的市场风险不计算在内[①]。

巴塞尔协议的框架中，把自有资本比例原则称为第一支柱，把金融厅的监管称为**第二支柱**，把市场规律称为**第三支柱**。金融厅的监管是以**现场调查**(银行法第 25 条)与**早期纠正措施制度**(银行法第 26 条)为中心的。现场调查是按照金融厅制定的金融调查指南进行的。为了灵活运用市场规律，作为公开信息资料，依据巴塞尔协议的公示就被赋予了义务。

11.2　存款保险

11.2.1　存款保险的成本

莫顿运用 7.4.2 小节中考察的期权法，考察了**存款保险**的成本 [Merton(1977, 1978)]。只发行存款的金融机构事先支付存款保险金，加入存款保险。下面假设存款保险都是以所有存款的本金与利息为对象。设一定时期后的金融机构的资产价值为 V、存款的价值为 B(存款的价值 D)、股票价值为 S。金融机构破产($V < D$)时，存款保险对存款者支付负债额与剩余资产价值 B 的差额 $D - V$。也就是说，存款保险的支付额 $G = \max(D - V, 0)$，以收益的形式表示的话，$-G = -\max(D - V, 0) = \min(0, V - D)$。假定存款保险对任意的 V 都有足够支付 G 的资产。因此，金融机构破产时，存款的价值变为 $V + (D - V) = D$，故存款的价值通常为 $B = D$，存款为无风险资产。另一方面，存款保险不对股东的损失进行赔付，所以存款保险下的股票价值与没有存款保险时一样的，都为 $S = \max(V - D, 0)$。图 11-3 中，存款保险的支付额 G 与股票价值、存款的价值作为 V 的函数被表现了出来。

---

① 有不算入市场风险资本的特例，在特定交易账目(以贸易为目的而进行的交易的账目)乃至商品有价证券账目、推销商品债券账目的总额小的时候，可以不计算在内。但金融厅也就银行账目的市场风险，制定了离群值基准。

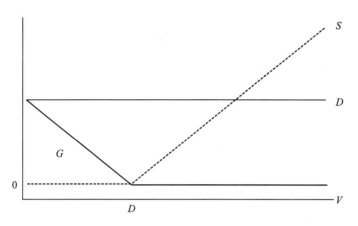

图 11 - 3 （存款保险的支付额）

(注)横轴表示资产价值,纵轴表示股票价值、存款保险的支付额以及负债额。

结果 11 - 4（存款保险的成本）

存款保险的成本 G_0 为

$$G_0 = De^{-rT}N(-d+\sigma\sqrt{T}) - V_0N(-d) \qquad (11.20)$$

每一单位存款的保险成本为

$$g_0 = 1 - e^{-sT} = N(-d+v) - N(-d)/k_0 \qquad (11.21)$$

但

$$d = \frac{\ln(V_0/D) + (r+\sigma^2/2)T}{\sigma\sqrt{T}} = \frac{-\ln k_0}{v} + \frac{v}{2},$$

$$s = -\frac{1}{T}\ln\left(\frac{N(-d)}{k_0} + N(d-\sigma\sqrt{T})\right) \qquad (11.22)$$

这里,r 是无风险利率,T 是存款保险的期限,V_0 是初期时点的金融机构的资产价值,σ 是其收益率的波动率,s 是无存款保险是的信用风险差。(11.20)公式是 BSM 模型的(7.65)公式乘以-1。后半部分是存款保险下的存款者与存款保险的收益总和,为 $D + \min(0, V-D) = \min(V, D)$。也就是我们要注意没有存款保险时的存款的收益。从这点我们可以看到,存款保险下的存款价值 B_0 与存款保险的价值 $-G_0$ 的总和与没有存款保险时的存款价值相等。即

$$B_0 - G_0 = De^{-RT} \qquad (11.23)$$

这里 $B_0 = De^{-rT}$,R 是没有存款保险时的存款的收益率,上面公式的右边是这时的存款价值。每一单位存款的保险成本被定义为 $g_0 = G_0/B_0$,代入上面的公式的话,得出 $g_0 = 1 - e^{-sT}$。但 $s = R - r(11.22)$ 公式是 (7.64)、(7.67) 公式再次揭示。$k_0 = De^{-rT}/V_0$ 是风险中性的存款比率,$v = \sigma\sqrt{T}$ 是期末资产价值的对数收益率的波动率。

设金融机构 i 的差额为 s_i,**存款保险费率为** θ_i 的话,得出以下结果。

结果 11 - 5(可变保险费率的存款保险)

公平精算的存款保险满足下面的公式。

$$\theta_i = 1 - e^{-s_i T} \tag{11.24}$$

并且 $\partial\theta_i/\partial k_{0i} > 0$,$\partial\theta_i/\partial v_i > 0$ 成立。公平精算(actuarially fair)的保险中,存款保险的预期收益必须为 0。存款保险的每一单位存款的预期收益为 $\pi_i = \theta_i - g_{0i}$,所以必须满足 $\theta_i = g_{0i}$ 的条件。如果等号不成立的话,存款保险的预期收益则为正数或负数,也就不公平了。$g_{0i} = g_0(k_{0i}, v_i)$,所以这样的存款保险费率被称为**风险可变保险费率**,美国等国家引入了该保险费率。

风险可变保险费率、存款比率 k_0 以及波动率 v 之间的关系如下。运用已经在 7.4.2 小节中得出的差额 s、k_0 与 v 的关系,可以得出 $\partial g_0/\partial k_0 = (\partial g_0/\partial s)(\partial s/\partial k_0) = Te^{-sT}(\partial s/\partial k_0)$,因此依据(7.68)得出符号为正。但是省略下面添加的 i 字。也就是说存款比率越高,保险费 θ 越高。 而关于期末的波动率,$\partial g_0/\partial v = (\partial g_0/\partial s)(\partial s/\partial v) = Te^{-sT}(\partial s/\partial v)$,所以依照(7.69)公式,符号为正。也就是波动率越高,保险费越高。图 11 - 4 就两种波动率的情况,表述了存款比率与风险可变保险费率的关系。

另外像日本这样把 θ 设为定数的称为**固定保险费率**,但这时,保险成本 g_0 同样也是存款比率以及波动率增加的函数,这一点需要注意。

11.2.2　固定保险费率与道德风险

我们把对金融机构的存款保险支出考虑在内的话,金融机构

金融经济学

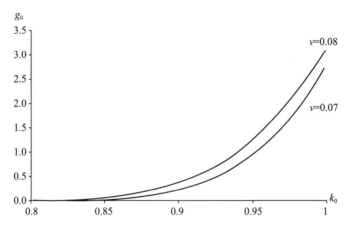

图 11-4 （风险可变保险费率与存款比率）

(注)存款比率 k_0 与每一单位存款的保险费率 $g_0(\%)$。v 为波动率。

的股票价值 W 可以表示为

$$W = V - D + G \qquad (11.25)$$

标记法与前面小节相同。初期时点的金融机构的资产负债表条件为

$$V_0 + \theta B_0 = B_0 + S_0 \qquad (11.26)$$

左边第二项表示存款保险费的支出额。风险中性概率下,预期资产价值为 $E(V) = V_0 e^{rT}$,因此把 $B_0 = De^{-rT}$ 及(11.26)公式代入的话,得出

$$E(V) = V_0 e^{rT} = (S_0 + (1-\theta)De^{-rT})e^{rT} \qquad (11.27)$$

取(11.25)公式的期待值,代入这个公式的话,得出

$$E(W) = S_0 e^{rT} - \theta D + E(G) \qquad (11.28)$$

风险中性概率下,$E(G) = G_0 = De^{-rT}g_0$,故金融机构的股票价值为

$$E(W) = (g_0(k_0, v) - \theta)D + e^{rT}S_0 \qquad (11.29)$$

得出下面的结果。

结果 11‑6（固定保险费率与道德风险）

θ 为定数时，

$$\frac{\partial E(W)}{\partial v} = D\,\frac{\partial g_0(k_0,v)}{\partial v} > 0 \tag{11.30}$$

成立。不等号是根据前面的结果得出的。因此金融机构的股票价格通过波动率 v 的最大化，自身也被最大化了。金融机构的股东可以不用通过提高存款利率、保险费率，而是通过提高波动率就可以扩大期权价值了。可变保险费率的情况下，(11.29)公式括弧内通常为 0，使期权价值最大化的裁定机会就会消失。固定利率就赋予了金融机构这个裁定机会。这作为金融机构的道德风险的例子而被大家所熟知，有时这称为**赌博救济**（gamble for bailout）［马库斯和谢克德：Marcus and Shaked(1984)］。

通常，存款保险是被限定额度的。这样的存款保险称为**限额存款保险制度**。关于资产的分配，如果存款保险相对于非保险存款者，具有优先权的话，限额设为 $\overline{D}$，存款保险的支出额就为 $\overline{G} = \max(\overline{D} - V, 0)$。因此在结果 11‑4 中，设 $D = \overline{D}$ 的话，限额存款保险制度下的成本就被得出了。

11.2.3 日本的存款保险制度 †

日本在 1971 年引入了存款保险制度[1]。作为对象的存款包括活期存款、定期存款、保险金，还有一部分的货币信托、金融债券。外汇存款、转让性存款及一部分的金融债券等是对象外的。存款保险中有支付限额。结算用存款全额受保护，除此之外的存款，本金 1000 万日元以下受保护。后者也包含了到破产日为止的利息。存款保险费是由作为对象的存款差额乘以费率得出的，结算用存款的费率为 0.054％，一般存款的费率为 0.041％（平成 28 年度）。存款保险被授予的存款大约 920 兆日元，大约占 9 成。

现在存款保险机构不仅限于单纯的存款保护，还会为破产的金融机构的救济，提供资金援助以及破产处理。这样的政策称为

---

[1] 1933 年 FDIC（Fedral Deposit Insurance Corporation，联邦存款保险公司）在美国成立。

破产处理政策(clusure polity)。通常的存款保险被称为清算方式（保险金支付方式），以破产银行的清算为前提，在 1000 万日元内返还存款的行为称为清算。扩大化的存款保险，通过金融机构的救济、合并，来谋求实质性的存款保护。这成为**资金援助方式**，救济金融机构合并破产金融机构的时候，提供损失部分的资金援助及进行资产的**购买承接**(purchase and assumption；P&A)。资金援助通过货币赠予及优先股权的承接等方式进行①。因此存款保险机构的成本与破产处理政策是密切相关的。

11.3 破产处理政策

11.3.1 存款保险成本与破产处理政策

前面的小节中，对把存款保险机构看作欧式看跌期权的卖方的观点进行了说明。但更现实的情况是由于存款保险没有设定一般期限，所以相比欧式看跌期权，也出现了永久美式看跌期权(perpetual American put)的观点［莫顿（Merton）(1978)琳达艾伦(Allen)与安东尼桑德斯(Saunders)(1993)］。金融厅（或存款保险机构）的检查时点中，判明破产的时点就是期权的行使时点。看跌期权的权利行使是由买方决定的，但存款保险的情况下，存款保险机构依据检查结果等，可以提早或推迟行使的时机，从这个意义上看，有这样一个特征，那就是看跌的卖方可以行使权利。这种看跌期权称为可偿还看跌期权(callable put)。

存款保险机构未必把期权的行使价格作为保险的对象存款额 $\overline{D}$。从历史来看，金融当局开始摸索各种破产处理政策。而就金融机构的资产价值试图寻找合适的时机等，这样的延期破产处理的政策称为**破产犹豫政策**(forbearance policy)。设资产价值为 V，存款保险采取该犹豫政策时，就某 $X(\leqslant \overline{D})$，破产处理条件（也就

---

① 根据存款保险机构的资料显示，至今为止［平成 3(1991)年以后］的破产处理的事例大约达到了 180 例。从金额上来看，货币赠予为 19 兆日元，资产购买为 10 兆日元，增资为 13 兆日元，其他未 6 兆日元，合计 48 兆日元。从件数上来看，信用组合 133 件，信用金库 27 件，银行 22 件。

是看跌期权的行使）有可能变为 $V \leqslant X$。但这种犹豫政策由于救济银行看不到，所以损失有扩大的可能性。近年来，宁可早期就启动清算以外的措施的想法开始成为主流。这时，不仅被保险存款额 $\overline{D}$，未保险存款（uninsured deposit）也受到了事实上的保护，这种情况很多①。存款保险启动的条件作为存款返还的停止时，设总存款额为 $D(\geqslant \overline{D})$ 的话，破产处理条件为 $V \leqslant D$ ②。这时破产金融机构的股票价值为 0，所以救济金融机构的合并成本为 $D-V \geqslant 0$。伴随合并的资金援助方式中，存款保险在原理上就有了弥补这一成本 $G=D-V$ 的必要③。

自有资本比例原则、存款保险、破产处理政策密切相关。早期纠正措施制度是在存款保险启动前，为了把银行的经营状态纠正到健全的政策④。对国际标准行中 11.1.4 节说明的三个自有资本比率以及国内标准行中核心资本基准的自有资本比率，制定了 1、2、2－2、3 的区分等级。相关自有资本比率符合区分 1 级的话，就被命令提出和实行包含增资的改善计划。符合区分 3 级的话，提出停止业务的命令。区分 2 级以及 2－2 级的话，禁止分红与发放员工奖励，并被命令压缩总资产及缩小业务等。早期纠正措施制度在自有资本比率在必要最低水平以下时，在命令增资这一点上，与存款保险和破产处理政策是相关的。正如在结果 11－5 中看到的那样，存款保险的成本（g_0 或者 θ）是存款比率 k_0 的增量函数。因此要降低存款保险的成本，就必须增资。对上面的内容进行总结，得出下面的结论。

① 日本 1996 年修订了存款保险法，增加了存款的全额保护规定。这称为特别资金援助。在大藏大臣（当时）认为信用秩序维持是必要的时候，存款保险机构可以对救济金融机构等实施超过清算成本的资金援助。该特别资金援助就是这样的制度，使存款的全额保护成为可能。这样的特别措施一直持续到 2001 年度末，现在成了有限额的部分清算制度。但结算用存款的全额保护还是一直存在的。

② 日本的存款保险制度把存款保险启动的条件作为存款返还的停止。这称为第一种保险事故，把取消营业许可或决定破产手续开始称为第二种保险事故。

③ 参考存款保险机构业务方法书第三十一条。

④ 银行法第二十六条以及银行法第二十六条第二项中，确定区分等级的命令。（平成二十六年三月五日内阁府、财务省令第三号。）

结果 11－7（金融系统安定的政策搭配假说）

作为使存款保险的成本最小化的政策，有如下政策的搭配。(i) $0<k<\alpha$ 的时候，通过增资来降低将来破产处理与存款保险的成本。(ii) $\overline{D}<V\leqslant D$ 的时候，通过资金援助来降低存款保险成本。(iii) $V\leqslant\overline{D}$ 的时候，进行存款的清算。但这里，k 是自有资本比率，α 是必要最低自有资本比率。维持**金融系统安定性**的政策被分为**健全经营管制**（审慎监管：prudential regulation）与安全保障（safety net）。前项是事前管制，符合（i）项，后项是事后管制，符合（ii）与（iii）项。这个结果是个假说，不是作为理论性命题进行提出。特别是关于（ii）的部分，不是主张这样的政策更有效[1]。但阿查里雅和约鲁尔马兹［Acharya and Yorulmazer(2007)］论述了在破产银行数量多的情况下，采取清算政策的同时，伴随对破产银行公共资金注入的业务继续开展会更加有效。

文献指南

自有资本比率原则

Gordy, M. 2003. A risk-factor model foundation for ratings-based bank capital rules. *Journal of Financial Intermediation* 12, 199－232.

Vasicek. O. 2002. The distribution of loan portfolio value. *RISK*.

存款保险

Allen, L., Saunders A. 1993. Forbearance and valuation of deposit insurance as a callable put. *Journal of Banking & Finance* 17. 629－643.

Furlong, F., Keeley, M. 1989. Capital regulation and bank risk-

---

[1] 罗恩和维尔马（Ronn and Verma, 1986）研究了美国存款保险机构采取（ii）与（iii）的行为。而日本只进行一次清算，几乎都是采取资金援助的方式。比如，这个政策搭配要使全体的存款保险成本最小化，就必须满足（ii）的成本不超过（iii）的成本等条件。

taking: A note. *Journal of Banking& Finance* 13, 883 - 891.

Marcus, A. 1984. Deregulation and bank financial policy. *Journal of Banking & Finance* 8, 557 - 565.

Marcus, A., Shaked, I. 1984. The valuation of FD1C deposit insurance using option-pricing estimates. *Journal of Money*. Credit and Banking 16. 446 - 460.

Merlon, R. 1977. An analytic derivation of the cost of deposit insurance and loan guarantees. *Journal of Banking & Finance* 1, 3 - 11.

Merton, R. 1978. On the cost of deposit insurance when there are surveil-lance costs. *Journal of Business* 51, 439 - 452.

Nagarajan, S., Sealey, C. 1995. Forbearance, deposit insurance pricing and incentive compatible bank regulation. *Journal of Banking & Finance* 19, 1109 - 1130.

Pennacchi, G. 1987. A reexamination of the over-(or under-)pricing of deposit insurance. *Journal of Money, Credit and Banking* 19, 340 - 360.

Pyle, D. 1986. Capital regulation and deposit insurance. *Journal of Banking&Finance* 10, 189 - 201.

Ronn, E., Verma. A. 1986. Pricing risk-adjusted deposit insurance: An option-based model. *Journal of Finance* 41, 871 -895.

破产处理

Acharya, V., Shin, H., Yorulmazer, T. 2011. Crisis resolution and bank liquidity. *Review of Financial Studies* 24, 2166 - 2205.

Acharya, V., Yorulmazer, T. 2007. Too many to fail—An analysis of time-inconsistency in bank closure policies. *Journal of Financial Intermediation* 16, 1 - 31.

Dewatripont, M., Tirole, J. 1994. *The Prudential Regulation of Banks*. MIT Press.

Diamond. D., Rajan, R. 2005. Liquidity shortages and banking crises. *Journal of Finance* LX，615－647.

Freixas，X.，Parigi，B.，Rochet，J.2000.Systemic risk，interbank relations，and liquidity provision by the central bank. *Journal of Money，Credit and Banking* 32，611－638.

Holmstrom，B.，Tirole，J. 1998. Private and public supply of liquidity. *Journal of Political Economy* 106，1－40.

教科书

Bluhrn，C.，Overbeck，L.，Wagner，C.2010. *An Introduction to Credit Risk Modelling.* Second edition. Chapman & Hall.（监译）森平爽一郎，信用风险模型入门，シグマベイスキャピタル（2007）.

Crouhy，M.，Galai，D.，Mark，R.2013. *The Essentials of Risk Management.* McGraw-Hill.（译）三浦良造，风险管理的本质，共立出版（2015）。

Freixas，X.，Rochet，J. 2008. *Microeconomics of Banking.* Second eilition.MIT Press.

Hull，J. 2007. *Risk Management and Financial Institutions.* Pearson Ed-ucation.（译）竹谷仁宏，金融风险管理，培生教育（2008）。

Jorion，P.2007. *Value at Risk：The New Benchmark for Controlling Market Risk.* Third edition.McGraw-Hill.

Van Deventer，Imai，K.2003.Credit Risk Models and the Basel Accords.John Wiley&Sons.（译）三浦良造，信用风险模型入门——巴塞尔协议，东洋经济新报社（2007）。

菅野正泰，信用风险评价的实务，中央经济社（2009）。

第十二章 金融市场的机制与制度

本章将就金融市场的交易规则、交易构造以及信息的非对称性对价格和金融机构持有的资产价值的影响进行说明。12.1节主要介绍,当我们考虑到股票市场的买入规则与价格决定规则等微观结构时,如何对市场所决定的交易量、价格流动性进行分析。12.2节主要就股价泡沫与投机性交易的关系以及信息效率进行说明。12.3节阐述金融危机和发生破产蔓延的构造。

12.1 股票市场的微观结构:市场的流动性

12.1.1 限价订单与证券交易所的交易法规

Parlor曾对投资者在限价订单市场的交易策略进行了分析[Parlor(1998)]。我们来看一下2期模型的情况。投资者持有可用于买卖的产品与股票,在第1期或第2期进行消费。设第1期的消费为C_1,第2期的消费为C_2,投资者的效用为$U=C_1+\delta C_2$。不过,δ是折现因子。第1期,投资者可在**交易所**进行产品与股票的交易。投资者按概率π_1成为股票买主,按概率π_2为卖主。当为卖主时,投资者以价格p出售股票,可以买1单位的产品。投资者不会以剩下的概率$\pi_3=1-\pi_1-\pi_2$进行交易。成为卖主及买主时,投资者的策略ϕ或是下**限价订单**(L),或是下**时价订单**(M),或是不下订单(N)。

在交易所,第1期接受T次的买入。可以在各交易时间点t进行交易的投资者为一人,是随机选中的。还有,得到了一次交易机会的投资者不可以进行第二次交易,也没有取消已经发出的买入订单的机会。交易所公开**卖价**（ask，叫价）p^A、**买价**（bid，递价）p^B，**账本**（book）b。在时间点 t 按 $p^A(p^B)$ 提交出售（买入）限价订单时，若在 $\tau > t$ 有时价订单进入，交易所就会执行订单。交易所采用这种交易规则的市场叫作**限价订单市场**。交易所制定了**先来后到的规则**，按下订单的时间顺序执行订单。

另一方面，若下买入（卖出）时价订单，订单就会按 $p^A(p^B)$ 即时执行。因此，限价卖出订单虽然（有可能）在将来按 p^A 执行卖出，但时价卖出订单在下单时就按 p^B 执行了。买入订单则相反。因此，时价卖出订单就比限价卖出订单卖得便宜，而时价买入订单亦因 $p^A - p^B > 0$ 比限价买得贵。$p^A - p^B$ 叫作**买卖差价**，是时价订单的机会费用[①]。

账本 b_t 表示在时间点 t 还未执行的限价订单的数量。$b_t^B > 0$ 是限价买入订单的数量，$b_t^A < 0$ 是限价卖出订单的数量。表 12-1 表示了时间点 t 的账本。限价买入订单按限价 p^B 还剩 2 单位，限价卖出订单按限价 p^A 还剩 1 单位。一般来说，虽然也可以做 p^A 以上的限价卖出，和 p^B 以下的限价买入，但在这个模型中，设定了出了这两个价格以外不能做限价订单。时间点 $t+1$ 时的订单使得账本发生变化。若提交了时价买入（卖出）订单，即 $b_{t+1}^A = b_t^A + 1(b_{t+1}^B = b_t^B - 1)$，若提交了限价买入（卖出）订单，即 $b_{t+1}^B = b_t^B + 1(b_{t+1}^A = b_t^A - 1)$。即，时价订单减少了未执行订单的结余 $|b_{t+1}^k|$，限价订单则会增加未执行订单。设 t 期的投资者类型为卖家时 $i_t = -1$，为买家时 $i_t = 1$，归纳如下：

表 12-1　限价订单与账本

限价卖出订单数 b_t^A	价格 p	限价买入订单 b_t^B
—	$p^A + 2$	
—	$p^A + 1$	
-1	p^A	

---

① 买卖差价存在复数个定义。要注意不同市场采用不同的定义，意思也不同。

限价卖出订单数 b_t^A	价格 p	限价买入订单 b_t^B
	$\vdots$	
	p^B	2
	p^B-1	—
	p^B-2	—

（注）－表示无在此价位的限价订单。

$$(b_{t+1}^B,b_{t+1}^A)=\begin{cases}(b_t^B-1,b_t^A) & if & i_t=-1,\phi_t=M\\ (b_t^B,b_t^A-1) & if & i_t=-1,\phi_t=L\\ (b_t^B,b_t^A) & if & i_t=-1,1,\phi_t=N\\ (b_t^B+1,b_t^A) & if & i_t=1,\phi_t=L\\ (b_t^B,b_t^A+1) & if & i_t=1,\phi_t=M\end{cases}$$

$$(12.1)$$

投资者在第 1 期没有进行交易时，持有 1 单位股份的投资者消费 $C_2=V$。投资者的折现因子 δ，按照支持 $[\delta_1\delta_2]$ 上所定义的分布函数 $F(\delta)$，为各投资者的私有信息。来看一下投资者为卖家时的情况。若选择战略 $\phi=M$，只要 $b_t^B>0$，订单就会被按买价 p^B 即时执行。由此，第 1 期的消费增加 $\Delta C_1=p^B$。而因第 2 期的股份持有量减少 1 单位，故 $\Delta C_2=-V$。因此，选择战略 M 时效用的增加部分为 $\Delta U^M=p^B-\delta V$。选择战略 L 时，其订单不会被即时执行，当时间点 t 之后时价订单进来时订单才会被执行。若设此订单的**执行概率**为 θ_t，效用的增加部分即为 $\Delta U^L=\theta_t(p^A-\delta V)$。不进行交易时，$\Delta U=0$。因此，卖家（$i_t=-1$）的最佳战略如下

$$\phi_{-1}^{*}=\begin{cases}M & \text{for} & \delta<\eta_1\\ L & \text{for} & \eta_1<\delta<\eta_3\\ N & \text{for} & \eta_3<\delta\end{cases}$$

$$(12.2)$$

不过，$\eta_1=(p^B-\theta p^A)/((1-\theta)V)$，$\eta_3=p^A/V$。这里，$\eta_3$ 是 $\Delta U^M-\Delta U^L$ 为正数时的截止投资点。而在 $\theta_t=0$ 的情况，当 $\delta<\eta_2=p^B/V$ 时 M 为最佳战略，其他情况时 N 为最佳战略。这些截止投资点之间构成了 $\eta_1<\eta_2<\eta_3$。

我们再来看一下投资者为买家的情况。若选择战略 $\phi = M$，只要 $b_t^A < 0$，订单就会被按卖价 p^A 即时执行。由此，第1期的消费减少 $\Delta C_1 = p^A$。而因第2期的股份持有量增加1单位，故 $\Delta C_2 = V$。因此，选择战略 M 时效用的增加部分为 $\Delta U^M = -p^A + \delta V$。选择战略 L 时，其订单不会被即时执行，当时间点 t 之后时价订单进来时订单才会被执行。效用的增加部分即为 $\Delta U^L = \theta_t(-p^B + \delta V)$。因此，买家（$i_t = 1$）的最佳战略如下

$$\phi_1^* = \begin{cases} M & \text{for} & \eta_4 < \delta \\ L & \text{for} & \eta_2 < \delta < \eta_4 \\ N & \text{for} & \delta < \eta_2 \end{cases} \qquad (12.3)$$

不过，$\eta_4 = (p^A - \theta p^B)/((1-\theta)V)$，是 $\Delta U^M - \Delta U^L$ 为正数时的截止投资点。而在 $\theta_t = 0$ 的情况，当 $\delta > \eta_3$ 时 M 为最佳战略，其他情况时 N 为最佳战略。这些截止投资点之间构成了 $\eta_3 < \eta_4$ [①]。

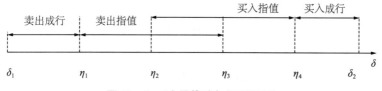

图 12-1 （交易战略与折现因子）

图 12-1 对上述探讨进行了总结。折现因子低的卖家下时价订单，折现因子中性的卖家下限价订单，折现因子高的卖家不进行交易。相对而言，折现因子高的买家下时价订单，折现因子中性的买家下限价订单，折现因子低的买家不进行交易。折现因子低的卖家下时价订单是因为对第1期的消费作了高度评价，而折现因子高的买家下时价订单是因为对第2期的消费进行了高度评价。换而言之，要等具有两个极端折现因子的投资者下时价订单，中性的投资者下限价订单，来构成交易。前者需要**流动性**，而后者提供了流动性。

在均衡上讲，时间点 t 的投资者以账本 $b_t = (b_t^B, b_t^A)$ 以及将来

---

① 为了看有意义的状况，有关 δ 的下限与上限，假定为 $\delta_1 < 1 < \delta_2, \delta_1 < \eta_1$，$\eta_4 < \delta_2$。

$(\tau > t)$ 的投资者的战略为前提，来推断执行概率 θ_t^*，从 (12.2) 及 (12.3) 公式选择最佳战略。在 $t < T$ 的时间点，账本 b_t 左右着执行概率。比如卖家，若 $|b_t^A|$ 大，自己的限价订单被执行的顺序就会推迟，所以执行概率 θ_t 就低。还有，若 b_t^B 小，将来的投资者即使下了限价订单执行概率也很高，所以将来的买家下时价订单的可能性就低。于是，可以预想时间点 t 的卖家即使下了限价订单，执行概率也很低。也就是说，对于卖家而言，未成立的限价卖出订单数量 b_t^A 就更不用说了，未成立的限价买入订单数量 b_t^B 双方影响了执行概率，也影响了 t 期投资者的最佳战略。但是，最终时间点 $t = T$ 的投资者，因为即使下了限价订单也不会被执行 ($\theta_T = 0$)，所以若是卖家，就会在 $\delta < \eta_2$ 时下时价订单，若是买家，就会在 $\delta > \eta_3$ 时下时价订单。η_2 与 η_3 当然不依存于账本 b_T，所以最终期的投资者行动与**账本厚度** (thickness) 没有关系。下面的结果阐述了账本厚度与均衡战略的关系。

结果 12-1（限价订单市场的均衡战略与账本厚度）

在均衡时，(i) 未成立的限价卖出订单数量减少，或 (ii) 未成立的限价买入订单数量增加时，存在将均衡战略改变为限价订单的卖家。(iii) 未成立的限价卖出订单数量增加，而且未成立的限价买入订单数量也增加时，存在将均衡战略改变为时价订单的卖家。(iv) 未成立的限价买入订单数量减少，或者 (v) 未成立的限价卖出订单数量也增加时，存在将均衡战略改变为限价订单的买家。(vi) 未成立的限价卖出订单数量增加，而且未成立的限价买入订单数量也增加时，存在将均衡战略改变为时价订单的买家。即，达成

(i) $\eta_1(b_t^B, b_t^A) \geqslant \eta_1(b_t^B, b_t^A + 1)$

(ii) $\eta_1(b_t^B, b_t^A) \geqslant \eta_1(b_t^B + 1, b_t^A)$

(iii) $\eta_1(b_t^B, b_t^A) \leqslant \eta_1(b_t^B + 1, b_t^A - 1)$

(iv) $\eta_4(b_t^B, b_t^A) \leqslant \eta_4(b_t^B - 1, b_t^A)$

(v) $\eta_4(b_t^B, b_t^A) \leqslant \eta_4(b_t^B, b_t^A - 1)$

(vi) $\eta_4(b_t^B, b_t^A) \geqslant \eta_4(b_t^B + 1, b_t^A - 1)$ (12.4)

分为 (i) 与 (iv) 的账本变薄的情况，(ii) 与 (v) 的账本变厚的情况，以及 (iii) 与 (vi) 账本两面都变厚的情况。若 η_1 降低，就存在由

金融经济学

M 转变到 L 的卖家。若 η_4 上升,就存在由 M 转变到 L 的买家。若要对 (i) 进行说明,那就是账本变薄(未成立的卖出订单减少),在 t 的卖家中,折现因子满足 $\eta_1(b_t^B, b_t^A) \geqslant \delta \geqslant \eta_1(b_t^B, b_t^A + 1)$ 的卖家就会将战略由 M 转向 L。因为 T 时间点的投资者只下时价订单,所以时间点 t 的卖家的战略不影响时间点 T 投资者的战略。由此,对于时间点 $T-1$ 的投资者而言,执行概率只受账本厚度影响,(i) 的条件由等号构成[①]。按逆向推算法来看的话,有关 $\tau > t$,只要 (i) 得到了满足,无论谁将战略改变到限价,因时间顺序规则,也不会降低 t 投资者的执行概率。这意味着,不存在账本变薄时,改变为时价订单的诱因。补遗中将对 (i) 进行解释。

12.1.2　信息不对称性与市场交易

Kyle 对投资者之间的信息非对称性与价格形成的关系进行了分析[Kyle(1985)]。我们来看一下 1 期间中可以进行 T 次交易的交易所。设第 n 次的交易时间点为 $t_n(n=1,\cdots,T)$,假定交易的间隔在整个期间为固定的 $(t_n - t_{n-1} = \Delta t)$。与前一小节不同,这个交易所存在着被叫作**市场庄家**(market maker,或交易商)的金融机构,它们进行的交易业务使得各时间点的需求得到平衡,在各时间点 t_n 设定价格。这种交易模型叫作**顺序拍卖**(sequential auction)模型。投资者中存在持有信息的投资者和没获得信息的投资者。前者叫作**知情人**,后者叫作**噪音交易者**(noisetrader)。

下面,为了使记号简单明了,只用 n 来表示时间点 t_n。有一个股份,其**基本价值** v 按照平均 v_0,方差 σ_0^2 的正规分布。设噪音交易者在时间点 n 的持股余额为 u_n,时间点 n 的交易量为 $\Delta u_n = u_n - u_{n-1}$。$u_n$ 按照布朗运动,即 Δu_n 按照平均 0,方差 $\sigma_u^2 \Delta$ 的正规分布。知情人的持股余额为 x_n,$\Delta x_n = x_n - x_{n-1}$ 是时间点 n 的交易量。

时间点 n 的交易如下。首先,u_n 与 v 实现交易。知情人观察了 v 及过去的价格 $P_n = (p_1, \cdots, p_{n-1})$,来决定交易量 Δx_n。即,知情人的信息集是 $I_n = (P_n, v)$。其次,市场庄家对时间点 n 的投资者的总交易量 $\Delta y_n = \Delta x_n + \Delta u_n$ 进行观察。而且市场庄家也知道过去

---

① 由 $\theta_T = 0$ 转变为 $\eta_1 = \eta_2$,不受账本影响,选择 M 的条件 $\delta < \eta_2$ 不会变化。

的总交易量$(\Delta y_{n-1},\cdots,\Delta y_1)$。根据$Y_n=(\Delta y_1,\cdots,\Delta y_n)$，市场庄家设定价格$p_n$。若按照此价格需求得不到均衡时，市场庄家将提供$(-\Delta y_n)$。这样的市场叫作**交易商市场**。但是，市场庄家只观察总交易量，不可能观察到各个投资者的交易量$\Delta x_n,\Delta u_n$。而且，也观察不到股份的价值v。从这个意义来说，在此市场存在着信息的非对称性。

$p_n=p_n(Y_n)$表示市场庄家的价格函数，$x_n=x_n(P_n,v)$表示知情人的交易战略。知情人n期的利润为$\pi_n=(v-p_n)x_n$。在时间点$n=1,\cdots,N$，知情人使得下列公式最大化。

$$\max_{\Delta x_i:i=n,\cdots,N}E_n\left(\sum_{i=n}^N\pi_n\right) \tag{12.5}$$

这里，E_n表示在信息集I_n下的有条件期待值。另一方面，市场庄家的价格设定规则满足以下公式

$$p_n=E(v\mid Y_n) \tag{12.6}$$

这叫作**市场的效率性条件**，意味着完全反映了在价格所提供的信息下，能够期待的基本价值。

在以上设定之下，有关价格函数及知情人的交易战略，可以看作是线形的**循环**(recursive)**均衡**。这个均衡在所有时间点n可以作为动态计划法的问题定时化，使得(12.5)公式在(12.6)公式以及线形的价格函数(12.7)公式之下最大化。

$$p_n=p_{n-1}+\lambda_n\Delta y_n+h_n \tag{12.7}$$

这里，λ_n及h_n是价格函数的线形参数。这个问题的贝尔曼方程为

$$V(z)=\max_{\Delta x}((z-h-\lambda\Delta x)\Delta x+E_z(V(g(z,\Delta x,\Delta u)))) \tag{12.8}$$

$z_n=v-p_{n-1}$是按照(12.9)公式移动的时间点n的状态变数。

$$z_{n+1}=g(z_n,\Delta x_n,\Delta u_n)=z_n-\lambda_n\Delta y_n-h_n \tag{12.9}$$

的结果如下。

结果 12-2（信息的非对称性之下的市场交易均衡）

均衡中的交易战略x，价格p，v的有条件方差σ_n^2有下列公式来提供。

$$\Delta x_n=\beta_n(v-p_{n-1})\Delta t$$

$$p_n = p_{n-1} + \lambda_n \Delta y_n$$

$$\sigma_n^2 = \frac{\lambda_n \sigma_u^2}{\beta_n} \tag{12.10}$$

导出的这个结论将在补遗中进行说明,但上述参数$\{\beta_n, \lambda_n\}$是作为差分方程体系所得的。交易战略的系数β_n表示知情人根据状态$z_n = \upsilon - p_{n-1}$增加了多少交易。价格设定规则的系数λ_n表示价格对交易量增大的反应度。知道基本价值的知情人面临着若交易量增加,本期利润就增加而将来利润就减少的权衡。将来的利润减少是因为,本期交易量增加成为基本价值高的信号,将来的价格就会上升。将来价格究竟上升多少,依赖于价格设定规则的系数λ_n。图12-2表示了价格函数。如图所示,可知价格上升1单位需要$\Delta y_n = 1/\lambda_n$的交易。这个λ_n叫作**凯尔兰亩达**,$1/\lambda$叫作**市场深度**(market depth)。这是表示**市场流动性**的指标之一。因此,市场越有深度(λ越小),价格上升1单位所需的交易量就越大,所以将来的利润减少就越低,知情人在本期可进行的交易量就更大。相反,市场没有深度,当价格对交易量敏感反应时,知情人就会控制交易量的增加,以期在将来增加交易量来提高利润。

从知情人这样的行动可知,价格随着时间的流逝一路反应知情人的信息。因由市场的效率性条件形成$p_n = p_{n-1} + E(\upsilon - p_{n-1} |$

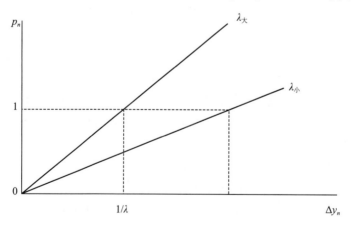

图12-2 (Kyle 的市场流动性)
(注)横轴为时间点n的总交易量,纵轴为价格。λ小的那个为深市场。

Y_n），所以时间点 n 的价格方差与 z_n 的有条件方差 $\sigma_n^2 = \mathrm{Var}(\upsilon - p_{n-1} \mid Y_n)$ 一致。有条件方差 σ_n^2 表示 **价格的信息度**（informativeness），意味着 σ_n^2 越小，信息越是反映在了价格中。市场有深度时，或者噪音交易者交易量的方差小时，又或者知情人的反应系数 β 大时，价格的方差就会变小。如补遗中所述，因 $\sigma_n^2 = \sigma_{n-1}^2(1 - \beta_n \lambda_n \Delta t)$，所以有条件方差按 $\beta_n \lambda_n \Delta t$ 的比率不断减少。β_n 和 λ_n 大时，信息就会迅速地反映到价格里。

另外，市场的**流动性指标**中，除了表示市场深度的凯尔兰亩达之外，还有买卖差价、**测度**（Amihud）**的非流动性比率**、**Amivest 流动性比率**、**Roll 尺度**等[Goyenko et al.(2009)]。测度比率是股份收益率对于交易量的绝对值比率。这与凯尔兰亩达的思路相同，是测量价格对于交易量的变化。Amivest 比率是测度比率的逆数。若设卖价为 p^A，买价为 p^B，两者的平均（中间价）为 m，那么买卖差价就被定义为比如 $(p^A - p^B)/m$ 那样。买卖差价越大，交易的成本就越高，市场的流动性就越低。Roll 尺度被定义为 $2\sqrt{-\mathrm{Cov}(\Delta p_{t+1}, \Delta p_t)}$，提供了在稳定的订单流量下买卖差价的推断值。不过，Δp_t 是第 t 次交易的价格变化（收益率）。

例题 12–1（交易战略与市场的流动性）

来看 1 期的凯尔模型。资产的基本价值 υ 按照平均 1，方差 1 的正规分布，噪音交易者的交易量 u 按照标准正规分布。这些都是独立分布的。来看一下线形的价格函数 $p = h + \lambda y$ 与线形的交易函数 $x = \alpha + \beta \upsilon$。

1）知情人使得期待利益 $E(\pi) = E((\upsilon - p)x \mid \upsilon)$ 最大化。请根据未定系数法，用 λ 与 h 来表示在价格函数之下将期待利益最大化的交易函数 x 的未定系数。

2）请采用市场的效率性条件 $p = E(\upsilon \mid y = \alpha + \beta \upsilon + u)$，求均衡价格函数 x。并求均衡交易函数。

3）问：市场的深度有多少？还有，市场的信息度是多少？

解说 1）按 $E(ux) = 0$，在价格函数之下期待利益为 $E(\pi) = E((\upsilon - h - \lambda(x + u))x \mid \upsilon) = (\upsilon - h - \lambda x)x$。因最大化条件为 $\upsilon - h - 2\lambda x = 0$，

金融经济学

故未定系数得 $\beta = 1/(2\lambda), \alpha = -h/(2\lambda)$。

2) 因 v 与 y 按照正规分布，故根据射影定理为 $E(v \mid y) = \mu_v + (y - \mu_y)\mathrm{Cov}(v, y)/\mathrm{Var}(y)$。现在，因 $\mu_v = 1, \mu_y = E(\alpha + \beta v + u) = \alpha + \beta$，$\mathrm{Cov}(v, y) = \mathrm{Cov}(v, \alpha + \beta v + u) = \mathrm{Cov}(v, \beta v) = \beta, \mathrm{Var}(y) = \mathrm{Var}(\alpha + \beta v + u) = \beta^2 + 1$，故若将这些代入，即可得 $E(v \mid y) = 1 + (y - \alpha - \beta)\beta/(\beta^2 + 1) = (1 - \alpha\beta)/(\beta^2 + 1) + y\beta/(\beta^2 + 1)$。根据效率性条件，未定系数满足

$$\lambda = \frac{\beta}{\beta^2 + 1}, \quad h = \frac{1 - \alpha\beta}{\beta^2 + 1}$$

按照 1) 因 $\lambda = 1/(2\beta)$，故将此代入左边公式，即得 $\beta = 1$ 与 $\lambda = 1/2$。还有，同样按照 1)，因 $h = -2\lambda\alpha$，故将此代入右边公式，即得 $\alpha = -1, h = 1$。因此，均衡价格函数为 $p = 1 + 0.5y$，交易函数为 $x = v - 1$。

3) 市场深度是 $1/\lambda = 2$。即，1 单位的价格变化，需要 2 单位的交易量变化。信息度为 $\sigma_1^2 = \mathrm{Var}(v \mid p) = \mathrm{Var}(v) - \mathrm{Cov}(v, p)^2/\mathrm{Var}(p) = 0.5$。即，若以价格为前提，$v$ 的方差由 1 降低到 0.5。这意味着价格里包含了一半的信息。

12.2　金融市场与信息

12.2.1　股价泡沫 †

Blanchard, Watson, Tirole 等就股价的泡沫与投机性交易进行了分析[Blanchard and Watson(1982), Tirole(1982)]。股价 p_t 与股息 d_t 为概率变数。时间点 t 到 $t+1$ 的收益率定义为 $R_{t+1} = (p_{t+1} + d_t)/p_t)$。在时间点 t 确定股息，股息 d_t 与 $t+1$ 时的股价 p_{t+1} 构成了持有 1 期股份所得的收益总额[1]。无风险利率因子在整个期间是固定的，为 $R > 1$。所有投资者在时间点 t 获得统一的信息 (p_t, d_t)，信息集为 $I_t = (p_t, p_{t-1}, \cdots, d_t, d_{t-1}, \cdots)$。$t$ 的信息集与 $t+1$ 的信息集相比较，$t+1$ 的信息集中追加了 (p_{t+1}, d_{t+1})，所以就任意 t 而言，$I_t \subseteq I_{t+1}$ 得到了满足。另外，将在补遗中就概率论的信息集使用方法作较为详细的介绍。

---

① 股息在下期开始之前支付。

在以上设定之下,我们采用结果 6 - 12(d)的方法,来看看下面公式所表示的**股价的合理期待模型**。

$$p_t = R^{-1}E(p_{t+1} \mid I_t) + R^{-1}d_t \qquad (12.11)$$

即,在均衡条件 $E(R_{t+1} \mid I_t) = R$ 之下,股价 p_t 满足上述差分方程。下面,只用 E_t 来表示 $E(\cdot \mid I_t)$。为简单明了起见,所有的 t 都假定为如下公式

$$d_{t+i} = E_t(d_{t+i}) = \mu < \infty \quad \text{for} \quad i = 0, 1, \cdots \qquad (12.12)$$

即,无论在哪个时间点,股息及其有条件期待值都是固定值 μ。一般而言,(12.11)公式之解为

$$p_t = \mu \sum_{i=0}^{\infty} R^{-i-1} + g_t \qquad (12.13)$$

这里,g_t 为满足(12.14)公式的任意函数。

$$g_t = R^{-1}E_t(g_{t+1}) \qquad (12.14)$$

(12.13)公式成为(12.11)公式之解,可以通过以下来确认。若由(12.11)公式的左边减去右边第一项即得

$$p_t - R^{-1}E_t(p_{t+1}) = R^{-1}\mu + g_t - R^{-1}E_t(g_{t+1}) = R^{-1}\mu \qquad (12.15)$$

第一个等号中代入了时间点 t 与时间点 $t+1$ 的(12.13)公式。而且,按照(12.12)公式,使用了 $E_t(E_{t+1}(d_{t+i})) = E_t(\mu) = \mu$。第二个等号来自(12.14)公式。因此,(12.13)公式为(12.11)公式之解。(12.11)公式稳定的特殊解来自(12.16)公式

$$g_t^* = \lim_{i \to \infty} R^{-i}E_t(p_{t+i}) = 0 \qquad (12.16)$$

在(12.12)公式之下,(12.13)公式变为

$$p_t^* = \frac{\mu}{R-1} \qquad (12.17)$$

这被叫作股价的**基本价值**[①]。除了这种稳定的特殊解之外,还存在无数个满足(12.14)公式的解。若将(12.13)公式写成 $p_t = p^* + g_t$,时间点 $t+i$ 的股价在时间点 t 的有条件期待值与基本价值的背离 $E_t(p_{t+i}) - p_{t+i}^*$ 在无限的将来为

[①] 但是,存在持有不同信息和信念的性质不同投资者的情况下,作为基本价值,采用了稍有不同的定义。

$$\lim_{i \to \infty}(E_t(p_{t+i}) - p^*) = \lim_{i \to \infty}E_t(g_{t+i}) = \lim_{i \to \infty}R^i g_t \quad (12.18)$$

第二个等号是通过将(12.14)公式按顺序代入所得到的。因为 $R>1$，所以只要不是 $g_t^*=0$ 无限将来的(有条件)期待股价与基本价值的背离会无限大地扩散。在这个意义上，除了(12.17)公式的基本价值以外的股价被叫作**泡沫**。图 12 - 3 表示了这种泡沫解与基本价值的不同。

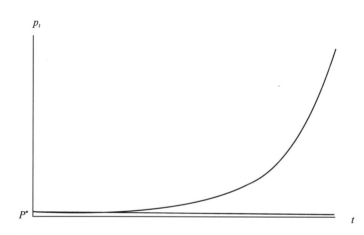

图 12 - 3 （股价的泡沫解）

（注）横轴为时间，纵轴为价格。扩散的曲线为泡沫解。

例题 12 - 2（股价的泡沫）

某企业的股息为 $\mu = E_1(d_t) = 1$。无风险利率为 $R = 1.06$。

1）求此股票的基本价值，并确认差分方程(12.11)公式已得到满足。

2）作为泡沫项，设 g_t 为按 0.5 概率 $g_t = 2Rg_{t-1}$，按剩余的概率 $g_t = 0$。采用 $p_t = p^* + g_t$，求 $g_1 = 1$ 时的 p_1 以及 $E_1(p_2)$。并确认 $t = 1$ 时差分方程(12.11) 公式已得到满足。

解说 1）采用(12.17)公式得 $p_t^* = 1/0.06 = 16.667$。可以确认，通过 $(16.667+1)/1.06 = 16.667$，差分方程得到了满足。

2）按(12.13)公式，$p_1 = 16.667 + 1 = 17.667$。并且，$g_2$ 按五五概率为 $2 \times 1.06 = 2.12$ 或者 0，所以 $E_1(p_2) = E_1(p^* + g_2) = 16.667 + 1.06 =$

17.727。故(12.11)公式的右边为$(17.727+1)/1.06 = 17.667$,等于p_1。

12.2.2 信息与投机交易

Milgrom,Stokey,Kreps,Tirole 等对泡沫产生的背后所存在的投机性交易(speculation)进行了分析[Milgrom and Stokey(1982),Kreps(1977),Tirole(1982)]。所谓投机性交易就是,拥有卖出金融资产的权力时,投资者对此金融资产的评价超过了必须继续持有时的价值,并进行交易。在本小节中,设在 1 期模型,n 位投资者持有不同的信息,并进行投机性交易。现在,设初期的资产价格为p_0,期末的价值为p_1。买入 x_i 的投资者 i 的利益(**资本收益**)为 $y_i$$=(p_1-p_0)x_i$。若设状态为 ω,投资者在期初具有同一个信心,但是在交易前收到了信号 s_i。设投资者的信号矢量为 $s=(s_1,\cdots,s_n)$,s 集体为 S,s_i 的集体为 S_i。设投资者为风险规避型(或中性)的。

价格 p 按满足市场均衡条件 $\sum_i^n x_i = 0$ 来决定。投资者 i 接受信号 s_i 来决定交易量,所以各投资者的交易量为各自信号 s_i 的函数。因此推断价格为所有信号 s 的函数。因而价格函数定义为 $p=f(s)$。再由推断出来的价格函数,反过来推测信号矢量 $s=f^{-1}(p) \equiv S(p)$,所以交易量可以表示为 $x_i(p,s_i,S(p))$。在以上设定之下来看合理的期待均衡,得结果如下。

结果 12 – 3(纯粹投机的不可能性定理)
在纯粹投机性的市场,(风险规避型)投资者即使持有不同信息也不会交易。

这个定理也叫作**非交易定理**(no trade theorem)[Tirole(1982)]。首先,构成(12.19)公式。

$$E(y_i \mid S(p)) = E(E(y_i \mid s_i, S(p)) \mid S(p)) \geqslant 0$$

$$(12.19)$$

上述公式外侧的期待值意味着来自(有条件)周边分布函数 $v(s_i \mid S(p))$ 的期待值。作为有条件期待值的普遍性质,由 $z_1 \geqslant$

z_2 构成 $E(z_1 \mid A) \geqslant E(z_2 \mid A)$。若设 $z_1 = E(y_i \mid s_i, S(p))$,对投资者参与交易的制约条件是 $z_1 \geqslant 0$。因此,若设 $z_2 = 0$,即构成上述不等号。这个不等号意味着在市场价格下投资者的期待利益为非负数。

其次,按市场均衡条件,资本收益之总和等于 0。即,$\sum_i y_i = (p_1 - p_0) \sum_i x_i = 0$。若取此公式的有条件期待值,即构成

$$0 = E\left(\sum_i y_i \mid S(p)\right) = \sum_i E(y_i \mid S(p)) \qquad (12.20)$$

第二个等号来自有条件期待值的线形性。最后的期待值为按照 (12.19) 公式为非负,故所有 i 必须构成 $E(y_i \mid S(p)) = 0$。进而,有关 $(S(p), s_i)$,若取上述公式的有条件期待值,得 $0 = E(y_i \mid S(p), s_i)$。即,对每位已知自己的信号 s_i 与价格 p 的投资者而言,期待利益都为 0。

资本收益的期待值为 0 时,风险规避型投资者因得不到风险差额,故不进行交易 $(x_i = 0)$[①]。直观而言,想要进行交易的人预想的是正数的资本收益,但知道此信息的其他投资者不会接受这种交易。因此,为了在合理的期待均衡下构成需求均衡,就必须大家都不进行交易。

这样的合理期待均衡能够扩大到无限期的 $t = 1, 2\cdots$ 的模型。下面因篇幅有限,就简单地介绍一下概要。若设投资者 i 在时间点 t 的信息集为 $I_{it} = (s_{it}, S_t)$,对于投资者 i 而言的股份基本价值可表示为 $V(I_{it}) = E(v_t \mid I_{it})$。另一方面,$S_i$ 是时间点 t 的市场的信息集。在市场的信息集之下的基本价值为 $V(S_t) = E(v_t \mid S_t)$。这里把在时间点 t 对信号没反应,继续维持时间点 $t-1$ 持有量的战略叫作非投机战略。与在静态模型不进行交易相同,在动态模型投资者也不能够从投机性交易获得利益,故非投机战略为最佳。

在将来时间点,只要基本价值与价格一致 $[E(V(I_{i,t+1}) - p_{t+1} \mid I_{it})]$,即使在时间点 t 也必须达成 $p_t = V(I_{it})$。有关 $p_t = V(I_{it})$,若按周边分布函数来取期待值,那么就构成 $p_t = V(S_t)$。

---

① 若投资者是风险中立型的,即使资本收益为 0 参加制约也能得到满足,所以进行不进行投机的交易都没有什么差别。

因此,价格等于市场的基本价值。若将泡沫项定义为 $B_t = p_t - V(S_t)$,即是 $B_t = 0$。由具有不同信息的风险规避型投资者构成的经济,是不会发泡沫的。

CAPM 等资产价格模型的标准式假定就是假定投资者性质相同。而在这个模型中,假设了**不同性质投资者**(heterogeneous investor)。即,投资者的先验概率为相同,而通过获得不同的信息(信号),有可能形成不同的事后概率。根据上述结果所考虑的泡沫是因信息不同而产生的泡沫,所以有时候叫作**信息泡沫**(informational buble)。此外,与经济的基本法则无关而产生的泡沫被叫作**太阳黑子**(sunspot)引起的泡沫。

12.2.3 不完备市场与信息有效性 †

如 6.3.2 节中所定义的,存在 N 个状态,以及 K 个金融资产的金融市场,当金融资产的拨备行列 $Y(N \times K$,或其倒置行列) 的等级在 N 时就是完备的。我们把 $\text{rank}(Y) = n$ 公式的成立叫作完备市场的等级条件。但是,如本章所阐述的那样,当存在信息非对称性的情况时,市场有时候是**不完备**的。

前小节提到的模型,尽管投资者不能够单凭私人信号 s_i 来区别状态 ω,但所有投资者的信息所反映的价格还是作为公共信号(public signal)在发挥作用,因此完全可以从价格了解到信号矢量 s。即,价格函数 $s \neq s'$ 时,因为满足 $f(s) \neq f(s')$,所以可以求价格函数的逆函数 $s = f^{-1}(p)$,价格完全可以清晰显示信号矢量。这种均衡叫作**完全显示均衡**(fully revealing equilibrium)。即使将各投资者的私人信息 s_i 加在 s 上面,概率分布也不会发生变化。从这个意义上说,信号矢量 s 或者价格 p 是一个充分的统计量。也就是说,在完全显示的**合理期待均衡**下,投资者之间的信息非对称性问题也就没有了。

设在时间点 $t = 1, \cdots, T$,信息集 S_t 满足单调增加性 $S_t \subset S_{t+1}$。或者,若采用概率上的 σ 集合体,F_t 就是筛选,即假定 $F_t \subset$

F_{t+1} [1]。据说这时满足下列公式的价格过程为鞅(martingale)。

$$E(p_{t+1} \mid F_t) = p_t \tag{12.21}$$

不过,左边的有条件期待值是可能积分,设价格本身为包含在信息集或 σ 集合体中的($p_t \varepsilon F_t$)。这个公式表示现在价格等于现在信息下的下期价格的有条件期待值。即,有关现在信息所期待的将来价格的信息,完全反映在了现在价格中。若价格为鞅,那么由上述公式的左边减去右边,明显可以构成(12.22)公式

$$E(p_{t+1} - p_t \mid F_t) = 0 \tag{12.22}$$

这公式的左边是期待资本收益。从期待资本收益为零的意义上来说,满足这种条件的价格为**公正的价格**。

Fama 从利用所有可利用的信息这个意义上对价格的有效性作了定义[Fama(1970),LeRoy(1989)]。根据 Fama 的定义,当把信息集作为所有信息(或者 σ 集合体中最大的 $\sup_i F_{it}$ 时),若(12.21)公式能够成立,那么价格就是强式有效信息(informational efficient)。当将信息集作为所有的公共信息(由公共信息 s_t 生成的 σ 集合体)时,叫作半强式有效信息。当只将过去的价格(及收益率)作为信息时,叫作弱式有效信息。而且,在这些意义上,将现实市场为有效市场的假设叫作**有效市场假设**。若将由过去的价格生成的 σ 集合体作为筛选 G_t 的话,(12.21)公式左边变为

$$E(p_{t+1} \mid G_t) = E(E(p_{t+1} \mid F_t) \mid G_t) = E(p_t \mid G_t) = p_t \tag{12.23}$$

这里,采用了(12.21)、$G_t \subset F_t$ 以及有条件期待值的重复公式。即,若 F_t 为鞅,从弱式意义上讲,价格必为有效信息。另外,按照前小节被称作市场有效条件的(12.6)公式,市场庄家虽然完全不知晓信息,但掌握了投资者不知道的信息来制定价格,从这个意义上来说,其假设了半强式的信息有效性。

12.2.4 市场交易的法规 †

强式意义上的信息有效性也包含了内部信息。知情者有:发

---

[1] 这里不再进行详细讨论了,初学者即使把这些看作是同样的表现,在本书范围内也没有问题。更详尽的内容可参照补遗。

行股票的企业经营者、企业职工、交易双方、金融机构、政府、律师、会计以及从这些人士处了解到了信息的人。在许多国家,内部交易是受到限制的。信息的对象有很多,如集资、企业合并、新建业务、业务与资产的转让等等。按照金融商品交易法规定,禁止在内部信息公开之前进行交易,若有违反,将受到惩罚和被罚款。监督工作由交易所自主规制法人以及**证券交易所等监督委员会**负责。而且,规定了股票发行公司的董事要承担提交股票买卖报告和返还短期利益的义务。

禁止内部交易的成本在于,新的信息反映在价格上需要一定的时间,这就阻碍了投资者(投资组合经管人)和企业本身所决定的效率。禁止内部交易的好处是可以排除不公正的交易。如12.1.2节中所述,在知情者与噪音交易者的交易中,从噪音交易者受损的意义上来说,属于不公正的交易。由于担心受损的外部投资者减少了交易量,就有可能产生许多弊端,如降低市场的流动性,加大价格的波幅等等。

此外,金融商品交易法对各种交易行为做出了限制。如禁止散布流言和操纵行情,限制卖空,建立信用交易的委托保证金(寄存)制度,建立稳定操作交易制度,采取限制价格和中止交易所买卖的措施等等。其中与泡沫爆破和波幅突然上升关系最密切的有**熔断**(circuit breaker)机制。在限制投资者交易的规定中有**中止交易、限制差价、限制保证金**等。比如,东京证券交易所的规则中规定,根据股价制定上下差价幅度,不能提交超出幅度的订单。通过这个规定交易事实上被中止。这些规定虽然意味着延迟了价格变化,但其利在于可以多出时间来收集信息以及提供流动性。而其弊在于,有了差价限制,投资者(知情者)预计会降低订单的执行率,因而会尽早(在差价限制出来之前)提交订单。因此,反而加大了价格波幅,超过差价限制的概率也随之上升。

12.3　系统性风险与金融危机的波及

12.3.1　破产的传染效果

Allen 与 Gale 对受流动资金冲击而引起的银行破产的连锁反

应进行了分析[Allen and Gale(2000)]由于篇幅有限,这里就简单地介绍一下概要。A、B、C、D四个地区各存在一家银行,各地客户都可以只能到本地区的银行存钱。如9.1节所述,银行的投资组合由流动资产和非流动资产构成。因种种理由,在存款人中产生了流动资金冲击,地区 i 的银行收到一定比例(以上)的要求尽早退还的请求。与9.1节不同,设此要求尽早退还的比例中存在不确定性。还有,存在同业银行市场,银行可以将钱存到其他银行。不过,如图 12 - 4 所示,A 只可以在 B 存钱,B 只可以存在 C 存钱,C 只可以在 D 存钱,而 D 只可以在 A 存钱,说明了相互只处于一个单向的依存关系。

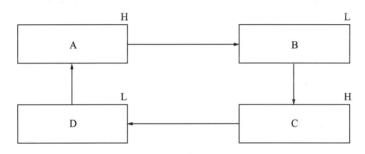

图 12 - 4 （同业银行市场中的相互依存关系）
(注)存在 A、B、C、D 四个地区,H(L)为流动资金冲击的大(小)。箭头表示向对方存钱。

与9.1节所述相同,可以把这个体系看作是能够达到存款人最佳风险分担的一种均衡。考虑到无论是哪个状态,都会产生早期退还比例高(H)和早期退还比例低(L)两个地区,整体上平均早期退还的比例是一定的。换而言之就是,**流动资金总需求**(aggregate liquidity demand)是一定的。在这样的情况下,通过银行之间的存款,可以使流动资金由 L 地区流通到 H 地区,而不会产生整体的流通资金冲击。

但是,若发生总流动资金不一定的事态,那么银行之间的存款机制就不能正常运作,银行就会破产。比如,A 地区发生了异常的流动资金冲击,所有在银行 A 存款的人很快都来提现(银行遭挤兑),结果 A 银行破产了。这时,将资金存在银行 A 的银行 D 也受到了损失。若银行 D 的损失额很大,也破产了,那么银行 A 的破产就会传染给银行 C。同样，银行 C 破产将扩大银行 B 的损失。银行 A 产生的流动资金冲击足够大时，就会发生这种破产的蔓延（contagion）。

12.3.2　系统性风险与金融危机

如前小节所述的发生银行连续破产的情况被叫作**金融危机**。典型的金融危机很多时候都伴随着宏观经济的萧条，比如发生大规模的不良债权，各种市场交易萎缩，流动资金枯竭，资产价格大幅度下滑，同时失业率上升，GDP 增长率下降等等。从狭义上讲，金融危机被视为银行遭挤兑，但一定的存款保险制度之下，挤兑本身应受到控制。政府的存款保险可以支付的金额左右着受保存款的合同解除。不是受保对象的存款就存在挤兑风险，在一般的债务市场就会发生大规模的抛售，之后便是中止市场交易。流动资金的枯竭将进一步引起市场交易的萎缩。

作为危机的发生构造，有人认为是经济循环中基本环境的恶化引起的，而有人认为是太阳黑子引起的。在前小节中说了，异常的流动资金冲击为导火索，所以是由于基本环境恶化。

系统性风险是涉及金融体系和整个市场的风险总称。比如，在好几个银行破产的状况下，金融机构本身的信用风险也会上升。如 10.1 节中所述，将 VaR 看作整个金融体系，金融机构违约概率的平均等，都可以成为衡量金融体系信用风险的尺度，都可以看作系统性风险。

补遗：A 限价订单与账本厚度

现在就某时间点 t 以后的 τ，假设结果 12-1 的条件全部成立。不过我们还是设在时间点 t 构成 $\eta_1(b_t^B, b_t^A) < \eta_1(b_t^B, b_t^A + 1)$。即，设账本的卖出订单数少一个单位，截止投资率就高。若这设定正确，那么 $\eta_1(b_t^B, b_t^A) < \beta < \eta_1(b_t^B, b_t^A + 1)$，当账本的卖出订单数少时，应该是 M 为最佳，而不是 L。下面来看一下 L 表示最佳的情况，显示与最初的假定 $\eta_1(b_t^B, b_t^A) < \eta_1(b_t^B, b_t^A + 1)$ 产生了矛盾。为了简单表述，设 $b_t^0 = (b_t^B, b_t^A)$，$b_t^{\text{thin}} = (b_t^B, b_t^A + 1)$，$b_t^{\text{thick}} = (b_t^B, b_t^A - 1)$。根据 (12.1) 公式，若卖家选择 L，$t+1$ 的账本就变厚。t 的账本

在 b_t^0 时,$t+1$ 的账本为 $b_{t+1}=b_t^{\text{thick}}$,$t$ 的账本在 b_t^{thin} 时,$t+1$ 的账本为 $b_{t+1}=b_t^0$。在此基础上,下面我们再来看一下 $t+1$ 投资者为卖家及买家时,都是 L 为最佳的情况。

(a) $i_{t+1}=-1$ 的情况

因假定了 $t+1$ 中存在条件(i),故 $\eta_1(b_{t+1}=b_t^{\text{thick}}) \geqslant \eta_1(b_{t+1}=(b_t^0))$ 公式成立。左边表示 t 的账本为 b_t^0 时的截止投资,右边表示账本为 b_t^{thin} 时的截止投资。也就是说,若 t 的账本变薄,即存在由时价订单 M 改为限价订单 L 的投资者($\eta_1(b_{t+1}=b_t^{\text{thick}})>\beta>\eta_1(b_{t+1}=b_t^0)$)。即使 $t+1$ 的卖家提交限价订单,t 卖家提交的限价订单也会先被执行,所以改变为 $t+1$ 的限价订单,并不会降低 t 期投资者的限价订单的执行概率 $\theta_t(b_t,\phi_t)$。即构成 $\theta_t(b_t^{\text{thin}},L) \geqslant \theta_t(b_t^0,L)$,这时(12.24)公式成立。

$$\Delta U^L(b_t^{\text{thin}})=\theta_t(b_t^{\text{thin}},L)(p^A-\beta V) \geqslant \theta_t(b_t^0,L)(p^A-\beta V)$$
$$\geqslant p^B-\beta V=\Delta U^M(b_t^{\text{thin}}) \tag{12.24}$$

第二个不等号来自,就持有 $\eta_1(b_t^0)<\beta<\eta_1(b_t^{\text{thin}})$ 卖家所构成的 $\Delta U^L(b_t^0)=\theta_t(b_t^0,L)(p^A-\beta V) \geqslant \Delta U^M(b_t^0)=p^B-\beta V$ 公式。因此,显示了这个卖家,当账本薄时 L 为最佳。这与最初的假定相矛盾,最初假定是说对这些投资者而言 M 为最佳,所以显示了当 t 以后达成(i)时,t 不可能构成 $\eta_1(b_t^B,b_t^A)<\eta_1(b_t^B,b_t^A+1)$。不过,这是在 $i_{t+1}=-1$ 的情况下。

(b) $i_{t+1}=1$ 的情况

因假定了 $t+1$ 中存在条件(v),故 $\eta_4(b_{t+1}=b_t^{\text{thick}}) \geqslant \eta_4(b_{t+1}=b_t^0)$ 成立。左边表示 t 的账本为 b_t^0 时的截止投资,右边表示账本为 b_t^{thin} 时的截止投资。也就是说,条件(v)若 t 的账本变薄(未执行的卖出订单减少),即存在由限价订单 L 改为时价订单 M 的买家($\eta_4(b_{t+1}=b_t^{\text{thick}})>\beta>\eta_4(b_{t+1}=b_t^0)$)。这种 $t+1$ 买家的战略改变,改变了 $t+2$ 的账本,而且也会行影响到(也许)进入 $t+2$ 的卖家的战略。$t+2$ 的账本,当 $b_t=b_t^0$(因此,$\phi_{t+1}=L$)时 $b_{t+2}=(b_t^B+1,b_t^A-1)$,当 $b_t=b_t^{\text{thin}}$(因此,$\phi_{t+1}=M$)时 $b_{t+2}=(b_t^B,b_t^A+1)$。在 $t+2$,由于条件(iii)及(i)成立,故 $\eta_1(b_{t+2}=(b_t^B+1,b_t^A-1)) \geqslant \eta_1(b_{t+2}=(b_t^B,b_t^A+1))$ 也成立。因此,若卖家进入 $t+2$,有时会将战略由 M 改变到 L。但是,即便 $t+2$ 的卖家提交限价订单,t 卖家提交的限价订

最后,若评价 υ 的有条件方差,即为

$$\sigma_n^2 = \mathrm{Var}_{n-1}(\upsilon - p_{n-1} \mid \Delta y_n) = \mathrm{Var}_{n-1}(\upsilon - p_{n-1})(1 - p^2)$$

$$= \frac{\sigma_{n-1}^2 \sigma_u^2 \Delta t}{\gamma^2 \sigma_{n-1}^2 + \sigma_u^2 \Delta t} \tag{12.37}$$

这里,

$$p^2 = \frac{\mathrm{Cov}_{n-1}(\upsilon - p_{n-1}, \Delta y_n)}{\mathrm{Var}_{n-1}(\upsilon - p_{n-1})\mathrm{Var}_{n-1}(\Delta y_n)} = \frac{\mathrm{Var}_{n-1}(\Delta x)}{\mathrm{Var}_{n-1}(\Delta y_n)} \tag{12.38}$$

第二个等号来自(12.34c)公式。若采用(12.36)公式及为

$$\sigma_n^2 = \frac{\lambda_n \sigma_u^2}{\beta_n} \tag{12.39}$$

另外,参数 $\{\beta_n, \lambda_n, a_n, b_n\}$ 为下一个差分方程体系之解。

$$a_n = \frac{1}{4\lambda_n(1 - a_{n+1}\lambda_n)}, \qquad b_n = a_{n+1}\lambda_n^2 \sigma_u^2 \Delta t + b_{n+1}, \lambda_n = \frac{\beta_n \sigma_n^2}{\sigma_u^2}$$

$$\beta_n = \frac{1 - 2a_{n+1}\lambda_n}{2\lambda_n(1 - a_{n+1}\lambda_n)\Delta t}, \qquad \sigma_n^2 = \sigma_{n-1}^2(1 - \beta_n \lambda_n \Delta t), \qquad a_N = b_N = 0$$

补遗 C:有条件期待值

12.2.1 节中我们论述了虽然所有投资者都拥有同样的信息,但鉴于在整个时期内都一直会产生追加信息,所以采用了信息集这个概念。当我们在信息不同的情况下来看概率时,很多时候会采用测度论中的 σ 集合体(σ‐field)的概念来处理概率和期待值。这里,我们面相较高层次人士稍做简单说明。我们用 ω_i 来表示经济方面的所有状态,设其集合体为 Ω。把 Ω 部分集合叫作现象。现在,A_i 表示第 i 的现象,ϕ 表示空集合体,A_i^c 表示除 A_i 以外的现象(候补集合体)。σ 集合体 F 在现象集合体中,就可算集合体 A_i,满足性质 $(i)\phi \in F$、$(ii)A_i \in F \Rightarrow A_i^c \in F$、$(iii)A_i \in F \Rightarrow \cup_{i=1}^{\infty} A_i \in F$。有关满足了这些性质的题合体 F,若是 $A \in F$,那 A 就是 F 可测。即,对于 $A \in F$,可考虑提供 $P(A)$ 的概率测度 P。当 P 满足以下 3 种性质时,P 就是概率测度。(i) $P(\Omega) = 1$,(ii) $A_i \in F \Rightarrow 0 \leqslant P(A_i) \leqslant 1$,(iii) 悖逆现象(的列)$A_i \in F$ 为 $P(\cup_{i=1}^{\infty} A_i) = \sum_{i=1}^{\infty} P(A_i)$。在概率论上把 (Ω, F, P) 叫作概率空间。

比如,当 $\Omega = \{\omega_i : i = 1, \cdots, 4\}$ 时,可以考虑以 $F_1 = \{\phi, \{\omega_1,$

$\omega_2\}$,$\{\omega_3,\omega_4\}$,$\Omega\}$,作为 σ 集合体的例子。进而使之成为 $F_2=\{\phi$, $\omega_1,\omega_2,\{\omega_1,\omega_2\},\{\omega_3,\omega_4\},\Omega\}$。因为 F_2 包含了 F_1 的所有要素,所以 F_1 是 F_2 的部分集合体,并将此表示为 $F_1\subset F_2$。特别是当 σ 集合体 F_t 以 t 为时间点,就 $s<t$ 满足 $F_s\subset F_t$ 时,便叫作筛选(filtration)。还有,以投资者 i 的 σ 集合体为 F_i,意味着若是 $F_1\subset F_2$,即投资者 2 拥有投资者 1 所未知的信息。

作为状态的空间 Ω,很多时候要考虑两个以上概率变数的直积。比如,若以 x_1 为价格,x_2 为信号,那么这些集合体 X_1 与 X_2 便以 $\Omega=X_1\times X_2$ 为状态空间。状态 $\omega_i=(x_{1i},x_{2i})$ 由所有 X_1 与 X_2 的要素组合构成,因此,各自的概率变数可以表示为 $x_1(\omega_i)$, $x_2(\omega_i)$。设初期的 σ 集合体为 F_1,以实现其后 x_2。观察到的 x_2 生成新的 σ 集合体为 F_2。这被叫作由概率变数 x_2 生成的 σ 集合体,因包含所有 F_1 的要素,故为 $F_1\subseteq F_2$。现象 $A_i\in F_2$ 产生时的 x_1 的有条件期待值表现为 $E(x_1\mid A_i)$。这个有条件期待值为现象 A_i 的实数值函数 $g(A_i)$,但因 A_i 是概率现象,故这个有条件期待值本身也是概率变数($x_3(\omega)$)(在初期,x_2 是概率变数)。当有必要强调这一点时,有条件期待值表示为

$$E(x_1\mid F_2)_\omega=\frac{1}{P(A_i)}\int_{Ai}x_1dP \quad \text{for} \quad \omega\in A_i,P(A_i)>0$$

(12.40)

按照金融经济学典型的模型,人们在初期时间点只知道是 $\omega\in\Omega$[①]。这时,有条件期待值为 $E(x_1\mid F_1)_\Omega=\dfrac{1}{P(\Omega)}\int_\Omega x_1dP=E(x_1)$,与无条件期待值相同。

有条件期待值的反复公式是说,当 $F_1\subseteq F_2$ 时,构成

$$E(E(x_1\mid F_2)\mid F_1)=E(x_1\mid F_1) \qquad (12.41)$$

本文中将此表现为 $E(x_1\mid I_t)=E(E(x_1\mid I_{t+1})\mid I_t)$。证明在这里就省略了,但有兴趣的读者可参考 Billingsley(1995)等。作为特殊个案,可构成 $E(E(x_1\mid F_2)\mid F_1)_\Omega=E(x_1\mid F_1)_\Omega=E(x_1)$。

---

① 如你选择模型那样,除了在初期时间点一部分经济主体没有私有信息的情况。另外,初期时间点的 σ 集合体 F_1 中包含了定义上的 Ω。

文献指南

股票市场的微观结构

Amihud, Y. , Mendelson, H.1986. Asset pricing and the bid-ask. *Journal of Financial Economics* 17, 223 - 249.

Glosten, L.1989. Insider trading, liquidity, and the role of the monopolist specialist. *Journal of Business* 62, 211 - 235.

Glosten, L. 1994. Is the electronic open limit order book inevitable. *journal of Finance* 49, 1127 - 1161.

Glosten, L. , Milgrom, P.1985. Bid, ask, and transaction Prices in a specialist market with heterogeneously informed traders. *Journal of Financial Economics* 21, 123 - 144.

Goyenko, R. , Holden. C. , Trzcinka, C. 2009. Do liquidity measures measure liquidity? *Journal of Financial Economics* 92, 153 - 181.

Grossman, S. , Stiglitz, J.1980. On the impossibility of informationally efficient markets. *American Economic Review* 70, 393 -408.

Huang, R. , Stoll, H. 1997. The components of the bid-ask spread: A general approach. *Review of Financial Studies* 10, 1035 -1064.

Kyle, A.1985. Continuous auctions and insider trading. *Econometrica* 53, 1315 - 1335.

Kyle, A.1989. Informed speculation with imperfect competition. *Review of Economic Studies* 56, 317 - 355.

Parlor, C.1998. Price dynamics in limit order markets. *Review of Financial Studies* 11, 789 - 816.

Seppi, D. 1997. Liquidity provision with limit orders and a strategic specialist. *Review of Financial Studies* 10, 103 - 150.

金融市场与信息

Abreu, D. , Brunnermeier, M. 2003. Bubbles and crashes.

Econometrica 71, 173 – 204.

Blanchard, O., Watson, M. 1982. Bubbles, rational expectations and financial markets. *NBER working paper* 9115.

Fama, E. 1970. Efficient capital markets: A review of theory and empirical work. *Journal of Finance* 25, 383 – 417.

Harrison, M., Kreps, D. 1978. Speculative investor behavior in a stock market with heterogenos expectations. *Quarterly Journal of Economics* 92, 323 – 336.

Hart, O. 1975. On the optimality of equilibrium when the markets structure is incomplete. *Journal of Economic Theory* 11, 418 – 443.

Kobayashi, T. 1980. Equilibrium contracts for syndicates with differential information. *Econometrica* 48, 1635 – 1665.

Kreps, D. 1977. A note on "fulfilled expectations" equilibria. *Journal of Economic Theory* 14, 32 – 43.

Leland, H. 1992. Insider trading: Should it be prohibited? *Journal of Political Economy* 100, 859 – 887.

LeRoy, S. 1989. Efficient capital markets and martingales. *Journal of Economic Literature* 27, 1583 – 1621.

Matsuyama, K. 1990. Sunspot equilibria (rational bubbles) in a model of money-in-the utility-function. *Journal of Monetary Economics* 25, 137 – 144.

Milgrom, P., Stokey, N. 1982. Information, trade and common knowledge. Journal of Economic Theory 26, 17 – 27.

Santos, M., Woodford, M. 1997. Rational asset pricingbubbles. Econometrica 65, 19 – 57.

Subrahmanyam. A. 1994. Circuit breakers and market volatility: A theoretical perspective. *Journal of Finance* 49, 237 – 254.

Tirole, J. 1982. On the possibility of speclation under rational expectations. *Econometrica* 50. 1163 – 1181.

Tirole, J. 1985. Asset bubbles and overlapping generations.

Econometrica 53, 1071 - 1100.

系统性风险

Acharya, V., Yorulmazer, T. 2008. Information contagion and bank herding. *Journal of Money, Credit and Banking* 40, 215 -231.

Adrian, T., Brunnermeier, M. 2011. CoVaR. *NBER Working Paper* 17454.

Allen, F., Gale, D. 1998. Optimal financial crises. *Journal of Finance* LⅢ, 1245 - 1284.

Allen, F., Gale, D. 2000. Financial contagion. *Journal of Political Economy* 108, 1 - 33.

Eisenberg, L., Noe, T. 2001. Systemic risk in financial systems. *Management Science* 47,236 - 249.

Huang,X.,Zhou, H., Zhu, H. 2009. A framework for assessing the systemic risk of major financial institutions. *Journal of Banking & Finance* 33, 2036 - 2049.

教科书

Brunnermeier, M. 2001. *Asset Pricing under Asymmetric Information: Bubbles, Crashes, Technical Analysis, and Herding.* Oxford University Press.

Foucault, T.,Pagano, M., Roell, A. 2013. *Market Liquidity.* Oxford University Press.

Harris, L. 2003. *Trading and Exchanges.* Oxford University Press.(监译)宇佐美洋,市场与交易,东洋经济新报社(2006)。

O'Hara, M.1998. Market Microstructure Theory. Wiley.

Shin, H.2010.Risk and Liquidity. Oxford University Press.(译)大桥和彦、服部正纯,风险与流动性:金融安定性的新经济学,东洋经济新报社(2015)。

早稻田大学研究生院金融研究院编辑,太田亘、宇野淳、竹原均著,股票市场的流动性与投资家行动,中央经济社(2011)。

金融经济学

第三部

金融政策与宏观经济

第十三章　金融政策

本章将就前面各章所探讨的，对金融交易有着巨大影响的金融政策架构以及对宏观经济的影响进行说明。13.1 节主要介绍金融政策的运作与储备金、银行间利息的关系。13.2 节主要就中央银行在金融政策运营上的规则及央行的政策决定对宏观经济的影响进行说明。13.3 节将对因中央银行动态政策营运结构的不同所产生的差别以及政策的评价基准进行说明。

13.1　金融政策的金融市场操作†

13.1.1　金融政策的制度

典型的金融政策架构由最终目标、中期目标、操作目标及政策手段等四个方面构成。最终目标，就是要对物价水平和通胀率、失业率与 GDP 缺口等宏观经济的主要变数设想一定的范围。作为中央银行的政策手段有：法定储备率、基准折贮备现率（基准贷款利率）、储备金的利息、作为操作手段和对象的资产购入额、期间及担保等的操作手法等等，还有中央银行可以直接控制也是手段之一[1]。操作目标有储备金结余和银行间利率等，设定的变数要考虑到与这些政策手段关联性是否密切，是否即时产生直接的影响。中期目标所设定的变数要考虑到，在宏观经济模型下，作为操作目标的变数对作为最终目标的变数产生影响的过程中，是否起到有效作用。典型的有对资金储备及其变化概率等做出设想。

---

[1]　日本法定储备率根据存款的种类和结余，设定在 0.05～1.3 的范围内。但是日本银行自 1991 年到现在一直没有对储备率进行过操作。

比如日本银行，金融政策的最终目标就是要稳定物价①。不过，作为中央银行，维持信用秩序也是其目的之一。日本银行把具体的金融政策操作叫作**调节市场金融**。日本银行制定金融市场调节方针，公布将以何水平为目标来调节金融市场。日本银行采用公开市场操作等政策手段来进行买卖和签订合约，被叫作**金融调节**。公开市场操作有好多种类，如共同担保、国债优先、国库短期证券买卖、CP 回购协议、购买国债、卖出票据、追加发售国债、商业票据以及购买公司债券等等。

本书将一直以来的金融政策中的操作目标设定为活期贷款利率，将超过其诱导目标 0.15％的定义为常规金融政策。制定将活期贷款利率的诱导目标设定在 0.15％以下的金融调节方针，即定义为**零利率政策**；制定将操作目标设定为活期存款结余的金融调节方针，被定义为**量化缓和政策**；而以货币基数为操作目标，伴随着长期并大规模资产购入的金融政策被定义为**量质兼有的缓和政策**。根据这个定义，1992 年 2 月至 2000 年 8 月实行的是零利率政策，2001 年 2 月至 3 月亦为零利率政策，2001 年 3 月至 2006 年 3 月为量化缓和政策，2008 年 12 月至 2013 年 4 月为零利率政策，2013 年 4 月开始实行的是量质兼有的缓和政策。有时将这种政策叫作**非传统金融政策**，但这种政策与常规的金融政策有着很大的不同。下面若无特殊说明，我们将就常规金融政策进行阐述。

货币（通货）结余原则上是现金货币与存款货币的合计，但日本银行则采用了以下三种主要的货币存量统计。M1 是现金货币与存款货币（活期存款）的合计，对象金融机构为全部拥有存款业务的金融机构（国内银行、邮政银行、各种开展储蓄业务的合作社、外国银行分行、信用金库等等）②。M2 是包括 M1 的存款对象加上准货币及 CD（转让性存款），但不包括邮政银行和合作社等。M3 的金融机构对象与 M1 相同，存款对象则与 M2 相同。另外，货币的持有对象为除了金融机构之外的法人、个人、地方公共团体等，

---

① 有关各国的金融政策，请参照 BIS(2009)。

② 所谓合作社是指信用社、劳动金库、农协合作社、渔协合作社，以及它们的联合会。信用金库等是指信用金库、农林中央金库、工商合作协会中央金库。

不包括非居住者以及证券公司和短期贷款公司。另一方面，**货币基数**为全部持有人所持有的现金货币及日本银行活期存款结余的合计。货币存量与货币基数之比叫作信用乘数。信用乘数通常根据利率和宏观经济的状况，或者制度上的因素产生变动。

13.1.2　储备金的管理

Furfine、Bartolini、Bertola、Prati 等就金融机构的储备金需求与银行间利率的关系进行了分析［Furfine（2000）、Bartolini et al.（2002）］。影响储备金增减的要因大致分为六个方面：金融机构之间的结算、金融机构之间的资金借贷、银行货币发行、政府结算、政府集资、中央银行的操作。其中，因为金融机构之间的结算与资金借贷各自合计为零，所以不需要作为增减的要因来考虑。银行增加货币发行 x_1 为储备金（日本银行活期存款）结余的减少，政府支出额减去收取额以后的净结算额 x_2 为储备金结余的增加，政府国债发行额减去偿还额之后的净集资额 x_3 为储备金结余的减少。以此为要因的 t 期（这里按日）的储备金结余的增加部分表示为 $v_t = -x_1 + x_2 - x_3$。通过中央银行操作的净资金供应为储备金结余的增加 m_t[1]。各别金融机构除了这些要因之外，还可以在金融机构之间结算以后，通过从银行间市场借入来增加活期存款结余。若设通过银行间市场借入所增加的活期存款结余部分为 B_t，时间点 t 的储备金结余 R_t 为

$$R_t = R_{t-1} + B_t + v_t + m_t + \varepsilon_t \tag{13.1}$$

这里 ε_t 为表示流动性冲击的概率变数，设分布函数为 $F(\varepsilon_t)$。比如，$\varepsilon_t < 0$ 是由存款返还增加带来的储备金崩溃引起的。若设法定储备率为 a，设存款结余为 D_t，则储备金规定可以表示为 $R_t \geqslant aD_t$。当不能满足储备金规定时，储备金每不足 1 各单位就会受到惩罚 c[2]。银行以 R_{t-1} 为前提，在 v_t 与 m_t 实现后，及 ε_t 实现前决定银行间借入 B_t。银行欲将下列期待成本 $E(C)$ 降到最小。

$$\min_{B_t} E(C) = c \int_{-\infty}^{\theta_t - B_t} (aD_t - R_t) dF(\varepsilon_t) + r_t B_t \tag{13.2}$$

---

① 日本银行和美国的 FRB 按天进行操作。

② 日本在标准比率上再加 3.73%。

不过，R_t 来自(13.1)公式，为了方便标记，设 $\theta_t = aD_t - R_{t-1} - v_t - m_t$。这表示除去了银行间借入与流动性冲击的储备不足额。期待成本的第一项为未遵守法定储备率时的惩罚总额。若设银行间利率为 r_t^B，设储备金的利息为 r^R，设差价为 $r_t = r_t^B - r^R$，第二项即表示按照银行间借入持有储备的机会成本[①]。最小化的 1 阶条件为

$$cF(\theta_t - B_t^*) = r_t \qquad (13.3)$$

最佳银行间借入额为 $B_t^* = \theta_t - F^{-1}(r_t/c)$。即，在边际的惩罚成本等于储备金持有的机会成本 r_t 的水平时，再决定银行间借入额为最佳。在市场均衡状况下，因金融机构之间的相互借入额为零，所以若设 $B_t^* = 0$，按上述公式即 $r_t = cF(\theta_t)$ 为银行间利率的差价。得结果如下。

结果 13－1（储备金与银行间利率）

公开市场操作带来的资金供给 $dm_t > 0$ 降低了均衡银行间利率 r_t^B。即为

$$dr_t^B/dm_t = -cf(\theta_t) < 0 \qquad (13.4)$$

影响这种利率的效果叫作**流动性效果**。同样，增加发行银行货币、减少政府支出、增加政府集资带来的活期存款结余的减少 v_t，提高了银行间利率。

虽然上面只是探讨了银行间借入，但是在**短期金融市场**，从期满及风险的观点而言，**短期国债**(TB)作为金融资产也具有替代储备金的功能。发行短期国债成为短期金融市场资金需求的要因，导致活期存款结余的减少，但是另一方面，也是替代储备金的无风险短期金融资产。一般来说，若假设这三种短期金融资产都具有一定的替代功能，那么就可以在(13.1)公式中加入短期国债的卖出额 T_t，(13.2)公式第二项将追加因卖出短期国债需增加储备的机会成本。这时，储备的需求不仅是储备金利率 r^R 与银行间利率 r_t^B，而且还要依赖于短期国债的利率 r_t^T。储备金的需求成为银行

[①] 活期存款的利息为 0 时，$r = r_t^B$ 为机会费用。但是在日本，2008 年开始对超储备实行付息。这就叫作补充活期存款制度。

间利率与短期国债利率的减少函数。

然而,在日本的**储备金制度**中,储备金的额度与存款额采用的是一定期间的平均结余①。因此,储备不足的金融机构若在储备期间内预计银行间利率会降低的话,就可以延迟银行间借入。相反,超过储备的金融机构就会即刻增加银行间贷出。按照将来的期待利率变化 $E_t(r_{t+1}^B) - r_t^B$ 将影响储备需求这一概念,储备需求表示为

$$R_t^d = aD_t + \gamma(E_t(r_{t+1}^B) - r_t^B) \tag{13.5}$$

不过,这里无视了银行间贷出与短期国债的替代关系。这样,储备金需求是根据对将来银行间利率的预测决定的,把系数 γ 为正数叫作储备金需求的**预测效果**。

在均衡状态下构成无套利条件 $r_t^B = E_t(r_{t+1}^B)$,即,若银行间利率具有鞅方法,那么储备需求则为 $R_t = aD_t$,需求就银行间利率而言变得完全弹性的。还有,将来的期待利率 $E_t(r_{t+1}^B)$ 受到中央银行关于利率诱导目标公告的影响。我们把认为这样的金融政策公告大大影响了均衡利率决定的观点叫作金融政策的**公告效应**。在 **OIS**(overnight index swap)**交易**中,以无担保短期隔夜指数为参照利率进行一定期间内的利率交换。强烈期待无担保活期贷款利率上升的金融机构支付固定利率(OIS 利率)进行接受变动利率的交易。OIS 利率反映了对将来整个金融政策变化(的公告)过程中银行间利率(活期贷款利率)变化的预测。

例题 13‑1(储备金与银行间利率)

金融机构 A 的存款结余为 $D = 100$,法定储备率为 $a = 0.1$。前期的储备金结余为 $R_{-1} = 10$,本期储备金增减为 $\upsilon = 0$。流动性冲击 ε 平均分布为 $U[0,1]$。惩罚成本 $c = 0.02$,银行间利率为 $r = 0.01$。

1) 作为金融政策,当实行 $m = -2$ 时,金融机构 A 陷于储备不足是在什么情况下? 请设银行间利率为 B 来进行回答。

2) 求最佳银行间借入 B^*。

---

① 如日本,当月存款的平均结余是采用当月 16 日至下个月 15 日一个月的平均结余来计算储备金结余的。这个期间叫作积存期间。

解说 1) 储备不足是在 $R < aD$ 的时候，所以将 $R = 10 + B + 0 - 2 + \varepsilon$ 代入再进行整理，当流动性冲击为 $\varepsilon < 2 - B$ 时就是储备不足。

2) 因 $\theta = aD - R_{-1} - v - m = 10 - 10 - 0 + 2 = 2$，故期待成本为

$$E(C) = 0.02 \int_0^{2-B} (10 - 8 - B - \varepsilon) d\varepsilon + 0.01B，$$ 所以若将此最大化便可得 $B^* = 1.5$。因中央银行的金融紧缩 $m < 0$，而产生了增加银行间借入的必要性。

13.2 中央银行的政策规则

13.2.1 操作规则与目标规则 †

Taylor, McCallum, Svensson, Woodford 等就中央银行的政策规则进行了论述 [Taylor (1993), McCallum (1988), Svensson (1999a, b), Svensson and Woodford(2003)]。中央银行根据各种宏观变数来制定政策手段与操作目标。将中央银行的政策手段与操作目标表现为宏观变数的函数，叫作**政策函数**(policy function)或**操作规则**(instrument rule)。本小节中不分操作目标(比如银行间利率)与政策手段，都叫作**政策利率**。若设时间点 t 的政策利率为 i_t，设时间点 t 可利用的信息为 $Z_t = \{z_t, z_{t-1}, \cdots\}$，操作规则一般就可表现为

$$i_t = f(z_t, z_{t-1}, \cdots) \tag{13.6}$$

不过，z_t 为 t 期宏观变数的矢量。特别是只基于好几个主要宏观变数的操作规则，被叫作**单纯操作规则**。作为单纯操作规则，较著名的有麦卡勒姆(McCallum)规则和泰勒(Taylor)规则。下面这种操作规则就是泰勒规则。

$$i_t = a_0 + a_1(\pi_t - \pi^*) + a_2 y_t \tag{13.7}$$

在 Taylor 所举的美国例子中，i_t 是美国政策利率的 FF(federal funds)利率，π_t 为通胀率(过去 1 年的年率)，π^* 为**通胀率目标值**。y_t 表示**产出缺口**(output gap)，是来自实质 GDP 趋势值的背离率。还有，Taylor(1993)举例显示了 $\pi^* = 2, a_0 = 4, a_1 = 1.5, a_2 = 0.5$。一般认为 a_1 及 a_2 为非负数。即，经济繁荣时，若通胀率和产出缺

口上升,政策利率就会提高。当通胀率与目标值一致,铲除缺口为 0 时,政策利率便与 a_0 一致。(13.7)公式也可以列成 $i_t = b_0 + \pi_t + b_1(\pi_t - \pi^*) + a_2 y_t$。若**实质利率**定义为 $r_t = i_t - \pi_t, b_0 = a_0 - \pi^*$ 的通胀率与目标值一致,提供了产出缺口为 0 时的实质利率。系数 b_1 为正数时,即 $a_1 = 1 + b_1 > 1$,所以这个规则面对通胀率上升,要求提高 1 以上的政策利率。把系数 a_1 在 1 以上叫作**泰勒原理** [Taylor(1999)]。若泰勒原理不成立,实质利率就会因通胀而降低。

如麦卡勒姆那样以货币基数为政策手段(或操作目标)的规则,表现如下。

$$\Delta m_t = a_t + b(x_t - x_t^*) \tag{13.8}$$

这里 m_t 为货币技术的对数值,x_t 为名义 GDP 的对数值,x_t^* 为对数名义 GDP 的目标值。若设 $a_t = \overline{a}, b = 0$,即为促使货币技术按 $100\overline{a}(\%)$ 增长的操作规则。

另一方面,以物价稳定等为最终目标的中央银行采取的行动若以促使通胀率目标和实际通胀率的相背幅度最小化为目标,那么就可以定式化了。设中央银行在时间点 t 的**损失函数**为

$$L_t = (\pi_t - \pi^*)^2 + \lambda x_t^2 \tag{13.9}$$

即,以通胀率目标值的相背及产出缺口作为各自的二次函数来定义损失。这种作为与所设定的变数目标相背离的函数来提供损失函数的规则叫作**目标规则**(target rule)。$\lambda(\geqslant 0)$ 表示对产出缺口的比重。当 $\lambda = 0$ 时被叫作严格的通胀目标规则,而当 $\lambda > 0$ 时被叫作**柔性(flexible)通胀目标规则**。

13.2.2 通货膨胀目标规则与最佳操作规则 †

Barro、Gordon、Rotenmberg、Woodford 等就中央银行的损失函数,采用什么金融政策最佳进行了研究[Barro and Gordon(1983),Rotenmberg and Woodford(1999)]。这里,我们将焦点放在通胀率、产出缺口和名义利率这三个方面,来对简单的宏观经济模型进行探讨。设通胀率为 π_t,设产出缺口为 y_t,设名义利率为 i_t。 用

以下两个公式来表示宏观经济的体系[①]。

$$\pi_{t+1} = \pi_t + \alpha y_{t+1} + \varepsilon_{t+1} \qquad (13.10a)$$

$$y_{t+1} = \beta y_t - \gamma(i_t - \pi_t) + \eta_{t+1} \qquad (13.10b)$$

假定系数 α, β, γ 皆为正数。(13.10a)公式表示宏观经济的总供应与通胀率的关系,显示了一种**菲利普斯**(Philips)**曲线**。当产出缺口为正数时,下一期的通胀率就上升($\alpha > 0$)。(13.10b)公式表示总需求与实质利率的关系,显示了一种 IS 曲线。实质利率上升对产出缺口有负数影响。搅乱项 ε_t 与 η_t 假定各自平均为 0,没有系列关系。如此模型所示,不包括通胀率与出产的期待值,由到目前为止的变数所决定的模型为后顾型(backward looking)[②]。

下面我们来看看在上述最单纯的宏观模型中,以保持稳定通胀率为目标的中央银行将采取怎样的行动。设中央银行的损失函数为

$$L(\pi_t) = 0.5(\pi_t - \pi^*)^2 \qquad (13.11)$$

π^* 是通胀率目标值。中央银行为了使这一损失的折现值(13.12)公式在(13.10)公式条件下降低到最小,选择了名义利率 $i_\tau(\tau = t, t+1, \cdots)$。不过 $\delta < 1$ 为折现因子。

$$E_t\left(\sum_{\tau=1}^{\infty} \delta^\tau L(\pi_{t+\tau})\right) \qquad (13.12)$$

下面我们按照动态计划的顺序来看一下这一最小化问题。若将(13.10b)公式代入(13.10a)公式,可表示为 $\pi_{t+1} = \pi_t + \alpha f_t + u_{t+1}$。不过,$f_t = \beta y_t - \gamma(i_t - \pi_t)$,$u_{t+1} = \alpha \eta_{t+1} + \varepsilon_{t+1}$。若采用此公式,即(最小)价值函数可定义为

$$V(\pi_t) = \min_{f_t} E_t(0.5(\pi_t + \alpha f_t + u_{t+1} - \pi^*)^2) + E_t(\delta V(\pi_{t+1}))$$

$$(13.13)$$

这里右边第一项括弧内容表示损失函数 $L(\pi_{t+1})$,第二项表示

① Svensson(1997,1999b,2003),Orphanides(2003)探讨了类似模型。这里为了举例表示在通胀率目标规则下的最佳操作规则,引用的是将 Svensson(1997)模型简化了的模型。也可以参考 Walsh(2003 second ed.Ch.10)。

② 将时间点 $t+1$ 的变数在时间点 t 变成信息 Ω_t 函数的变数叫作先决(predetermined)变数,而将时间点 $t+1$ 成为信息 Ω_{t+1} 函数的变数叫作非先决变数。虽然先决变数一定满足 $Z_{t+1} = E(Z_{t+1} \mid \Omega_t)$,但非先决变数只是在 $\Omega_{t+1} = E(\Omega_{t+1} \mid \Omega_t)$ 时,才构成 $Z_{t+1} = E(Z_{t+1} \mid \Omega_t)$。

金融经济学

$t+2$ 期之后价值函数的折现值。最小化的 1 阶条件为

$$\alpha(\pi_t + \alpha f_t - \pi^*) + \delta E_t \left(\frac{\partial V(\pi_{t+1})}{\partial \pi_{t+1}} \frac{\partial \pi_{t+1}}{\partial f_t} \right) = 0 \quad (13.14)$$

但采用了 $E_t(u_{t+1}) = 0$。因为 $\partial \pi_{t+1}/\partial f_t = \alpha$，故上述公式为

$$\pi_t + \alpha f_t - \pi^* = -\delta E_t \left(\frac{\partial V(\pi_{t+1})}{\partial \pi_{t+1}} \right) \quad (13.15)$$

若采用包络线定理，就 π_t 将(13.13)偏微分，便构成：

$$\frac{\partial V(\pi_t)}{\partial \pi_t} = \pi_t + \alpha f_t - \pi^* + \delta E_t \left(\frac{\partial V(\pi_{t+1})}{\partial \pi_{t+1}} \right) \quad (13.16)$$

由此公式与(13.15)公式达成 $\partial V/\partial \pi = 0$。因此，最佳解满足(13.17)公式。

$$\pi_t + \alpha f_t = \pi^* \quad (13.17)$$

这意味着中央银行通过调整 f_t 或 i_t 使得每期皆为 $E_t(\pi_{t+1}) = E_t(\pi_t + \alpha f_t + u_{t+1}) = \pi^*$。即，不管 π_t 如何，按照金融政策，下期的期待通胀率都会等于通胀率目标值。

若代入 f_t 的定义再进行整理，便得结果如下。

结果 13 - 2（通胀目标规则下的单纯操作规则）

中央银行的最佳操作规则由下列公式表示

$$i_t = \pi_t + \frac{1}{\alpha \gamma}(\pi_t - \pi^*) + \frac{\beta}{\gamma} y_t \quad (13.18)$$

可知此最佳操作规则(13.18)公式与泰勒规则(13.7)公式基本相同。若 y_t 高，y_{t+1} 就高，于是 π_{t+1} 也高，所以中央银行通过提高名义利率 i_t 来控制 y_{t+1}。

一般而言，通胀率的波动根据中央银行所采用的操作规则而变化。在此操作规则下，即为 $\pi_{t+1} = \pi^* + u_{t+1}$，实现通胀率与通胀率目标值只相差误差项部分。因此，损失函数的有条件期待值为 $E_t(L(\pi_{t+1})) = \mathrm{Var}_t(u_{t+1})/2$，即为误差项方差的一半。在这个意义上，此最佳操作规则是稳定通胀率的规则。

例题 13 - 2（通胀目标规则）

宏观经济体系由下列公式构成。

$$\pi_{t+1} = \pi_t + 0.8 y_{t+1} + \varepsilon_{t+1}$$

$$y_{t+1} = 0.8y_t - (i_t - \pi_t) + \eta_{t+1} \qquad (13.19)$$

不过，$E_t(\varepsilon_{t+1}) = E_t(\eta_{t+1}) = 0$。中央银行设通胀率目标值为 $\pi^* = 0.02$，设定了将 (13.11) 公式所表示的 1 期中损失的有条件期待值最大化的目标规则。

1) 请用 π_t、y_t、i_t 表示 $t+1$ 期的仅限 1 期中的期待损失 $E_t(L_{t+1})$。

2) 求使得 $t+1$ 期仅限 1 期中的期待损失 $E_t(L_{t+1})$ 最小化的操作规则 i_t^*。

3) 设只有通胀率从 $\pi_{t-1} = 0.02$，$y_{t-1} = 0.01$ 上升到 $\pi_t = 0.03$。问中央银行该提高多少名义利率？

解说 1) 若将 y_{t+1} 的公式代入 π_{t+1} 的公式，即可得 $\pi_{t+1} = \pi_t + 0.8(0.8y_t - (i_t - \pi_t) + \eta_{t+1}) + \varepsilon_{t+1} = 1.8\pi_t + 0.64y_t - 0.8i_t + u_{t+1}$。1 期中的期待损失为 $E_t(L_{t+1}) = 0.5(1.8\pi_t + 0.64y_t - 0.8i_t - 0.02)^2$。

2) 若设就 i_t 将 1 期中的期待损失微分后为零，即可得 $dE_t(L_{t+1})/di_t = -0.8 \times (1.8\pi_t + 0.64y_t - 0.8i_t - 0.02) = 0$，所以得 $\pi_t^* = 2.25\pi_t + 0.8y_t - 0.025$。

3) 当 $\pi_t = 0.02$，$y_t = 0.01$ 时，最佳利率为 $i_t^* = 0.028$。通胀率上升 1%，中央银行就会提高 2.25% 利率。由此来完成（期待）通胀目标值。

13.2.3　泰勒规则与金融政策的效果

近年来的宏观经济学界，对动态的一般均衡模型的金融政策进行了分析。在不完全竞争以及工薪和价格僵硬不变的状况下，探讨由动态的最佳行动引导的需求和供给的一般均衡。这种模型叫作新凯恩斯 (new Keynesian) 模型。对新凯恩斯模型的金融政策效果进行分析与研究的学者有 Yun(1996)、Ireland(1997)、Rotemberg and Woodford(1997)、Goodfriend and King(1997)、McCallum and Nelson (1997)、Galí (2002)、Christíano et al. (2005)、Galí (2008)、Woodford(2003a) 等。尤其是在近几年，建立了具有微观基础的 **DSGE**(dynamic stochastic general equilibrium)**模型**，奠定了通过测量其参数来分析金融政策效果的手法。因此，原本的顺序是从消费者和企业的最佳行动这一视点进行探讨,寻求均衡条件,然后分析金融政策的效果。但是,在本小节中,我们不会更深地介入新凯恩斯模型的微观基础,而是采用诱导形式来探讨金融政策的效果。而且,在下一章中将对诱导形式背后的微观基础进行简单的说明。

简单的宏观模型有 Gali(2011) 的新凯恩斯模型,分析了根据泰勒规则的金融政策对宏观经济的影响[①]。我们来看看下面的宏观经济体系。

$$\pi_t = \delta E_t(\pi_{t+1}) + k y_t + u_t \qquad (13.20a)$$

$$y_t = E_t(y_{t+1}) - \sigma^{-1}(i_t - E_t(\pi_{t+1})) \qquad (13.20b)$$

$$i_t = \phi \pi_t + \psi y_t + \upsilon_t \qquad (13.20c)$$

$$u_t = \rho_u u_{t-1} + \varepsilon_{ut} \qquad (13.20d)$$

$$\upsilon_t = \rho_u \upsilon_{t-1} + \varepsilon_{\upsilon t} \qquad (13.20e)$$

(13.20a) 公式是含期待通胀率的 AS(总供给,aggregate supply) 曲线。下面,我们把表示此类型通胀率与产出缺口的关系的公式叫作 **NK(新凯恩斯)菲利普斯曲线**。图 13-1 往右上的曲线就是 $E_t(\pi_{t+1}) = 0$ 时的 NK 菲利普斯曲线,表示了总供给(产出缺口) y_t 与通胀率 π_t 为正数关系($k > 0$)。还有,$\delta < 1$ 是正的系数,若 $t+1$ 期的通胀率期待值上升,意味着企业在时间点 t 会提高价格。u_t 是表示技术冲击和成本推进要因的搅乱项,按照(13.20d)公式来假定 1 阶的自我回归过程(AR(1))。

(13.20b) 公式是不同时间点的 IS 曲线(intertemporal IS curve),表示了实质利率($r_t = i_t - E_t(\pi_{t+1})$)下降使得产出缺口所测出的总需求增加($\sigma > 0$)。这是由于消费者因实质利率下降而要在 t 期进行更多的消费。另一方面,$t+1$ 期的总需求(产出缺口)增加使得 t 期的总需求增加。这源于预计下一期消费增加的消费者也准备在本期扩大消费的消费平滑行动。如(13.20a)公式以及(13.20b)公式所示,通胀率与产出缺口含将来期待值项的模型被叫作**前瞻性**(forward looking)。

---

① 此模型为标准模型,Woodford(2003b:Ch.4),Gali(2008:CH.3)也介绍过类似模型。

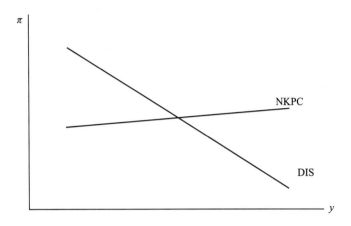

图 13 – 1 新凯恩斯模型的均衡

(注)表示在 $E(\pi) = E(y) = 0$ 条件下的 NK 菲利普斯曲线(NKPC)与不同时间点之间的 IS 曲线(DIS)。

(13.20c)公式表示了一种泰勒规则,表明名义利率 i_t 是由表现通胀率与产出缺口以及金融政策的冲击(利率冲击)的搅乱项 v_t 来决定的。表示对通胀率及产出缺口反应度的 ϕ 和 ψ 为非负系数。搅乱项 v_t 按照(13.20e)公式的 AR(1)过程。为 $\rho_u \in [0,1)$, $\rho_v \in [0,1)$, ε_u 与 ε_v 为 i.i.d. 的搅乱项。图 13 – 1 往右下的曲线是泰勒规则下的不同时间点之间的 IS 曲线(或是动态 IS 曲线,DIS),是将(13.20c)公式代入不同时间点之间的 IS 曲线所得的。

若采用(13.20a)公式与(13.20c)公式将(13,20b)公式进行整理,再将所得公式用于(13.20a)公式进行整理,即可表示此宏观经济体现了如下概率差分方程的体系。

$$X_t = AE_t(X_{t+1}) + Be_t \qquad (13.21)$$

这里设

$$X_t = \begin{pmatrix} y_t \\ \pi_t \end{pmatrix}, \ A = h\begin{pmatrix} \sigma & 1 - \phi\delta \\ \sigma k & k + \delta(\sigma + \psi) \end{pmatrix},$$

$$e_t = \begin{pmatrix} u_t \\ v_t \end{pmatrix}, \quad B = h\begin{pmatrix} -\phi & -1 \\ \sigma + \psi & -k \end{pmatrix}, h = (\sigma + \phi k + \psi)^{-1}$$

$$\qquad\qquad (13.22)$$

此公式表示,t 期产出缺口是由期待通胀率与期待产出缺口及搅乱

金融经济学

项来决定的,还表示 t 期通胀率也是由期待通胀率与期待产出缺口及搅乱项所决定的。

差分方程体系(13.21)公式可以按照以下顺序来解。

首先,采用系数行列 A 的固有值分解 $A = P\Lambda P^{-1}$ 将(13.21)公式作为独立的两个差分方程定时化。这里以 λ_1, λ_2 为 A 的固有值设

$$\Lambda = \begin{bmatrix} \lambda_1 & 0 \\ 0 & \lambda_2 \end{bmatrix} \tag{13.23}$$

若将 $A = P\Lambda P^{-1}$ 代入(13.21)公式,两边由前乘以 P^{-1} 便可得[①]

$$Z_t = \Lambda E_t(Z_{t+1}) + P^{-1}Be_t \tag{13.24}$$

这里为 $Z_t = P^{-1}X_t$。 我们可以看到,通过此变数变换,右边的第一项系数行列形成对角,所以成为两个独立的差分方程。

其次,我们知道按(13.24)公式,差分方程之解为 $Z_t = Ce_t$ 的形式,所以形成 $X_t = PZ_t = PCe_t$ 的形式。因此设 $y_t = au_t + bv_t$,$\pi_t = cu_t + dv_t$,就可以根据围定系数法来求系数 a, b, c, d。 在这些解之下,因 $E_t(y_{t+1}) = a\rho_u u_t + b\rho_v v_t$,$E_t(\pi_{t+1}) = c\rho_u u_t + d\rho_v v_t$,所以采用最后 4 种公式就可以表示作为 u_t 和 v_t 公式的(13.20a,b)公式。因为各自的系数必须与 a, b, c, d 一致,所以最后得解如下

$$y_t = -f_u(\phi - \rho_u)u_t - f_v(1 - \delta\rho_v)v_t$$
$$\pi_t = f_u(\sigma(1 - \rho_u) + \psi)u_t - f_v k v_t \tag{13.25}$$
$$f_u = \{(1 - \delta\rho_u)(\sigma(1 - \rho_u) + \psi) + k(\phi - \rho_u)\}^{-1}$$
$$f_v = \{(1 - \delta\rho_v)(\sigma(1 - \rho_v) + \psi) + k(\phi - \rho_v)\}^{-1}$$

还有,名义利率与实质利率为

$$i_t = f_u(\phi\sigma(1 - \rho_u) + \psi\rho_u)u_t + f_v((1 - \delta\rho_v)\sigma(1 - \rho_v) - \rho_v k)v_t$$
$$r_t = f_u(\phi\sigma(1 - \rho_v) - \rho_u\sigma(1 - \rho_u))u_t + f_v((1 - \delta\rho_v)\sigma(1 - \rho_v))v_t \tag{13.26}$$

现在就在此模型存在**稳定性解**的条件进行说明。当系数行列 A 所有的固有值存在在单位日元内部时便可得稳定性的解。我们来看一下特性方程 $G(\lambda) = \lambda^2 - \mathrm{tr}(A)\lambda + det(A) = 0$ [②]。当解满足

---

① P 是 A 的固有矢量之一。

② $\mathrm{Tr}(A)$ 是行列 A 的踪迹($\lambda_1 + \lambda_2$),$det(A)$ 是行列公式 $\lambda_1\lambda_2$。

$|\det(A)|<1$ 及 $|\operatorname{tr}(A)|<1+\det(A)$ 时,特性方程具有单位日元内部的解。前者的条件是 $\varPsi+k\phi>-(1-\delta)\sigma$,由 $\delta<1$ 达成所有系数为正数。后者的条件为

$$\frac{1-\delta}{k}\psi+\phi>1 \tag{13.27}$$

根据(13.20a)公式,若无视搅乱项去看长期稳定的状态的话,即为 $\Delta y/\Delta\pi=(1-\delta)/k$。因此,在长期的 $\Delta\pi$ 通胀下,名义利率将按(13.20c)公式上升 $\Delta i=(\phi+\psi(1-\delta)/k)\Delta\pi$。这个条件要求(在长期的通胀状态下)名义利率上升超过通胀率,从这个意义上来说,显示了泰勒原理与调整性思维。

若假设(13.27)公式成立,那么在(13.25)公式中 $f_u>0,f_v>0$ 就成立。由此可得如下结果。

结果 13 - 3(泰勒规则与金融政策的效果)

负的利率冲击($\varepsilon_{vt}<0$)使得时间 t 的产出缺口增加,促使通胀率上升。即为

$$\Delta y_t/\Delta v_t=-f_v(1-\delta\rho_v)<0,\quad \Delta\pi_t/\Delta v_t=-f_v k<0 \tag{13.28}$$

降低利率是通过 t 期之后的实质利率下降,伴随着对由下期以后的通胀率上升及产出缺口的增加所带来的 t 期通胀率及产出缺口的反馈,来扩大本期的总需求(消费)的[①]。

另一方面,虽然成本推进型要因等供给冲击($u_t>0$)会提高通胀率,但是对产出缺口的影响主要依赖于符号 $\phi-\rho_u$。在单纯的泰勒原理 $\phi>1$ 条件下,影响为负。若金融政策的反应大,相比通胀率上升,名义利率会更加上升,所以会产生实质利率上升的效果,并产生由紧缩需求引起的产出缺口降低。若金融政策的反应

---

① 但 ρ_v 大时,有时名义利率会上升。相比实质利率降低时,这在期待通胀率上升时更易产生。

金融经济学

小,实质利率在短时期内会降低,所以会产生产出缺口的扩大①。

采用(13.25)公式,可以按时间系列来分析金融政策的冲击对经济造成的影响。现在,设在到时间点 t 为止的期间,搅乱项 ε_{ut} 和 ε_{vt} 皆为 0,在时间点 t 产生了 $\varepsilon_{vt} < 0$ 的冲击。另外,设在时间点 t 为 $\varepsilon_{ut} = 0$,在时间点 $t+1$ 之后,两个搅乱项持续为 0 值。在时间点 $t+j$ 为 $y_{t+j} = -f_v(1 - \delta\rho_v)v_{t+j} = -f_v(1 - \delta\rho_v)\rho_v^j\varepsilon_{vt}$,$\pi_{t+1} = -f_vk\rho_v^j\varepsilon_{vt}$。还有,在时间点 $t+j$ 的 1 期后的期待通胀率为 $E_t(\pi_{t+j+1}) = -f_vk\rho_v^{j+1}\varepsilon_{vt}$。这样,以参数的值为前提,对于 1 单位搅乱项的冲击,可以考虑内部产生变数(这里指通胀率和产出缺口)的**反应函数**(impulse response function)。这时,采用由某个模型所推断的参数,使得特定的参数值发生变化,来分析模型内部产生变数的动向,这叫作**校准**(calibration)。

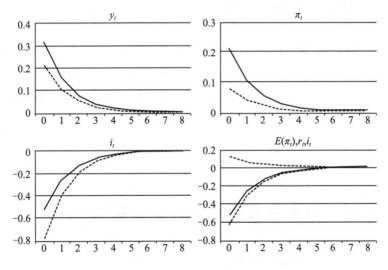

图 13 - 2 (泰勒规则之下的金融政策影响)

(注)(除了右下图)实线表示 $\rho_v = 0.5$,虚线表示 $\rho_v = 0.1$。右下图中,实线表示名义利率 i,虚线表示实质利率 r,断续线表示通胀率。横轴以一季度为单位,纵轴以 bp(年率换算)为单位。

---

① 新凯恩斯模型有时候要考虑到技术冲击通过自然利率对 IS 曲线产生影响的情况。改善技术降低自然利率对产出缺口和通胀率具有负面影响。

在图 13-2 中,金融政策冲击的自身相关系数 ρ_v 分 0.5 及 0.1,表示对降低 25 bp 利率的冲击的反应。纵轴单位是年率的基准点。其他系数采用 $\delta=0.99, \sigma=1, \Psi=0.125, k=0.085, \phi=1.5, \rho_u=0$。图表中的名义利率表示与自然利率的背离[①]。各自的变数都可以确认在第四季度左右影响消失。还有,已经确认 ρ_v 越大对产出缺口及通胀率所起的效果就越大。另外,右下图表示了在 $\rho_v=0.5$ 时期待通胀率,名义利率、期待通胀率以及实质利率的变化。受期待通胀率影响,实质利率比名义利率降低得更多。

例题 13-3(泰勒规则与金融政策)

来看一下(13.20)公式的宏观模型。参数值为 $\delta=0.99, k=0.085, \sigma=1, \phi=1.5, \Psi=0.125, \rho_v=0.5, \rho_u=0$。求 f_u、f_v,并请用概率变数 u_t 和 v_t 来表示 y_t 及 π_t。

解说 按照(13.25)公式,可得 $f_u = (1+0.125+0.085\times1.5)^{-1} = 0.798, f_v = ((1-0.99\times0.5)\times(1\times(1-0.5)+0.085\times(1.5-0.5)))^{-1} = 2.496$。因而为:$y_t = -0.798\times1.5\times u_t - 2.496\times(1-0.99\times0.5)v_t = -1.198u_t - 1.260v_t$,$\pi_t = 0.798\times(1+0.125)u_t - 2.496\times0.085\times v_t = 0.898u_t - 0.212v_t$。

13.3 中央银行的政策问题与最佳金融政策

13.3.1 裁量型结构

Kydland、Prescott、Barro、Gordon 等对金融政策中的动态不一致性(dynamic inconsistency)的问题进行了分析研究[Kydland and Prescott(1977)、Barro and Gordon(1983)]。以动态的宏观模型与

---

① (13.20b)公式中无视了自然利率。若不用 $(i_t - E_t(\pi_{t+1}))$,而考虑自然利率 r^n,则为 $(i_t - E_t(\pi_{t+1}) - r^n)$,在图表负值加上自然利率后就是名义利率。

目的规则为前提,中央银行为了使目的函数最小化,究竟以什么方式来选择政策手段(名义利率)为好呢? 这个问题叫作中央银行的**政策问题**(policy problem)。若中央银行不能够确定将来的最佳名义利率,这种结构叫作**裁量型结构**。另一方面,若中央银行能够确定将来政策规则,就叫作**状态依存型结构**。Clarida、Galí 和 Gertler 就这种结构不同对宏观经济产生的影响进行了简洁的归纳 [Clarida et al.(1999)]。

中央银行所考虑的政策问题是,能够直接管控一直到将来的名义利率 $\{i_{t+i}\}_{i=0}^{\infty}$,并通过此来间接地选择通胀率与产出缺口的值。具体而言,现在我们将 13.2.2 节所述的最佳政策放在 13.2.3 节的新凯恩斯模型中来探讨。首先,假设中央银行的目标规则是灵活的通胀目标规则,产出缺口为一定的比重 $\lambda>0$((13.9)公式)。其次,通胀率 π_t 与产出缺口 y_t 之间构成(13.20a)公式的关系,即构成 NK 菲利普斯曲线。进而,设不同时间点的 IS 曲线为

$$y_t = E_t(y_{t+1}) - \sigma^{-1}(i_t - E_t(\pi_{t+1})) + \upsilon_t \qquad (13.29)$$

不过,虽然 υ_t 与(13.20e)公式相同,按照 AR(1)的过程,但并不表示金融政策的冲击,而是表示需求冲击。中央银行的最小化问题表现为下列公式

$$\min_{\pi_t, y_t} \quad 0.5(\pi_t^2 + \lambda y_t^2) + \alpha_t \qquad (13.30a)$$

$$\text{s.t.} \quad \pi_t = k y_t + \beta_t \qquad (13.30b)$$

符号除了 α_t 和 β_t 之外,与前一小节相同。按照(13.30a)公式的目的函数,简洁地将通胀率目标值定为 0。(13.30b)公式是 NK 菲利普斯曲线,假定 $k>0$。α_t 和 β_t 表现为以下公式

$$\alpha_t = 0.5 E_t\Big(\sum_{\tau=1}^{\infty} \delta^{\tau}(\pi_{t+\tau}^2 + \lambda y_{t+\tau}^2)\Big)$$

$$\beta_t = \delta E_t(\pi_{t+1}) u_t \qquad (13.31)$$

α_t 是将来损失的折现值。还有,u_t 与(13.20d)公式相同,按照 AR(1)过程。中央银行因为不能够确定将来的政策,所以在本期无论怎么选择政策,也不可能影响到将来的期待通胀率的期待形成,而且,从(13.30b)公式的结构来看,将来的通胀率与产出缺口完全不受本期政策的影响。因此,期待通胀率是由将来的通胀率与产出缺口来决定的,对于中央银行而言,α_t 和 β_t 为前提条件。

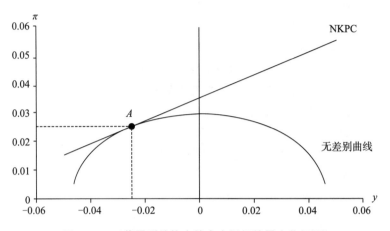

图 13 - 3 （裁量型结构中的中央银行的最小化问题）

（注）A 点表示使损失最小化的最佳点。但图上显示通胀率为正。

图 13 - 3 是最小化问题的图解。上面凸出的曲线表示中央银行的无差别曲线，往右上的直线表示 NK 菲利普斯曲线。最小化的 1 阶条件是

$$-\frac{\lambda y_t}{\pi_t} = k \tag{13.32}$$

左边为无差别曲线的倾斜，右边为 NK 菲利普斯曲线的倾斜。后者表示为了增加 1 单位的产出缺口必须做出牺牲的通胀率，前者表示当时的损失限度。因此，若设通胀率目标值为零，如图中 A 点所示，正的通胀率时选择负的产出缺口为最佳选择。这种政策被称作是违背民意的政策（lean against the wind policy），表示了短期的通胀率与产出缺口之间的平衡。

若设 $\gamma = \lambda/(k^2 + \lambda)$，按照上述最佳条件及（13.30b）公式，即为 $\pi_t = \gamma \beta_t$。若采用 β_t 的定义公式，由差分方程式（13.33）公式可得结果如下。

$$\pi_t = \gamma \delta E_t(\pi_{t+1}) + \gamma u_t \tag{13.33}$$

结果 13 - 4（裁量型结构下的最佳金融政策）

在裁量型结构中，中央银行的最佳金融政策表现为

$$i_t^d = h E_t(\pi_{t+1}) + \sigma v_t \tag{13.34}$$

金融经济学

通胀率与产出缺口为

$$\pi_t^d = \frac{\lambda}{k^2 + \lambda(1 - \delta\rho_u)} u_t, \quad y_t^d = -\frac{k}{k^2 + \lambda(1 - \delta\rho_u)} u_t \quad (13.35)$$

这里 $h = 1 + (1 - \rho_u)\sigma k/(\lambda\rho_u)$。上标注 d 表示是裁量型结构。通过逐一代入,可得上述通胀率和产出缺口来作为(13.33)公式的解。从而构成 $E_t(\pi_{t+1}) = \rho_u\pi_t, E_t(y_{t+1}) = \rho_u y_t$,故若将这些代入不同时间点 IS 曲线(13.29)公式,便可得上述最佳金融政策。其结果意味着,当产生正的成本推进型冲击($u_t > 0$)时,以期待通胀率为前提来决定政策的中央银行最好实行期待通胀率越高就越提高名义利率的政策。还有,若其反应度大于 $1(h > 1)$,实质利率就会上升。另一方面,对于正的需求冲击($v_t > 0$),中央银行只提高 σv_t 的名义利率。由此,对通胀率与产出缺口的影响就完全相杀了。

例题 13 - 4(裁量型政策)

1)设中央银行在 NK 菲利普斯曲线 $\pi_t = 0.4y_t + 0.035$ 条件下,使损失 $L = 0.5 \times (\pi_t^2 + 0.4y_t^2) + 0.00273$ 降到最低。问,最佳产出缺口 y_t 和通胀率 π_t 是多少?

2)请列出 $\lambda = k = 0.4, \delta = 0.84, \rho_u = 0.5$ 时的(13.33)公式。问,当产生 $u_t = 0.01$ 的成本推进型冲击时,按照裁量金融政策,最佳通胀率和产出缺口是百分之几?并问,下期的期待通胀率与下期产出缺口的期待值是多少?

3)求由 $y_t = E_t(y_{t+1}) - (i_t - E_t(\pi_{t+1})) + v_t$ 形成不同时间点 IS 曲线时的最佳操作规则 i_t^d。并求例题 2)时的最佳名义利率。但设 $v_t = 0$。

解说 1)若将 NK 菲利普斯曲线代入目的函数后最小化,便得 $y^* = -0.025, \pi^* = 0.025$。

2)由 $\gamma = 0.4/(0.4^2 + 0.4) = 0.7143$,即 $\pi_t = 0.7143 \times 0.84E_t(\pi_{t+1}) + 0.7143u_t = 0.6E_t(\pi_{t+1}) + 0.7143u_t$。解此即为 $\pi_t^d = 1.0204u_t$,若产生 1% 的冲击,则选择 1.0204%。这时产出缺口为 $y_t = -k\pi_t^d/\lambda = -1.0204\%$。按(13.35)公式,下期的期待通胀率为 $\pi_{t+1}^d = 1.0204u_{t+1}$,所以若取期待值即为 $E_t(\pi_{t+1}^d) = 1.0204E(\rho_u u_t + \varepsilon_u) = 1.0204 \times 0.5 \times 0.01 = 0.0051$。同样,$E_t(y_{t+1}^d) = 0.5y_t^d = -0.0051$。

3) 因 $h = 1 + 0.5 \times 0.4/(0.4 \times 0.5) = 2$，故最佳金融政策为 $i_t^d = 2E_t(\pi_{t+1}) + v_t$。例题 2) 时的最佳利率为 $i_t^* = 1.02\%$。

13.3.2　状态依存型结构

下面我们来看一下，中央银行以宏观模型为前提，为了使现在到将来的损失降到最小而构筑状态依存型**政策规则**的情况。在时间点 0 时，中央银行的目的函数可以按 (13.9) 公式的折现值来列式。

$$V_0 = 0.5E_0\left(\sum_{t=0}^{\infty}\delta^t(\pi_t^2 + \lambda y_t^2)\right) \tag{13.36}$$

根据方差定义，可列为

$$V_0 = 0.5\sum_{t=0}^{\infty}\delta^t((E(\pi_t))^2 + \lambda\,(E(y_t))^2) + 0.5\sum_{t=0}^{\infty}\delta^t(\mathrm{Var}(\pi_t)$$
$$+ \lambda\,\mathrm{Var}(y_t)) \tag{13.37}$$

右边第一项是当所有搅乱项为 0 时可期待的损失折现值，因为在时间点 0 的信息下可看作定数项，所以 V_0 最小化归结于右边第二项的最小化。第二项是由外生性搅乱项所引起的通胀率与产出缺口方差的加权和。用此可将中央银行最小化问题定式如下

$$\min L = 0.5(\mathrm{Var}(\pi_t) + \lambda\mathrm{Var}(y_t)) \tag{13.38a}$$
$$\mathrm{s.t.}\quad \pi_t = ky_t + \delta E_t\pi_{t+1} + u_t \tag{13.38b}$$

要注意的是，(13.38a) 公式中，中央银行的损失函数是作为时间点为 0 时的 t 期无条件方差的加权和来定义的。(13.38b) 制约条件公式是 NK 菲利普斯曲线，u_t 与 (13.20d) 公式相同，是按照 AR(1) 过程，将其无条件方差设为 σ_u^2。

中央银行的政策 (y_t, π_t) 由依存于 t 期搅乱项 u_t 的曲线 (13.39) 公式来表现的，可以说中央银行选择了最佳系数 a 和 b。

$$\pi_t = au_t,\quad y_t = bu_t \tag{13.39}$$

这时，目的函数 (13.38a) 公式变为

$$L = 0.5(a^2 + \lambda b^2)\sigma_u^2 \tag{13.40}$$

另一方面，若依次将政策规则代入微分方程式即得公式如下

$$\pi_t = \frac{1 + bk}{1 - \delta\rho_u}u_t \tag{13.41}$$

因此，由此公式与 (13.39) 公式必定构成下面公式

$$a = \frac{1+bk}{1-\delta\rho_u} \tag{13.42}$$

若采用此公式,中央银行的最小化问题即归结为

$$\min_b L = \frac{1}{2}\left(\frac{(1+bk)^2}{(1-\delta\rho_u)^2} + \lambda b^2\right)\sigma_u^2 \tag{13.43}$$

1阶条件为

$$\frac{(1+bk)k}{(1-\delta\rho_u)^2} + \lambda b = 0 \tag{13.44}$$

因此得结果如下。

结果 13‐5(状态依存型结构下的最佳金融政策)

有关状态依存型结构中的通胀率与产出缺口所采取的最佳政策为

$$\pi_t^c = \frac{\lambda(1-\delta\rho)}{k^2 + \lambda(1-\delta\rho_u)^2}u_t, \quad y_t^c = \frac{-k}{k^2 + \lambda(1-\delta\rho_u)^2}u_t \tag{13.45}$$

上注 c 表示是状态依存型。即,若中央银行在时间点0,可以选择搅乱项 u_t 的曲线函数,并可以决定继续选择此系数时,上述系数是中央银行的最佳选择。

我们来看一下这与裁量型结构的不同之处。

首先,若采用(13.39)公式来分解(13.41)公式,便可列式为

$$\pi_t = \frac{1}{1-\delta\rho_u}u_t + \frac{k}{1-\delta\rho_u}y_t \tag{13.46}$$

因为在(13.30)公式所示裁量型结构的NK菲利普斯曲线中 y_t 的系数是 k,所以可知在状态依存型结构中 y_t 的系数变得很大,为 $k/(1-\delta\rho_u) > k$。 也就是说,中央银行认识到,为了增加1单位产出缺口而做出牺牲的通胀率比裁量型结构还要大。我们可以确认,若采用(13.45)公式来对裁量型结构最佳条件(13.32)公式的左边进行评价,既为

$$-\frac{\lambda y_t}{\pi_t} = \frac{k}{1-\delta\rho} > k \tag{13.47}$$

结果如下。

结果 13‐6（裁量型结构与状态依存型结构的不同）

与裁量型结构相比较,在状态依存型结构中,相对正的成本推进型冲击 $u_t > 0$,持续到将来的产出缺口的缩小空间较大,通胀率也会降低（ $y_t^c < y_t^d , \pi_t^c < \pi_t^d$ ）。

对于正的成本推进型冲击,中央银行欲通过削减产出来抑制通胀。削减 1 单位产出所得到的通胀抑制比裁量型结构还要大。因此,在状态依存型,中央银行选择大幅度削减产出。若中央银行不能够确定政策,那么由于人们不相信将来也可以这样大幅度削减产出,就不得不容忍高通胀率。但是,在状态依存型,中央银行可以确定产出缺口系数 b 的绝对值较大的政策,允许本期以后的产出缺口大幅度缩小,将通胀率控制在低水平。另外,对金融政策的特定融资,只是在人们确信中央银行没有打算在将来改变政策规则时才有可能进行。

状态依存型结构有一点非常重要,就是中央银行要在时间点 t 确定将来的政策规则,而人们的期待形成受到中央银行政策规则的影响。裁量型结构是在(13.31)公式中以 $E_t(\pi_{t+1})$ 为前提来制定政策的。相对而言,状态依存型如(13.41)公式所示,有关产出缺口的政策系数 b 会对通胀率本身产生影响。从这个意义上来说,中央银行改变状态依存型政策规则会对期待通胀率产生影响。

例题 13‐5（状态依存型结构中的金融政策）

与例题 13‐4 相同,设 $\lambda = k = 0.4, \delta = 0.84, \rho_u = 0.5$ 。 u 的无条件方差为 $\sigma_u^2 = 1$ 。问,当产生 $u_t = 0.01$ 成本推进型冲击时的最佳通胀率与产出缺口是百分之多少？并将此与例题 13‐4 的答案 2）进行比较。

解说 由(13.45)公式可得 $\pi_t^c = 0.7876u_t , y_t^c = -1.358u_t$ 。因此,当 $u_t = 0.01$ 时,通胀率为 $\pi_t^c = 0.7876\%, y_t^c = -1.358\%$ 。通胀率被压低,出产缺口的负数就会变得更大。

13.3.3 金融政策的评价基准

Taylor、Orphanides、Woodford 对中央银行有可能实现的通胀率与产出缺口的关系进行了分析研究［Taylor(1979)、Orphanides(2003)、Woodford(2003b)］。新凯恩斯的菲利普斯曲线表示了短期的**通胀与产出缺口的平衡**。一般而言，以宏观模型（NK 菲利普斯曲线及不同时间点之间的 IS 曲线）所规定的通胀率 π_t 与产出缺口 y_t 的动力为前提，中央银行能够实现的通胀率与产出缺口是有限的。即使在能够实现的组合中，可考虑的最有效的方差组合为 $(\sigma_y^{2*}, \sigma_\pi^{2*})$。即，若在作为前提的宏观模型下，来设定正的通胀率目标值 π^*，(13.38)公式之解是有效组合。

$$\min_{\pi_t, y_t} \omega \, \mathrm{Var}(\pi_t - \pi^*) + (1 - \omega)\mathrm{Var}(y_t) \qquad (13.48)$$

不过，这里 ω 表示比重。用图表来显示叫作**有效政策边界**（efficient policy frontier 或方差边界）。

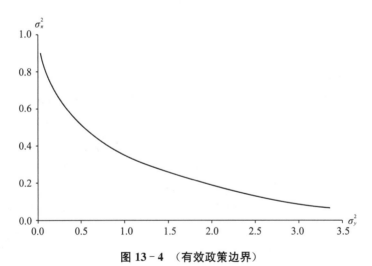

图 13 - 4　（有效政策边界）

(注)横轴为产出缺口的方差，纵轴为通胀率的方差。

图 13 - 4 表示就前一小节的模型，以比重 λ 为媒介将(13.38)公式之解作为变数的轨迹。有效政策边界表示各个方差之间的平衡。产出缺口的比重越高，就呈现轨迹左上的点，产出缺口的方差就越小，而通胀率的方差就越大。此轨迹右上方的范围，无论哪个

λ 都可以实现更小的产出缺口的方差,就此而言是无效的。而且,有效政策边界的左下范围属于不可能实现的政策。因此在这个意义上,此轨迹表示了有效政策边界。按照(13.45)公式,当 $\lambda \to 0$ 时,$\sigma_\pi^2 \to 0$,收敛为 $\sigma_y^2 \to \sigma_u^2/k^2$。还有,当 $\lambda \to \infty$ 时,$\sigma_\pi^2 \to \sigma_u^2/(1-\delta\rho_u)$,收敛为 $\sigma_y^2 \to 0$。另外,当成本推进型冲击的方差为 $\sigma_u^2 \to 0$ 时,便形成 $\sigma_\pi^2 \to 0$,$\sigma_y^2 \to 0$,平衡关系就会消失。

一般而言,中央银行并不清楚产出缺口的比重,或许中央银行本身能够自由选择比重的空间也很有限。比如日本,保持物价稳定是法律规定的目的,若没有明确表示要以经济稳定为目的时,至少在法律层面比重为 0。但是,更为现实地来考虑,若我们认为中央银行会采用以比重为 0 的目标规则,似乎有点不合理。在本章中,我们虽然使用了规则一词,但是值得注意的是,这并不意味着中央银行实际上是按照或者必须遵守这种规则。正如 Svensson(2003)等所指出的,与其说是规则,更不如说是提出了一条方针。或许这样理解更为贴切。

文献指南

储备金与银行间市场

Bartolini, L., Bertola, G., Prati, A. 2002. Day-to-day monetary policy and the volatility of the federal fund interest rate. *Journal of Money, Credit and Banking* 34, 137 – 159.

Furfine, C. 2000. Interbank payments and the daily federal funds rate. *Journal of Monetary Economics* 46, 535 – 553.

Lange, J., Sack, B., Whitesell, W. 2003. Anticipations of monetary policy in financial markets. *Journal of Money, Credv and Banking* 35, 889 – 909.

Poole, W. 1968. Commercial bank reserve management in a stochastic model: Implications for monetary policy. *Journal of Finance* 23, 769 – 791.

政策规则与通胀目标

Bank for International Settlements. 2009. *Monetary policy*

Frameworks and Central Bank Market Operations. Markets Committee Compendium.

Barro, R., Gordon, D. 1983. Rules, discretion and reputation in a mixid of monetary policy. *Journal of Monetary Economics* 12, 101 – 121.

Clarida, R., Gali, J.,Gertler, M. 2000. Monetary policy rules and macroeconomic stability: Evidence and some theory. *Quarterly Journal of Economics* 115, 147 – 180.

McCallum, B. 1988. Robustness properties of a rule for monetary policy. *Carnegie-Rochester Conference Series on Public Policy* 29,173 – 204.

Orphanides, A. 2003. Monotary policy evaluation with noisy information. *Journal of Monetary Economics* 50,650 – 631.

Rotemberg, J., Woodford, M. 1999. Interest rules in an estimated stirky price model. in Taylor,J. (ed.) *Monetary Policy Rules* NBER Business Cycles Series 31.University of Chicago Press.

Svensson,L.,1997. luflation forecast targeting: Implementing and monitoring inflation targets. *European Economic Review* 41, 1111 – 1146.

Svensson,L.,1999a. Inflation targeting as a monetary policy rule. *Journal of Monetary Economics* 43,607 – 654.

Svensson, L., 1999b. Inflation targeting: Some extensions. *Scandinavian Journal of Economics* 101,337 – 361.

Svensson,L. 2003. What is wrong with Taylor rules? Using judgment in monetary policy through targeting rules. *Journal of Economic Literature* 41, 426 – 477.

Svensson, L., Woodford. M. 2003. Implementing optimal policy through inflation-forecast targeting. *NBER working paper* 9747.

Taylor, J. 1993. Discretion versus policy rules in practice. *Carnegie-Rochester Conference Series on Public Policy* 39, 195 – 214.

Taylor, J. 1999. A historical analysis of monetary policy rules, in Taylor, J. (ed.)*Monetary Policy Rules* NBER Business Cycles Series 31.University of Chicago Press.

新凯恩斯模型与金融政策

Christiano,L., Eichenbaum, M., Evans, C. 2005. Nominal rigidities and the dynamic effects of a shock to monetary policy. *Journal of Political Economy* 113, 1 – 45.

Gali,J. 2002. New perspectives on monetary policy, inflation, and the business cycle. *NBER working paper* 8767.

Gali, J. 2011. Are central banks' projections meaningful? *Journal of Monetary Economics* 58, 537 – 550.

Goodfriend, M., King, R. 1997. The new Neoclassical synthesis and the role of monetary policy, in Bernanke, B., Rotemberg, J. (eds.) *NBER Macroeconomics Annual* 1997. Volume 12. MIT Press.

Ireland, P. 1997. A small, structural, quarterly model for monetary policy evaluation. *Carnegie-Rochester Conference Series on Public Policy* 47, 83 – 108.

McCallum, B., Nelson, E. 1997. Optimizing IS-LM specification for monetary policy and business cycle analysis. *NBER Working Paper* 5875.

Rotemberg, J., Woodford, M. 1997. An optimization-based econometric framework for the evaluation of monetary policy, in Bernanke, B.,Rotemberg,J.,(eds.)*NBER Macroeconomics Annual* 1997,Volume 12.MIT Press.

Smets, F., Wouters, R. 2003. An estimated dynamic stochastic general equilibrium model of the Euro area. *Journal of the European Economic Association* 1,(5):1123 – 1175.

Woodford,M.2003a.The Taylor rule and optimal monetary policy. *American Economic Review* 91,232 – 237.

Yun,T.1996.Nominal pricerigidity,money supply endogeneity, and business cycle. *Journal of Monetary Economics* 37,345 – 370.

金融经济学

金融政策的政策问题与最佳金融政策

Barro, R., Gordon, D. 1983. Rules, discretion and reputation in a model of monetary policy. *Journal of Monetary Economics* 12, 101 -1201.

Clarida, R., Cali, J., Gertler, M. 1999. The Science of Monetary Policy: A New Keynesian Perspective. *Journal of Economic Literature* 37, 1661 - 1707.

Clarida, R., Cali, J., Gertler, M. 2002. A simple framwork for iuternational monetary policy analysis. *Journal of Monetary Economics* 49, 879 - 904.

Cali, J., Monacelli, T. 2005. Monetary policy and exchange rate volatility in a small open economy. *Review of Economic Studies* 72, 707 - 734.

Hamada. K. 1976. A strategic analysis of monetary interdependence. *Journal of Political Economy* 84, 677 - 700.

Kydland, F., Prescott, E. 1977. Rules rather than discretion: The inconsistency of optimal plans. *Journal of Political Economy* 85, 473 - 492.

McCallum, B., Nelson, E. 2000. Monetary policy for an open economy: An alternative framework with optimizing agents and sticky prices. *Oxford Review of Economic Policy* 16, 74 - 91.

金融政策的评价标准

Ball, L. 1999. Efficient rules for monetary policy. *International Finance* 2, 63 - 83.

Orphanides, A. 2003. Monetary policy evaluation with noisy information. *Journal of Monetary Economics* 50, 605 - 631.

Rudebusch, G., Svensson, L. 1999. Policy rules for inflation targeting. in Taylor, J. (ed.) *Monetary Policy Rules* NBER Business Cycles Series 31. University of Chicago Press.

Taylor, J. 1979. Estimation and control of a macroeconomic

model with rational expectations. *Econometrica* 47. 1207 – 1286.

教科书

Gali, J. 2008. *Monetary Policy, Inflation, and the Business Cycle: An Introduction to the New Keynesian Framework*. Princeton University Press.

Walsh, C. 2003, 2010. *Monetary Theory and Policy*. Second edition. Third edition. MIT Press.

Woodford, M. 2003b. *Interest and Prices: Foundations of a Theory of Monetary Policy*. Princeton University Press.

第十四章 金融政策的宏观经济学基础

本章主要对前面章节中说过的金融政策的宏观经济学的基础理论及一些重要的议题进行说明。14.1 小节中,主要对前面章节中采纳的新凯恩斯模型不同时点间的(动态)IS 方程式与新凯恩斯的菲利普斯曲线进行说明。14.2 小节中,主要说明在新古典派的宏观模型中,货币供给量对宏观经济的影响。14.3 小节中,主要介绍近年日本经济中严重的流动性陷阱与金融政策的相关理论。

14.1 新凯恩斯模型的基础

本节主要对前面章节中考察的不同时点间的 IS 曲线和新凯恩斯菲利普斯曲线进行说明。

14.1.1 不同时点间的 IS 曲线

不同时点间的 IS 曲线在伍德福德、麦卡勒姆、尼尔森等研究的新凯恩斯模型中被频繁运用[Woodford (1996),McCallum and Nelson(1997)]。在时点 t,计划消费 c_t 的家庭开支在 t 时期的初期,拥有金融资产 α_t,获得收入 Y_t。 设名目利率为 i_t,物价为 p_t,家庭开支的预算制约公式为

$$\alpha_{t+1} = (1+i_t)(\alpha_t + Y_t - p_t c_t) \tag{14.1}$$

也就是说,从资产与收入的总和中扣除消费支出,剩余的被充当为金融资产的购入。名目所得与名目利率是外在的概率变数。家庭开支是以收入 Y_t、物价 p_t 以及初期的资产 α_t 为前提,来制定消费计划的。家庭开支是在时点 t 初期,知道名目收入后决定消费

支出的,而名目利率实在 t 期末实现的。设折现因子 $\delta < 1$,家庭开支的最佳消费计划为下面问题的解答

$$\max_{\{c_{t+j}\}} E_t \left(\sum_{j=0}^{\infty} \delta^{t+j} u(c_{t+j}) \right) \tag{14.2a}$$

$$\text{s.t.} \quad \alpha_{t+j+1} = (1 + i_{t+j})(\alpha_{t+j} + Y_{t+j} - p_{t+j} c_{t+j}) \tag{14.2b}$$

与 6.2 中的消费 CAPM 相同,这个问题可以通过概率动态设计法来求解。贝尔曼方程式为

$$v(\alpha_t) = \max_{c_t} u(c_t) + \delta E_t(v(\alpha_{t+1})) \tag{14.3}$$

$$\text{s.t.} \quad \alpha_{t+1} = (1 + i_t)(\alpha_t + Y_t - p_t c_t) \tag{14.3}$$

$v(\cdot)$ 是最大价值函数。一阶条件为

$$u'(c_t) - \delta E_t(v'(\alpha_{t+1})(1 + i_t) p_t) = 0 \tag{14.4}$$

根据包络线定理,得出

$$v'(\alpha_t) = \delta E_t(v'(\alpha_{t+1})(1 + i_t)) \tag{14.5}$$

成立,故通过把该公式代入一阶条件,得到下面的概率性欧拉方程式

$$1 = \delta E_t \left(\frac{u'(c_{t+1})}{u'(c_t)} \right) (1 + r_t) \tag{14.6}$$

通胀率为 $\pi_{t+1} = p_{t+1} / p_t$,资产的实质利率因子为 $1 + r_t = (1 + i_t)(1 + \pi_{t+1})$。上面的公式与 6.2 节中欧拉方程式(6.26)相同。

下面,假定家庭开支的效用函数为幂次方效用 $u = c_t^{1-\sigma} / (1 - \sigma)$。$\sigma$ 为相对的风险规避度,是定数。欧拉方程式如下

$$1 = \delta E_t \left(\left(\frac{c_{t+1}}{c_t} \right)^{-\sigma} (1 + r_t) \right) \tag{14.7}$$

不同时点间的 IS 曲线是通过对数近似计算法,线性化的欧拉方程式。该方法称为**对数、线性近似法**(log-linear approximation)。比如对于某个微小的 Z 来说,我们把 $\ln(1 + Z) \approx Z$ 称为对数近似。因此也可以用 $e^Z \approx 1 + Z$ 表示。下面通过动态宏观经济学来看一下定常状态(静态:steady state)。所谓的定常状态就是指,在某动态体系中,与本期变数的值相同的值在一下时期也会出现的状态[①]。在对数、线性近似法中,这些定常状态产生的微小的变化在一次式中是近似的。

[①] 数学上称为映射不动点。

现在,给 $x_t=\ln(c_{t+1}/c_t)$ 以及 $z_t=\ln\delta+\ln(1+r_t)-\sigma x_t$,认为 z_t 在定常状态的领域是微小的话,欧拉方程式(14.7)可以近似为

$$1=E_t(\exp(z_t))\approx E_t(1+z_t) \qquad (14.8)$$

对产出量的需求只有消费,设定常状态的消费为 c^* 的话,产出量缺口可以定义为 $y_t=\ln(c_t/c^*)$。运用这个定义,上面的欧拉方程式可以写成

$$y_t=E_t(y_{t+1})-\sigma^{-1}(E_t(\ln(1+r_t))+\ln\delta) \qquad (14.9)$$

这与前面章节中考察的不同时点间的 IS 曲线是相同的。

定常状态中,$c_t=c_{t+1}=c^*$ 成立,所以依据(14.7)公式,得出实质利率为 $1+r^*=\delta^{-1}$。如果定义 $\ln(1+r_t)-\ln(1+r^*)=(r_t-r^*)/(1+r^*)=\hat{r}_t$ 的话,上面公式的最后一项可以写成 $\sigma^{-1}E_t(\hat{r}_t)$。实质利率也一样,名目利率和通胀率也可定义为 $\hat{i}_t=(i_t-i^*)/(1+i^*)$、$\hat{\pi}_t=(\pi_t-\pi^*)/(1+\pi^*)$。不确定性下的费雪方程式为 $1+i_t=E_t((1+r_t)(1+\pi_{t+1}))$,所以如果设定常状态的通胀率为 π^*,名目利率为 i^* 的,即可表示为 $\hat{r}_t=\hat{i}_t-\hat{\pi}_{t+1}$。得到下面的结果:

结果 14-1(不同时点间的 IS 曲线)

$\pi^*=0$ 时,不同时点间的 IS 曲线为

$$y_t=E_t(y_{t+1})-\sigma^{-1}(\hat{i}_t-E_t(\pi_{t+1})) \qquad (14.10)$$

要注意的是这个公式与(13.20)公式的 DIS 曲线不同,表示的是名目利率的变化率。名目利率变化率的上升以及预期通胀率的降低会提高实质利率,以及减少本期的产出量缺口。该系数是相对风险规避系数的倒数。经济走势持续良好的预估会增加本期的产出量缺口。如果其他条件一定的话,下期消费的增加会降低边际替代率,并刺激减少储蓄。

14.1.2 新凯恩斯的菲利普斯曲线

在新凯恩斯模型中,垄断性竞争市场的假设是标准性的假设迪克西特和斯蒂格利茨(Dixit and Stiglitz,1977),乔治·阿克尔洛

夫和珍妮特·耶伦（Akerlof and Yellen, 1985），格里高利·曼昆（Mankiw, 1985），奥利弗·布兰查德和清泷信宏（Blanchard and Kiyotaki, 1987），劳伦斯·鲍尔和戴维·罗默（Ball and Romer, 1990）。**垄断性竞争市场**中，无数企业生产的是差异化的产品。企业 i 在个时点 t，会直接遇到向右下行的需求曲线。企业 i 的产品价格为 P_{it}，生产量为 Y_{it}。差异化的产品需求由其他产品价格及其相对价格决定，所以价格 P_{it} 为相对价格。也就是说，在设产品 i 的绝对价格为 Q_{it}，所有产品的平均价格（物价指数）为 Q_t 时，相对价格为 $P_{it} = Q_{it} / Q_t$。企业以平均价格 Q_t 以及产品的总生产量 Y_t 为前提进行经营活动。产品 i 的需求曲线为

$$Y_{it} = p_{it}^{-\eta} Y_t \tag{14.11}$$

在该需求函数中，需求的价格灵活性是一定（η）的。为了简化，这里用二次函数 $C_{it} = Y_{it}^2 / 2$ 表示企业的费用函数，$\Pi_{it} = P_{it} Y_{it} - C_{it}$ 表示利润。代入需求函数与费用函数，关于 P_{it} 最大化的话，最佳价格为 $P_{it}^* = b Y_t^a$。但 $a = 1/(1+\eta)$，$b = ((1-a)/(1-2a))^a$。图 14-1 的左边表示的是决定该最佳价格的常见图表。

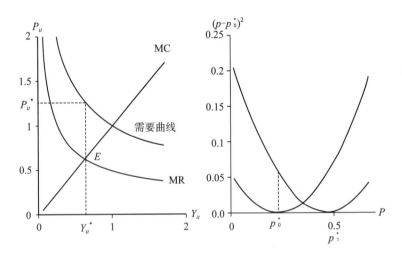

图 14-1　（最佳价格：垄断性竞争与时间差价格调整）
（注）左图表示的是 $\eta = 2$ 时，垄断性竞争企业的利润最大化点 E 与最佳价格 P_{it}^*。右图表示的是两个不同 p^* 下的二次方。

取对数的话，

$$p_{it}^* = p_t + \mathrm{In}b + ay_t \qquad (14.12)$$

成立。但 $p_{it} = \mathrm{In}Q_{it}$，$p_t = \mathrm{In}Q_t$，$y_t = \mathrm{In}Y_t$，[①]。诺特博格和卡尔夫揭示了价格调整的成本会带来刚性的价格的观点。[Rotemberg (1982a,b),Calvo(1983)]。企业没有设定每期价格的机会,所以时点 t,可变更价格的概率是 $1-\theta$。这样的模型设定称为卡尔夫型的价格设定。一般来说,根据企业,把价格设定的时机偏离模型称为时间差价格(staggered price)调整模型。时点 t 时,用概率 θ 不能变更价格,所以时点 $t+1$ 的价格通过概率 θ 变为前期的价格 ($P_{i,t+1} = P_{it}$),产生与最佳价格的背离 $P_{it} - P_{it}^*$,企业接下来,在价格设定的机会到来前,以产生该背离的产生为依据,调整 t 期的价格。

在伸缩性价格设定基础下的最佳价格中,泰勒展开利润函数的话,得出

$$\prod(p_{it}) = \prod(p_{it}^*) - h(p_{it} - p_{it}^*)^2 \qquad (14.13)$$

一次项通过一阶条件消去, $h = -(\partial^2 \prod(P_{it}^*)/\partial P_{it}^{*2})/2$ 为二次项的正数系数[②]。因此对数价格的背离 $p_{it} - p_{it}^*$ 越大,企业的利润就越小。图 14-1 右侧中,就两项不同的最佳价格,用图标的形式展示了该背离的平方项。p_{it}^* 通过 Y_t 的变动发生变动,因此即便使平方项最小化,将来也会产生价格的背离。

因此企业的利润最大化与上面二次项的折现值的最小化时同等的。也就是最佳化问题是

$$\min_{p_{it}} L_t = E_t\left(\sum_{j=0}^{\infty} \theta^j \delta^j (p_{it} - p_{i,t+j}^*)^2\right) \qquad (14.14)$$

$\delta < 1$ 是折现因子。在时点 t,有价格设定的机会时,在时点 $t+1$ 时,必须继续设定其价格的概率为 θ,在时点 $t+j$ 时,必须继续设定价格 p_{it} 的概率为 θ^j。该折现值表示的是在时点 t 设定价格 p_{it} 时的净亏损。

---

① 产品 i 在 $[0,1]$ 区间连续存在,总生产量 Y_t 为 Y_{it} 的 CES 函数时,物价指数可以定义为 $Q_t = \left(\int_0^1 Q_{it}^{1-\eta}di\right)^{1/(1-\eta)}$。

② 根据对数近似,运用 $\mathrm{In}P_{it} \approx P_{it} - 1$ 成立的情况,得出 $P_{it} - P_{it}^* = \mathrm{In}Q_{it} - \mathrm{In}Q_{it}^*$。

根据一阶条件,时间差价格设定下的最佳价格设定如下

$$\hat{p}_{it} = (1-\theta\delta)E_t\left(\sum_{j=0}^{\infty}\theta^j\delta^j p_{i,t+j}^*\right) \tag{14.15}$$

有一点我们要注意,时间差价格设定下的最佳价格 $\hat{p}_{it}$ 是图 14-1右图中平方项的预期折现值的最小值。在时点 $t+1$,同样的公式成立,所以代入上面公式的话,得到下面的公式

$$\hat{p}_{it} = (1-\theta\delta)p_t^* + \theta\delta E_t(\hat{p}_{i,t+1}) \tag{14.16}$$

下面我们来看一下,所有企业设定相同价格的对称性均衡(symmetric equilibrium)。也就是考察 $p_{it}=p_t$,$p_{it}^*=p_t^*$,$\hat{p}_{it}=\hat{p}_t$ 成立。通过 t 期时,θ 比率的企业设定 $t-1$ 期的价格,$1-\theta$ 比率的企业设定 $\hat{p}_t$,这样的时间差价格调整,得出 t 期的平均价格为

$$p_t = (1-\theta)\hat{p}_t + \theta p_{t-1} \tag{14.17}$$

图 14-2 表示的是时间差价格调整下的平均价格的推移。

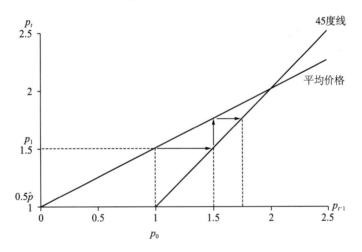

图 14-2 （时间差价格调整下的平均价格的推移）
(注)横轴为前期的价格,纵轴为现期的价格。

这里, $p_0=1$,$\hat{p}_t=2(t=1,2\cdots)$。平均价格上升到 $p_1=1.5$,$p_2=1.75$,后面的无限期间中,描述的是收敛为 $\hat{p}=2$ 的情况。$\theta \to 0$ 时,几乎所有企业的价格调整成为可能,所以产品的平均价格接近最佳价格 p_t^*。$\theta \to 1$ 时,现期价格接近前期价格 p_{t-1}。价格变动

金融经济学

概率$(1-\theta)$越低,**价格的刚性**越强,价格调整变为非伸缩性。

运用第 1 期的(14.17)公式,把计算出 $E_t(\hat{p}_{t+1})$ 的代入(14.16)公式,得出

$$\hat{p}_t = (1-\delta\theta)p_t^* + \theta\delta(1-\theta)^{-1}(E_t(p_{t+1}) - \theta p_t) \quad (14.18)$$

代入(14.17)公式,再把(14.12)公式代入并整理的话,得出下面的结果。

结果 14 – 2(新凯恩斯・菲利普斯曲线)

新凯恩斯・菲利普斯曲线用下面的公式表示

$$\pi_t = \delta E_t(\pi_{t+1}) + ky_t + v \quad (14.19)$$

这里,$k = a(1-\theta)(1-\delta\theta)/\theta$。这与(13.20a)公式的 NK 菲利普曲线相同。在不完全竞争市场中的上述时间差价格调整下,企业基于将来的预期价格与产出量,来决定现期价格,因此通胀率依靠的是将来的预期通胀率与产出量。1% 的预期通胀率的上升将引起 δ % 的通胀率上升。

14.1.3 通胀率的持续性

作为价格等刚性的原因,费希尔、菲利普斯、泰勒强调了工资、价格在一定的合同期间内不能变更这一点。[Fischer(1977)、Phelps and Taylor(1977)、Taylor(1979)]。劳动者的工资合同制定是 N 期间内的工资。各劳动者的工资合同有时间差,平等地对每 $1/N$ 的劳动者进行每期合同的更改。下面我们来看一下 $N=2$ 的情况。设 t 期的工资(对数)为 w_t,物价(对数)为 p_t。工资合同用名目工资 w_t 表示,假定劳动者的**相对实际工资** $x_t = w_t - p_t$ 由下面的公式决定

$$x_t = (x_{t-1} + E_t(x_{t+1}))/2 + ky_t \quad (14.20)$$

x_{t-1} 是 $t-1$ 期时,签订合同的劳动者的实际工资,$E_t(x_{t+1})$ 是 $t+1$ 时的实际工资的预期值。对于签订 t 期合同的劳动者来说,t 期中剩下的一半时期是 $t-1$ 时点的合约人,$t+1$ 期中剩下的一半时期是 $t+1$ 时点的合约人,因此会介意与这些的相对差。上面公式的第一项表示的是,如实际工资变为前期与后期的平均这样来签订名目工资。希尔勒和摩尔把这样的合约称为**相对工资契约**

(relative contracting)[Fuhrer and Moore(1995)]。这被定位为**时间差工资**的一种。上述公式第二项表示的是,产出量差距 y_t 大的时候,名目工资上升($k>0$)。取上述公式的差分,得出

$$\Delta x_t = E_t(\Delta x_{t+1}) + 2ky_t \tag{14.21}$$

但 $\Delta x_t = x_t - x_{t-1}$。回到名目工资的话,变为

$$\Delta w_\tau = E_\tau(\Delta w_{\tau+1}) + \pi_r - E_\tau(\pi_{\tau+1}) + 2ky_\tau (\tau = t, t-1) \tag{14.22}$$

$\pi_t = p_t - p_{t-1}$ 为通胀率。除去产出量差距项的话,上面的公式意味着,名目工资的预期上升幅度必须与通胀率的预期上升幅度相同。

物价的价格是通过在平均工资上增加一定比例这样的加成定价原理来制定的。但为了简单化,这里设加价率为 0,对数的物价与平均工资间有这样的关系,

$$p_t = (w_t + w_{t-1})/2 \tag{14.23}$$

右边是 t 期的平均工资。从该公式中,可以知道

$$\pi_t = (\Delta w_t + \Delta w_{t-1})/2 \tag{14.24}$$

成立,再取其预期值的话,可以得出预期通胀率与预期平均工资的关系

$$E_\tau(\pi_{\tau+1}) = (E_\tau(\Delta x_{\tau+1}) + \Delta x_\tau)/2 (\tau = t, t-1) \tag{14.25}$$

把(14.22)公式与(14.25)公式代入(14.24)公式的话,得出下面的结果。

结果 14-3(通胀率的持续性)

在相对工资契约模型中,通胀率中产生持续性,也就是

$$\pi_t = (\pi_{t-1} + E_t(\pi_{t+1}))/2 + k(y_t + y_{t-1}) + u_t \tag{14.26}$$

成立。

u_t 为前期的预测误差。现期的通胀率 π_t 受到前期通胀率 π_{t-1} 的情况称为**通胀率的持续性**。这里,其系数为 1/2。之前看到的 NK 菲利普斯曲线(14.19)公式中,该系数为 0,通胀率不持续。相对工资契约模型中,NK 菲利普斯曲线上附加了滞后项。并且区别了通胀率的持续性与物价水平的惯性。泰勒(Taylor, 1979, 1980)模型中,上面的公式变为 $\pi_t = E_t(\pi_{t+1}) + k(y_t + y_{t-1}) + u_t$,通胀率中不发生持续性。取而代之的是,物价水平中产生刚性,公式 $p_t =$

$(p_{t-1}+E_t(p_{t+1}))/2+k(y_t+y_{t-1})/2$ 成立。

例题 14-1（NK 菲利普斯曲线）

1) 折现因子为 $\delta=0.8$，价格变更概率为 $1-\theta=0.5$，需要的价格弹性为 $\eta=2$。求 NK 菲利普斯曲线(14.19)公式。并且看一下，价格变更概率上升到 $1-\theta=0.75$ 的话，NK 菲利普斯曲线中，对 π_t 的 y_t 的感应度发生怎样的变化。

2) 比较两个 NK 菲利普斯曲线。第一个是 $\pi_t=E_t(\pi_{t+1})+0.2(y_t+y_{t-1})$，另一个是(14.26)公式的 $\pi_t=(\pi_{t-1}+E_t(\pi_{t+1}))/2+0.2(y_t+y_{t-1})$。预期通胀率为 $E_{t+1}(\pi_{t+2})=E_t(\pi_{t+1})=0.2$、$y_{t+1}=y_t=y_{t-1}=0.02$、$\pi_{t-1}=0.04$ 的时候，比较两个 NK 菲利普斯曲线的通胀率 π_t、π_{t+1}。

解说 1) 根据 $\eta=(1-a)/a$，得出 $a=1/(1+\eta)=1/3$，所以 $k=(1/3)(1-0.5)(1-0.8\times0.5)/0.5=0.2$。

并且由于 $b=((1-1/3)/(1-2/3))^a=1.26$，所以 $v=(1-\theta)(1-\delta\theta)\ln b/\theta=0.139$。因此 NK 菲利普斯曲线变为 $\pi_t=0.8E_t(\pi_{t+1})+0.2y_t+0.139$。降低到 $\theta=0.25$ 的话，上升到 $k=0.8$。

2) 前者中，$\pi_t=0.02+0.2(0.02+0.02)=0.028$，

$\pi_{t+1}=0.02+0.2(0.02+0.02)=0.028$。后者中，

$\pi_t=(0.04+0.02)/2+0.2(0.02+0.02)=0.03+0.008=0.038$，

$\pi_{t+1}=(0.038+0.02)/2+0.2(0.02+0.02)=0.029+0.008=0.037$。

这样的话，(14.26)公式的 NK 菲利普斯曲线中，π_{t-1} 的 4% 的通胀在 $t,t+1$ 期时持续。

14.2 通胀率与货币持有

14.2.1 名目利率与货币持有

标准的微观经济学的一般均衡模型中，一般货币不包含在产

品内,由一般货币均衡决定的是产品的相对价格[1]。导入货币的话,把货币的价格定为1,绝对价格被决定,但只要没有对货币的需求,最佳货币持有量为0。宏观经济学中,为了考察物价水平与通胀率,或者名目利率的决定问题,把存款需求考虑在内的分析是必不可少的。米格尔·塞朝斯基与丹亭们分析了在有货币持有动机的人类经济中,金融政策对经济的影响[Miguel Sidrauski(1967),Danthine et al.(1987)]。下面我们来看一下制定无限期消费计划的家庭开支。有无数个家庭开支的存在,但这里把全体人口基准化为1。不明确考虑企业,家庭开支直接持有资本(用于生产的实物资产)k_t。并且,家庭开支持有货币(或者现金存款)M_t[2]。设消费为 c_t,实际所得为 y_t,把家庭开支的预算制约公式设为

$$p_t c_t + p_t(k_{t+1} - k_t) + M_{t+1} - M_t = p_t y_t + S_t \quad (14.27)$$

右边为名目所得 $p_t y_t$ 与政府的转移支付 S_t 的和。对家庭开支的转移支付 S_t 是政府、中央银行发行货币得到的铸造利益。但货币的发行费用位0,政府的运营费用也为0。左边表示的是所得充当名目消费 $p_t c_t$、t 期的实物投资 $p_t(k_{t+1} - k_t)$ 以及货币余额的增量。而这里要注意的是,货币 M_t 与转移支付 S_t 为名目值,c_t、y_t、k_t 为实际值。

生产函数为 $y_t = f(k_t)$,增加及凹函数为 $f' > 0$,$f'' < 0$[3]。并且,**实际货币余额**为 $m_t = M_t/p_t$,实际转移支付为 $s_t = S_t/p_t$,通胀率为 $\pi_{t+1} = p_{t+1}/p_t - 1$。把这些公式代入预算制约公式,两边除以 p_t,可以得出实际的预算制约公式

$$c_t + k_{t+1} + m_{t+1} = (k_t + m_t) + (f(k_t) + s_t) - \pi_{t+1} m_{t+1}$$

$$(14.28)$$

公式左边表示消费与 t 期的期末资产余额,右边表示时点 t 的初期资产余额与家庭开支的合计所得。最后一项表示通胀所产生的实际货币余额的损耗,称为通胀税。根据1日元货币的实际价值只减少 $1/p_{t+1} - 1/p_t = -\pi_t/((1+\pi_t)p_t)$ 的原则。

t 期的家庭开支的效用通过消费 c_t 以及实际货币余额 m_t 的函

金融经济学

---

① 但把需求的某种产品作为货币使用的情况是另外的情况。

② 这里,把不产生利息的资产定义为货币。

③ 在学术上,假定稻田条件 $f(0)=0$、$f'(0)=0$、$f'(\infty)=0$。

数 $u(c_t, m_t)$ 得出。这里认为,货币通过产品交易容易化的便利性,给家庭开支带来影响。假定这样的效用函数的模型,称为 **MIU**(money in the utility)模型。关于各 c_t、m_t,边际效用为正($u_c > 0$,$u_m > 0$),边际效用假定不递增($u_{cc} \leqslant 0$,$u_{mm} \leqslant 0$)。但下方的字各自表示一阶偏微分与二阶偏微分。

家庭开支的最佳消费计划在(14.28)公式下,通过使效用的折现值

$$\max_{c_t, m_t, k_t} U = \sum_{t=0}^{\infty} \delta^t u(c_t, m_t) \tag{14.29}$$

最大化而得出。但 $\delta(<1)$ 为折现因子。如下构成拉格朗日量

$$L = \sum_{t=0}^{\infty} \delta^t (u(c_t, m_t) + \delta\lambda_{t+1}(k_t + m_t + f(k_t) + s_t - c_t - k_{t+1} - (1 + \pi_{t+1})m_{t+1}) \tag{14.30}$$

在最大值原理(maximun principle)中,把关系到 δ^t 的括弧内称为当期价值哈密尔敦函数。这里要注意的是,涉及决定 $t+1$ 期货币余额与资本存储的预算制约的拉格朗日乘数 λ_t 是乘以 δ,被折价的。拉格朗日量最大化的一阶条件是

$$c_t: \quad u_c = \delta\lambda_{t+1} \tag{14.31a}$$

$$m_t: \quad u_m = -\delta\lambda_{t+1} + \lambda_t(1 + \pi_t) \tag{14.31b}$$

$$k_t: \quad \delta\lambda_{t+1}(1 + f'(k_t)) = \lambda_t \tag{14.31c}①$$

设资本的边际生产力与实际利率因子($f'(k_t) = r_t$)相等,把(14.31a)公式代入(14.31c)公式的话,得出

$$\frac{\delta u_c(c_t, m_t)}{u_c(c_{t-1}, m_{t-1})}(1 + r_t) = 1 \tag{14.32}$$

这是消费的欧拉方程式,与(14.6)公式类似。实际利率越高,越会增加 t 期额消费,减少 $t-1$ 期的消费,为最佳方式。通过(14.31b)与(14.31c)公式,可以得出 $u_m = \delta\lambda_{t+1}r_t + \lambda_t\pi_t$。运用(14.31)公式以及欧拉方程式,并整理的话,得出

$$\frac{u_m}{u_c} = R_t \equiv (1 + r_t)(1 + \pi_t) - 1 \tag{14.33}$$

该公式表示的是货币和消费的边际替代率与名目利率相等 R_t,名目利率越高,就越会减少存款持有,扩大消费,为最佳方式。

---

① 这里由于篇幅的关系,省略了初期条件与横截面条件的论述。

通过以上内容,可以得出下面的结果。

结果 14 - 4(MIU 模型中的消费与货币持有)

名目利率的变化给实际货币余额带来影响,但只要实际利率不变化,就不会引起消费的变动。前半部分是依据(14.33)公式,后半部分是依据(14.32)公式。

实际变数的消费、实际货币余额、资本、拉格朗日乘数分别为 c^*、m^*、k^*、λ^*,来看一定的定常状态。一阶的条件是

$$u_c(c^*, m^*) = \delta\lambda^* \tag{14.34a}$$

$$u_m(c^*, m^*) = \lambda(1 + \pi - \delta) \tag{14.34b}$$

$$\delta\lambda(1 + f'(k^*)) = \lambda \tag{14.34c}$$

并且,定常状态下,实际货币余额是一定的,所以

$$0 = \Delta(M/P) = (\Delta M/M - \pi)m \tag{14.35}$$

成立。也就是说,如果设**名目货币余额**的增长率为 $\theta = \Delta M/M$ 的话,通胀率与**名目货币增长率**必须相等 $\pi = \theta$。 得到下面的结果。

结果 14 - 5(货币的超中性)

名目货币余额增长率 θ 不影响定常状态的消费 c^* 以及资本 k^* 的水平。根据(14.34c)公式,定常状态的资本被定为满足 $1 + f'(k^*) = \delta^{-1}$ 的水平,首先可以确认增长率 θ 与独立的情况。下面,定常状态下的预算制约公式是

$$c^* = y^* + s - \pi m^* \tag{14.36}$$

政府的预算制约公式用等号成立的时候,名目的转移支付额为

$$S_t = M_{t+1} - M_t \tag{14.37}$$

所以在实际基础上, $s^* = \pi m^*$。 因此根据 $c^* = y^*$,消费也从 θ 独立。如此,消费等实际变数从名目货币余额的增长率中独立,这称为**货币的超中性**。

另一方面,把(14.34a)和(14.34c)公式代入(14.34b)公式,并代入 $\pi = \theta$ 的话,得出

$$u_m = (\delta^{-1}(1 + \theta) - 1)u_c \tag{14.38}$$

因实际货币余额不独立为增长率 θ。全微分上面的公式,设 $dc = 0$ 的话,得出

$$dm = \frac{\delta^{-1} u_c}{u_{mm} - u_{cm}(\delta^{-1}(1+\theta)-1)} d\theta \qquad (14.39)$$

$\theta > 0$ 的话，$\delta^{-1}(1+\theta) > 1$，所以在 $u_{mm} < 0$ 的基础下，如果 $u_{cm} > 0$ 的话，必定 $dm/d\theta < 0$[①]。根据费雪方程式 $1 + i_t = (1 + r_t)(1 + \pi_t)$，通胀率 π 高的时候，名目利率 R 也高。名目利率是货币保有的机会费用，所以通常来说，货币增长率越高，实际货币余额越少。

例题 14-2（MIU 模型）

家庭开支的效用函数为 $u = 2\sqrt{c_t} + 2\sqrt{m_t}$，折现因子为 $\delta = 0.95$，生产函数为 $y_t = 2\sqrt{k_t}$。名目货币余额的增长率为 $\theta = 0.03$，求定常状态下的 y^*、c^*、m^*。并求名目货币余额的增长率为 $\theta = 0.05$ 时的定常值。

解说 （14.34c）公式中，$f'(k^*) = 1/\sqrt{k^*} = \delta^{-1} - 1 = 0.0526$，所以得出 $y^* = 2\sqrt{k^*} = 38$。$c^* = y^* = 38$。下面通过（14.34a）公式，我们知道 $\lambda^* = 1/(\delta\sqrt{c^*}) = 0.171$。把该数值用到（14.34b）公式中，得出 $u_m(c^*, m^*) = 1/\sqrt{m} = 0.171 \times (1.03 - 0.95) = 0.0137$，所以 $m^* = 5359$。名目货币余额增长率为 $\theta = 0.05$ 时，减少到 $m^* = 3430$。c^* 和 y^* 相同。

14.2.2 铸币税与最佳通胀率

下面我们把政府的预算制约公式（14.37）代入前面小节中的预算制约公式（14.27）中，预算制约公式变为

$$p_t c_t + p_t(k_{t+1} - k_t) = p_t y_t \qquad (14.40)$$

根据铸造税的转移支付，可以确认货币持有的增量是完全被抵消的。这是由于政府、中央银行完全没有进行货币发行以外的活动。因此，家庭开支即可以满足预算制约，也可以持有任意的货币余额。货币的发行费用仅为 0，货币持有的边际效用最低也仅为

---

① 满足 $u_{cm} > 0$ 条件的财产称为埃奇沃思·帕累托（Edgeworth, F., Pareto, V.）的互补物，保证财产是正常财。

0,让人们持有货币直到边际效用变成 0 为止是社会最佳的。得出下面的结果。

结果 14‑6(弗里德曼的最佳通胀率)

人们可以持有任意的货币余额时,为了使货币保有的边际效用变为 0,把名目货币余额增长率设为 $\theta=\delta-1$,把通胀率设为 $\pi^*=-r$,这是最合适的。

定常状态的(14.38)公式中,为了使 $u_m=0$,在 $u_c>0$ 的基础下,必须 $1+\theta=\delta$。根据 $\pi=\theta$,把货币余额的名目增长率 θ 变为 $\delta-1<0$ 的时候,通胀率也变为 $\pi=\delta-1=(1+r)^{-1}-1<0$。从费雪方程式与(14.34c)公式中,得出名目利率为 $R=(1+r)(1+\pi)-1=\delta^{-1}\delta-1=0$。这称为**弗里德曼定理**(Friedman),主张最佳通胀率是实际利率乘以 -1[Friedman(1969)]。一般来说,实际利率为正数,所以通货紧缩是最佳的。由于货币的实际收益率为 $-\pi$,所以在通货膨胀下,货币持有是要花费成本的。为了使人们持有足够的货币,必须 $\pi=-r<0$,名目利率为 0,货币的实际收益率为正数。

14.2.3 货币先行制约

作为考虑货币持有的宏观模型,克拉奥、格朗蒙、尤纳斯及斯文松们[Clower(1967),Grandmont and Younes(1972),Svensson(1985)]考察了 **CIA** 模型(货币先行模型)。MIU 模型中,货币持有会带来效用,所以人们通过支付名目利率这个成本来持有货币。但由于越是持有货币,效用就越高,所以与其持有货币,还不如持有结算所需的最小货币,也许这样更现实[①]。本小节认为,人们要进行消费支付,就必须要有与此相同额度以上的货币。为了简单化,货币在规定的期间内只能使用一次。也就是假定货币的流通速度为 1(周转率)。不等式制约

$$p_t c_t \leqslant M_{t-1}+S_t \tag{14.41}$$

---

① 这两个模型之外,还有货币减少交易成本的购买时间模型[布劳克芬(Brock 1974),芬斯特拉(Feenstra 1986)]。

金融经济学

称为 **CIA 制约**。公式左边为消费支出额,右边为初期货币持有额与政府转移支付的承担额 S_t。下面我们来看一下等号成立的情况。设实际铸造税为 $s_t = S_t/p_t$ 的话,实际的 CIA 制约条件变为

$$c_t = \frac{m_{t-1}}{1+\pi_t} + s_t \tag{14.42}$$

政府的转移支付通过消费品支付的话,家庭开支通过供给的实际货币余额购入 $c_t - s_t$ 的产品。

设家庭开支的实际所得为 y_t,债券的名目余额为 B_t 的话,家庭开支的预算制约公式为

$$B_t + M_t = p_t y_t - p_t c_t + (1+R_{t-1})B_{t-1} + M_{t-1} + S_t \tag{14.43}$$

右边是扣除所得(包含利息)与金融资产余额产生的消费支出之后的。两边都除以 p_t 的话,得出实际的预算制约公式

$$c_t + b_t + m_t - s_t - y_t = ((1+R_{t-1})b_{t-1} + m_{t-1})/(1+\pi_t) \tag{14.44}$$

$b_t = B_t/p_t$ 是实际债券余额。设效用函数为 $u(c_t)$ 的话,家庭开支的最大化问题就是在制约条件(14.42)与(14.44)公式下,使

$$\max_{c_t, b_t} U = \sum_{t=0}^{\infty} \delta^t u(c_t) \tag{14.45}$$

最大化的问题。

定义拉格朗日量,设预算制约的乘数为 λ_t,CIA 制约的乘数为 μ_t 的话,最佳的一阶条件变为

$$c_t: \quad u_c = \lambda_t + \mu_t \tag{14.46a}$$
$$b_t: \quad \lambda_t = \delta \lambda_{t+1}(1+R_t)/(1+\pi_{t+1}) \tag{14.46b}$$
$$m_t: \quad \lambda_t = \delta(\lambda_{t+1} + \mu_{t+1})/(1+\pi_{t+1}) \tag{14.46c} [①]$$

政府的预算制约公式为 $S_t = M_t - M_{t-1}$,所以在实际情况中,$s_t = m_t - m_{t-1}/(1+\pi_t)$ 成立。因此定常状态下,$s^* = \pi m^*/(1+\pi)$。定常状态的 CIA 制约(14.42)公式变为 $c^* = s^* + m^*/(1+\pi)$。从这两个公式中,我们可以知道定常状态下,$c^* = m^*$ 成立。根据(14.46b)公式,实际利率与前面的小节一样变成了 $1+r^* = 1/\delta$。定常状态下,净的资金借贷作为 0 来考虑就可以了,所以根据家庭

---

① 由于篇幅的关系,省略了横截面条件等的论述。

开支的预算制约公式，$c^* + m^* - s^* - y^* = m^*(1+\pi)$ 成立。因此变为 $y^* = c^*$。也就是说，在该 CIA 模型中，与 MIU 模型一样，货币的超中性是成立的。但 CIA 模型中，与 MIU 模型不同的是，定常状态下的货币持有与消费量是相同的。（$c^* = m^*$）。定常状态下，货币增长率与通胀率相等（$\theta = \pi$），所以即使提高名目货币增长率，定常状态的实际货币余额持有量也不会改变。

例题 14-3（CIA 模型）

家庭开支的效用函数为 $2\sqrt{c_t}$，折现因子为 $\delta = 0.95$。实际产出量为 $y^* = 38$，是一定的，名目货币余额的增长率为 $\theta = 0.03$。表示 (14.46) 公式的条件，求定常状态的 c^* 与 m^*、拉格朗日乘数 λ^* 以及 μ^*。并求定常状态的铸币税，确认定常状态的 CIA 制约公式 (14.42)。

解说）(14.46a) 公式为 $1/\sqrt{c} = \lambda_t + \mu_t$，(14.46b) 公式为 $\lambda_t = 0.95\lambda_{t+1}(1+R_t)/(1+\pi_{t+1})$，(14.46c) 公式变为

$$\lambda_t = 0.95(\lambda_{t+1} + \mu_{t+1})/(1+\pi_{t+1})$$

定常状态下，根据预算制约，$c^* = 38$。由于 $\pi = \theta = 0.03$，所以如果设 $\lambda^* = \lambda_t = \lambda_{t+1}$ 的话，根据 (14.46b) 公式，得出 $1 + R = (1 + 0.03)/0.95 = 1.084$。根据 (14.46c) 公式，$\mu^* = (0.05 + 0.03)\lambda^*/0.95 = 0.0842\lambda^*$，所以代入 (14.46a) 公式的话，$\lambda^* + \mu^* = 1.0842\lambda^* = 1/\sqrt{c^*} = 0.162$。故得出 $\lambda^* = 0.150$。并且，$\mu^* = 0.0126, m^* = c^*$，得出 $m^* = 38$。铸币税为 $s^* = 0.03m^*/(1+0.03) = 1.107$。CIA 制约公式 (14.42) 的右边变为 $38/1.103 + 1.107 = 38$，等于消费量。

14.3 流动性陷阱

14.3.1 流动性陷阱与名目利率的零下限

贝哈鲍比们分析了流动性陷阱下的金融政策的效果 [Benhabib, Schmitt-Grohe, Uribe 等 (2001, 2002)]。下面我们来看

一下 14.2.1 小节中考察的 MIU 模型的连续时间模型。设时点 t 的折现因子为 $e^{-\delta t}$。抽象舍去资本存储,取而代之的是考察政府发行的债券 B。并且所得 y 为外生变量。设消费为 c,价格为 p,名目利率为 R,货币余额为 M。连续模型中,这些变量都用时间的函数 $x(t)$ 表示,产生关于时间的微分,表示为

$$\dot{x} = \frac{dx(t)}{dt} \tag{14.47}$$

但下面为了表记简单,只单单把 $x(t)$ 表记 x。家庭开支的瞬间预算制约公式为

$$pc + \dot{M} + \dot{B} = e^{R}B + py \tag{14.48}$$

实际资产余额定义为 $a = (M+B)/p$,通胀率定义为 $\pi = \dot{p}/p$ 的话,实际资产余额的演变用

$$\dot{a} = (\dot{M} + \dot{B})/p - \pi a \tag{14.49}$$

表示。把家庭开支的预算制约公式代入该公式,我们就知道实际资产的发展变为

$$\dot{a} = (R-\pi)a - Rm(y-c) \tag{14.50}$$

这称为实际资产的**动态方程式**(或变化方程式)。右边第一项意味着实物资产带来 $R-\pi$ 的实际利率部分的收益。$m = M/p$ 为实际货币余额,第二项意味着货币持有失去名目利率部分的收益。第三项表示流通量的储存部分。

与 14.2.1 小节那样,来看 MIU 模型的效用函数 $u(c,m)$。在 (14.50) 公式下,家庭开支的最佳消费计划可以通过使效用的折现价值

$$\max_{c,m} U = \int_{0}^{\infty} e^{-\delta t} u(c,m) dt \tag{14.51}$$

最大化来实现。用最大值原理,当期价值哈密顿量被定义为

$$H = u(c,m) + \lambda(y - c + (R-\pi)a - Rm) \tag{14.52}$$

这里,a 是状态变量,λ 是共轭变量。最佳条件是

$$H_c = 0: \quad u_c = \lambda \tag{14.53a}$$

$$H_m = 0: \quad u_m = \lambda R \tag{14.53b}$$

$$\dot{\lambda} = -H_a + \delta\lambda: \quad \dot{\lambda} = -\lambda(R - \delta - \pi) \tag{14.53c}$$

$$\dot{a} = H_\lambda \tag{14.53d}$$

以及横截面条件。

下面我们来看一下明确考察**名目利率零下限**（非负约束）的线性名目利率操作法。正如在（14.34c）公式中看到的那样，MIU 模型的定常状态下，一般实际利率与折现因子的倒数是相等的。连续时间模型中，瞬间的实际利率因子与瞬间的折现因子之间，$e^r = e^\delta$ 成立。因此在 13.2.1 小节的泰勒法则（13.7）公式中，如果设 $b_0 = \delta$、产出量缺口为 0 的话，名目利率的目标值为

$$R^* = R^n + \phi(\pi - \pi^*) \tag{14.54}$$

但 $R^n = \delta + \pi^*$ 是 $\pi = \pi^*$ 时的中性名目利率。并且系数 ϕ 是正数，假定泰勒原理 $\phi > 1$。名目利率的非负约束可以表示为 $R \geqslant 0$，所以如图 14.3 所示，考虑非负约束的操作法则可以表示为

$$R(\pi) = \max\{0, R^*\} \tag{14.55}$$

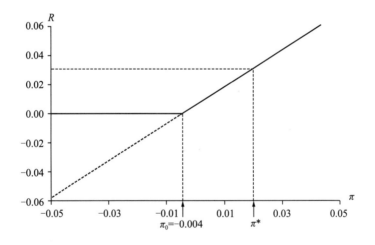

图 14 - 3　（考虑非负约束的操作法则）
(注)实线表示考虑非负约束的泰勒法则。虚线表示不考虑非负约束时的泰勒法则的负数部分。$\pi^* = 0.02, \delta = 0.01, \phi = 1.25$ 的时候。

图中的 π_0 表示实现可能的通胀率下限

$$\pi_0 = \pi^* - \phi^{-1} R^n < 0 \tag{14.56}$$

如例所示，把效用函数设为

$$u = \begin{cases} \mathrm{In}m + \mathrm{In}(c - m) & \text{for} \quad m < \overline{m} \\ \mathrm{In}\overline{m} + In(c - \overline{m}) & \text{for} \quad m \geqslant \overline{m} \end{cases} \tag{14.57}$$

金融经济学

来进行论述。也就是实际余额在 $\overline{m}$ 以上,效用饱和,追加的货币持有不会带来效用的增加 $u_m = 0$。到饱和水平之前,货币与消费是互补物 $u_{cm} > 0$。

下面我们来看一下当初的通胀率在 $\pi_0 < \pi < \pi^*$ 范围的情况。如果把产品市场的均衡条件 $y = c$ 运用到(14.53a,b)公式中的话,作为满足 $m < \overline{m}$ 的内点解,可以得出

$$m = \frac{y}{2 + R^*}, \lambda = \frac{2 + R^*}{(1 + R^*)y} \tag{14.58}$$

共轭变量是名目利率的减少函数 $(d\lambda / dR^* < 0)$。微分化的话,得出

$$\dot{\lambda} = \frac{d\lambda}{dR}\frac{dR}{d\pi}\frac{d\pi}{dt} = \frac{-\phi}{y(1 + R^*)^2}\dot{\pi} \tag{14.59}$$

另一方面如果把(14.58)公式代入(14.53)公式的话,可以得出

$$\dot{\lambda} = -\frac{(2 + R^*)\phi}{(1 + R^*)y}(R - \delta - \pi) \tag{14.60}$$

根据两公式,得出

$$\dot{\pi} = (1 + R^*)(2 + R^*)\phi^{-1}(R(\pi) - \delta - \pi) \tag{14.61}$$

这表示正数名目利率下,通胀率的动态方程式。

通胀率变为一定 $(\dot{\pi} = 0)$ 时,是 $R(\pi) = \delta + \pi$ 的时候。图14.4中描述的是(15.55)公式的 $R(\pi)$ 与 $\delta + \pi$ 的两个图表。有两个交点 A 和 B。A 点是 $\pi = \pi^*$ 的时候,$R^* = \delta + \pi^*$ 成立。也就是名目利率正好等于 R^n。B 点是 $\pi = \pi_B \equiv -\delta$ 的情况,名目利率变为 R=0。靠 A 点右侧与靠 B 点左侧,$R(\pi) > \delta + \pi$ 成立,变为 $\dot{\pi} > 0$。在 A 点与 B 点之间,$R(\pi) < \delta + \pi$ 成立,变为 $\dot{\pi} < 0$。

通胀率在目标值以下的时候 $(\pi_B < \pi < \pi^*)$,中央银行把名目利率设定为比中性名目利率更低的水平 $R^* < R^n$。$\dot{\pi} < 0$ 的话,中央银行的名目利率下降会进一步引起通货紧缩。名目利率与通胀率底下,在 $u_{cm} > 0$ 下,与14.2.1节相同,引起实际货币余额的增大。这时,消费的边际效用 u_c 增大 $u_{cm} > 0$,根据(14.53a)与(14.53c)公式,$\dot{\lambda} = -u_c(R - \delta - \pi)$,所以要使 $\dot{\lambda} > 0$,就必须满足 $R < \delta + \pi$。泰勒法则下,$R < \delta + \pi$ 是根据 $\phi > 1$,$\pi < \pi^*$ 的情况。这样的话,由于货币持有机会费用的名目利率下降,会引起通胀率

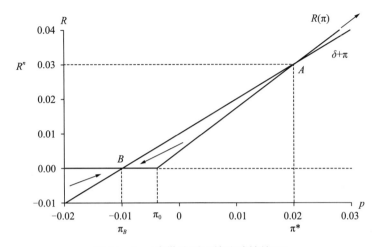

图 14 - 4 （泰勒法则下的流动性的罠）

(注)曲折线的操作规则 $R(\pi)$，直线用 $\delta+\pi$ 表示，$\pi^*=0.2, \delta=0.01, \phi=1.25.$

的进一步降低与货币持有的增大。在 $\pi_B < \pi < \pi^*$ 时，基于操作法则 (14.55) 公式的金融缓和政策促进通货紧缩。

特别的是效用的饱和点是 $\overline{m}=y/2$ 的话，得出下面的结果。

结果 14 - 7（流动性陷阱与利率的零下限）

MIU 模型中，对货币持有具有效用饱和点的话，某均衡下，名目利率变为 $0(R=0)$，通胀率变为折现率的负值（$\pi=-\delta$）。

$\pi_B < \pi < \pi^*$ 的领域中，基于泰勒法则的金融政策在到达均衡点 B 为止，伴随通胀率的降低。(14.58) 公式中，在均衡点 B，R^* → 0，所以 $m \to \overline{m}$。因此消费的边际效用为 $2/y$，一定的话，货币持有的边际效用为 0，也一定。在 B 点，名目利率变为 0，所以实际资产余额的变化公式 (14.50) 变为 $\dot{a}=-\pi a$，实际资产余额 a 在以 $-\pi>0$ 的比率增加。这时，(14.53) 公式变为 $\dot{\lambda}=\lambda(\delta+\pi)$，所以要使 $\dot{\lambda}=0, \pi=-\delta$ 必须成立。正如前面看到的那样，实际利率 $r=\delta$，所以这意味着弗里德曼法则 $\pi=-r$。

例题 14 - 4（流动性陷阱）

折现率为 $\delta=0.01$，通胀率目标值为 $\pi^*=0.02$，设 $y=1$。中央

银行遵照非负约束的泰勒法则(14.55)公式,设定名目利率R,系数为$\phi=1.25$。 消费者的效用函数以(14.57)公式体现。

1)利率的非负约束有效($R=0$)时,通胀率π是多少以下的情况。

2)求$\pi=0.01$时的名目利率、货币保有量、拉格朗日乘数λ。并求$\dot{\pi}$是多少。

3)图14-4的均衡点B的通胀率是多少。

解说 1)中性名目利率是$R^n=\delta+\pi^*=0.03$,因此根据(14.56)公式,得出实现可能的通胀率的下限是$\pi_0=0.02-0.03/1.25=-0.004$。

2)根据(14.54)公式,$R=0.01+0.02+1.25(\pi-0.02)=0.0175$。 根据(14.58)公式,$m^*=y/(2+R)=1/(2+0.0175)=0.496,\lambda^*=(2+R)/((1+R)y)=1.983$。

$\dot{\pi}=(1+R)(2+R)(R-\delta-\pi)/\phi=1.0175\times2.0175\times(-0.0025)/1.25=-0.0041$。

3)$\pi_B=-0.01$。

文献指南

不同时点间的 IS 曲线与 NK 菲利普斯曲线

Akerlof, G., Yellen, J. 1985. A near-rational model of the business cycle, with wage and price inertia. *Quarterly Journal of Economics* 100, 823 – 838.

Ball, L., Romer, D. 1990. Real rigidities and the non-neutrality of money. *Review of Economic Studies* 57, 183 – 203.

Blanchard, O., Kiyotaki, N. 1987. Monopolistic competition and the effects of aggregate demand. *American Economic Review* 77, 647 – 666.

Calvo, G. 1983. Staggered prices in a utility-maximizing framework. *Journal of Monetary Economics* 12, 383 – 398.

Dixit, A., Stiglitz, J. 1977. Monopolistic competition and optimum product diversity. *American Economic Review* 67, 297 – 308.

Mankiw, G. 1985. Small menu costs and large business cycles: A macroeconomic model of monopoly. *Quarterly Journal of Economics* 100, 529 - 537.

McCallum, B., Nelson, E. 1997. Optimizing IS-LM specification for monetary policy and business cycle analysis. *NBER Working Paper* 5875.

Rotemberg, J. 1982a. Monopolistic price adjustment and aggregate output. *Review of Economic Studies* XLIX, 517 - 531.

Rotemberg, J. 1982b. Sticky prices in the United States. *Journal of Political Economy* 90, 1187 - 1211.

Woodford, M. 1996. Control of the public debt: A requirement for price stability? *NBER Working Paper* 5684.

时间差价格调整与通胀率的持续性

Fischer, S. 1977. Long-term contracts, rational expectations, and the optimal money supply rule. *Journal of Political Economy* 85, 191 - 205.

Fuhrer, J., Moore, G. 1995 Inflation persistence. *Quarterly Journal of Economics* 110, 127 - 159.

Phelps, E., Taylor, J. 1977. Stabilizing powers of monetary policy under rational expectations. *Journal of Political Economy* 85, 163 - 190.

Taylor, J. 1979. Staggered wage setting in a macro model. *American Economic Review* 69, 108 - 113.

Taylor, J. 1980. Aggregate dynamics and staggered contracts. *Journal of Political Economy* 88, 1 - 23.

MIU 模型与 CIA 曲线

Asako, K. 1983. The utility function and the superneutrality of money on the transition path. *Econometrica* 51, 1593 - 1596.

Brock, W. 1974. Money and growth: The case of long run perfect foresight *International Economic Review* 15, 750 - 777.

Cagan, P.1956.The monetary dynamics of hyperinflation.in M. Friedman(ed.), *Studies in the Quantity Theory of Money*. University of Chicago Press.

Calvo, G., Leiderman, L. 1992. Optimal inflation tax under precommitment:Theory and evidence. *American Economic Review* 82, 179 – 194.

Clower, R. 1967. A reconsideration of the rnicrofoundations of monetary theory. *Western Economic Journal* (*Economic Inquiry*) 6, 1 – 9.

Cooley, T., Hansen, G. 1989. The inflation tax in a real business cycle model. *American Economic Review* 79, 733 – 748.

Cooley, T., Hansen, G. 1991. The welfare costs of moderate inflations. *Journal of Money*, *Credit and Banking* 23, 483 – 503.

Danthine, J., Donaldson, J., Smith, L. 1987. On the super-neutrality of money in a stochastic dynamic macroeconomic model. *Journal of Monetary Economics* 20, 475 – 499.

Feenstra, R. 1986. Functional equivalence between liquidity costs and the utility of money. *Journal of Monetary Economics* 17. 271 – 291.

Fischer, S. 1979. Capital accun.ulation on the transition path in a monetary optimizing model.Econometrica 47, 1433 – 1439.

Friedman, M.1969. The optimum quantity of money. in *The Optimum Quantity of Money and Other Essays*. Aldine Pub.Co.

Fukuda, S.1993.The emergence of equilibrium cycles in a monetary economy with a separable utility function. *Journal of Monetary Economics* 32, 321 – 334.

Grandmont, J., Younes, Y.1972.On the role of money and the existence of a monetary equilibrium. *Review of Economic Studies* 39, 355 – 372.

Lucas, R. 1982. Interest rates and currency prices in a two-country world. *Journal of Monetary Economics* 10, 335 – 359.

Lucas, R., Stokey, N. 1987. Money and interest in a cash-in-advance economy. *Econometrica* 55, 491 – 513.

Sidrauski, M.1967.Rational choice and patterns of growth in a monetary economy. *American Economic Review* 57, 534 – 544.

Svensson, L.1985.Money and asset prices in a cash-in advance economy. *Journal of Political Economy* 93, 919 – 944.

Tobin, J.1965.Money and economic growth. *Econometrica* 33, 671 – 684.

流动性陷阱

Benhabib, J., Schmitt-Grohe, S., Uribe, M.2001. The perils of Taylor rules. *Journal of Economic Theory* 96, 40 – 69.

Benhabib, J., Schmitt-Grohe, S., Uribe, M. 2002. Avioding liquidity traps. *Journal of political Economy* 110, 535 – 563.

Curdia, V., Woodford, M. 2011. The central-bank balance sheet as an instrument of monetary policy. *Journal of Monetary Economics* 58, 54 – 79.

Eggertsson, G., Woodford, M. 2003. The zero bound on interest rates and optimal monetary policy. *Brookings Papers on Economic Activity* 2003, 139 – 211.

Gertler, M., Karadi, P.2011.A model of unconventional monetary policy. *Journal of Monetary Economics* 58, 17 – 34.

Ireland, P.2005.The liquidity trap, the real balance effect, and the Friedman rule. *International Economic Review* 46, 1271 – 1301.

Jeanne, O., Svensson, L.2007.Credibel commitment to optimal escape from a liquidity trap: The role of the balance sheet of an independent central bank. *American Economic Review* 97, 474 – 490.

教科书
参考第 13 章的教科书。

索　引

金融经济学